Hans Prutz

Aus des Grossen Kurfürsten letzten Jahren zur Geschichte seines Hauses und Hofes,

seiner Regierung und Politik

Hans Prutz

Aus des Grossen Kurfürsten letzten Jahren zur Geschichte seines Hauses und Hofes,
seiner Regierung und Politik

ISBN/EAN: 9783743471351

Hergestellt in Europa, USA, Kanada, Australien, Japan

Cover: Foto ©ninafisch / pixelio.de

Weitere Bücher finden Sie auf **www.hansebooks.com**

Aus des

Grossen Kurfürsten

letzten Jahren.

Zur Geschichte
seines Hauses und Hofes, seiner Regierung
und Politik.

Von

Dr. Hans Prutz,
ord. öffentl. Professor der Geschichte an der Universität
zu Königsberg Pr.

Berlin.
Druck und Verlag von Georg Reimer.
1897.

Vorwort.

Die vorliegende Veröffentlichung erhebt nicht den Anspruch, eine erschöpfende Darstellung von der grossen Krisis zu geben, welche sich während der Jahre 1680 bis 1688 in der europäischen Politik vollzogen hat und an der Kurfürst Friedrich Wilhelm handelnd und leidend in so hervorragendem Masse betheiligt gewesen ist. Selbst von dem besonderen Standpunkte der brandenburgisch-preussischen Geschichte aus erstrebt sie weniger einen Abschluss der Forschung als sie vielmehr darauf gerichtet ist, zu erneuter und vertiefter Prüfung der Ueberlieferung anzuregen.

Denn je mehr wir in dem Grossen Kurfürsten den Schöpfer des preussischen Staates verehren, um so mehr ist die Auffassung seiner Persönlichkeit sowol wie seiner Regententhätigkeit und das Bild, das von seiner inneren und äusseren Politik entworfen wird, alle Zeit von der verklärenden Bewunderung beeinflusst worden, womit der Dank späterer Geschlechter zu dem Begründer ihres Glücks und ihrer Grösse aufzublicken gewohnt ist. Weniger aus seiner eigenen unfertigen und unklar gährenden Zeit heraus pflegen wir ihn zu betrachten als von einem dieser ganz fremden Standpunkte aus, den erst die Heranziehung alles dessen möglich macht, was zwar auf dem von ihm gelegten Grunde, aber ohne sein Zuthun durch die Arbeit späterer Generationen nachmals erreicht worden ist. Insofern dabei auch dieses als bereits von ihm gewollt und erstrebt dargestellt wird, hat gerade die Geschichte des

Grossen Kurfürsten den legendaren Zug besonders stark aufgeprägt erhalten, welcher der Geschichte Preussens in ihrer konventionellen Fassung überhaupt eigen ist.

Nicht blos vom Standpunkte der historischen Wissenschaft aus, sondern auch im Interesse der historisch-politischen Bildung und damit der nationalen Erziehung unseres Volkes durch die Beschäftigung mit der vaterländischen Geschichte wäre dringend zu wünschen, es möchte wirklich, wie neuerdings von mehr als einer Seite gefordert worden ist, mit einer Behandlung der preussischen Geschichte gebrochen werden, deren verkehrte teleologische Tendenz das Wesen der geschichtlichen Entwickelung im besten Falle unbewusst vergewaltigt, zuweilen aber geflissentlich verkennt, während ihre wolgemeinte panegyrische Neigung die geschichtlich hervortretenden Persönlichkeiten durch gleichmachende Schönfärberei ihrer berechtigten Individualität, ja gelegentlich wol gar bis zu einem gewissen Grade ihres allgemein menschlichen Typus zu berauben droht.

Wol wird der konsequenten Durchführung dieses Verlangens von mancher Seite der Vorwurf der Pietätlosigkeit nicht erspart bleiben, so unbegründet er sein mag. Denn je mehr wir uns gewöhnen, die Männer, welche durch ihre Geburt oder durch die Umstände zu einer historisch bedeutenden Rolle berufen waren, nicht, wie so oft geschieht, als Wesen gleichsam einer höheren Ordnung aufzufassen, sondern uns alle Zeit gegenwärtig halten, dass doch auch sie mit allem ihrem Thun und Handeln, so weit der Kreis von dessen Wirkung gemessen sein mag, unlösbar in dem für alle übrigen massgebenden Boden wurzeln, um so mehr wird die Geschichte die verkehrte Individualisirung vermeiden, gegen die neuerdings nicht mit Unrecht geeifert wird, ohne darum in das entgegengesetzte Extrem zu verfallen, das in unseren Tagen in so bedenklichem Masse herrschend geworden ist, und die Bedeutung der Persönlichkeit als der vornehmsten Trägerin historisch wirksamer Kräfte überhaupt zu leugnen und ihr das Vermögen von sich und im grossen Stil historisch schöpferisch zu wirken, rundweg abzusprechen.

Auch von des Grossen Kurfürsten historischer Persönlichkeit und — was mehr und wichtiger ist — von seiner Thätigkeit als Regent und Staatsmann wird sich, wenn man mit der durch die herrschende Legende bestimmten konventionellen Fassung bricht, ein Bild ergeben, das von dem herkömmlichen wesentlich abweicht, dafür aber der rauhen Wirklichkeit mit ihren Härten und Unvollkommenheiten entspricht, ein menschlich verständlicheres obenein und daher interessanteres und geschichtlich lehrreicheres, weil es die Wechselwirkungen zwischen der Individualität und den sie umgebenden allgemeinen Bedingungen der geschichtlichen Entwickelung, ihre Abhängigkeit von diesen und ihren Einfluss auf diese, erst zu voller Anschauung bringen kann. Der Anfang zu einer solchen Neugestaltung des eigentlich grundlegenden Theils der preussischen Geshichte ist neuerdings von verschiedenen Seiten her gemacht worden. Es genügt, auf die Bedeutung hinzuweisen, welche die Veröffentlichung der „Protokolle und Relationen des Brandenburgischen Geheimen Rathes aus der Zeit des Kurfürsten Friedrich Wilhelm" durch Otto Meinardus gerade in dieser Hinsicht gewonnen hat, namentlich für die Kenntnis der inneren Politik des Kurfürsten während seiner ersten Regierungsjahre. Noch harrt das da gebotene reiche Material zum grössten Theil weiterer Durcharbeitung und Verwerthung.

Für das letzte Jahrzehnt des grossen Kurfürsten und namentlich seine auswärtige Politik während desselben versucht die vorliegende Veröffentlichung einen Beitrag zur Lösung derselben Frage zu geben. Die Natur und der Reichthum der dabei von ihr vorzugsweise benutzten Quelle — einer Quelle ersten Ranges — lassen aber auch noch auf andere Gebiete in dem Leben des damaligen brandenburgisch-preussischen Staates ein helles und zum Theil überraschendes Licht fallen, in dem sich Personen und Zustände doch wesentlich anders ausnehmen, als wir sie uns vorzustellen gewohnt sind. Vielleicht freilich sieht mancher nur mit Bedauern den idealen Glanz einigermassen erblassen, von dem in seinen Augen alles, was mit des Grossen Kurfürsten Person und Staat zusammengehört, bisher umstrahlt und verklärt war; aber

Unfähigkeit oder Unlust zu wirklich geschichtlicher Erfassung einer grossen Vergangenheit würde es beweisen, wollte man Friedrich Wilhelms historische Grösse irgendwie gemindert oder in Zweifel gezogen sehen durch das, was nach den Mittheilungen eines dem Kurfürsten und seinem Hause besonders nahe stehenden, unterrichteten, unbefangenen und wahrheitsliebenden Beobachters hier über Vorgänge und Verhältnisse berichtet wird, von denen minder tief Eingeweihte nichts erfuhren, die sonst Eingeweihten aber theils nicht sprechen wollten, theils nicht sprechen durften. So klein, ja kleinlich manche von diesen Zügen an sich erscheinen mögen: in ihrer Gesammtheit ergeben sie doch ein Bild von grosser historischer Bedeutung, welches auch für die Auffassung des weiteren Fortganges der preussischen Geschichte von bestimmendem Einfluss sein dürfte. Denn wird nicht ein grosser Theil der Misstände, unter denen die gewöhnlich so hart beurtheilte Regierung des ersten preussischen Königs krankte, wenigstens zum Theil auf den Zustand der Auflösung zurückgeführt werden müssen, dem wir den unfertigen Organismus des ganzen Staats gegen Ende der langen Regierung seines Schöpfers verfallen sehen? — hier also ein ähnliches Verhältnis vorliegen wie zwischen den Regierungen Friedrichs des Grossen und Friedrich Wilhelms II.? Andererseits aber: — je ungesunder die Verhältnisse waren, die ihn umgaben, je mehr es unter seinen befähigtesten Mitarbeitern an sittlich hochstehenden Männern fehlte, je übermächtiger die auf ihn eindringenden Widerwärtigkeiten ihn aus der Bahn herauszunöthigen drohten, die er im tiefsten Herzen doch als die allein berechtigte gelten liess, je gewagter und anfechtbarer nach Zwecken und Mitteln daher das Spiel war, zu dem er sich inmitten der ihn bestürmenden feindlichen Gewalten gezwungen sah, und je unfertiger und hülfloser trotz all des bisher Erreichten sein Staat geblieben war — um so grösser ist, was Friedrich Wilhelm geleistet hat, und um so mehr muss es ihm als persönliches Verdienst nachgerühmt werden.

Vor mehr als dreissig Jahren ist bereits der Versuch gemacht worden, den Schatz zu heben, der in den Rébenac'schen Berichten für die letzten Lebensjahre des Grossen Kurfürsten in dem Archiv des französischen Ministeriums der auswärtigen Angelegenheiten in Paris verborgen lag. Unter den damals obwaltenden Verhältnissen war das nur in ganz ungenügendem Masse möglich. Für unsere Kenntnis jener merkwürdigen Zeit war es zu bedauern, dass die „Urkunden und Aktenstücke zur Geschichte des Kurfürsten Friedrich Wilhelm von Brandenburg" auf die Fortsetzung der Publikation der französischen Akten verzichten mussten. Nur Fragmente daraus sind bekannt geworden und haben daher zum Theil eine unrichtige Deutung erfahren. Die Veröffentlichung der Rébenac'schen Berichte in dem Umfange, den ihre Aufnahme in jene Quellensammlung ermöglicht hätte, blieb natürlich hier ausgeschlossen. Nur ihre Ergebnisse galt es zusammenzustellen und dieselben durch entsprechende Auszüge und Anführungen zu beglaubigen.

Königsberg i. Pr., den 30. Juli 1897.

Hans Prutz.

Inhalts-Uebersicht.

I. Vor Stralsund. Oktober 1678 . . . . Seite 1—12
Eroberung Pommerns durch Friedrich Wilhelm v. Brandenburg. Belagerung Stettins (1677) S. 1—2, Stralsunds S. 2 ff. Kapitulationsverhandlungen S. 2—4. Der Kurfürst und Rébenac, der französische Militärbevollmächtigte beim schwedischen Heere S. 3—4. Rébenac als Gast des Kurfürsten im Hauptquartier zu Lüdershagen S. 4. Rébenac's Bericht über die Unterhaltung mit dem Kurfürsten S. 5 ff. Seine Unterredung mit Fuchs. S. 8 f. Auszug der Schweden aus Stralsund (28. October 1678) S. 9—10. Rébenac's Urtheil über des Kurfürsten Lage S. 10—12.

II. Brandenburg und Frankreich 1669—73 . . . . 13—41
Friedrich Wilhelms bisheriges Verhältniss zu Frankreich S. 13 ff. Neutralität im Devolutionskriege 1667 S. 14. Mission des Marquis de Vaubrun 1669 S. 14 ff. Geheimbündniss vom 4. Januar 1670 (31. December 1669) S. 17—18. Wilhelm von Fürstenberg in Berlin (Januar 1670) S. 18. Plan zur Theilung der Niederlande S. 19. Fürstenbergs weitere Mittheilungen (1671) S. 20. Mission Verjus', Grafen von Créquy, 1671, S. 20 ff. Verhandlungen in Bielefeld S. 21. Frankreichs Werben um Brandenburgs Neutralität S. 21 ff. Mission St. Gérans (Dezember 1671) S. 23 ff. Schwanken des Kurfürsten zwischen den französischen und den niederländischen Anträgen S. 24 f. Bündniss mit den Niederlanden vom 6. Mai 1672 S. 26. Feindseligkeiten Frankreichs S. 26—27. Mission des Grafen de Vaugnion (Sommer 1672) S. 27 ff. Seine Unterredung mit dem Kurfürsten S. 28—29. Sein Bericht über die brandenburgische Armee S. 30. Abschiedsaudienz zu Halberstadt und Entlassung S. 30—31. Elender Gang des Krieges S. 32. Pfalz-Neuburgische Vermittelung durch Stratmann S. 33. De-

Kurfürsten Brief an Ludwig XIV. vom 10. März 1673 S. 34. Rückzug der brandenburgischen Armee nach der Weser S. 34—35. Präliminarfriede vom 10. April 1673 S. 35. Verjus' neue Mission S. 36. Unmuth der Alliirten Frankreichs über Brandenburgs Schonung S. 37—38. Ihre Gegenbemühungen S. 37. Verjus' Bestechungsversuche. Schwerins ablehnender Brief S. 37f. Friede zu Vossem (21. Juni 1673) S. 39—40. Seine Bedeutung für Brandenburg S. 41.

III. Von Vossem nach St. Germain 1673—79 . . . . . . 42—84

Ueble Lage Brandenburgs: Beschämung des Kurfürsten S. 42—43. Gesandtschaft Verjus' (Juli 1673) S. 43 ff. Verjus mit dem Kurfürsten in Himmelstädt S. 43. Verhandlungen in Berlin S. 44 ff. Verjus organisirt die Bestechung S. 45 ff. Beurtheilung aus den Zeitverhältnissen S. 45 f. Anfänge dazu durch Vaubrun und St. Géran: Fuchs, Fräulein v. Wangenheim, E. Froben S. 46-47. Die Kurfürstin Dorothea: Verhandlungen wegen eines Geschenks für sie S. 48 ff. — Kriegerische Wendung: Bündnisverhandlungen mit den Niederlanden. S. 51—52. Vertrag mit Schweden vom 11. Dezember 1673 S. 53. Steigerung der französischen Anerbietungen S. 54—55. Räumung von Wesel und Rees S. 56. Keine Verständigung S. 56. Kurprinz Karl Emil Frankreich feindlich S. 57. Verjus' Bemühen S. 57. — Die Entscheidung für den Krieg gegen Frankreich: Das brandenburgisch-niederländische Bündnis vom 1. Juli 1674 S. 57—58. Schwedische Vermittelung S. 58-59. Des Kurfürsten Streben nach einer schiedsrichterlichen Stellung S. 60—61. Rüstung S. 61. — Unglücklicher Verlauf des Krieges 1674—75 S. 62. Der schwedische Angriff S. 62—63. Fehrbellin S. 63. Eroberung Pommerns S. 63. Die Krisis S. 63. Bemühen um Separatfrieden: d'Espense in Paris S. 65 ff. Seine Instruktion durch Ludwig XIV. S. 65 ff. Meinders' Denkschrift S. 67 f. Werben des Kurfürsten beim Kaiser S. 68 ff. Meinders' Pariser Reise S. 70 ff. Spanien und der Kaiser treten dem Nimwegener Frieden bei S. 72. Ludwigs XIV. Antwort an den Kurfürsten S. 72—73. Die Franzosen in Kleve S. 73. Waffenstillstand vom 31. März 1679 S. 73. Verhandlungen zu Paris S. 74—75. Verlängerung des Stillstandes vom 3. Mai 1679 S. 75. Uebergabe von Wesel und Lippstadt an die Franzosen S. 76. Die Franzosen in der Grafschaft Mark S. 77. Spaens Rückzug nach Minden S. 77—78. Der Friede von St. Germain (29. Juni 1679) S. 78. Ratifikation S. 79. Mishandlung Kleves S. 79. — Des Kurfürsten Werben um ein französisches Bündnis S. 79—80. Geheimbündnis von St. Germain vom 25. Oktober 1679 S. 80. Die Weseler Kanonen

S. 81—82. Des Kurfürsten Dienstbeflissenheit gegen Frankreich
S. 83. Plan zu einer brandenburgischen Garde in Paris S. 84.

IV. François de Pas, Graf de Rébenac, Frankreichs erster ständiger Gesandter am Berliner Hofe 1680—88 . . . . 85—105

Rébenacs besondere Qualification für die Stelle S. 85. Das Geschlecht der de Pas de Feuquières S. 86 ff.: François de Pas († 1590) S. 88. Manasse de Feuquières (1590—1640) S. 86—87. Isaak de Feuquières, Gesandter in Stockholm und Madrid († 6. März 1688) S. 87—89. Seine Verdienste S. 88, seine Sorgen S. 89. Antoine de Pas, Marquis de Feuquières (1648—1711) S. 90—91. François de Pas, Chevalier d'Harbonnières, Vicomte de Rébenac (geb. 1649) S. 91 ff. Seine Jugend, Patronage Pomponne's, Charakter, Ehe, Streben S. 91—93. Militärbevollmächtigter bei der schwedischen Armee unter Graf Königsmark S. 94. Thätigkeit in Pommern S. 96. In Stralsund S. 97. Reise nach Hamburg S. 98. Aufenthalt in Celle S. 99 ff. Abschluss des Celler Vertrages vom 5. Februar 1679; dessen Bedeutung S. 100—101. Seine zuwartende Haltung nach Pompounes Sturz S. 102—3. Charakteristik S. 103. Privatverhältnisse S. 104—5.

V. Rébenac als Vertrauter des Kurfürsten und seine Berichte 1680—85 . . . . 106—124

Seine gute Aufnahme in Berlin: Intimität seines Verkehrs mit dem Kurfürsten S. 106—7. Theilnahme an Revuen S. 108. Ehrendegen 1681 S. 108. Gunst der Kurfürstin Dorothea S. 109—10. Beziehungen zum Kurprinzen S. 110. Höfische Auszeichnung S. 111. Mitwisser der brandenburgischen Politik S. 112—13, kennt Instruktionen und Berichte der brandenburgischen Minister S. 113, die „Väterliche Vermahnung von 1667" S. 114. Vertraulicher Verkehr mit den Geheimräthen S. 115. Rébenacs Berichte S. 116 ff. Ihr Charakter S. 116—17. Seine Leichtlebigkeit S. 117—18. Unabhängigkeit des Urtheils S. 118. Ludwig XIV. als Leser der Rébenac'schen Berichte S. 118—19. Deren Vorzüge und Werth S. 119—20. — Rébenacs Leben in Berlin S. 121—22. Finanzielle Verhältnisse S. 122. Bedeutung seiner Berichte für die bessere Kenntnis der Zeit des Grossen Kurfürsten S. 123—24.

VI. Die französische Partei am Berliner Hofe 1680—85 . . . 125—154

Brandenburgs Frankreich freundliche Politik S. 125. Das Geld im Dienste der französischen Politik S. 125—26. Das Beamtenthum des 17. Jahrhunderts S. 126—27. Seine Käuflichkeit S. 127, ein allgemeiner Brauch S. 128. Rébenac organisirt die französische Bestechung am Berliner Hof S. 128.

Meinders S. 129—30. Grumbkow S. 130—31. Fuchs S. 131—32. Kaiserliche Zahlungen durch Graf Lamberg S. 131—32. Schwankende Haltung von Fuchs S. 132—33. Steigen und Sinken der Zahlungen S. 133—35. Die Unterbeamten S. 135—36. Höflinge in Rébenacs Sold S. 137—39. Militärs: H. A. v. Schöning S. 139—40. Seine Berichte aus Ungarn an Rébenac S. 140—41. Geschenke an die Prinzen S. 142. Plan zu einer Pension an den Kurprinzen S. 142—43. Einfluss und Umwerben der Kurfürstin Dorothea S. 143 ff. Ihre Stellung S. 144—45. Geschenke anderer Staaten an sie S. 147—48. Spätere französische Geschenke an sie S. 148—50. Gratifikation von 100000 Livres an den Kurfürsten selbst S. 151 ff. Verhandlung darüber S. 151—52. Ihre Ueberreichung S. 152—54.

VII. Des Grossen Kurfürsten Persönlichkeit und Regierungsweise und die Parteiungen im Rath, im Heer und am Hofe . . . . 155—176

Mangel an vollwerthigen Mitarbeitern S. 155—56. Friedrich Wilhelms verschlossene Gemüthsart S. 156—57. Ihr entspringende Züge seines Wesens S. 157 ff. Abweichung von der legendarisch gefärbten Tradition S. 157—58. Einfluss auf Regierungsweise und Politik S. 158 ff. Unbeständigkeit und Unberechenbarkeit S. 159—60. Mangel an Einheit und Straffheit am Hof und in dem höchsten Beamtenthum S. 161 ff. Unentschlossenheit S. 161. Einfluss körperlicher Umstände S. 162. Abhängigkeit des Kurfürsten von seiner Umgebung S. 162. Aufbrausendes Wesen S. 163. Parteiungen im Geheimen Rath S. 164 f. Fuchs und Meinders S. 164—65. Derfflinger als Franzosenfeind S. 166—67. Seine Opposition gegen den Krieg gegen Braunschweig S. 167—68. Sein Konflikt mit Rébenac S. 169—70. Gegner der Aufnahme französischer Offiziere in das Heer S. 170. Zerrissenheit des Hofes S. 170—73. Kurfürstin Dorothea S. 171 ff. Ihre Anfeindung durch die oranische Partei S. 172. Steigen und Art ihres Einflusses S. 172—73. Uebertriebene Schilderung ihres Bemühens zum Vortheil ihrer Kinder S. 174—76.

VIII. Vater und Sohn und die Verwickelungen im Kurfürstlichen Hause . . . . 177—223

Hohenzollernsche Gegensätze zwischen Kurfürsten und Kurprinzen S. 177. Friedrich Wilhelms eigene schwere Jugend S. 177—78. Rébenacs Urtheil S. 178—79. Der Kurfürstin Dorothea Vorliebe für die eigenen Kinder S. 179. Streben nach deren Versorgung S. 180—81. Die Testamentsfrage S. 180. Die französische Garantie des Testamentes vom 29. Januar 1680 S. 181. Angebliche Ehepläne für ihre Söhne S. 182. Rébenacs

Stellung zu den Parteien S. 182—83. Vater und Sohn S. 183—84. Mistrauen S. 184. Das Testament vom 29. Januar 1680 S. 184—85. Wachsende Entfremdung S. 185—86. Umwerben des Kurprinzen durch die einander bekämpfenden politischen Parteien S. 186. Krankheit des Kurfürsten 1683 S. 186—87. Der Kurprinz mit des Vaters Politik einverstanden S. 187. Tod der Kurprinzessin Elisabeth Henriette (7. Juli 1683) S. 187—88. Pläne zur Wiederverheiratung des Kurprinzen S. 188—89. Des Kurfürsten Verfeindung mit dem Hause Braunschweig S. 189—90. Spannung des Kurprinzen mit dem Vater S. 190—91. Politische Komplikationen S. 191. Umschwung: Ehe des Kurprinzen mit Sophie Charlotte von Hannover S. 192—93. Unzufriedenheit der Kurfürstin Dorothea S. 192 f. Ernst August v. Hannover in Potsdam S. 193. Kein politischer Gegensatz zwischen Vater und Sohn S. 194. Sophie Charlottens Stellung zu den Schwiegerältern S. 194—95. Misverhältnis zwischen dem Kurfürsten und dem Kurprinzen S. 195—96. Die oranische Nachfolge S. 196—97. Politischer Umschwung S. 198. Unklarheit der Lage S. 199—200. Das Testament vom 26. Januar 1686 und der Geheime Revers betreffend Schwiebus S. 201. Die Klever Reise (Sommer 1686) S. 202 ff. Händel um ihretwillen S. 202—3. Friedrich Wilhelm in Wesel und Kleve S. 204—5. Krankheit Friedrich Wilhelms und des Kurprinzen S. 207. Des Kurprinzen Testament S. 207. Stellung Friedrich Wilhelms und des Kurprinzen zum Hause Braunschweig S. 208. Vater und Sohn ohne politischen Gegensatz S. 208—9. Dennoch wachsendes Misverhältnis S. 209—10. Tod des Markgrafen Ludwig (7. April 1687) S. 210 ff. Angebliche Vergiftung desselben S. 211—12. Verdächtigungen S. 212-13. Des Kurprinzlichen Paares „Flucht" S. 213 ff. Die wahren Gründe S. 213—14. Rébenacs Urtheil S. 215—16. Verschärfung des Konflikts 217—18. Friedrich Wilhelms Plan zur Absonderung Preussens S. 218. Unterhandlungen und Vermittelungen S. 219. Der endliche Vergleich S. 220—23.

IX. In französischer Dienstbarkeit 1680—84 . . . . 224—288

Rébenacs Instruktion für den Beginn seiner Thätigkeit in Berlin S. 224. Stimmung des Berliner Hofs S. 224—25. Die Friedensexekution: pommerische Kontribution und Grenzregulirung S. 225—26. Die Weseler Kanonen S. 226. Der kaiserliche Gesandte Graf Lamberg S. 226—27. Seine Gegnerschaft zu Rébenac S. 227—28. Die Reunionen S. 228 ff. Kaiserliche Werbung durch Markgraf Hermann v. Baden S. 228. Französische Gegenerbietungen S. 229—30. Wandel in der

Stellung Schwedens S. 230—31. Friedrich Wilhelm gegen Spanien S. 231. Französisch-Brandenburgische Allianzverhandlungen S. 231 ff. Pläne auf Geldern S. 232 f. „Defensivallianz" vom 11. Januar 1681 S. 233—36. Motive Friedrich Wilhelms S. 236—37. Vertrag mit Hannover vom 21. Januar 1681 S. 238. Frankreichs Pläne und Aussichten S. 238—39. Die Pyrmonter Zusammenkunft (Sommer 1681) S. 239. Steigende Beunruhigung des Kurfürsten durch die Reunionen; seine Gegenvorstellungen S. 240—41. Seine eigene Schädigung dadurch S. 241. Wegnahme Strassburgs (September 1681) S. 241—42. Dennoch Brandenburg in engem Anschluss an Frankreich S. 242—43. Vermittelungsabsicht und Plan zur Eroberung Pommerns S. 243—44. Neue Allianz mit Frankreich vom 22. Januar 1882 S. 245—46. Vergebliche Gegenbemühungen S. 246. Spannung mit dem Kaiser und Sorge vor einem Angriff desselben S. 247. Die Gegner der französischen Allianz S. 248. Des Kurfürsten Zusammenkunft mit Friedrich V. von Dänemark in Itzehoe, Juni 1682 S. 249. Brandenburgisch-dänischer Vertrag vom 8. Juni 1682 S. 249. Plan zum gemeinsamen Angriff gegen Schweden S. 249—50. Mission v. Crockows nach Wien S. 251. Bund mit Münster vom 14. September 1682 S. 252. Gegenbemühen der Association S. 253. Occupation Oranges S. 253. Unmuth Rébenacs S. 254. Französische Vergleichsvorschläge S. 254. Des Kurfürsten Forderungen und Erbietungen durch v. Schwerin d. j. in Wien S. 255—56. Ludwig XIV. betreibt eine kriegerische Haltung Brandenburgs S. 256, will einen Angriff auf Braunschweig S. 257. Verhandlungen zwischen Brandenburg, Frankreich und Dänemark S. 258. Vertrag und „Konzert" vom 30. April 1683 S. 259—61. Brandenburgische Rüstungen S. 262. Intriguen Frankreichs mit Braunschweig S. 263. Derfflingers Opposition gegen den Angriff auf Braunschweig S. 264. Gedanke an die Berufung Schombergs S. 264. Brandenburg-dänische Verhandlungen mit Hannover zu Hamburg S. 265. Ludwig XIV. verwirft das Konzert vom 30. April 1683 S. 265. Brandenburg und Dänemark wollen allein handeln S. 265—66. Rébenacs Gegenwirken S. 266—67. Bedenken Friedrich Wilhelms S. 269. Verhandlung mit Graf Lamberg S. 268. Dessen Entgegenkommen S. 268. Friedrich Wilhelms Schwanken S. 269—71. Höfische Parteiungen S. 271. Sendung Anhalts nach Wien und Linz S. 271 ff. Plan zur Türkenhülfe für den Kaiser S. 271—72. Intriguen Fuchs' und Lambergs S. 272. Unmuth des Kurfürsten über des Kaisers Haltung S. 273—74. Anhalt in Linz S. 274—75. Friedrich Wilhelms Erbitterung gegen Braunschweig S. 275. Entsatz Wiens S. 275—

76. Neues brandenburgisch-französisches **Bündnis** vom 25. Oktober 1683 (Januar 1684) zum Ueberfall gegen das Haus Braunschweig S. 276—77. Wachsende Kriegsgefahr S. 279-80. Des Kurfürsten Rüstungen S. **281**. Gefahr des unmittelbaren Ausbruchs S. 282. Frankreich aber ist es nicht Ernst damit: es will nur den 20jährigen Stillstand aufzwingen S. 282. Dagegen begünstigt Rébenac **des Kurfürsten Plan** S. 283. Umschlag S. 284. Geänderte Haltung des Hauses Braunschweig S. 284. Annäherung Brandenburgs und Dänemarks an Braunschweig zu gemeinsamer Aktion gegen Schweden S. 284—85. Plan zur Theilung der deutschen Lande Schwedens S. 285—86. Defensivbund zwischen Brandenburg und Braunschweig vom 2. August 1684 S. 286—87. Friedrich Wilhelms Plan zum Angriff auf Pommern S. 287—88.

X. Die Lösung von Frankreich 1685—88 . . . . 289—332

Unmuth Friedrich Wilhelms über Frankreichs Haltung S. 289. Anfängliche Intimität mit dem Hause Braunschweig S. 289—90. Unterhandlung über ein brandenburgisch-braunschweigisches Offensivbündnis mit Frankreich gegen Schweden S. 290—91. Frankreichs zweideutige Haltung S. 291—92. Baron von Fridag, des Kaisers neuer Gesandter in Berlin S. 292—93. Brandenburgisch-hannoversche Differenzen S. 293. Braunschweig unterhandelt heimlich mit Frankreich S. 293—94. Des Kurfürsten Ansicht ändert sich: Urtheil über den 20jährigen Stillstand S. 294—95. Zweifel Rébenacs an des Kurfürsten Zuverlässigkeit S. 295. Friedrich Wilhelms Annäherung an die Niederlande S. 295. Gefahr des Evangeliums und der europäischen Freiheit S. 296—97. Einfluss der religiösen Frage auf Friedrich Wilhelm S. 297—98. Uebersehene Züge seines Wesens S. 298—99. Der Vertrag mit den Niederlanden vom 23. August 1685 S. 299—300. Reklamationen Ludwig XIV. S. 300. v. Fridags grösseres Anerbieten S. 300. Die Pfälzer Sache S. 300—1. Ludwig XIV. verlangt Aufklärung über den Vertrag mit den Niederlanden S. 301—2, eine Brandenburgs Bundestreue verbürgende „Deklaration" S. 302. Einfluss der Aufhebung des Edikts von Nantes (Oktober 1685) S. 303. Massregelung der katholischen Unterthanen des Kurfürsten S. 303—4. Verhandlungen wegen der „Deklaration" S. 304—5. Ihr Ersatz durch einen kurfürstlichen Brief an Ludwig XIV. S. 305. Friedrich Wilhelm bleibt bedenklich S. 306. Differenzen wegen Ludwigs XIV. Denkmal in Paris S. 307. Verständigung mit dem Kaiser durch den Vertrag vom 25. Dezember 1685 (4. Januar 1686) S. 307—8. Dessen Bedeutung S. 308. Des Kurprinzen geheimer Revers betreffend Schwiebus S. 308. **Totaler Systemwechsel** S. 309—10. Strenge Wahrung des Geheimnisses S. 310. Die Ratifikation S. 310. **Der Satisfaktionsvertrag und der Scheinvertrag vom 7. Mai und die kaiserliche Erklärung vom 8. Juni 1686** S. 311. Oesterreichs Unzuverlässigkeit S. 311—12. Brandenburgs Bund mit Schweden vom 10./20. Februar 1686 S. 312. Sein Ursprung im evangelischen Interesse S. 312—13. Lockerung der Beziehungen zu Frankreich und Minderung des Verkehrs zwischen dem Kurfürsten und Rébenac S. 313—14. Dennoch Wahrung des Scheins der Intimität mit Frankreich S. 315. Rébenacs Intriguen im Norden S. 315—16. Der Augsburger Bund (Sommer 1686) S. 316. Ueble Folgen der beliebten Heimlichkeit S. 316—17. Neue Spannung mit den Braunschweigern S. 317—18. Unzufriedenheit mit dem Kaiser wegen des ungarischen Feldzuges S. 318. Verluste des brandenburgischen Heeres daselbst S. 318—19. Französischer Antrag betreffend die Begleichung der zwischen Frankreich und dem Reiche schwebenden Differenzen durch einen Schiedsspruch Brandenburgs S. 320. Päpstlicher Plan zu einem definitiven Frieden S. 320—21. Regensburger Verhandlungen darüber und Jenas angebliche Eigenmächtigkeit und Abberufung S. 321—22. Der „Stillstand des Stillstandes" S. 322—23. **Wachsende Feindseligkeit Frankreichs:** Bund mit Braunschweig und Verhandlung mit Hannover S. 323. Streit zwischen Brandenburg und Hannover über Gartow S. 323—24. Kriegerische Massnahmen Friedrich Wilhelms S. 324—25. Konflikt mit dem Kurprinzen S. 325. **Fragwürdigkeit der Ergebnisse des Systemwechsels** S. 325—26. Dauernde Gefährdung Brandenburgs S. 327. Krankheiten und Todesfälle im kurfürstlichen Hause S. 327. **Friedrich Wilhelms zunehmende Hinfälligkeit** S. 327—28. Wirkungen des nahenden Thronwechsels S. 328—29. **Neue Kombinationen in Betreff Pommerns und Stettins** S. 330. Unterhandlung mit der Königin Christina S. 330—31. Dobrzenski in Rom S. 330. **Die papistisch-absolutistische Gefahr** S. 331. Friedrich Wilhelm ist der Rettung sicher S. 331, mit dem Kurprinzen einig S. 331—32. Seine Zuversicht S. 332. Sein Ausgang S. 332.

Beilagen . . . . 335—405
   I. Aus der Instruktion Lionnes für den Marquis de Vaubrun:
      21. August 1669 335
  II. Generalleutenant Joachim Rüdiger von der Goltz an Lud
      wig XIV.: 1. Januar 1670 336
 III. Abrechnung Verjus' über die während seiner Mission in
      Berlin gemachten Geschenke: 1674 337

		Seite
IV.	Verjus über den Wandel der öffentlichen Meinung in Deutschland gegenüber Frankreich: Berlin, 30. März 1674	338
V.	Instruction du Roy à Mr. Despense, envoyé par S. M^{té} pour entrer en négociation avec Mr. Minders, envoyé de Mr. l'Electeur de Brandebourg, du 25. octobre 1678	339
VI.	Mémoire pour Monsieur le comte d'Espence (von Meinders)	341
VII.	Aus der Instruktion Ludwigs XIV. für Colbert de Croissy in Nimwegen vom 22. April 1679 betreffend die Brandenburg zu überlassenden pommerschen Gebietstheile	346
VIII.	Zur Entstehungsgeschichte des brandenburgisch-französischen Bündnisses vom 11. Januar 1681	347
IX.	Aus Rébenacs Bericht vom 25. November 1681 betreffend die ihm vom Kurfürsten gemachte Mittheilung aus der „Väterlichen Vermahnung"	351
X.	Friedrich Wilhelm und die Reunionen 1681—82	352
XI.	Der Plan zur Eroberung Pommerns 1682—83	359
XII.	Der Plan zum Kriege gegen Braunschweig und der zwanzigjährige Stillstand, 1683—84	368
XIII.	Französische Gelder am Berliner Hof 1680—84	376
XIV.	Zur Klever Reise 1686	378
XV.	Der Plan zur Verwandelung des 20jährigen Stillstands von 1684 in einen definitiven Frieden, G. v. Jenas Abberufung und die gegenseitigen Friedensdeklarationen 1687	381
XVI.	Zur Geschichte des Konflikts innerhalb des kurfürstlichen Hauses 1687	384
XVII.	Zur Geschichte der brandenburgischen Armee	394
XVIII.	Aus Rébenacs Mémoire zur Information des zu seinem Nachfolger bestimmten Gravel	399
XIX.	Des Grossen Kurfürsten letzte Krankheit und Tod	401
XX.	Friedrichs III. Anfänge	403

Druckfehler - Berichtigung.

S. 50 Anmerkung 2 lies 1674 statt 1634.
„ 51 „ 3 „ 1673 „ 1614.
„ 60 Zeile 2 von unten lies satisfaite statt sutisfaite.
„ 112 „ 1 „ oben „ Kurprinzen statt Kronprinzen.
„ 112 „ 16 „ „ „ Spanheim statt Spenheim.
„ 152 „ 1 „ unten „ Christian V statt Christian VI.
„ 233 „ 8 „ „ „ 1681 statt 1685.
„ 237 „ 8 „ oben „ 2,300,000 Thlr. statt 2—3 Millionen.
„ 265 „ 5 „ unten „ Kurprinz statt Kronprinz.

I. Vor Stralsund.
Oktober 1678.

In raschem Siegeslaufe, weit hinaus über die Hoffnungen seiner Freunde und Verbündeten und die Befürchtungen seiner Feinde und Neider, hatte Friedrich Wilhelm von Brandenburg in vier glorreichen Feldzügen die pommerschen Lande den Schweden fast vollständig entrissen. Nachdem er durch eine Belagerung, welche durch die Grösse der eingesetzten Mittel die Augen der Welt auf sich zog, Ende 1677 das heldenmüthig vertheidigte Stettin bewältigt und trotz der drohenden schweren politischen Krisis, die den Zerfall der gegen Frankreich kämpfenden Allianz befürchten liess, unbeirrt auch durch die wachsende Spannung mit seinen deutschen Verbündeten, namentlich den Lüneburgern, auf Grund des engeren Bündnisses mit Dänemark und Münster (22. August 1678) im September 1678 Rügen von den Schweden gesäubert hatte, da galt es noch Stralsund und Greifswald zu nehmen, um ganz Pommern in der Hand zu haben, dessen Gewinnung er von Anfang an als den Siegespreis dieses ihm aufgedrungenen Krieges im Auge gehabt hatte.

Damit zu eilen war um so mehr geboten, als inzwischen nicht blos der niederländisch-französische Separatfriede (10. August) zu Nimwegen geschlossen war, sondern auch Kaiser und Reich aus ihrer Absicht kein Hehl machten ihm beizutreten, sobald Spanien, das auch diesmal nichts geleistet und nur Verluste zu verzeichnen hatte, dennoch in seinem belgischen Besitzstand wiederhergestellt würde. Fand doch des Kurfürsten Gesandter in Wien für die Nachricht von der Eroberung Rügens und dem Aufbruch nach Stralsund beim Kaiser nicht die gehoffte freudige Theilnahme, bekam sogar von dem als Schwiegervater Leopolds dort so einflussreichen Philipp Wilhelm von Pfalz-Neuburg zu hören, von Eroberungen zu sprechen sei nicht mehr an der Zeit, es handele sich vielmehr um das Herausgeben: man wünsche dem Kurfürsten alles Gute, aber nicht auf seine eigenen Kosten[1]). Den weichenden Schweden rastlos nachdrängend errichteten die Kurfürstlichen bereits am 27. Oktober auf dem Dänholm Batterien gegen Stralsund, hinter dessen teichumgürteten Mauern 4000 Schweden unter dem tapferen Graf Königsmark zum letzten Widerstande rüsteten.

Aber noch drei Wochen vergingen, ehe die Vorbereitungen zur Beschiessung der Stadt beendet waren, die seit den Tagen Wallensteins für uneinnehmbar galt. Erst am Abend des 20. Oktober eröffneten 65 Kanonen und 20 Haubitzen ein mörderisches Feuer. Bald brannte die Stadt an mehreren Stellen, und schon in der Frühe des 21. steckten die Bürger die weisse Fahne auf. Königsmark aber wollte nichts von der Kapitulation hören. So tobte das Bombardement bald weiter und bis zum Mittag. Da erschien der Bürgermeister um Gnade zu bitten. Auch Königsmark kam während des eintretenden Stillstands an die Aussenwerke, mit ihm der französische Militärbevollmächtigte, Graf Rébenac de Feuquières, der sich seit dem Beginne des letzten Feldzuges an seiner Seite befand, in dem nicht immer einigen Kriegsrath eine gewichtige Stimme besass und sich auch bei der Eroberung Rügens durch die Schweden (Januar 1678) ausgezeichnet hatte. Dem Generalmajor Hans Adam von Schöning, den sie bei den Vorposten trafen, erklärte Königsmark, selbst diesem verheerenden Feuer werde er nicht weichen, möge darüber auch die Stadt mitsammt der Bürgerschaft zu Grunde gehen, und als der lüneburgische Oberst Malortie auf die Frage, ob der Kurfürst denn wirklich entschlossen sei, die

---

[1]) So erzählt Rébenac am Schlusse des Berichts über seine Zusammenkunft mit dem Kurfürsten vor Stralsund. Vgl. unten S. 10—11.

Stadt um jeden Preis in seine Gewalt zu bringen, zur Antwort gab, gewiss sei er das, und wenn er bis nächste Ostern davor liegen sollte, begann er zu fluchen und zu toben wie ein Unsinniger[1]).

Um so mehr musste die Art auffallen, wie der Kurfürst selbst sich Königsmarks französischem Begleiter angenehm zu machen suchte. Unverkennbar verfolgte er in Bezug auf Frankreich besondere Absichten[2]). Schon während seines Aufenthaltes in Putbus nämlich wollte Rébenac in Erfahrung gebracht haben, der Kurfürst wünsche ihn aufgehoben und unversehrt in seine Gewalt gebracht zu sehen: bei der Eroberung Rügens sollte er befohlen haben, auf ihn nicht zu schiessen, und nach der Einschliessung Stralsunds hatte er sich bei den eingebrachten Gefangenen theilnehmend nach seinem Befinden erkundigt. Ja, als er hörte, Rébenac sei sein Lieblingshund abhanden gekommen, hatte er diesen aufsuchen und durch einen Trompeter zurückbringen lassen. Auch während der ersten Unterbrechung des Bombardements am Morgen des 21. Oktober hatte er nach ihm gefragt und als er vernahm, auch in das von ihm bewohnte Haus seien Bomben und glühende Kugeln gefallen, ihm anheimgegeben, dasselbe weithin sichtbar zu bezeichnen, damit man nicht mehr darauf schösse. Natürlich machte Rébenac davon keinen Gebrauch[3]). Als aber die Beschiessung weitere drei Stunden gedauert hatte und das Umsichgreifen der Feuersbrünste und die Zerstörung aller Vertheidigungsmittel ferneren Widerstand aussichtslos erscheinen liessen, war Rébenac menschlich genug, auf Ansuchen des Bürgermeisters bei Königsmark seine gewichtige Stimme für die Kapitulation einzulegen[4]). Noch am Nachmittag des 21. Oktober begannen die Verhandlungen. Wiederum hatten die für die Dauer derselben in die Stadt geschickten brandenbur-

---

[1]) Tagebuch D. S. von Buchs 1674—83, herausgegeben von G. v. Kessel (Jena u. Leipzig 1865) II, S. 84.

[2]) Toutes ces démarches qui ne sont pas ordinaires à ce prince, me firent connoistre, qu'il auroit quelque veue du costé de France, bemerkt Rébenac, a. a. O.

[3]) So nach Rébenacs Erzählung über die Stralsunder Vorgänge, a. a. O.

[4]) Tagebuch v. Buchs, II, S. 83. Nach dem von Fock, Rügensch-pommersche Geschichten aus sieben Jahrhunderten, VI, S. 445 aufgezogenen Protokoll über

gischen Geiseln, Generalmajor v. Schöning und Oberst v. Marwitz[1]) einen Auftrag an Rébenac: wie die Dinge auch gehen möchten, liess ihm der Kurfürst sagen, er werde immer thun können, was ihm beliebe. Zugleich erhielt er eine Einladung zur Tafel: ein Wagen stand bereit, ihn in das Hauptquartier nach Lüdershagen zu führen. Rébenac lehnte ab: vor Abschluss der Kapitulation könne er eine solche Ehre nicht annehmen. Dennoch wiederholte sich der Vorgang am nächsten Tage (22. Oktober). Rébenac sah nur zu deutlich, wie viel dem Kurfürsten daran lag, mit ihm persönlich anzuknüpfen und sich so unmittelbar mit dem König in Verbindung zu setzen: um so spröder beschloss er zu thun und lehnte auch diese zweite Einladung ab[2]).

Er hatte richtig gerechnet: kaum war am 25. Oktober die Kapitulation unterzeichnet, als Graf Dohna in Begleitung eines Obersten bei ihm erschien, um ihn zur Tafel abzuholen. Nach einigem Sträuben folgte er, jedoch, wie er ausdrücklich feststellte, „nur als Privatmann". Die Aufnahme, die er beim Kurfürsten fand, musste selbst dessen nächste Umgebung überraschen, obgleich sie eine gewisse Plötzlichkeit und Ueberschwänglichkeit an dem hohen Herrn gewöhnt war. Geradezu verblüffend aber hätten auf Rébenac selbst die politischen Herzensergüsse wirken müssen, deren er sich gleich bei dieser ersten Begegnung gewürdigt sah, wäre er nicht nach allem, was vorangegangen, auf Aehnliches einigermaassen vorbereitet gewesen. So überzeugte er sich bald, dass dieser ungewöhnliche Empfang nicht etwa blos eine wolberechnete Demonstration war, bestimmt bei dem Kaiser und den Reichsfürsten Ein-

---

die Sitzung des Stralsunder Rathes vom 14./24. Oktober 1678 berichtete der Bürgermeister, „das Herr Graff Rébenac französischer Ambassadeur, sich gegen ihn und seinen mit Deputirten erklähret, das er wolle sehen, das diese gute Stadt sich nicht langer halten könnte, wolle er also bei dem Herrn Feldmarschall alle officia anwenden, das der accort geschlossen würde". (Gütige Mittheilung des Stralsunder Magistrats.)

[1]) Curd Hildebrand v. d. Marwitz, Oberst des Derfflingerschen Infanterie-Regiments, † 1700 als Generallieutenant, Schwiegersohn Derfflingers.

[2]) Rébenac a. a. O. Je creu, que lo moius que je pourrois tesmoigner d'empressement, servit le meilleur, voiant que de son costé il n'en manqueroit pas.

druck zu machen, sondern ernsten politischen Absichten entsprang und einen folgenreichen Umschwung der brandenburgischen Politik einzuleiten bestimmt war. Dennoch erfasste er die dadurch geschaffene ausserordentliche Lage nicht ohne einen gewissen Humor: zusammen mit dem ihm eigenen Sinn für die scharfe Wiedergabe der charakteristischen Einzelheiten verleiht dieser seinem Bericht über die erste Begegnung mit dem Grossen Kurfürsten einen besonderen Reiz, der dadurch nicht wesentlich beeinträchtigt wird, dass er nicht ohne eine gewisse Selbstgefälligkeit seine eigene Person in den Mittelpunkt eines so merkwürdigen Vorganges gestellt sieht. Wir lassen Rébenac selbst erzählen[1]).

„Il me fit plus d'embrassades que sy j'eusse esté son camarade. C'est sa manière ordinaire, quand il croit avoir besoin des gens. Il me mena ensuitte voir Madame l'Electrice, à qui je parlay Allemand, parce qu'elle n'ayme pas, qu'on luy parle françois, quoyqu'elle l'entende. Toutte la première conversation de l'Electeur de Brandebourg fut sur son inclination et ses respects pour la personne du Roy et sur son malheur de n'avoir pu suivre l'envie qu'il avoit de luy rendre ses très-humbles services. Il s'estendit ensuitte sur la foiblesse et l'ingratitude des Suédois. Je respondois au premier par des révérences et au second par ne rien dire du tout. Comme il pousse ordinairement ses parolles un peu loing, il voulut dire quelque chose de la personne du Roy de Suède, que je relevay au contraire beaucoup plus qu'il ne l'avoit abaissé, ce qui le fit changer de discours. A disner je fus placé au dessus de tout le monde, joignant l'Electeur de Brandebourg, quoyque je luy répétasse, que je me trouvois trop honoré pour un particulier. „Bon, bon, dit-il tout bas, vous estes particulier pour moy, mais il ne faut pas, que vous le soyez pour tous", en me monstrant les envoyés de Dannemark, qui sortirent, et quelques princes allemands, qui demeurèrent. Je vis, qu'il vouloit leur donner de la jalousie. Je le laissay faire sans m'en mettre en peine. Je ne fus servi pendant le disner que de l'Electeur de Brandebourg et

---

[1]) Diese „Pensées de Mr. l'Electeur de Brandebourg proposées au comte de Rébenac" eröffnen die lange Reihe von Rébenacs Berichten in den Archives du Ministère des affaires étrangères zu Paris: Prusse Vol. XIII, fol. 60ff.

de Madame l'Electrice. On y but la santé du Roy avec des éloges et il me porta en particulier celle des bons et fidelles serviteurs du Roy, ajoustant, que seurement luy s'en trouveroit un véritable et qu'il vouloit m'ouvrir son coeur. Après le disner je fus quelque temps en conversation avec Madame l'Electrice, qui me fit force complimens assez mal fondés . . . . . qui ne convenoient point et qui paraissoient affectés, mais fort peu finement. Elle me dit ensuitte, qu'elle sçavoit, qu'on luy avoit voulu rendre de mauvais offices dans l'esprit du Roy, que c'estoit à tort, qu'elle avoit un respect pour luy et une inclination pour son service fort grand et qu'elle pouvoit m'asseurer, qu'elle ne souhaittoit rien au monde tant que la paix et que l'on sçavoit assez, que son intérest particulier l'y obligeoit. Je respondois en termes généraux, qu'on avoit bien d'attendre une si bonne oeuvre de sa prudence et de sa piété, d'autant qu'il sembloit, que la chose despendist présentement de Mr. l'Electeur de Brandebourg et que je sçavois, dis-je en riant, que dans les affaires de conséquence il ne trouvoit en personne un conseil sy fidèle et auquel il eust autant de confiance qu'au sien. Elle se trouva flattée et m'assoura, que sy le Roy le vouloit, ce seroit une chose bien faite. L'Electeur de Brandebourg revint à nous et me tirant à l'escart me fist force discours en termes généraux, me relevant la fidélité, que les Suédois avoient trouvée dans l'alliance du Roy, et leur ingratitude, qu'ils avoient eu dessein l'hiver passé de faire une alliance avec la Hollande, l'Espagne et l'Angleterre et qu'il n'y avoit plus de raisons qu'il n'en falloit pour abandonner des alliés sy peu fidelles et en prendre d'autres. Voyant, qu'il rebattoit ce discours fort souvent, mais qu'il s'en tenoit aux termes généraux et qu'il avoit cinq ou six fois la bouche ouverte pour aller plus avant sans oser le faire, parce que je me tenois toujours réservé: enfin je luy dis, qu'à la vérité le Roy avoit fait de grands efforts pour la Suède."

Erst die Lobpreisung, in der sich Rébenac nun über die Selbstlosigkeit Ludwigs XIV. in der Unterstützung Schwedens erging, veranlasste den Kurfürsten deutlicher zu werden. „Cela est vray, dit-il, et qu'est-ce que l'on ne feroit point pour l'amitié d'un tel prince? Je vous prie au nom de Dieu, me dit-il, d'asseurer le Roy de mes respects et de dire luy, que s'il veut, il sera le maistre de mes intérests, qu'il décidera de touttes choses. Vous me voyez, dit-il, de belles trouppes et puissamment armé, je luy offre touttes choses pour et contre, tout sans exception. Car je vois bien, en quelle jalousie celuy me met parmy mes alliés. Quand je vous en ferois mistère, vous le sçauriez d'ailleurs. Pour les Danois, ce sont des misérables, dont je ne veux plus ayder la cabale. Les Lunebourgois sont des princes, qui s'en font trop accroire, et je vous diray en confidence, me dit-il, que j'ay esté sur le point de faire charger leurs trouppes." Ceux qui connoissent ce prince, ne trouveront pas, que par des discours sy extraordinaires il ait excédé sa manière ordinaire de s'expliquer. Il m'embrassa ensuitte et me pria de dire cela au Roy luy-mesme. Je respondis, que je m'acquitterois des ordres, qu'il me donnoit. „Je vous en prie, me dit-il, car vous expliquerez mieux la franchise, avec laquelle je parle, parce que, me dit-il ensuitte, sy le Roy quittoit les Suédois, qui ne luy en donnent que trop de sujet, qu'est-ce qu'il ne feroit pas dans l'Empire?" „Monsieur, luy dis-je, peut-il abandonner les Suédois sans abandonner ses anciens alliés? Et s'il le fait, Monsieur, quelle fidélité trouveriez-vous dans son alliance?" „Eh bien, dit-il, il y a des remèdes à tout, et sy je trouve moyen d'accorder la gloire du Roy avec son intérest, la satisfaction de la Suède et la mienne en mesme temps, que direz-vous?" „Je diray, Monseigneur, luy dis-je, que vous ferez en cela une chose bien belle et bien glorieuse, et qu'en ce cas-là je croy pourtant pouvoir asseurer, que le Roy escoutera et acceptera touttes choses." „Je vous supplie, me dit-il, revenez demain disner avec moy."

Undiplomatischer konnte freilich kaum ein Fürst seine geheimen Absichten verrathen und gleich im Beginn einer grossen politischen Aktion allen Vortheil in die Hand eben des Theils geben, mit dem er sich zu verständigen brennend begehrte, von dem er aber dennoch den Anschluss möglichst reich belohnt erhalten wollte. Natürlich leistete Rébenac der neuen Einladung keine Folge. Da erschien bei ihm am 28. Oktober, an welchem Tage der Ausmarsch der schwedischen Besatzung aus Stralsund

stattfinden sollte, der kurfürstliche Rath Fuchs, weniger augenscheinlich, um die Einladung zu wiederholen — mit dem Bemerken, man werde aus Rücksicht auf den Gast des Freitags wegen Fastenspeisen serviren lassen — als vielmehr um die ungeordneten Herzensergiessungen seines Herrn in etwas staatsmännischerer Weise zu erläutern. Nach Rébenacs Bericht führte er dabei im Wesentlichen folgendes aus: „Il (d. i. der König) trouvera en mon maistre un allié fidèle, puissant, heureux et déterminé à faire aveuglement tout ce que l'on exigera de luy. La raison en est fondée sur ses intérests: il n'a d'ennemis naturels que l'Empereur, qui l'est du Roy. Il agira contre luy, il ne manque pas de prétextes plausibles — le peu de satisfaction, qu'il en a sur les quartiers, la jalousie qu'on prend de luy à la cour de Vienne et mille autres choses, qui jointes au penchant qu'il y a, se peuvent convertir en justes sujets de plaintes, luy ouvriront les moiens de rompre toutes les fois qu'il voudra. Pour Messieurs de Lunebourg il est si mal satisfait de leurs hauteurs et vanités, qu'il sera ravy d'estre leur ennemy non seulement, mais de tous ceux, qui le sont du Roy. Mais sy S. M^{té} suivant les excès de générosité ordinaire veut absolument, que la Suède soit satisfaite, il faut luy rendre **Bremen**, **Verden**, luy faire avoir **Fulda**, **Paderborn** et **Minden** hors la ville, qui sert à la liaison de ses estats, que sy on vouloit absolument la **Poméranie**, qu'il s'en tiendroit aux propositions, qu'il avoit fait faire par **Meinders**, son ministre, à Nimègue, mais qu'on n'avoit pas escouté, c'est **Stetin**, **Wolgast**, **Anclam**, **Demmin** et enfin tout ce qui est borné par le **Peene**, que si S. M^{té} juge, qu'il faille quelque chose de plus, qu'il est prêt de contribuer en argent ou autrement de son costé tout ce qu'il jugera de raisonnable. Il s'estendit ensuitte sur les projets de prendre la Silésie et plusieurs choses, qu'il disoit de son chef et qu'il me prioit de ne pas dire."

Zu verwundern wäre es bei solchen Reden doch nicht gewesen, wenn der französische Diplomat den Eindruck gewann, dass Brandenburg sich seinem König so zu sagen an den Hals warf. Der Kaiser, mit dem es noch verbündet war und den es eben zu neuen Anstrengungen für die Fortsetzung des Kampfes gegen Frankreich zu gewinnen suchte, hiess hier Brandenburgs und Frankreichs einziger natürlicher Feind. Um einen Vorwand zum Bruch mit ihm niemals in Verlegenheit, stellt sich der Kurfürst zum Kampfe gegen ihn Frankreich vorbehaltlos zur Verfügung, sobald dieses ihm dafür Pommern bis zur Peene verschafft. Nicht blos finanzielle Opfer war er dafür zu bringen bereit, selbst das Mindensche Land wollte er daran geben und Schweden zu Bremen und Verden, wo die verhassten Lüneburger sich einzunisten gedacht hatten, auf Kosten des Reiches auch noch Fulda und Paderborn überlassen.

Man begreift dies leidenschaftliche Verlangen der schwedischen Nachbarschaft endgültig entledigt zu werden: aber liess sich der Kurfürst, von Hass und Furcht zugleich verblendet, nicht zu fast verzweifelt erscheinenden Kombinationen hinreissen, wenn er dafür im Nothfall nicht blos Halberstadt, sondern sogar einen Theil der Mark zu opfern für denkbar hielt? In einer neuen Unterredung mit Rébenac am 30. Oktober entwickelte Fuchs einen solchen Plan. „Il parloit, heisst es in des Franzosen Bericht, du projet de son maistre comme d'une chose très-facile quant à la satisfaction, qu'il vouloit donner à la Suède aux despens des princes de Gustrow Swerin, Paderborn. Il vouloit remplacer ces princes sur Halberstadt et mesme sur la Mark, disant qu'il aymoit beaucoup mieux donner le coeur de ses estats à des princes foibles que d'avoir les Suédois en Poméranie."

Man darf wohl zweifeln, ob solche Vorschläge mehr als momentane Einfälle und wirklich ernst gemeint waren. Hielt es der Kurfürst aber für möglich, eine derartige Umgestaltung der Karte von Norddeutschlands in Gemeinschaft mit Frankreich durchzuführen, so that er dies sicherlich zunächst im Bewusstsein des Gewichts, das er militärisch in die Wagschale zu legen vermochte: die unvergleichlichen Leistungen seiner Armee, so meinte er, müssten einem Fürsten, der die Vorherrschaft in Europa erstrebte, seine Bundesgenossenschaft vor jeder anderen begehrenswerth erscheinen lassen. Auch in dieser Hinsicht gab er seine Absichten und Wünsche mit fast naiver Offenheit zu erkennen. Als am 28. Oktober die schwedische Besatzung aus Stralsund abzog — noch

2500 Mann mit 68 Fahnen und Standarten — war die kurfürstliche Armee und sechs noch bei ihr befindliche lüneburgische Bataillone in Parade aufgestellt, nicht blos um den tapfern Gegner zu ehren, sondern ebenso sehr um dem französischen Militärbevollmächtigten, der auch hier an Königsmarks Seite erschien, vorgestellt und von seinem Kennerblick gewürdigt zu werden. Der Eindruck war ein überaus günstiger. „J'avoue, schreibt Rébenac, que je fus surpris de la beauté de ses trouppes. Il avoit vingt-quatre bataillons de quatre à cinq cens hommes, en contant six de Lunebourg, et je ne peux les comparer qu'aux régiments du Roy et à cinq ou six des plus beaux régiments que j'aye veus en France. Il n'y avoit guerre plus de deux mille chevaux, le reste estant à Gripswald. Les dragons sont fort beaux, la cavallerie bien habillée, mais mal montée. Mr. l'Electeur eut la bonté de vouloir, que je visse tout, me disant à chaque bataillon: „Voilà, tous bons serviteurs du Roy". Nach dem Ausmarsch speiste Rébenac mit Königsmark beim Kurfürsten, war auch noch am 1. November dessen Gast[1]).

Die Summe aber der Eindrücke, die er aus diesen ersten Begegnungen mit dem Kurfürsten empfing, und das Bild, das er sich danach von Brandenburgs politischer Lage machte, fasste Rébenac treffend dahin zusammen, „que ce prince est dans des perplexités fort grandes: cette dernière conqueste eslève ses prétentions et n'augmente point ses espérances". Auch die Begründung dieses Satzes zeigt seinen scharfen Blick und sein richtiges Urtheil: „Il s'est brouillé avec Messieurs les princes de Lunebourg, qui ne veulent point l'assister au siège de Gripswald et se retirent dans le Mekelbourg; il ne peut point éviter de l'estre avec le Roy de Danemark, s'il ne luy met le fort de Niuerschantze entre les mains: c'est un party, auquel il ne se résoudra qu'à l'extrémité. L'Empereur le traitte mal en touttes choses, et je sçay par un de ses ministres, que lorsque son envoyé fist sçavoir à l'Empereur, que l'Isle de Rugue estoit prise et qu'il alloit assiéger Stralsund, il n'en temoigna aucune joye, et le mesme jour Mr. le duc de Neu-

---

[1]) v. Buch Tagebuch II, S. 91.

bourg dit hautement à l'envoyé: „Monsieur, il ne faut pas, que Mr. l'Electeur de Brandebourg parle de conquestes, il faut parler de restitution. Nous luy souhaittons du bien, mais non pas à nos despens". Tout cela joint à une disette d'argent extrême, à ses incommodités de goutte, qui l'empeschent de faire de longs voyages, et au peu d'envie, que Dörferling, son général, a de la guerre contre les François dans la crainte, qu'il a des mauvais succès, et qu'il ayme mieux outre cela voir son maistre en paix que dans une guerre, où la communication, qu'il auroit avec des autres généraux, pourroit préjudicier à sa faveur et descouvrir son ignorance, qui est grande, tout cela joint à des petits intérests de cour me fait croire, que Mr. l'Electeur a de grands penchans à une paix raisonnable."

Sieht man ab von der vorgefassten Meinung, in der er dem alten Derfflinger jedes Verdienst und jede Bedeutung abzusprechen geneigt ist, wird man zugeben müssen, dass Rébenac die eigenthümlichen Schwierigkeiten der Lage, die dem Kurfürsten durch die jüngste Wendung der Dinge bereitet war, richtig würdigte. Auch in der Annahme irrte er nicht, dass es Frankreich ein Leichtes sein werde, den gegen seine bisherigen Verbündeten tief verstimmten Kurfürsten auf seine Seite herüberzuziehen. Für die Leiter der französischen Politik war diese Erkenntnis von der grössten Wichtigkeit. Ihre erfolgreiche Ausnützung zu sichern und weitere vertrauliche Mittheilungen zu veranlassen, gab Rébenac sich den Anschein, als ob er nicht blos seinerseits von dem Kurfürsten entzückt wäre, sondern auch nicht daran zweifelte, dass der König auf die angedeuteten brandenburgischen Offerten eingehen und eilen werde, sich eines solchen Bundesgenossen um den verlangten Preis zu versichern. Der biedere Dietrich Sigismund von Buch berichtet in seinem Tagebuch[1]), Rébenac, „ein angenehmer und anständiger Mann", sei von dem ihm gewordenen Empfang ganz bezaubert gewesen und habe offen erklärt, wenn der König den Kurfürsten nicht liebe und achte, verdiene er nicht König von Frankreich zu sein.

---

[1]) II, S. 86.

Es ging hier wie so oft: man glaubte, was man wünschte, und meinte, die französischen Diplomaten trügen ihr Herz ebenso auf der Zunge, wie der leicht erregbare und dann allzu offenherzige Kurfürst, der bereits alles vergessen zu haben schien, was in den letzten zehn Jahren zwischen ihm und Frankreich geschehen war, und eine Wendung, wie er sie seiner Politik jetzt jählings zu geben im Begriff stand, weder erwarten noch recht durchführbar erscheinen liess.

II. Brandenburg und Frankreich 1669—73.

Hell beleuchteten jene Vorgänge zu Stralsund im Oktober 1678 die grosse Krisis, die sich eben in der europäischen Politik vollzog und Brandenburg vor eine schwere Entscheidung stellte. Wie war — darum handelte es sich — ein Ausgleich möglich zwischen den Ansprüchen, zu denen seine Erfolge den Kurfürsten vollauf berechtigten, und der durch den Zerfall der Allianz gegen Frankreich geschaffenen Lage, welche deren Befriedigung nur um den Preis eines weiteren, seinem Ausgange nach unberechenbaren Krieges erwarten liess? Wenn der Kurfürst in dieser Bedrängnis schon damals daran dachte, unter Vermeidung ferneren Kampfes sich der gewonnenen Beute auf die Dauer zu versichern durch einen Parteiwechsel, der ihn aus dem streitbarsten Gegner Frankreichs an Stelle Schwedens zu dessen bevorzugtem Schützling und Verbündeten machte, so übersah er zunächst, dass er dabei doch nicht blos andere und grössere Gefahren lief, sondern mit seiner eigenen Vergangenheit in Widerspruch gerieth und diese in gewissem Sinne lügen strafte.

Mannigfache Wandelungen freilich hatte sein Verhältnis zu Frankreich durchgemacht, seit er zur Zeit des holländischen Krieges zuerst handelnd in die europäische Politik einzugreifen versucht hatte: die Voraussetzungen aber zu einem Umschlag, wie er jetzt bevorzustehen schien, waren darin nicht gegeben, obgleich er damit auch einzelne Fäden wiederaufnahm, die er schon früher zu spinnen versucht hatte.

Dem französischen Angriff auf die spanischen Niederlande hatte er unthätig zusehen müssen: ohne zuverlässige Bundesgenossen und namentlich mit der holländischen Republik fast feindselig gespannt erklärte er sich, um Kleve zu decken, durch den Vertrag vom 15. Dezember 1667 für neutral[1]) und trat, wie er sich nachmals rühmte[2]), in Regensburg dem Kriegseifer des Fürstenraths und des Städtecollegs entgegen, und setzte die Berufung eines Kongresses nach Köln durch, um den Versuch zur Vermittelung eines Friedens zu machen. Gleichzeitig wirkte er bei der damals schwebenden polnischen Königswahl für Philipp Wilhelm von Pfalz-Neuburg, dem auch Frankreich seine Unterstützung zugesagt hatte, während es thatsächlich für den Prinzen von Condé warb, der Wiener Hof aber Herzog Karl von Lothringen erhoben zu sehen wünschte. War aber dieser wirklich, wie es hiess, für den Fall eines vorzeitigen Todes des schwächlichen Kaisers Leopold I. zum Nachfolger in den habsburgischen Erblanden bestimmt, so würde man begreifen, dass der Kurfürst, um seine Wahl zu hindern, lieber gleich mit der ganzen Armee nach Polen marschieren zu wollen erklärte[3]). Von der anderen Seite bemühte sich die Tripelallianz ihn zu sich herüberzuziehen und zum Bundesgenossen gegen Frankreich zu gewinnen. Als ob er von ihr vergewaltigt zu werden fürchten müsste, liess der Kurfürst damals in Paris durch Christoph Kaspar von Blumenthal, den er der polnischen Frage wegen im August 1668 dorthin gesandt hatte, um Hülfsgelder werben, wie England und die Niederlande manchem deutschen Fürsten ohne bestimmte Gegenleistung zahlten[4]). Doch drang er damit nicht durch; wohl aber schickte Ludwig XIV. im Frühjahr 1669 den Marschall und Gouverneur von Philippeville, Marquis de Vaubrun, nach Berlin, um Brandenburg zum Eintritt in die demnächst zu erneuernde

---

[1]) v. Mörner, Kurbrandenburgs Staatsverträge von 1601—1700. Berlin 1867. S. 321 ff. (n. 187).
[2]) Bericht Vaubruns vom 14. Mai 1669. (Min. aff. étr. Prusse VI.)
[3]) Desselben Bericht vom 6. Juni 1669.
[4]) Schreiben v. Blumenthals an Ludwig XIV. s. d. Min. aff. étr. VII.

„rheinische Defensivallianz" zu vermögen. Vaubrun traf den Kurfürsten dort nicht an; unbeirrt durch die Hindernisse, die ihm die Parteigänger Oesterreichs, obenan der Statthalter Johann Georg von Anhalt, Friedrich Wilhelms Schwager, zu bereiten suchten, — indem er ihm die erbetenen Relaispferde verweigerte[1]) — eilte er über Stettin dem Kurfürsten nach Königsberg nach. Am 31. Mai wurde er dort durch den Grafen Friedrich von Dönhof, den Schwiegersohn des Oberpräsidenten Otto von Schwerin, zu seiner Antrittsaudienz eingeführt[2]). Dem Anschluss an den Rheinbund standen bei dem Kurfürsten konfessionelle Bedenken entgegen: in Regensburg sollte erklärt sein, man wolle denselben nur mit den Katholiken erneuern. Von einer Defensivallianz mit Frankreich allein aber wollte er ohne Bewilligung von Subsidien nichts hören[3]). Diese aber war Vaubrun angewiesen von der Uebernahme bestimmter Verpflichtungen abhängig zu machen[4]). Falls der König wider Erwarten um die spanische Erbschaft mit dem Kaiser kämpfen müsste, sollte ihm der Kurfürst in Flandern 6000 Mann stellen, die ganz wie französische Truppen gehalten werden, daher auch unter anderer Benennung und unter einem andern als dem brandenburgischen Banner auftreten können sollten. Einigte sich der König mit dem Kaiser aber friedlich, so sollte der Kurfürst, da er dann ja von offener Parteinahme nichts zu fürchten hätte, mit von Frankreich gezahlten 40000 Thalern Werbegeld 4000 Mann mehr aufbringen und so im Ganzen 10000 Mann, auf Frankreichs Verlangen in eigener Person, nach den Niederlanden führen und mit ihnen so lange im Felde bleiben, bis der König endgültig in den Besitz seines Antheils an der spanischen Erbschaft gelangt wäre, um dann seinerseits die festen Plätze Geldern, Venloo und Roermond mit allem Zubehör als Souverain zu erhalten, wie ihm Anerbieten der Art schon 1667 gemacht worden waren[5]).

---

[1]) Derselbe aus Königsberg, d. 30. Mai 1669. Vgl. Urkunden u. Aktenstücke XII, S. 906—7 N.
[2]) Bericht vom 6. Juni.
[3]) Desgl. 19. Juli.
[4]) S. Lionnes Instruktion für Vaubrun Beilage I.
[5]) Urkunden und Aktenstücke II, S. 468. XII, S. 850.

So verlockend der Antrag schien: der Kurfürst ging nicht gleich darauf ein. Die zweideutige Haltung Frankreichs in Polen, wo es gegen seine ausdrückliche Zusage gegen den Neuburger und für Condé wühlte, machte ihn misstrauisch. Andererseits aber gab ihm der Kaiser doch auch ernsten Grund zur Beschwerde: in Polen setzte er seinen Einfluss für den Lothringerherzog ein, in Regensburg arbeitete er der immer dringender verlangten endlichen Auflösung des Reichstags entgegen, erschwerte die Begleichung des spanisch-französischen Konflikts durch hartnäckige Verfechtung der dem Reiche zustehenden Rechte auf die Frankreich überlassenen Plätze in den spanischen Niederlanden[1]) und wollte von der in Erinnerung gebrachten Entschädigung für Jägerndorf durchaus nichts hören[2]). Daher wurden nach des Kurfürsten Rückkehr nach Berlin Ende August 1669 die Verhandlungen mit Vaubrun mit mehr Aussicht auf Erfolg fortgesetzt, vielfach unterbrochen und verzögert durch des Kurfürsten häufige Jagdausflüge und allerlei Intriguen am Hofe[3]). Denn es machte sich dort eine starke Strömung gegen jede Anlehnung an Frankreich geltend. Neben Johann Georg von Anhalt vertrat diese namentlich der Oberstallmeister, Oberst der Leibgarde und Gouverneur von Berlin, Gerhard Bernhard von Poellnitz, dessen Einfluss durch seine Ehe mit der Gräfin Eleonore von Nassau, einer Verwandten der verstorbenen Kurfürstin Luise, gestärkt wurde. So entstanden am Hofe Parteiungen die, von Jahr zu Jahr verschärft, den Frieden des kurfürstlichen Hauses untergruben, dem alternden Kurfürsten das Leben verbitterten und die Einhaltung einer folgerichtigen Politik erschwerten. Im Geheimen Rathe waren Otto von Schwerin und Meinders Anhänger der französischen Allianz, in der allein sie für Brandenburg das Heil sahen. Bei ihnen hätte es daher der lockenden Verheissung von „effektiven Beweisen der königlichen Zufriedenheit" nicht bedurft, durch die Vaubrun Anhang zu werben suchte; nach dem Abschluss sollten sie nicht blos „Gratifikationen" von etlichen Tausend Thalern erhalten, sondern auch entsprechende

---

[1]) Urkunden u. Aktenstücke XIV, S. 406.
[2]) Ebendas. S. 428—29.
[3]) Bericht Vaubruns vom 18. September.

II. Brandenburg und Frankreich 1669—73.

Pensionen für die auf zehn Jahre bemessene Dauer des Vertrages geniessen [1]).

Die Verhandlungen mit Vaubrun führten Schwerin und Friedrich von Jena. Während man über die eigentlich politischen Fragen, so weittragende Konsequenzen sie enthielten, schnell zu einem Einverständnis gelangte, machte die Höhe der brandenburgischen Subsidienforderungen Schwierigkeiten [2]). Von der anderen Seite aber steigerte nun sowohl die Tripelallianz wie der Kaiser ihre Anerbietungen an Brandenburg. Jene bot ihm Befriedigung seiner Ansprüche an die Niederlande, Hülfsgelder und Schutz gegen jeden Angriff. Vornehmlich aber entwickelte der kaiserliche Gesandte, Freiherr Johann von Goess, die grösste Beflissenheit: er befürwortete eine persönliche Begegnung Friedrich Wilhelms mit dem Kaiser, machte dem Kurprinzen Aussicht auf die Hand einer Schwester desselben und bot als Entschädigung für Jägerndorf die Ballei Nersdorf im Klevischen [3]). Als er davon Kunde erhielt, zeigte sich auch Vaubrun freigebiger, und so wurde denn am 4. Januar 1670 das Geheimbündnis zwischen Brandenburg und Frankreich auf zehn Jahre zu Berlin wirklich unterzeichnet [4]), jedoch auf den 31. Dezember 1669 zurückdatirt [5]). Ersteres versagte sich endgültig der Tripelallianz, versprach aber dem erneuten Rheinbunde beizutreten, sobald er neben Frankreich wenigstens drei evangelische und drei katholische Reichsstände umfasste. In eigener Person wollte der Kurfürst mit 10000 Mann dem König zur Gewinnung der spanischen Niederlande verhelfen gegen 150000 Thaler Werbegelder und 40000 Thaler Subsidien während der nächsten zehn Jahre. Dafür sollte er, sobald die spanischen Niederlande französisch geworden wären, die festen Plätze Geldern, Venloo und Roermond mit allem Zubehör zu voller Souveränetät erhalten. Diese letzte Bestimmung wurde in Folge von Bedenken, welche

---

[1]) Bericht Vaubruns vom 2. Oktober 1669 und 5. Januar 1670.
[2]) Urkunden u. Aktenstücke XII, S. 907 ff.
[3]) Bericht Vaubruns vom 27. November und 4. December 1669.
[4]) v. Mörner a. a. O. S. 335—37 und S. 691—96.
[5]) Vaubrun an Lionne d. 5. Januar 1670 — „pour ne point datter de deux années différentes, à cause des deux stiles".

die brandenburgischen Bevollmächtigten im Augenblick der Unterzeichnung erhoben[1]), bei der Ratifikation dahin erläutert, es solle der ganze spanische Theil des Herzogthums Geldern rechts von der Maas an Brandenburg und nur das links des Flusses gelegene Stephanswerth an Frankreich kommen — als ein „dem freien Willen des Königs entsprungener überreicher Gunsterweis"[2]). Endlich versprach Frankreich dem Kurfürsten Waffenhülfe, falls er um dieses Vertrages willen angegriffen würde, der angeblich die von beiden Theilen früher mit anderen Mächten geschlossenen Verträge in nichts präjudicirte, während er deren Bestimmungen doch nur so weit gelten liess, als sie seinen Festsetzungen nicht widersprachen. In einem geheimen Artikel verhiess der Kurfürst Braunschweig, Sachsen-Lauenburg und Hessen-Kassel zum Eintritt in den Rheinbund zu bestimmen und auf dem Reichstage Frankreichs Interesse zu vertreten, insbesondere die Aufnahme Böhmens in den Kurfürstenverein so wenig wie sein Bündnis mit den Kurfürsten zuzulassen[3]).

Das Geheimnis des Vertrages ist wirklich aufs Strengste gewahrt worden. Es ist doch, als ob dem Kurfürsten selbst nicht recht geheuer dabei war. Würde er, nachdem er diesen ersten Schritt gethan, sich weiterer Zumuthungen Frankreichs erwehren können? Schon dass im Januar 1679 Wilhelm von Fürstenberg in Berlin eintraf, der Bruder des Strassburger Bischofs, war ihm gar nicht genehm[4]): durch das Erscheinen dieses übel berufenen Agenten Frankreichs an seinem Hofe fürchtete er compromitirt zu werden. Er hatte damit nicht Unrecht. Angeblich sollte Fürstenberg im Auftrage Maximilian Heinrichs von Köln für den bevorstehenden Krieg Frankreichs gegen die Niederlande mit ihm ein gemeinsames Vorgehn vereinbaren, falls auch ihrer Vermittelung den Frieden zu erhalten nicht gelänge[5]): in Wahrheit aber war er beauftragt ihn von des Königs Absicht zum Angriff auf die

---

[1]) Vaubrun d. 28. Dezember 1869. Schreiben eod. d. Schwerius an Lionne. (Min. aff. étr. Prusse VI.)

[2]) Urkunden u. Aktenstücke XII, S. 914—15. v. Mörner, a. a. O. S. 696. „Car tel est Notre plaisir."

[3]) So in Vaubruns Papieren: im Druck findet er sich nicht.

[4]) Vaubrun d. 11. Dec. 1669.

[5]) Derselbe d. 19. Januar 1670.

Republik vertraulich in Kenntnis zu setzen und zur Theilnahme einzuladen, die ihm mindestens die endliche Rückgabe der von den Holländern noch immer besetzt gehaltenen klevischen Plätze einbringen würde[1]). Aber noch viel besorglichere Perspektiven eröffnete er dem Kurfürsten. Nach einer von ihm vorgelegten Denkschrift sollte die Republik der Niederlande, in ihrem dermaligen Zustand eine Gefahr für den europäischen Frieden, nominell zwar erhalten, aber so unter ihre Nachbarn vertheilt werden, dass Utrecht an Köln, Geldern und Zütphen an Brandenburg, Oberyssel an Münster, Westfriesland an Lüneburg, Gröningen an Pfalz-Neuburg, Holland und Seeland aber an den Prinzen von Oranien kämen. Man lehnte in Berlin das Projekt nicht einfach ab: Meinders amendirte es in einer umfänglichen Denkschrift dahin, dass diese Schattenrepublik dem Kurfürsten von Brandenburg oder dem Prinzen von Oranien als Generalstatthalter unterstellt und durch ein enges Bündnis an das Reich geknüpft werden müsse[2]). Eine bestimmte Antwort freilich erhielt Fürstenberg nicht, wurde aber doch dahin beschieden, dass Brandenburg in einer Sache von solcher Tragweite sicher nicht gegen Frankreich sein würde[3]). Für den Kurfürsten galt es nun vor allem Frankreichs Angriff auf die Niederlande zu hindern. Deshalb schickte er Lorenz Georg von Crockow nach Paris, um auf Grund einer mit Fürstenberg vereinbarten Instruktion „das Ungewitter durch alle dienlichen guten officia abzuwenden und den allgemeinen Frieden der Christenheit zu erhalten". Doch überzeugte dieser sich bald von der Aussichtslosigkeit solchen Bemühens und erkannte, dass Ludwig XIV. nicht blos die Republik erniedrigen, sondern das „austrasische Reich" mit dem Rhein als Grenze herstellen wollte. Auch die Niederlande lehnten eine Vermittelung ab, an deren Uneigennützigkeit zu zwei-

---

[1]) Vgl. die zusammenfassende Darstellung in dem „Récit de ce qui s'est passé entre le Prince Guillaume et Mr. Verjus avec les ministres de Mr. de Brandebourg", welche der vom 30. November 1670 datirten Instruktion für St. Géran beigegeben wurde. Min. aff. étr. Prusse VIII.

[2]) Droysen, Gesch. d. Preuss. Politik. (2. Aufl.) III, 3, S. 220—21.

[3]) Récit de ce qui s'est passé etc.: Mais il n'en raporta que des paroles générales, dont on ne pouvoit rien conclure, si ce n'est, que Mr. l'Electeur de B. dit, qu'en une affaire de cette nature il ne seroit pas contre le Roy.

feln sie unter den obwaltenden Verhältnissen wol Grund hatten, mochte der Kurfürst sie auch versichern lassen, dass er weder mit Frankreich noch mit sonst jemand Traktaten oder Bündnisse gemacht habe noch zu machen gedenke, welche wider seine Allianz mit dem Staat und die nachbarliche Freundschaft laufen würden [1]).

Nun liess aber Wilhelm von Fürstenberg Anfang des Jahres 1671 in Berlin wissen, der französische Angriff auf die Republik stehe unmittelbar bevor und es gelte Stellung zu nehmen. Dann erschien der gewandte Verjus, Graf de Créquy, im Reiche, angeblich um den Streit Braunschweigs und Münsters über Höxter beizulegen, thatsächlich um die fünf Fürsten, die bei der geplanten Auftheilung der Niederlande bedacht werden sollten, zu einer Offensivallianz mit Frankreich zu gewinnen [2]): gingen diese auf den Antrag ein, so wollte der König, um ihnen die Betheiligung am Kriege zu ermöglichen, erst im nächsten Jahre losschlagen. Kölns und Münsters war er zum Voraus sicher; Hannover galt für „gut disponirt"; Pfalz-Neuburg aber machte seine Entscheidung von der Brandenburgs abhängig, meinte freilich, sie könnten beide dabei nur gewinnen [3]). In Berlin aber, wo er zuerst Anfang Mai 1671 eintraf, stiess Verjus auf Schwierigkeiten, obgleich der Kurfürst Lust zu haben schien mit Frankreich zu gehn [4]). Doch machte er auch aus seinen schweren Bedenken kein Hehl. Waren nicht doch etwa — so wurde in der durch Schwerin übermittelten Antwort auf Verjus' erste Eröffnungen gefragt — von einem so totalen Umsturz aller bisherigen Parteiverhältnisse für Frankreich selbst schliesslich üble Folgen zu befürchten? Konnte nicht eine Zeit kommen, wo die Republik dem König von grösstem Nutzen war? Deshalb möge derselbe, so unzweifelhaft sein Recht und der günstige Ausgang seines Unternehmens sei, doch lieber friedliche Genugthuung suchen, wozu der Kurfürst nach Kräften zu helfen

---

[1]) Urkunden u. Aktenstücke XII, S. 904 N. 1.
[2]) Récit u. s. w. Bericht Verjus' d. d. Berlin 5. Mai 1671.
[3]) Verjus a. a. O.
[4]) Ebendas. — qui eust plus de passion pour le service et la satisfaction du Roy.

bereit sei. Hätte er nur die Hände frei, so würde dieser schon frei heraus sagen, wie er sich in diesem Kriege zu halten denke; zur Zeit aber sei er so gebunden, dass er nicht Nein und nicht Ja sagen könne. Sich weiter zu erklären werde er erst im Stande sein, wenn er über Schwedens Absichten Klarheit gewonnen habe; denn mit dessen Nachbarschaft müsse er bei allen Gelegenheiten rechnen[1]).

Das klang nicht eben verheissungsvoll, war allerdings auch noch keine Ablehnung. Dem Kurfürsten lag eben vor allem daran Zeit zu gewinnen. Angeblich um das Geheimnis dieser Verhandlungen sicherer zu wahren, verwies er Verjus für ihre Fortsetzung an seinen Gesandten in Bielefeld, wo der westfälische Kreistag eben Defensivmaassregeln erwog und von wo jener auch mit den anderen von ihm umworbenen Fürsten leichter in Verbindung bleiben konnte. In Paris aber machte v. Crockow dem Staatssekretär Lionne gegenüber kein Hehl daraus, dass sein Herr zu einem Offensivbunde gegen die Republik niemals zu haben sein werde[2]).

Natürlich durchschaute Verjus diese Absicht. In Bielefeld hielt er den brandenburgischen Bevollmächtigten, der die verheissene Vollmacht nicht hatte und ihn nur aushorchen sollte, geschickt durch kleine Mittheilungen hin und unterhandelte inzwischen erfolgreich mit dem Hause Braunschweig, Köln und Münster. Von dem ersten traten der katholische Johann Friedrich von Hannover und Herzog Ernst August, Bischof von Osnabrück, in ein Bündnis ein, das ihnen unter dem Scheine anfänglicher Neutralität die Unterstützung Frankreichs gegen die Republik zur Pflicht machte, und der Erzbischof von Köln und der Bischof von Münster eilten dieses Beispiel nachzuahmen[3]). Im Hinblick auf seine westfälischen und niederrheinischen Lande war die Lage nun für den

---

[1]) Response dictée par Mr. le Baron de Schwerin le mercredy 20e de May 1671 in Verjus' Berichten a. a. O.

[2]) Récit etc. a. a. O. — qu'il ne falloit pas espérer, que jamais son maistre entre en aucune ligue contre les Hollandois et que le Roy se tromperoit, s'il en avoit autre opinion.

[3]) Ebendas., z. Th. benutzt von Mignet, Négociations relatives à la succession d'Espagne III, S. 294—95.

Kurfürsten von Brandenburg freilich in der nachtheiligsten Weise verändert. So versuchte Verjus nochmals sein Glück in Berlin, um dort wenigstens eine ähnliche Art von Frankreich freundlicher Neutralität durchzusetzen. Er fand die Stimmung dafür nicht ungünstig. Griffe der König, so meinte man, die Niederlande nur in Flandern und Brabant an, liesse das Reich aber unbehelligt, so werde man davon nicht viel Aufhebens machen; wende er sich aber gegen einen der von den Niederländern besetzten festen Plätze in Kleve, so werde dieses zum Kriegsschauplatz werden: das aber müsse der Kurfürst nur gegen seinen Willen geschehen zu lassen scheinen. Die Bedingungen, die Verjus für das angetragene Bündnis vorschlug, gingen dahin, dass der Kurfürst sich verpflichten sollte der Republik nicht Truppen zu leihen, mit den ihr Hülfe verheissenden Staaten keine Allianz einzugehn, auf dem Reichstage alles Frankreich Nachtheilige zu hindern und den französischen Truppen, die strenge Mannszucht halten, alle Bedürfnisse bezahlen und etwa angerichteten Schaden ersetzen würden, ungehinderten Durchzug durch sein Gebiet zu gewähren. Würde er deswegen angegriffen, so verpflichtete sich Frankreich ihm mit Truppen und Geld zu helfen und nach dem Kriege die von den Niederländern besetzten klevischen Plätze, die es erobert hätte, zu überantworten; ja Verjus sollte ihm auch die Rückgabe der nicht gewonnenen zusichern, im Nothfall sogar ihre Ueberlassung noch während des Krieges, mit Ausnahme von zwei grösseren, deren der König zur Sicherung des Rheinüberganges bedürfe. Subsidien durfte Verjus schliesslich bis zum Betrage von 100000 Thalern bewilligen. Besondere Zuversicht auf den Erfolg verrieth es freilich nicht, wenn er ausserdem für den Fall des Abschlusses Schwerin und Meinders eine Gratifikation von 20—80000 Thalern zuzusagen hatte[1]).

Noch aber verfing so plumpes Werben um Brandenburg nicht. Denn inzwischen hatte die gemeinsame Sorge um die Sicherung des wichtigen Köln gegen einen französischen Handstreich eine Annäherung zwischen dem Kurfürsten und der Republik bewirkt. Aber erst als die Franzosen (Ende 1671) in das Kölnische ein-

---

[1]) Ebendas. Conditions que j'ay eu ordre de proposer pour la neutralité.

marschierten und Erzbischof Maximilian Heinrich sowol wie der Bischof von Münster ihre Partei ergriffen, zeigten die Generalstaaten Neigung dem Kurfürsten grössere Zugeständnisse zu machen. Sofort steigerte aber auch Frankreich sein Angebot für die Neutralität. Mit immer neuen Argumenten dafür drang in Paris Arnauld de Pomponne, der Nachfolger des inzwischen verstorbenen Lionne, auf v. Crockow ein. Nach Berlin aber eilte in den letzten Tagen des Jahres 1671 Graf St. Géran[1]), dem entgegenzuwirken die Republik im Januar 1672 Herrn von Amerongen dorthin sandte.

Ein erbitterter Kampf der Parteien entbrannte und in Folge desselben ein leidenschaftliches Intriguenspiel, das selbst das in solchen Zeiten doppelt nöthige gute Einvernehmen zwischen dem Kurfürsten und seinen vertrautesten Räthen ernstlich störte. St. Géran fand den Hof „stark holländisch"[2]). Neben Johann Georg von Anhalt vertrat diese Richtung namentlich Derfflinger an der Spitze der Militärpartei. Bliebe Brandenburg neutral, so erklärten diese Herren, so würden sie den Abschied nehmen und in den Dienst der Republik treten. Im Geheimen Rathe dagegen wollte mit Ausnahme Friedrichs von Jena niemand vom Krieg gegen Frankreich etwas wissen. Man fürchtete von einem solchen den Verlust des im nordischen Kriege gewonnenen Ruhms. Als unüberwindliches Hindernis wurde namentlich die Finanzlage geltend gemacht. Schwerin freilich bekannte offen, dass er der übermüthigen Republik eine Züchtigung gönne. Der Kurfürst hatte, wie er dem pfalz-neuburgischen Rath Stratmann anvertraute, seinen besonderen Plan: ohne sich nach einer Seite zu verpflichten wollte er zunächst zwar neutral bleiben, aber ein Heer von 15000, ja 17000 M. aufbringen, um nach Ausbruch des Krieges als Vermittler einzutreten und sich der Partei anzuschliessen, die den von ihm vorgeschlagenen Vergleich annehmen würde — ein Plan, der denn doch allzu durchsichtig war und aus völliger Verkennung der Lage und arger Ueberschätzung der eigenen Machtmittel entsprang. Mit Recht urtheilte St. Géran, ein Heer aufzubringen sei

---

[1]) Er kam am 30. December 1671 an: s. seine erste Relation vom 6. Jan. 1672. (Min. aff. étr. Prusse VIII.)

[2]) Bericht vom 19. Januar 1672: Cette cour paroist fort Holandoise.

für den Kurfürsten freilich leicht, es zu unterhalten aber unmöglich, und deshalb müsse er in jedem Falle binnen kurzem Partei nehmen. Um so übler angebracht war daher die kleinliche Sparsamkeit der Holländer, die an Werbegeld für den Reiter nur 40 und den Fusssoldaten 10 Thaler bewilligen wollten, während Frankreich 60 und 16 bot.

So schwankte die Entscheidung lange. Denn trotz der üblen Erfahrungen, die mit der Neutralität gemacht zu haben er selbst zugab[1]), war sie dem Kurfürsten auch jetzt das Erwünschteste, wenigstens so lange bis der Ausgang des Kriegs sich mit einiger Wahrscheinlichkeit voraussehn liess, jedenfalls zunächst auf ein Jahr. Das lehnte aber Ludwig XIV. unbedingt ab; nur auf mindestens drei Jahre könne er einen solchen Vertrag bewilligen. Obenein aber wollte der Kurfürst trotz der Neutralität der Republik die 2000 Mann stellen dürfen, womit er ihr nach dem 1666 erneuerten Vertrage von 1655 im Fall eines Angriffs zu helfen verpflichtet war[2]). Also, lautete die entrüstete Antwort aus Paris, halte er den König für den Angreifer, während dafür — echt französisches Völkerrecht! — doch vielmehr derjenige zu gelten habe, der durch seine Herausforderungen den andern Theil nöthige die Waffen zu ergreifen. Auch mache sich der Kurfürst ja selbst der Feindseligkeit gegen Frankreich schuldig, indem er niederländische Truppen in seinen klevischen Plätzen dulde. Dann versuchte man es wieder mit Schmeicheleien: wenn der Kurfürst, hiess es, sich mit seinen Freunden zusammenthäte, so wäre ja alles in sein Belieben gestellt; nehme doch er allein sich des Reiches an, das ohne ihn stumm sein würde. Und dennoch wollte derselbe auch als Neutraler dem Reiche leisten dürfen, was er ihm schuldig war[3]).

St. Géran war sich bald klar darüber, dass man durch dieses Hin und Her der Anträge und Forderungen, der Bedenken und Vorbehalte nur Zeit gewinnen wollte, und sah, wie die Wagschale sich

---

[1]) Vgl. Droysen a. a. O., S. 243; St. Géran d. 24. Februar 1672: — bien qu'il se souvienne de ne s'en estre pas bien trouvé dans les guerres voisines.
[2]) v. Mörner a. a. O. S. 188 (Art. 9).
[3]) Ludwig XIV. an St. Géran, d. d. St. Germain 19. Februar 1672.

immer mehr zu Gunsten der Niederlande senkte. Musste er doch erleben, dass der Kurfürst, während er eines Gichtanfalls wegen für ihn längere Zeit unsichtbar blieb, fleissig mit Amerongen konferirte[1]). Noch bekämpften freilich namentlich Meinders und Schwerin die aufkommende Neigung ihres Herrn zum Anschluss an die Republik. Um so mehr setzte aber von Pöllnitz von der entgegengesetzten Seite alles in Bewegung und nahm den in Skrupeln und Zweifeln ringenden Kurfürsten geflissentlich gegen seine bewährtesten Mitarbeiter ein: er trug schliesslich den Sieg davon. Auf alle deutschen Höfe suchte der Kurfürst in kriegerischem Sinne einzuwirken. In Kleve liess er zwei Regimenter ausheben: wenn das Land denn einmal schon ruinirt werden solle, meinte er, solle das wenigstens lieber für ihn als für andere geschehen. In Pommern und in Preussen waren die Generale v. Schwerin und von der Goltz mit der Bildung neuer Regimenter beschäftigt[2]). Unerhört misachtet erschien unter solchen Umständen der Geheime Rath und fast wie aufgelöst. Nur v. Jena weilte noch bei dem Kurfürsten in Potsdam. Schwerin sah sich so übel behandelt, dass er dem Rufe an den Hof unter dem Vorwand von Krankheit nicht Folge leistete und man seinen Rücktritt erwartete. Er wollte, so erklärte er offen, nicht an Beschlüssen theilnehmen, die zu fassen er nicht rathen könne. Auch Meinders hielt sich geflissentlich zurück[3]). Aber zum Entschlusse kam man noch immer nicht. Warnte doch auch Herzog Georg Wilhelm von Celle, der Ende Mai zu Besuch in Potsdam erschien, vor dem Eintreten für die Niederlande, indem er ein Defensivbündnis mit ihm, Hannover und Hessen in Vorschlag brachte. Dabei wurden Frankreichs Anerbietungen immer lockender: für blosse Neutralität wollte es schliesslich mehr gewähren als die Niederlande für Waffenhülfe. Denn während diese von den klevischem Plätzen Orsoy nur herausgeben wollten, wenn sie Ruhrort mit dem Rechte der Befesti-

---

[1]) Bericht vom 9. Februar 1672.
[2]) Bericht vom 4. März 1672.
[3]) Derselbe d. 4., 16. und 23. März 1672. Vgl. Amerongens dazu völlig stimmende Angaben vom 28. Februar Urkunden u. Aktenstücke III, S. 237, Anmerk.

gung erhielten — „ein hübscher Tausch", meinte der Kurfürst — wollte es von den bisher von den Holländern besetzten Orten die, welche seine Truppen schon genommen hatten, sofort räumen, die übrigen nicht angreifen. Wol konnten die Gegner der niederländischen Allianz im Hinblick darauf verlangen, Brandenburg möge es mit dem halten, der ihm zu dem Seinigen verhelfen, nicht aber mit dem, der es ihm vollends nehmen wolle. Und ähnlich stand es in allen anderen Punkten. Statt 24000 Mann, die der Kurfürst gegen drei Fünftel der Unterhaltungskosten und beträchtliche Werbe- und Rüstungsgelder aufzustellen wünschte, wollten die Generalstaaten nur höchstens 10000 aufgebracht haben. Frankreich dagegen bot nun auch noch jährlich 200000 Thaler Subsidien. Dennoch unterlag es. Nach Ablehnung seiner Anträge wurde St. Géran Ende März 1672 vom Kurfürsten entlassen[1]. Im April verabschiedete sich v. Crockow in Paris, und am 6. Mai wurde der Vertrag unterzeichnet, nach dem der Kurfürst gegen 9000 Thaler monatlich in seinen niederrheinischen Landen 20000 M. aufzustellen und längstens zwei Monate nach Zahlung der Werbegelder durch die Republik deren Angreifer den Krieg zu erklären hatte[2].

Ihre schlimmsten Befürchtungen sahen die Gegner dieser kriegerischen Wendung durch das, was folgte, weit übertroffen. Binnen wenigen Tagen war Klevo fast ganz in der Gewalt der Franzosen. Ende Juni befanden sich diese im Besitz des grössten Theils der ohnmächtig zusammenbrechenden Republik, noch bevor deren Alliirter ins Feld gerückt war oder an Frankreich auch nur den Krieg erklärt hatte. Nicht ohne Grund machte dort die erbitterte öffentliche Meinung neben der Unfähigkeit der eigenen Staatsleiter die Unzuverlässigkeit Brandenburgs für alles Elend verantwortlich. Denn auch als der Kurfürst sich nun durch das Wiener Protokoll vom 12. Juni mit dem Kaiser zu gemeinsamer Waffnung einigte, blieb die Republik, obgleich sie inzwischen durch eine Volkserhebung zum Verzweiflungskampf fortgerissen war, thatsächlich ohne Hülfe.

---

[1] Sein Recreditiv d. d. Cölln a. d. Spree d. 29. März 1672 Urkunden u. Aktenstücke II, S. 509.

[2] v. Mörner a. a. O., S. 359 ff. (n. 205).

Erst ihr Bündnis mit dem Kaiser vom 25. Juli erschloss ihr bessere Aussichten.

Sofort begann Frankreich militärisch und diplomatisch die energischste Gegenwirkung. Die Belagerung Groeningens wurde aufgehoben und ein kleiner Theil der französischen Armee mit den kölnischen und münsterschen Truppen zur Deckung des Rheins gegen die Kurfürstlichen und Kaiserlichen entsandt. In Berlin erschien Graf de la Vauguion[1]), um durch ein Gemisch von Drohungen und Versprechungen dem Kurfürsten doch noch eine Neutralerklärung abzudringen. Der König denke nicht daran — so sollte er darlegen[2]) — den Westfälischen Frieden zu verletzen, werde aber die deutschen Fürsten sofort mit Krieg überziehen, die gegen ihn oder einen seiner Verbündeten etwas unternähmen; nicht wegen der brandenburgischerseits ergriffenen Massregeln, sondern allein aus Achtung vor den Traktaten werde er die jetzt genommenen deutschen Plätze alle dem Reiche zurückgeben, dem Reiche, nicht dem Kurfürsten, dessen Recht auf Kleve ja so bestritten sei, dass er dort leicht andere, ihm gefügigere Fürsten begünstigen könne. Geschickt trieb die französische Politik damit den Keil der Zwietracht in die eben erst eingeleitete brandenburgisch-kaiserliche Kooperation. Vor Allem aber sollte Vauguion darüber keinen Zweifel lassen, dass der König, sobald die angeblich in der Bildung begriffene Armee marschiere, über den Rhein gehen und den Krieg nach Deutschland selbst tragen würde.

Bei seiner Ankunft in Berlin, Anfang August, fand Vauguion alles kriegerisch bewegt, aber auch in arger Unordnung[3]). Die klare und bestimmte Antwort, die er auf seine Eröffnungen verlangte, zögerte man hinaus: man war noch nicht schlagfertig, denn es fehlte an Geld. Die Generale haderten um das Kommando. Statt des grollenden Derfflinger, der in seiner üblen Laune alle Zeit schwer zu behandeln war, war Christian Albert Graf zu Dohna General der Artillerie geworden. Generalleutenant von der Goltz, der früher sechszehn Jahre lang ein polnisches Regiment in Frank-

---

[1]) Seine Berichte Min. aff. étr. Prusse VIII.
[2]) Instruktion für ihn vom 7. Juni 1672 a. a. O.
[3]) Bericht vom 5. August 1672.

reich befehligt¹) und von dem König nicht nur die bourbonischen
Lilien in sein Wappen, sondern erst 1669 auch die Baronie verliehen erhalten hatte²) und noch eine Pension von 1000 Thalern
bezog³), lag in Streit mit dem General v. Schwerin, des Oberpräsidenten Bruder⁴). Den Kurfürsten selbst, den ein Gichtanfall
an der bereits beschlossenen Abreise zu der bei Halberstadt versammelten Armee hinderte, fand Vauguion tief verstimmt. Bitter
beschwerte er sich gleich in der ersten Audienz über die ihm widerfahrene Behandlung; aber noch drei Wochen später machte er die
immer dringender verlangte klare Antwort abhängig von dem Votum
seines Geheimen Rathes. Von der Unterredung, die sie hierüber am
21. August in Potsdam hatten, giebt Vauguion einen sehr charakteristischen Bericht, in dem uns namentlich die persönliche Eigenart des
Grossen Kurfürsten mit anschaulichster Lebendigkeit entgegentritt⁵).

„Là dessus il se leva et en se promenant avec moy dans son
cabinet il me dit d'un air un peu courroucé, que véritablement il
avoit lieu d'estre surpris de la manière, dont le Roy le traittoit,
qu'il trouvoit assez rude; qu'après avoir pris ses villes, démoly ses
places, fait sauter ses chateaux et généralement avoir faict de ses
villes de villages, S. M^té voulut encore l'empescher d'avoir des
troupes dans ses estats; qu'il ne jugeoit que trop bien par là, que
le Roy luy vouloit faire la guerre et qu'il me prenoit moy-mesme
à tesmoing, s'il n'avoit pas de sujet de se plaindre. Je luy respondis,
qu'informé, comme j'étois, de la conduite peu agréable, qu'il avoit
tenue envers S. M^té, il ne gagneroit pas sa cause à me faire son
juge; que je sçavois très-bien, qu'il n'avoit jamais voulu respondre
positivement sur la neutralité, qu'on luy avoit proposée tant de
fois, ny accepter les grands avantages, que le Roy luy avoit offert
avant que de commanser la guerre contre les Hollandois. Il me
dit, qu'il y avoit assez respondu, ayant déclaré plus d'une fois à
Mr. de St. Géran, que le Roy le vouloit ruiner et ses enfans, que

---

¹) Bericht Rébenacs vom 2. Mai 1682 (Prusse XVIII, 322 v°).
²) Beilage II.
³) Bericht Vaubruns vom 19. Februar 1670.
⁴) Vauguion d. 13. August 1672.
⁵) Vom 2. September 1672 aus Halberstadt.

non obstant cela, s'il n'avoit toujours eu dessein de se conserver les bonnes graces du Roy, il auroit peu prester secours aux Holandois et leur donner six mille hommes sans s'incommoder. Je luy répliquoy, que je doutois, s'il l'eust peu faire sans s'incommoder, mais que les intrigues, qu'il avoit pratiquées dans l'Empire contre les intérests de S. M^{té}, faisoient assé juger, que s'il eust osé leur donner des troupes, il n'y auroit pas manqué, quoyque l'évènement ait faict voir, que cela ne leur auroit guerre servy, et qu'enfin S. M^{té} n'estoit que trop disculpée à son égard. Il adjouta, que le Roy de Suède trouvoit mesme estrange, qu'on souffrit dans l'Empire l'armement de l'Evesque de Cologne et de Munster, ce qui donnoit à connoistre, que S. M^{té} ne devoit faire un grand fond sur celuy, qu'il en prétendoit. Sur ce mot je m'élevay fortement et luy fis bien entendre, que le Roy de Suède cognoissoit trop bien la puissance du Roy et son mérite personel pour luy manquer en la moindre chose, mais qu'il n'y avoit que ceux, qui seroient assez téméraires d'entreprendre ou de soulever quelqu'un contre ses intérests en cette conjoncture, qui attireroient dans la suite la riséo de tout le monde. En mesme temps il se retourna et me regarda en face d'un air fort enflé; puis s'estant remis à se promener quelques pas, il me dit, qu'il se faisoit bien chaud dans ce cabinet, et me demanda, si je voulois venir dans la salle, où après s'estre un peu rafraichy, il dit au conte de Dohna de me faire voir les beautés de sa maison, lequel me conduisit dans une espèce de mesnagerie: j'y trouvay l'agrément proportionné à tout le reste."

Ein köstliches Genrebild!

Noch aber gab Schwerin sein Bemühen um eine Verständigung mit Frankreich nicht auf, obgleich die Einhebung von Kontributionen im Klevischen den Kurfürsten aufs Höchste erbitterte und die Aussicht auf eine friedliche Wendung vollends minderte. Bequemte sich Frankreich zur sofortigen Herausgabe der besetzten Plätze oder auch nur Orsoys und Genneps, deren Verlust den Kurfürsten besonders schmerzte, so meinte Schwerin den Bruch noch abwenden zu können[1]. Das genügte Vauguion. Noch vor dem

---

[1] Vauguions Bericht vom 2. September über die vor der Abreise nach Halberstadt gehabte Unterredung mit „prince Danal et le Baron de Churin".

Kurfürsten eilte er nach Halberstadt, um sich von dem Zustande der brandenburgischen Armee zu unterrichten, die er zunächst gegen Münster bestimmt glaubte. Von der Infanterie fand nur die Garde seinen Beifall. Doch waren auch deren Regimenter von sehr ungleicher Stärke und schwankten zwischen 1000 (Spaen, Graf Dohna) und 600 Mann. So weit war auch das Regiment Kurprinz reducirt, da ein beträchtlicher Theil seiner Mannschaften auf der Ueberfahrt von Königsberg nach Kolberg durch Schiffbruch umgekommen war[1]). Die Reiterei, — einschliesslich zweier Regimenter Dragoner im Ganzen 29 Escadrons, jede zu 2 Compagnien, aber nur 140—200 Mann stark — schien ihm geradezu ärmlich ausgerüstet. Zudem waren Mannschaften und Pferde ungenügend ausgebildet, so dass es bei einer Salve heillose Verwirrung gab. An Artillerie zählte er 7 bis 8 Stück 16 bis 18 Pfünder, 4 bis 5 Mörser und 30 bis 40 kleine Stücke, im Gefecht zur Deckung der Flügel bestimmt[2]). Doch war sie schlecht bespannt, zum Theil nur mit Ackergäulen, die man unterwegs immer auf ein paar Tage requirirte. Auch die Marschleistungen, die er auf dem Wege von Halberstadt nach Lamspringe beobachten konnte, fand Vauguion gering: obgleich früh um 4 oder 5 Uhr aufgebrochen wurde, legte man doch nur 1 bis 1$^1/_2$ Meilen täglich zurück. Endlich vermisste er bei den höheren Officieren die nöthige Erfahrung: vor dem Eintritt in brandenburgische Dienste war keiner mehr als Oberst gewesen. Von der Reiterei galt Generallieutenant von Kannenberg für den bedeutendsten, aber in Folge eines Kanonenschusses, den er einst in den Schenkel erhalten hatte, war er, wie es hiess, so hinfällig, dass er, wenn er einen Tag zu Pferde gewesen war, vier im Bett liegen musste[3]).

Aus dem Gesandten war ein Spion geworden. Mit Recht gab der Kurfürst in einer Audienz, die er ihm am 8. September zu Halberstadt in Meinders Gegenwart ertheilte, seinem Befremden darüber Ausdruck, dass man ihm so ohne Weiteres folgte: auf seine Anträge werde er durch den Geheimen Rath beschieden

---

[1]) Beilage XVII, 2.
[2]) Bericht Vauguions aus Lamspringe vom 23. September 1672.
[3]) Beilage XVII, 2.

werden. Mit einer stummen Verbeugung empfahl sich Vauguion. Seine Mission war gescheitert. Die ihm gleich danach übermittelte Antwort redete eine deutliche Sprache. Frankreichs Vorschläge, so führte sie aus, seien auf nichts Anderes gerichtet als die Vernichtung der Freiheit der deutschen Fürsten und den Bruch des Friedens. Der Kurfürst wisse sich unschuldig daran — „et trouvant toutes ses actions justes et conformes au droit, qui apartient aux princes d'Allemagne, son Altesse Electorale n'hésite point à les soumettre à leur jugement, se promettant cependant, que S. M^{té} ne voudra pas (outre ce qui s'est desjà faict au pays de Clèves) avancer plus avant dans ses terres ny la menacer de ses forces. Si néanmoins le Roy persistoit dans ce dessein (ce que S. A. ne se peut persuader, ayant bien meilleure opinion de la justice de ses intentions) Sa dite Altesse proteste de Son innocence et que S. M^{té} ne poura jamais se justifier d'avoir faict la guerre dans l'Empire à un prince, qui n'a point d'autre visée que la protection de ses sujets et la conservation de la paix, à laquelle S. M^{té} ayant tant de part elle espère, qu'Elle ne la voudra pas renverser ny l'empescher de faire ce, à quoi son devoir l'oblige et dont un prince n'est responsable à qui que ce soit; que si au reste S. A. trouve des occasions de tesmoigner la passion, qu'Elle a pour le service de S. M^{té}, Elle se peut asseurer, qu'Elle n'y veut céder à personne et qu'Elle embrassera toutes les occasions, qui s'en présenteront."

Vauguion hatte doch nicht so ganz Unrecht, wenn er meinte, diese Erklärung „de leur stile ordinaire" sei eigentlich keine Antwort auf die gestellte Frage. Der Kurfürst wollte nicht antworten, wollte keine volle Klarheit schaffen, erstrebte vielmehr eine Stellung, die, je nach den Ereignissen deutbar, ihm die Möglichkeit liess ohne offenbaren Bruch eingegangener Verpflichtungen sich im gegebenen Augenblick auf die Seite zu schlagen, wo für ihn, wenn nicht am meisten zu gewinnen, so doch am wenigsten zu verlieren war. Er wollte schlagfertig in Frankreichs und seiner Aliirten Flanke stehn, ohne dass ihm das als Feindseligkeit angerechnet werden sollte. Gegen seine Bundesgenossen aber meinte er, ging ihr Kampf gegen Frankreich unglücklich aus, damit seine Pflichten erfüllt zu haben. Solcher Halbheit gegenüber hatte die österreichische Politik denn freilich gewonnenes Spiel, die nach einem Worte des Fürsten Lobkowitz dem Kurfürsten sich nur anschloss, um „das ungezähmte, wilde Pferd Kurbrandenburg durch ein ihm beigeselltes gezähmtes und gelindes Ross zu besänftigen, damit es sich nicht à corps perdu in eine Partei würfe." Nur eine Demonstration, aber nicht einen Krieg gegen Frankreich wollte der Wiener Hof. Demgemäss war denn auch Montecuccoli, der die Kaiserliche Armee von Böhmen heranführte, angewiessen „die Ruptur zu evitiren", und so kam es denn zu jenem kläglichen Scheinkrieg 1672—73, der auch den militärischen Ruf der beiden Führer schwer schädigte. Förmlich bemüht dem Feinde nur ja aus dem Wege zu gehen, rieb man die Armee durch zweckloses Hin- und Herziehen auf, erbitterte die Gegner und entfremdete die Freunde, that den Franzosen keinen Abbruch und liess die Niederlande trotz aller Mahnungen und trotz Oraniens Entgegenkommen ohne die verheissene Hülfe. Ohne gekämpft zu haben war man doch besiegt, und endlich blieb dem Kurfürsten (Februar 1673) nichts übrig als dem einstimmigen Votum seiner Generale gemäss nach der Weser zurückzugehen, um sein erschöpftes Heer im Ravensbergischen und Mindenschen einzuquartieren, während die Kaiserlichen, bei denen der tief verstimmte Montecuccoli durch Bournonville ersetzt wurde, im Bisthum Paderborn und in der Grafschaft Lippe untergebracht wurden. So tief war sein Ansehn gesunken, dass selbst kleine Orte im Kölnischen Westfalen ihm ungestraft die Aufnahme versagen durften. Dazu schwand die arg demoralisirte Armee durch Desertion der Gemeinen und Abschiednehmen der Offiziere immer mehr zusammen: drängten die Franzosen jetzt nach, so musste sie auch noch hinter die Weser zurückweichen. Nur der schleunige Abschluss eines Waffenstillstands konnte weiteres Unheil abwenden.

Nun hatten ja während dieses ganzen Krieges, der kein Krieg sein sollte, die Verhandlungen niemals völlig geruht. Namentlich hatte Schweden, dessen Bevollmächtigter, Oberst von Wangelin, dem kurfürstlichen Hauptquartier folgte, sich bemüht zu vermitteln. Auch Philipp Wilhelm von Pfalz-Neuburg mahnte zum Frieden:

entgegen seiner früheren Absicht mit Brandenburg gemeinsam zu handeln hatte er es vorgezogen den ihm von Frankreich angebotenen Neutralitätsvertrag anzunehmen. Er vermittelte jetzt auch die entscheidende Anknüpfung. Aus Paris zurückkehrend berichtete sein Staatsrath Stratmann, der auch früher schon gelegentlich im Interesse Frankreichs thätig gewesen und dafür wol auch belohnt worden war[1]), dass er den König gegen Brandenburg versöhnlich gestimmt und zu einem Vergleich geneigt gefunden habe. Friedrich Wilhelm griff sofort zu, obgleich er damit den Niederlanden vollends das Recht gab ihn der Verletzung seiner Bundespflichten zu zeihen. Denn der Vertrag vom 6. Mai 1672 bestimmte in unzweideutigen Worten, keiner von beiden Theilen dürfe einen Frieden oder Stillstand unterhandeln, bevor der andere in seinem Besitzstande völlig wiederhergestellt wäre. Dabei gerieth er aber mit sich selbst doch insofern in Widerspruch, als er bisher noch immer behauptet hatte mit Frankreich ja gar nicht im Kriege zu sein.

Zunächst freilich lehnte Turenne die ihm durch Wangelin vermittelte Bitte um einer Waffenruhe wegen mangelnder Vollmacht ab. Auch Herzog Ernst August von Braunschweig, der Bischof von Osnabrück, bemühte sich vergebens darum, obgleich der Kurfürst, mit dem er deshalb eine Zusammenkunft hatte, schon Stratmann gegenüber sich bereit erklärt hatte zum Erweis seiner guten Absichten gleich bis über die Weser zurückzugehn, das Bisthum Hildesheim zu räumen und im Kölnischen und Münsterschen keine Kontributionen mehr einzutreiben, wenn nur ein Gleiches in der Grafschaft Mark geschähe[2]). So musste schon der Waffenstillstand in Paris selbst nachgesucht werden. Dorthin eilte Stratmann als Ueberbringer des folgenden kurfürstlichen Schreibens aus Minden vom 10/20. März 1673[3]).

---

[1]) St. Gérans Bericht aus Berlin vom 4. März 1672 rühmt Stratmanns Verdienste und verlangt, dass der ihm versprochene Lohn nun auch gewährt werde.

[2]) Protokoll über das zwischen dem Kurfürsten und Stratmann vorläufig Verabredete. Min. aff. étr. Prusse IX.

[3]) Ebendas.

Monseigneur, mon très-honoré cousin!

J'ay appris avec grande joye du Sieur Stratman, conseiller d'estat de mon frère et cousin, Monsieur le duc de Neubourg, les généreuses résolutions, que V. M^té a tesmoignées durant son séjour à Paris aussy bien pour la paix avec les États Unis que pour mes propres intérests. Comme je n'ay pris les armes que sur la commune opinion, dont la plus grande partie de l'Europe a esté imbue, que V. M^té auroit pour but en cette guerre la ruine entière des dits Estats et d'y envelopper en mesme temps l'Empire, je me promets de sa générosité de ne vouloir pas mal interpréter une résolution, qu'un notable intérest et mon devoir semblèrent exiger de moy. Mais en estant à présent mieux informé et ayant receu des assurances, que la bienveillance, dont V. M^té m'a tousjours honoré, n'est pas encore diminuée, ny qu'Elle ayt changé ses bonnes intentions pour moy, je n'ay pas voulu tarder à en remercier très-humblement V. M^té et d'asseurer de mon costé une reconnoissance, qui doit asseurément correspondre à tout ce, qu'il Luy plaira de faire pour moy, dont j'espère de rendre plus d'asseurance bientost par quelqu'un de mes ministres. Cependant ne souhaitant plus rien que le rétablissement d'une bonne intelligence avec V. M^té, j'ay chargé le dit Sieur Stratmann d'en faire une plus ample ouverture à V. M^té et Luy exposer les moyens, par lesquels V. M^té puisse remettre tout en son premier estat et de conserver un amy, qui n'a regardé qu'avec regret cette altération, que la guerre présente a causée. Je supplie donc V. M^té de me daigner d'une favorable déclaration et luy donner foy en tout ce qu'il proposera en mon nom, surtout quand il L'asseurera du désir, que j'ay de renouer cette ancienne bonne intelligence, qui a esté touyours entre Sa couronne et ma maison, et que je suis sincèrement

de V. M^té le très-humble et obéissant serviteur
Fréderic Guillaume
Electeur de Brandebourg.

Wie ernst es ihm mit dieser Abbitte war, bewiesen des Kurfürsten gleichzeitige militärische Massnahmen. Nur einen kleinen Theil seines Heers liess er unter dem Fürsten von Anhalt mit den Kaiserlichen nach Franken gehn, die Hauptmacht aber gleich nach der Mark marschieren. Er verzichtete also auf weitern Kampf um seine westlichen Lande: nur ein schneller Friede konnte sie retten. Vergeblich bat ihn der Kaiser wenigstens an der Weser Halt zu machen: die Truppen zogen weiter nach der Elbe — im Braunschweigischen während des erst nach längerem Weigern gestatteten Durchmarschs von der herzoglichen Armee in beleidigender Weise escortirt und auf Schritt und Tritt beobachtet. Das war der letzte Akt dieses Feldzugs. In trauriger Verfassung erreichten die Brandenburger die Elbe und bezogen dort Standquartiere, während der Kurfürst selbst tief verstimmt und voll banger Sorgen nach Potsdam zurückkehrte.

Denn selbst den Waffenstillstand wollte Ludwig XIV. nur bewilligen, wenn gleichzeitig auch der Präliminarfriede zu Stande käme, für den er allerdings so unverhofft glimpfliche Bedingungen stellte, dass Stratmann den Entwurf bereits am 10. April 1673 in St. Germain unterzeichnete. Die französische Politik bereitete nämlich eine neue Wendung vor, die den Kurfürsten auch den Niederlanden gegenüber wesentlich zu entlasten verhiess: ihnen wollte der König Friede gewähren, um sich mit aller Kraft auf Spanien zu stürzen, und dabei sollte Brandenburg mitthun. Man konnte darin allerdings eine natürliche Konsequenz des Vertrages vom 31. Dezember 1669 (d. i. 4. Januar 1670) erblicken und damit einfach auf einen Weg zurückzukehren glauben, den man bereits früher eingeschlagen, dann aber in Folge verschiedener unerwarteter Zwischenfälle halb wider Willen verlassen hatte. Um so bereitwilliger ging man in Potsdam auf diesen Gedanken ein: namentlich Meinders ergriff ihn lebhaft und Schwerin meinte, man thue um so besser sich rechtzeitig an Frankreich anzuschliessen, als nach des letzten spanischen Habsburgers Tod nicht blos die spanische, sondern auch die deutsche Krone an die Bourbonen kommen würde. So nahm der Kurfürst die von Stratmann vereinbarten Präliminarien ohne Weiteres an. Endgültig abzuschliessen und dabei in einigen untergeordneten Punkten und in der Wortfassung einige von ihm gewünschte Aenderungen auszuwirken schickte er mit Stratmann Meinders in das Hauptquartier des Königs.

Als Bevollmächtigter Ludwigs XIV. war inzwischen in Turennes Hauptquartier zu Soest wiederum Verjus erschienen. Dass es sich, wie er vorgab, blos um einen Waffenstillstand handelte, glaubte ihm schon niemand mehr, und Frankreichs deutsche Bundesgenossen machten kein Hehl aus ihrem Unmuth über die schonende Behandlung des verhassten Brandenburgers, auf dessen Kosten jeder von ihnen zu gewinnen gedacht hatte. Was diese Herren wünschten und erwartet hatten, lehrt Verjus' Bericht über eine Unterredung mit Christoph Bernhard von Galen, dem kriegerischen Bischof von Münster[1]).

„Je le trouvay — heisst es da — fort fasché de la paix avec Mr. l'Electeur de Brandebourg, mortiffié de ce qu'elle avoit esté traittée sans luy en donner aucune part, et extrèmement inquieté d'une vive apprehension qu'il a, que l'on fasse aussy bientost celle de Hollande et qu'on n'y ait pas de grands esgards pour luy et pour Mr. l'Electeur de Cologne. Il pretendoit, que par cette paix le Roy perdoit de grandes occasions d'establir son authorité en Allemagne, d'affoiblir la puissance, qu'il y trouvera toujours la plus opposée à la sienne, de s'assurer entièrement du cercle de Westphalie et de prevenir, que Mr. l'Electeur de Brandebourg ne devienne maistre de celuy de la Basse-Saxe, quand il en sera directeur après la mort du duc de Sax Hall, administrateur de Magdebourg. . . . Il me discourut fort de la nécessité de ruiner entièrement les Etats Généraux et d'y travailler incessamment, qu'autrement Mr. l'Electeur de Brandebourg se ralliera toujours avec eux, quoyque le Roy puisse faire pour le gagner, et qu'il y aura bien du danger, que le Roy de Suède et les autres protestants prennent le mesme party à la première occasion, que sy les Hollandois subsistent dans l'estat florissant, où ils ont esté auparavant, Mr. l'Electeur de Cologne et luy se trouvant entourés de leurs forces et de celles de Mr. de Brandebourg, en seront enfin accablés et que la Religion catholique sera entièrement opprimée dans le cercle de Westphalie: que tout ce que le Roy pouvoit faire en faveur de Mr. l'Electeur de Brandebourg ne pouvant

---

[1]) d. d. Soest 20. Mai 1673.

changer ses sentiments à l'égard de S. M*té* et à l'égard de la Religion catholique non plus que son inclination pour la Hollande et sa liaison avec le prince d'Orange, il n'y avoit rien de sy dangereux que de le laisser armé en luy donnant quelque moyen d'entretenir ses trouppes sous quelque prétexte que ce fust."

Man sieht, wo diese Herren auch für die Zukunft ihren gefährlichsten Feind sahen und wie namentlich die katholische Reaktion sich bewusst war ihre Zwecke am wirksamsten durch die Zertrümmerung Brandenburgs zu fördern. Die befürchtete üble Wendung abzuwehren verlangte der Bischof, dass jedenfalls Hannover gewaffnet bleibe und mit den Franzosen gemeinsam den Niederlanden einen „guten" Frieden abnöthige, der den deutschen Verbündeten des Königs dort die „Satisfaktion" verschaffe, die sie bisher auf Kosten Brandenburgs gehofft hatten.

Grösser noch und berechtigter war die Entrüstung über den bevorstehenden Separatfrieden bei den Verbündeten des Kurfürsten. Man bestürmte ihn mit Vorwürfen, Bitten und Versprechungen um den Abschluss zu hindern. Der Kurfürst von Sachsen hoffte ihn auf einer persönlichen Begegnung umzustimmen, zu der er ihn nach Leipzig lud: sie wurde abgelehnt. Besonders entrüstet äusserte sich Schweden: nicht blos an den Niederlanden — an seiner Religion, an seiner eigenen Achtung und der ganz Deutschlands werde der Kurfürst auf diese Art zum Verräther und überantworte mit dem Reiche zugleich ganz Europa auf Gnade und Ungnade der Macht Frankreichs[1]). Auch sonst urtheilten viele deutsche Fürsten so, und hier und da glaubte man noch immer, dass das auf Friedrich Wilhelm schliesslich doch Eindruck machen und ihn noch im letzten Augenblick von dem Sonderfrieden zurückhalten würde.

Das geschah aber nicht: wie die Dinge militärisch und politisch lagen, blieb dem Kurfürsten, wollte er nicht alles auf das Spiel setzen, kein anderer Ausweg als die Verständigung mit Frankreich. Weniger ihn als den Wiener Hof musste man dafür verantwortlich machen. Dennoch war man im französischen Haupt-

---

[1]) Verjus d. 22. Mai 1673 aus Soest.

quartier seiner Sache nicht so ganz sicher und deshalb bereit es
sich ungewöhnlich viel kosten zu lassen um die gewünschte Entscheidung herbeizuführen. Weit über das gewöhnliche Maass hinaus ging die Freigebigkeit, mit der die brandenburgischen Unterhändler für die gehoffte Beihülfe dazu belohnt werden sollten.
Schwerin, von dem als einem erklärten Anhänger der französischen
Allianz das am ersten zu erwarten schien, bot man dafür 10,000
Thaler. Er lehnte sie ab in einem Schreiben, das als ein Denkmal der damals auch bei den brandenburgischen Beamten noch
seltenen unbestechlichen Pflichttreue und zur Charakteristik ebenso
des trefflichen Mannes wie der unfertigen und vielfach ungesunden
Zeitverhältnisse wol der Vergessenheit entrissen zu werden verdient. Verjus wird nicht oft derartige Briefe zu sehen bekommen
haben [1].

Monsieur,

Dans les conjoinctures présentes depuis le commencement
jusques acestheur je n'ay pas eu de plus grande passion que de
travailler à la conservation d'une parfaite bonne intelligence entre
S. M^{té} Très-Chréstienne et S. A. Electorale ou de la voir renou-
vellée, lorsqu'elle sembloit estre altérée, et parmy tant de censures
et jugements, auxquels les ministres sont ordinairement exposés,
j'ay cru, qu'il me falloit ou négliger l'intérest de S. dite A. E.
ou renoncer à tout intérest particulier, pour ne pouvoir pas estre
blasmé d'avoir eu autre but que celuy du bien de mon prince et
maistre. C'est pourquoy, Monsieur, j'ay faict un veu solemnel
connu à toute notre cour de ne prendre point de présent, quelque
traicté avantageux que S. A. E. pust faire avec qui que ce soit.
Je laisse acestheure à juger à V. Exc. de la confusion, qui me
reste d'estre obligé de refuser le magnifique et très-riche présent,
que S. M^{té} a voulu avoir la bonté de m'offrir par Mr. de Stratman,
et je me promets, Monsieur, que Vous me ferez la justice de croire,
que hormis la raison susdite je ne serois jamais si téméraire et si
rustique de balancer seulement, si je ne devois accepter ce qu'un

---

[1] Es findet sich bei den Akten der Verjusschen Mission. Min. aff. étr.
Prusse IX.

Roy aussi grand et libéral que S. M^tè me donne si généreusement, sans que je le mérite. Je prends donc mon recours à V. Exc. et Vous supplie très-humblement, Monsieur, de me faire cette grâce que de représenter à S. M^tè la vénération, que j'ay pour elle, et la reconnoissance, qui me restera toute ma vie, et le regret, que j'ay de ne pouvoir pas jouir de la grâce, dont Elle a voulu me honorer, mais surtout la passion, que j'auray toute ma vie pour son service, et la joye, que je me promets de la continuation de la bienveillance envers S. A. E., qui ne donnera jamais sujet de la changer. V. Exc. m'en obligera infiniment et me fera souhaitter les occasions de luy faire connoistre tant que je vivray, avec combien de passion et de respect je suis

                    Monsieur

                            de Votre Excellence
                                le très-humble
                                  serviteur
                                de Schwerin.

Berlin le 5/25. May 1673.

Der minder skrupulöse Meinders hat die angenommene „Gratifikation" ohne Weiteres angenommen.

Am 6. Juni bereits überreichte Meinders mit Stratmann dem König in seinem Hauptquartier zu Vossem die Ratifikation des Vertrages vom 10. April. Die erbetenen Aenderungen wurden bewilligt, und am 21. Juni unterzeichneten Pomponne und Meinders den endgültigen Frieden Brandenburgs mit Frankreich, England, Köln und Münster[1]). Der Kurfürst entzog den Niederlanden wie allen Gegnern Frankreichs seine Hülfe, entfernte die staatischen Truppen aus seinen Festungen, hielt seine Armee hinter der Weser und liess westlich von dieser ausser den für die festen Plätze nöthigen Besatzungen höchstens 1000 Mann. Dafür sollte er gleich nach der Ratifikation des Friedens die verlorenen Gebiete einschliesslich der von den Niederländern besetzten Plätze zurückerhalten mit Ausnahme von Wesel und Rees, die unbeschadet seiner Hoheitsrechte bis zum Frieden mit der Republik dem König

---

¹) v. Mörner a. a. O. S. 373 (u. 212).

verblieben. Frankreich verhiess ihm ferner Unterstützung seiner pekuniären Ansprüche an die Republik. Erlass der nach dem 10. April ausgeschriebenen Kontributionen und Schutz gegen die Ansprüche, die seine deutschen Gegner wegen der letzten Märsche und Einquartierungen geltend zu machen versuchen würden, und Hülfe zur Durchsetzung seiner gegenwärtigen und künftigen Successions- und Erbrechte. Als Beweis seines besonderen Wolwollens aber bewilligte ihm der König 800000 Livres, wovon 300000 nach der Ratifikation und der Rest vom 1. Juli 1674 an in halbjährlichen Raten von 50000 Livres gezahlt werden sollten. Die von ihm übernommene Verpflichtung keinen Feind Frankreichs zu unterstützen sollte den Kurfürsten jedoch nicht verbinden gegen das Reich zu handeln oder sich eines Angriffs nicht zu erwehren. Doch sollte es nicht für einen Angriff auf das Reich gelten, wenn der König gezwungener Weise die Waffen gegen Deutschland ergriffe oder Reichsstände, die den Westfälischen Frieden verletzten oder seine Feinde unterstützten, mit Krieg überziehen würde.

War damit des Kurfürsten Recht zur Erfüllung seiner Pflichten gegen das Reich wirklich so schlechtweg anerkannt? Gerade für die Komplikation doch nicht, die zunächst bevorstand, da es ausdrücklich nicht als Angriff auf das Reich gelten sollte, wenn der König „gezwungen" die Waffen gegen Deutschland ergriffe. Denn nach französischem Völkerrecht war ja der Angreifer nicht derjenige, der zuerst losschlug, sondern der den andern Theil durch seine Herausforderungen die Waffen zu ergreifen nöthigte[1]). Nach dieser Theorie würde, das liess sich mit Sicherheit behaupten, ein französischer Angriff auf Deutschland niemals vorliegen. Ausserdem aber sollte es als ein solcher namentlich nicht gelten, wenn der König wegen Verletzung des Westfälischen Friedens oder Unterstützung seiner Gegner durch einen Reichsstand die Waffen ergriffe. Und nun forderte in eben jenen Tagen der französische Gesandte in Regensburg eine Erklärung darüber, „ob die Fürsten und Stände des Reiches dem Kaiser und den Reichsfürsten, die dem Westfälischen Frieden zuwider Krieg gegen den König führen

---

[1]) Vgl. oben S. 24.

oder des Königs Feinde unterstützen würden, Durchzug, Quartier und Beisteuer gewähren würden". Es war also zum Mindesten Selbsttäuschung, wenn der Kurfürst meinte, durch den Frieden von Vossem seiner Pflicht als Reichsfürst nichts vergeben zu haben und im Fall eines französischen Angriffs dem Reiche alles Schuldige leisten zu können ohne von Frankreich des Vertragsbruchs geziehen und mit entsprechender Ahndung heimgesucht zu werden.

Dass aber Friedrich Wilhelm und seinen Berathern der wahre Sinn dieser Klausel, wie er im Gegensatz zu dem trügerischen Wortlaut durch die thatsächlich gegebene Verhältnisse bestimmt wurde, entgangen sein, dass sie wirklich geglaubt haben sollten für den Fall eines deutsch-französischen Krieges freie Hand behalten zu haben — wer möchte das im Ernst annehmen? Vielmehr war Brandenburg im Begriff Kaiser und Reich den Rücken zu kehren.

III. Von Vossem nach St. Germain
1673—79.

Brandenburgs Ansehen hatte kaum je so niedrig gestanden, wie nach dem Vossemer Frieden. Völlig vereinsamt, von allen Seiten bedroht, konnte es nur durch Anschluss an Frankreich einige Sicherheit gewinnen. Diesen wollte der Kurfürst, empfahl Meinders, zu ihm drängte Schwerin, da Frankreichs Aufsteigen zur Vorherrschaft in Europa doch nicht zu hindern sei. Um so heftiger widerstrebte die Militärpartei, obenan Derfflinger, gegen dessen Ansehen seit Kannenbergs Tod (März 1673) niemand mehr aufkam. Der Kampf entbrannte aufs Heftigste, als Ende Juli 1673 Verjus in Berlin eintraf, um die Allianz zu verhandeln[1]).

Er fand die Lage nicht eben günstig und die höfischen Verhältnisse arg verwickelt. „On aura de la peine — meint er[2]) — en cette cour de desmêler le vray d'avec le faux et à trouver la juste différence, qu'il y aura quelquefois entre ce qu'on entendra dire, et ce qui sera effectivement, mais il me paroist, que l'on y a plustost du mespris et de l'animosité que de l'estime et de l'affection pour le party de l'Empereur et aussy plus de dépit et de honte de n'avoir pu rien faire contre V. M^{té} que de reconnoissance de ce qu'Elle n'a pas voulu faire ce qu'Elle pouvoit contre Mr. l'Electeur de Brandebourg, et de ce qu'Elle luy a épargné et rendu

---
[1]) Vgl. seine Berichte vom 30. Juli 1673 an. Min. aff. étr. Prusse IX.
[2]) 30. Juli.

des estats considérables." Namentlich der Kurfürst selbst war tief verstimmt und schwer zugänglich. Immer ein Freund der Einsamkeit suchte er sie jetzt noch mehr als sonst, floh geradezu die Gesellschaft und erschien den ihm Nahenden befangen und verlegen. Schwer lastete auf ihm das Verdammungsurtheil, das die öffentliche Meinung in Deutschland wegen des Vossemer Friedens über ihn aussprach. Nur von der Kurfürstin Dorothea begleitet, flüchtete er auf Tage, zuweilen auf Wochen in ferne Jagdreviere, unbekümmert um den Stillstand der Geschäfte, der dadurch herbeigeführt wurde[1]. ja war wol nicht selten froh unliebsamen Audienzen und peinlichen Erörterungen vorläufig aus dem Wege zu gehen. Damals weilte er in dem ehemaligen Kloster Himmelstädt bei Stolp, und Verjus blieb, nachdem er in Berlin vergeblich auf seine Rückkehr gewartet hatte, nichts übrig als ihn dort aufzusuchen.

Der Empfang war verlegen und frostig[2]). Erst allmählich gewann der Kurfürst einigermassen Zutrauen und ging mehr aus sich heraus. Der Gesandte erzählt genauer: . . . „Il changea tant de fois de couleur dès que je l'aborday, et il me parut si interdit, que si je n'avois pas desjà sceu auparavant, que depuis la levée des boucliers et depuis l'accommodement, qu'il a esté obligé de faire avec V. M^{té}, il ne pouvoit presque souffrir la veue et l'entretien de personne et qu'il sembloit honteux et confus à tout le monde, j'aurois tiré un très-mauvais augure de l'embarras, où je le vis. Quoyque je pusse faire pour animer cette audience, elle se passa de cette sorte assez froidement, jusques à ce qu'il me mena chez Madame l'Electrice, qui receut avec touttes sortes d'expressions de respect et de la gratitude ce que je luy dis de la part de V. M^{té}. Je l'ay veu souvent depuis ce temps-là durant les trois jours, que j'ay demeuré dans le mesme lieu, mais toujours avec Mr. l'Electeur

---

[1]) Verjus berichtet d. 17. August: — l'absence continuelle de Mr. l'Electeur y est un obstacle aussy bien que le plaisir, qu'il prend à estre toujours seul à la campagne avec Mad^{me} l'Electrice, car encore que cela retarde et embarasse toutes les autres affaires . . . und am 22. October: Le grand mal à tout cela est l'absence continuelle de ce Prince et de cette Princesse, à qui on ne fait pas trop de plaisir de les aller voir souvent et encore moins de l'y demeurer de sorte qu'on n'a pas une demyheure à leur parler . . .

[2]) Bericht vom 20. August.

de Brandebourg, qui a enfin repris la mesme manière libre, dont il usoit avec moy il y a plus de dix ans, depuis qu'il a connu clairement par tous mes discours, que je suis fort bien informé, qu'il auroit fait de grandes choses, si la campagne dernière la jalousie et la mauvaise volonté des Impériaux ne l'en avoit empesché et s'ils n'avoient songé uniquement à conserver leurs trouppes pour leur voeu particulière et à chercher tous les moyens d'hazarder les siennes dans des occasions, qui l'auroient toujours rendu plus irréconciliable avec V. M^{té}."

Zu den Verhandlungen mit Verjus, die nach des Kurfürsten Heimkehr (d. 19. August) begannen, wurden Schwerin, Meinders und Friedrich v. Jena bevollmächtigt[1]), während der kaiserliche Gesandte Freiherr Johann v. Goess die Geheimräthe v. Canitz und v. Somnitz zu Commissaren erhielt. Denn noch hielten an dem von den widersprechendsten Einflüssen hin und her getriebenen Hof die Abneigung gegen Frankreich und der Zorn über des Kaisers unzureichende Hülfeleistung, die Furcht vor den königlichen Heeren und die Neigung zu den Niederlanden einander die Wage[2]). Auf seine Frage, was Brandenburg im Fall eines spanisch-französischen Krieges thun würde, bekam Verjus die Antwort, die spanischen Niederlande seien ein Theil des Reiches; Brandenburg müsse also ein Heer bereit halten: dazu brauche es monatlich 30000 Thaler, erwarte auch einen Antheil an den gemachten Eroberungen[3]). Offener meinte Schwerin, der Kurfürst sei nicht abgeneigt Frankreich gegen Spanien zu helfen, glaube auch sich mit dem Reiche darüber verständigen zu können: nur müsse der König zuvor mit den Niederlanden Frieden machen. Darauf schien der Kurfürst namentlich um der oranischen Erbschaft willen zu dringen und um auch Wesel und Rees ausgeliefert zu bekommen[4]). Je ungewisser die Entscheidung danach noch war, um so mehr suchte Verjus sie durch die der französischen Diplomatie geläufigen Mittel zu beinflussen: mit ihm hielt, so scheint es, die Bestechung, der

---

[1]) Bericht vom 20. August.
[2]) Desgleichen vom 13. August.
[3]) 25. August.
[4]) 17. September.

Ludwig XIV. so manchen Erfolg verdankte, auch am Berliner Hof ihren triumphirenden Einzug, um dort in grösserem Umfang und in höheren Regionen festen Fuss zu fassen, als man irgend hätte annehmen sollen. Nicht ohne Erstaunen sieht man, wie niedrig damals die sittliche Kultur des jungen brandenburgischen Beamtenthums noch stand, gewinnt aber auch einen neuen Einblick in die Schwierigkeiten, welche sich dem redlichsten fürstlichen Wollen im Kreise der nächsten Mitarbeiter entgegenstellten.

Freilich darf man an diese Dinge nicht den Massstab unserer Zeit legen. Die Begriffe von Beamtenpflicht und Beamtenehre waren nicht entfernt so hoch entwickelt wie im modernen Staat. Heute erhalten die Staatsmänner, die am Abschlusse wichtiger Verträge betheiligt sind, entsprechende Ordensdekorationen: damals bekamen sie kostbare Geschenke, und da in einer geldarmen Zeit baares Geld in gut ausgeprägter, vollwichtiger Münze weitaus das Kostbarste war, was fürstliche Freigebigkeit bieten konnte, so erhielten erfolgreiche Unterhändler nicht selten geradezu solches. Man wird daher nicht jeden Beamten, der aus solchem Anlass fremdes Geld empfing, als bestochen ansehen dürfen. Etwas Anderes war es aber, wenn Geschenke der Art zu Beginn der Verhandlungen versprochen wurden nur für den Fall, dass ein bestimmtes, vom Geber gewolltes Resultat erreicht würde, oder wol gar erfolgten noch während der Unterhandlungen mit der Absicht jenes Resultat mit Hülfe des Empfängers trotz der bei dessen Auftraggeber entgegenstehenden Hindernisse zu erreichen. Da liegt Bestechung auf der einen und Bestechlichkeit auf der anderen Seite vor, mag der Empfänger nun dadurch bestimmt sein, gegen seine Ueberzeugung zu handeln oder diese nur eifriger und thatkräftiger zu vertreten. Wie wenig man damals an diesem Brauch Anstoss nahm, beweist die naive Offenheit, mit der er geübt wurde. Adam von Schwartzenberg hatte einst als Gesandter Georg Wilhelms vom kaiserlichen Hof ganz öffentlich 20000 Thaler angenommen, ohne deshalb für bestochen zu gelten, und hundert Jahre später bezog Grumbkow, der einflussreichste von den Berathern Friedrich Wilhelms I., mit Wissen seines Herrn ebendorther eine ansehnliche Pension. Man wird es daher den Ministern des Grossen Kurfürsten nicht allzu schwer anrechnen dürfen, wenn sie in dieser Hinsicht nicht über der Beamtensitte ihrer Zeit standen. Musste doch Schwerin, der seiner Zeit vorauseilend die Ehre des unbestechlichen Beamtenthums wahrte, dafür gleichsam um Entschuldigung bitten, als ob die Ablehnung des ihm angebotenen Geldgeschenks für den Monarchen, der es veranlasst hatte, eine Beleidigung enthielte[1]). Und als des Grossen Kurfürsten Nachfolger zum ersten Male den Geheimen Rath um sich versammelte, erklärte er, er wisse sehr wol, dass von den Anwesenden einige durch Geschenke bestochen seien, und verlangte, dass hinfort niemand solche ohne seine Erlaubnis annehme[2]). Auch er fand also nichts Allzuschlimmes darin. Zudem herrschte eine so laxe Moral in diesen Dingen nicht am Berliner Hofe allein, so wenig wie etwa der französische König allein das Geld durch Beamtenbestechung und Fürstenkauf zu einer politischen Macht erhoben hatte. Vielmehr haben, so weit ihre Mittel reichten, auch andere Höfe ihre Interessen auf diese Weise zu fördern gesucht, und mancher Staatsmann empfing bei dem gelegentlich entbrennenden Wettstreit der Parteien gleichzeitig von entgegengesetzten Seiten Geld und wusste nicht blos zwei, sondern wol gar drei Herren zu dienen.

Auch in Brandenburg hat es damit nicht besser gestanden als anderwärts, und mit Unrecht glauben diejenigen, welche das Beamtenthum als die eigentlich staatsschöpfende Macht zu feiern gewohnt sind, es sei der preussische Staat bereits in seinen Anfängen in dieser Hinsicht allen anderen voraus gewesen. Die französischen Diplomaten urtheilten anders: sie wussten, dass auch die brandenburgischen Beamten sich gern bereicherten und daher ihren lockenden Anträgen nicht versagten. Sowol Vaubrun wie St. Géran hatten ihrer diplomatischen Aktion von hieraus nachzuhelfen versucht. Den Vermittler für letztern machte der pfalzneuburgische Vicekanzler Stratmann, durch dessen Hände auch der Wechsel über 10000 Thaler gegangen zu sein scheint, der Schwerin gleichsam als Handgeld auf die ihm verheissene Gratifikation

---

[1]) Vgl. oben S. 38.
[2]) Beilage XX. 2.

von 20—80000 Thalern geboten wurde[1]). Der Oberpräsident blieb bei der Ablehnung, auch als Meinders ihn zur Annahme zu bestimmen suchte[2]). Friedrich von Jena aber gab die ihm zugestellte Anweisung zurück, weil sie nicht auf Species, sondern Landesmünze lautete, er also bei der Einlösung beträchtlichen Kursverlust gehabt hätte[3]). Natürlich behielten auch die Unterbeamten dieser Herren nicht reine Hände[4]). Ausserdem aber verstand Verjus vortrefflich auch die feinere Art der Bestechung: durch geschmackvolle Geschenke verband er sich Personen in des Kurfürsten Umgebung, die dann zuweilen, vielleicht halb unbewusst, zu Gunsten Frankreichs auf diesen einwirkten. Das waren Aufmerksamkeiten rein gesellschaftlicher Natur, an denen füglich niemand Anstoss nehmen konnte, gelegentlich aber auch der Aufang von Verbindungen, die in der Folge einen wesentlich andern, nicht mehr unbedenklichen Charakter annahmen. Der damalige Sekretär Paul Fuchs erhielt zu seiner Hochzeit zwei silberne vergoldete Armleuchter, seine junge Frau ein Kästchen von gleicher Arbeit voll feiner Pomaden und Oele. Durch eine schöne Medaille, ein paar silberne Körbe in getriebener Arbeit, Kästchen mit italienischen Oelen, Essenzen und Seifen, dann eine goldene Uhr in Filigranarbeit und mit Diamanten besetzt und ein anderes Mal durch zwei kostbare Muffen und etliche Garnituren seidener Bänder und Handschuhe gewann Verjus die in besonderer Gunst stehende erste Hofdame der Kurfürstin, Fräulein Elisabeth von Wangenheim, die nicht blos auf ihre Herrin Einfluss besass, sondern durch ihren Verlobten, den Stallmeister Emanuel Froben, den steten Begleiter des Kurfürsten auf allen Ritten und Fahrten[5]), auch auf diesen

---

[1]) Vgl. oben S. 38.
[2]) Verjus 20. August 1673: Meinders vient de me dire, que le Mr. de Schwerin ne pouvoit pas reffuser sy absolument le présent d'un grand Roy et qu'il y auroit en cela quelque moyen . . . in Beilage III, 6.
[3]) Derselbe d. 1. August: — Mr. Jenna rendit à Mr. Stratman la lettre de change de cinq mille escus, qu'il luy avoit mise entre les mains, à cause qu'elle estoit en argent courant, c'est à dire en petite monnaie du pays, qui ne se peut transporter et sur laquelle il y a beaucoup à perdre.
[4]) S. Beilage III, 4.
[5]) Verjus' Bericht vom 22. Oktober 1673.

einwirken lassen konnte. Es hatte daher ebenfalls seinen besondern Grund, wenn Froben von Verjus mit einem Paar kostbaren Pistolen und einer goldnen, diamantenbesetzten Uhr beschenkt wurde [1]).

Befremdlicher könnte es auf den ersten Blick erscheinen, dass der französische Gesandte auch die Kurfürstin Dorothea durch dergleichen Kunstgriffe in sein Interesse zu ziehen sucht. Zwar war es ja alter Brauch beim Abschluss wichtiger Verträge auch den Fürstinnen ein Geschenk zu machen — ein Nachklang gewissermaassen des Schlüsselgeldes, das ehemals bei Kaufabschlüssen der Hausfrau ausbedungen zu werden pflegte. In diesen grösseren Verhältnissen bekam die Sache freilich einen politischen Beigeschmack. Aber auch Luise von Oranien hatte kein Bedenken getragen im Jahre 1666 von Ludwig XIV. ein kostbares Geschenk anzunehmen, ausser Möbeln und Tapisserien einen grossen Spiegel, einen Kandelaber, einen Tisch und zwei Gueridons von Silber, das Ganze im Werth von über 62000 Livres [2]). Aber dass Aufmerksamkeiten der Art gefordert wurden, war doch wol nicht so ganz gewöhnlich. Dennoch sah sich Verjus während der Verhandlungen im Spätsommer und Herbst 1673 namentlich durch Meinders wiederholt und dringend um ein Geschenk für die Kurfürstin angegangen, wie es scheint, auf Grund von Versprechungen, die Stratmann — sicherlich nicht aus eigenem Antrieb, sondern auf Vollmacht von Paris her — gleich bei dem Beginn seiner Vermittelung gemacht hatte [3]). Dass Dorothea ihren Gemahl stark beeinflusste, war bekannt: als treue Gefährtin und aufopfernde Pflegerin wich sie kaum von seiner Seite, auch nicht während der langen Jagdausflüge; ja, sie folgte ihm sogar in das Feldlager. Wogegen sie bei ihm wirkte, das — so hiess es — war nicht

---

[1]) S. Beilage III: Présents faits à Berlin.
[2]) P. Seidel, D. Silber- u. Goldschatz der Hohenzollern im k. Schlosse zu Berlin, (Berlin 1896), S. 4—5.
[3]) Verjus d. 29. September 1673: Si S. M. cedoit aux importunitéz, qu'on luy fait pour un présent à Mad^{me} l'Electrice, je douttérois, quel seroit le meilleur de le luy faire ou en argent, comme Mr. Stratman en estoit d'advis ... Pomponne an Verjus d. 22. Januar 1674 St. Germain: — il paroist estrange, que l'on vous parle tousjours du présent pour Mad^{me} l'Electrice.

durchzusetzen, und gelegentlich trat er dem Votum aller seiner Räthe entgegen ihrer Ansicht bei. Das macht es begreiflich, dass sich die fremden Gesandten sämmtlich um sie bemühten und sie für sich zu gewinnen suchten. Namentlich von Seiten der kaiserlichen und der niederländischen ist das auf alle Weise geschehn. Da konnten die französischen um so weniger zurückbleiben, als man an maassgebender Stelle ein Recht darauf zu haben meinte in dieser Art umworben zu werden und dieses durch die kurfürstlichen Minister vertreten und in Erinnerung bringen liess. Der Kurfürstin, meinte Verjus boshaft, würde ein Geschenk an Geld wol das Liebste sein, dem König aber stünden Diamanten oder dergleichen besser an [1]). Charakteristisch für die uns so fremde Denkweise jener Zeit ist es, dass der Kurfürst gelegentlich für das Recht seiner Gemahlin auf ein solches Geschenk persönlich eintrat. Am 17. September meldete Verjus [2]): „Mr. Meinders m'a fait voir une lettre, par laquelle Mr. Formont [3]) l'informe de la manière, dont il avoit fait tenir l'argent de Mr. l'Electeur de Brandebourg aux lieux, que S. A. E. l'avoit désiré, et il m'a dit, qu'Elle en avoit esté fort contente, mais qu'Elle luy avoit demandé en propres termes: „N'a-t-il y rien pour ma femme?" Sur quoy il m'a fait un grand discours, que chaque cour a ses foiblesses, qu'il seroit très-fasché pour telle raison et particulièrement pour M., qu'il n'y eut point de présent pour Madame l'Electrice, qu'on croiroit, qu'on auroit voulu leurer ces gens de cette fausse espérance pour venir à bout de ce qu'il désiroit faire, qu'il y a un proverbe allemand: Qui fait vingt, fait bien vingt et un". Ihren Wünschen grösseres Entgegenkommen zu sichern liess Dorothea selbst durch Fräulein

---

[1]) Bericht vom 29. August.
[2]) Prusse IX, 273.
[3]) Ueber dieses angesehene Bankhaus einer reformirten Familie, von der zwei Brüder in Paris, einer in Rouen und zwei in Danzig etablirt waren, das in den brandenburgisch-französischen finanziellen Beziehungen eine hervorragende Rolle spielte, s. G. Pagès, Les frères Formont et les relations du Grand Electeur avec la cour de France in der Revue historique XLVI, S. 287 ff. Neben ihm kam auch der Banquier du Pré in Hamburg in Betracht, s. Gallois, Lettres des Feuquières IV, S. 241 und Verjus' Bericht vom 26. December 1673.

von Wangenheim Verjus umständlich darthun, dass man sie St. Géran mit Unrecht als Feindin Frankreichs geschildert habe[1]). Es entbehrte also doch nicht wenigstens eines Scheines der Begründung, wenn Schwerin und Meinders das schliessliche Scheitern der französischen Allianz zum Theil der Verweigerung dieses Geschenks schuld gaben. Und welchen Begriff musste der französische Diplomat von deutschem Fürstenthum bekommen, wenn ihm Schwerin eines Tages weitläufig auseinandersetzte[2]), blos deshalb habe Frankreich jetzt so geringe Erfolge, weil es nicht mehr so gut zahle wie zur Zeit Richelieus: habe der eines Fürsten bedurft, so sei ihm für diesen nichts zu viel gewesen. Wol habe Frankreich auf diesem Gebiete auch Enttäuschungen erlebt: dafür aber gebe es im Reich doch Fürsten, die ihm unendlich viel mehr werth sein müssten als alles, was es ihnen und allen anderen zusammen gegeben hätte. Konnte man sich deutlicher anbieten? Allerdings fügte Schwerin — ziemlich undiplomatisch — hinzu, er spräche natürlich nicht von Brandenburg und nicht in höherem Auftrage; doch habe er ja schon wiederholt auf das Geschenk zurückkommen müssen, das man der Kurfürstin verheissen, aber vergessen zu haben scheine: einer Dame gegenüber alle Zeit bedenklich, sei das in diesem Falle nicht blos schädlich, sondern für alle seine Bemühungen ein unüberwindliches Hindernis geworden. Verständige man sich nur im Uebrigen nach Wunsch, vertröstete Verjus darauf, so könne die Kurfürstin ja immer noch und zwar dann ein um so schöneres und kostbareres Geschenk erhalten.

Dazu kam es nun aber auch diesmal noch nicht. Wol war der Kurfürst bereit Frankreich gegen Spanien zu unterstützen, wenn er entsprechende Subsidien und einen Theil von Geldern erhielt, aber doch nur wenn der König zuvor der ihm bisher verbündeten Republik Frieden gewährt hatte. Eine Zeit lang schien Aussicht dazu vorhanden: da vernichtete sie die neue kriegerische Wendung, die am Wiener Hofe eintrat. Frankreichs Antwort

---

[1]) In diesem Bericht heisst es auch: — cette princesse — m'a fait faire de grands éclaircissements par Mlle de Vanghenen sur ce qu'on avoit dit à Mr. St. Géran, qu'elle n'estoit pas bonne Françoise.

[2]) Bericht vom 23. Januar 1634.

darauf war die Besetzung Triers und der zehn kaiserlichen Städte im Elsass. Bald jedoch waren die Armeén des Königs überall im Röckzug begriffen; im Reiche machte sich ein vielverheissender kriegerischer Aufschwung bemerkbar. Ein Bündnis Brandenburgs mit Frankreich war nun unmöglich[1]). Zwar hoffte Schwerin, der Kurfürst werde sich wenigstens nicht zu einem Bunde gegen Frankreich fortreissen lassen[2]); ja, auch nach den neusten französischen Uebergriffen, meinte er, werde derselbe schon den Tag nach Unterzeichnung des Friedens mit der Republik bereit sein das Bündnis gegen Spanien einzugehn. Um so eifriger arbeiteten die Franzosenfeinde am Berliner Hofe, Anhalt, der Kanzler v. Somnitz und von Crockow — „le petit coquin", nennt ihn Verjus[3]) und hält ihn für den giftigsten und den seiner Gewandtheit wegen gefährlichsten. In Gegenwart des Kurfürsten selbst wagte es von Pöllnitz, der Oberstallmeister, Schwerin zu beschuldigen, dass er französisches Geld genommen und gemeinsam mit Meinders das für die Kurfürstin bestimmte Geschenk unterschlagen habe[4]). Der kaiserliche Gesandte Freiherr von Goess aber eröffnete der Kurfürstin selbst die lockendsten Aussichten für die Versorgung ihrer Kinder[5]), suchte ihr also von der Seite beizukommen, wo die hohe Frau allerdings besonders empfänglich und daher leicht zu beeinflussen war. Und die französischen Gewaltthätigkeiten leisteten solchen Bemühungen wirksamst Vorschub. Gerade in jenen Tagen kam die Nachricht, in Wesel habe General de Lorges grosse Holzlieferungen ausschreiben und dazu die Bäume der Umgegend einfach niederhauen lassen. Dringend rieth Verjus sofort jede Genugthuung zu gewähren[6]), da sonst jede Aussicht auf einen Erfolg der Unterhandlungen dahin sei. Denn noch hielt er einen solchen für

---

[1]) Verjus d. 19. September 1673: auf Grund eines eigenhändigen Briefs des Kurfürsten an ihn beklagt Schwerin, „que les affaires prenoient un tour, qui ne luy permettoit pas d'entendre d'avantage à l'affaire connue, c'est à dire à la proposition du traitté touchant la Flandre."
[2]) Ebendas.
[3]) d. 10. October 1673.
[4]) d. 3. October.
[5]) d. 22. October.
[6]) In seinem Bericht vom 11. October.

möglich. So wenig er sich eines gewissen unheimlichen Gefühls bei dem Gedanken an ein engeres Zusammengehn mit Frankreich erwehren konnte: auch gegen den ihm so nahe gelegten Bund mit dem Kaiser hatte Friedrich Wilhelm ernste Bedenken, und es gab Stunden, wo er ihn für unmöglich hielt, nur Unheil davon erwartete: wer ihm dazu riethe, erklärte er eines Tages aufbrausend, der sei ein Schurke[1]). Nur war bei seiner Erregbarkeit auf dergleichen Ausbrüche nicht allzu viel zu geben[2]), und bei manchem, was von solchen berichtet wird, gewinnt man beinahe den Eindruck, als hätte er durch solche starken Worte seine wahre Absicht erst recht verbergen und die Gegner irre leiten wollen. An solcher Unbeständigkeit aber waren sicherlich weniger die Zuträgereien v. Pöllnitz' oder der holländischen Kammerdiener des Kurfürsten schuld, die Verjus dafür verantwortlich macht[3]), als vielmehr die heillose Schwierigkeit der Lage.

Das zeigen auch die Vorschläge, die der Kurfürst seinerseits dem König machen liess. Gegen eine Beihülfe zum Unterhalt seines Heeres wollte er sich neutral halten, „um, wenn die Zeit gekommen, etwas im Dienst und zur Genugthuung des Königs zu unternehmen"[4]). Da meldete man aus Kleve neue Ausschreitungen der Franzosen. Obgleich sofort Genugthuung und Schadenersatz geboten wurde, brauste der Kurfürst doch leidenschaftlich auf: ob er ihr Feind oder neutral sei, meinte er, in jedem Falle richteten die Franzosen sein Land zu Grunde, so dass es schon besser sei ihnen offen entgegenzutreten[5]). Zudem blieben die

[1]) — qu'il tiendroit pour un coquin quiconque luy conseilleroit de se joindre à l'Empereur. — Verjus d. 21. November 1673.

[2]) Ebendas. Le prince change sy souvent d'avis et par des motifs si peu considérables, qu'il ne faut trop se reposer sur ce qu'il dit.

[3]) Mais il . . . reprendra la teincture de sa première impression aussitôt que Pellenitz ou un de ses valets de chambre Hollandois, dont il est environné, ou quelque autre homme de la sorte luy tiendra quelque sot discours ou luy annoncera quelque sote nouvelle, où il y aura nul fondement. 11. Oktober 1673.

[4]) — demeurer neutre et à l'aider à entretenir ses troupes cependant jusque à ce que le temps revinst de faire quelque chose pour le service et pour la satisfaction du Roy; d. 7. November.

[5]) Verjus 21. November.

fälligen Raten der in dem Vossemer Vertrage zugesagten Subsidien aus: Meinders mahnte immer dringender darum, zugleich freilich auch um die ihm selbst verheissenen Gelder¹).

In der Richtung auf gemeinsame Neutralität bewegten sich die gleichzeitigen Verhandlungen zwischen Brandenburg und Schweden, deren Ergebnis der merkwürdige Vertrag vom 11. December 1673 war²). Indem sie ihre Defensivallianz vom 27. März 1666 erneuten, einigten sich beide Mächte gemeinsam für die Herstellung des Friedens zu wirken, nach deren Misslingen aber auch gemeinsam zu erwägen, was weiter zu thun sei; würde jedoch auch dabei nichts erreicht, so sollte jede von ihnen volle Freiheit haben ausschliesslich nach Massgabe ihrer besonderen Interessen Partei zu nehmen, also auch sich den Gegnern der anderen anzuschliessen. Diese ungewöhnliche Abmachung offenbart die rathlose Verlegenheit der brandenburgischen Politik. Schweden sollte dadurch, so scheint es, an die Aktion Brandenburgs gebunden, dieses gegen Schwedens Feindschaft gedeckt werden. Thatsächlich aber war Schweden dadurch doch nicht im Geringsten gehindert nach dem Scheitern des gemeinsamen Vermittelungsversuchs sich Brandenburgs Gegnern anzuschliessen, dem Kaiser, wenn der Kurfürst zu Frankreich, diesem, wenn er zum Kaiser stand³). In beiden Fällen musste der Kurfürst gewärtig sein von Pommern her angefallen zu werden ohne Schweden deshalb des Vertragsbruchs zeihen zu können. Wol aber durfte Frankreich hoffen durch Schweden Brandenburg zu sich herüberzuziehen. An Versuchen dazu liess man es auch jetzt nicht fehlen. Im Februar 1674 bot Verjus nicht blos Erhöhung der Subsidien, sondern auch die Rückgabe von Wesel und Rees, ja sogar der Schenkenschanze für den

---

¹) Derselbe schreibt bereits d. 24. Oktober: Je receus ce billet ci joint de Mr. Meinders touchant l'argent pour Mr. l'Electeur de Br. et pour luy-mesme et ses amis.

²) v. Mörner, a. a. O. S. 377 ff. (n. 215).

³) Sehr befriedigt schreibt daher Pomponne d. 22. Januar 1674 aus S. Germain an Verjus: — il laisse une liberté égale du choix des partis et met la Suède en estat de pouvoir prendre celuy du Roy sans craindre, que Mr. l'Electeur de Br. s'y oppose. C'est une chose considérable, mais qui n'empesche pas ce prince de pouvoir embrasser les interests de l'Empereur.

Augenblick an, wo der Kurfürst gegen den Kaiser in Aktion treten würde: es gelte ja nur die Ruhe des Reiches zu sichern für den Fall, dass der Kaiser sie durch Parteinahme gegen Frankreich gefährdete. Dazu sollte Brandenburg in Gemeinschaft mit Schweden, Hannover, Baiern und Pfalz-Neuburg denselben nöthigen seine Truppen in die Erblande zurückzuziehen, sobald die Frankreichs den deutschen Boden verlassen hätten. Käme es aber dennoch zum Kriege, so möge der Kurfürst wählen, ob er allein die habsburgischen Erblande angreifen oder mit den Franzosen am Rhein fechten wolle. Diesen Erbietungen gute Aufnahme zu sichern, wurde Verjus angewiesen nicht blos Schwerin, Meinders und v. Jena neue reiche Gratifikationen in Aussicht zu stellen, sondern auch der Kurfürstin sein Wort zu geben, dass sie das viel besprochene Geschenk erhalten und dass es des königlichen Gebers würdig sein sollte [1]).

Sich im Bunde mit Frankreich auf Kosten Spaniens durch Geldern zu bereichern war Friedrich Wilhelm bereit gewesen. Auf diese Anträge aber konnte er um so weniger eingehen, als die allgemeine Lage sich im Frühjahr 1674 für Frankreich selbst wesentlich ungünstiger gestaltete. England, Köln und Münster machten mit den Niederlanden Frieden. In Deutschland wogte der Franzosenhass in ungekannter Heftigkeit auf: mit ihm mussten die zu Frankreich neigenden Fürsten rechnen, wollten sie ihrer Unterthanen sicher sein. Nicht mehr den Hort der deutschen Freiheit sah man in Frankreich: man brandmarkte es als ihren ärgsten Feind. Auch Verjus konnte nicht leugnen, dass in dieser Hinsicht die öffentliche Meinung Deutschlands seit den Zeiten Richelieus einen tiefgehenden Wandel erfahren habe [2]). Manchem galt die Feindschaft zwischen Deutschland und Frankreich bereits für eine Naturnothwendigkeit, und selbst Schwerin erklärte ein Bündnis des Kurfürsten mit Frankreich für zur Zeit unmöglich,

---

[1]) Instruktion für ihn d. d. Versailles 26. Februar 1674: — „que vous donniez parole à l'Electrice du présent, dont on vous parle depuis sy longtemps. Il suffira, que vous le promettiez en mon nom pour luy faire comprendre, qu'il sera digne de moy".

[2]) Vgl. seinen Bericht vom 30. März 1674: Beilage IV.

zumal Ludwig XIV. vielleicht bald im eigenen Lande bedroht werden könnte. Demgemäss stiegen auch die Anerbietungen, die Verjus zu machen angewiesen wurde. Dasselbe und mehr wollte der König Brandenburg für blosse Neutralität gewähren, wie erst für Waffenhülfe gegen Spanien und den Kaiser: ausser Hülfsgeldern bis zur Höhe von 150000 Thalern auf drei Jahre die Rückgabe von Wesel und Rees im Mai. Nur einen Rheinübergang wollte der König behalten, dagegen die Vermittelung Brandenburgs und Schwedens annehmen, freilich nur so, dass die vorzuschlagenden Bedingungen ihm vorher zur Gutheissung mitgetheilt würden und nach ihrer Ablehnung durch die Gegner beide Mächte diese zur Annahme zwingen hälfen[1]). Auch hätte man sich, wie es scheint, auf dieser Grundlage vielleicht verständigt ohne die neuen französischen Gewaltthaten, den Einbruch in die Pfalz und die Wegnahme Germersheims[2]). Selbst in Regensburg war nun alles Feuer und Flamme. Auch Friedrich Wilhelm machte aus seiner Empörung kein Hehl. Der von ihm gewünschte und, wie er meinte, schon wesentlich geförderte Vergleich mit Frankreich, sein Bündnis mit diesem, die gehoffte Vermittelung in Gemeinschaft mit Schweden war nun unmöglich: um keinen Preis wollte er in den Augen der Deutschen für einen Deserteur gelten[3]), und mit förmlichem Abscheu wies er nun eine Neutralität zurück, durch die er vom Körper des Reichs getrennt und ein Gegenstand allgemeinen Hasses zu werden fürchtete[4]).

Nun lag es aber im Interesse beider Theile den förmlichen

---

[1]) Instruction für Verjus vom 1. März und vom 14. April 1674.
[2]) Nach Verjus' Bericht vom 13. April 1674 äussert Schwerin: „que sans Ghermersheim nous serions bien loing et que cette affaire-là avoit gasté la nôtre, qui ne pouvoit mieux aller qu'elle aloit."
[3]) Verjus d. 10. April: — er berichtete „du reffus, que ces gens cy faisoient de conclure aucun traitté de neutralité mesme pour ravoir les places, de crainte, que le bruit, qu'on feroit en Allemagne, ne les fist regarder comme des déserteurs de leur patrie dans la conjoncture présente de l'affaire du Palatin etc.".
[4]) Derselbe d. 29. April — ayant ... porté ces gens cy a reffuser absolument et avec une espèce d'horreur cette neutralité — comme si elle les avoit separés du corps de l'Empire et rendus odieux à toutte l'Allemagne.

Bruch doch noch hinauszuzögern. Der Kurfürst wünschte sich erst mit den Niederlanden und dem Kaiser zu verständigen, und Ludwig XIV. wäre den Krieg, der zu unliebsamen Dimensionen anwuchs, gern mit Anstand los geworden. So kam er Brandenburg noch weiter entgegen: er liess Wesel, Rees und die Schenkenschanze räumen. In Berlin athmete man auf: so zuversichtlich man gethan hatte und so sicher man diese Wendung vorhergesehn haben wollte, in der Stille hatte man doch ernstlich gefürchtet diese wichtigen Plätze als Preis verwendet zu sehen, um den Frankreich sich mit dem Kaiser verständigte. Verjus bedauerte die Räumung als einen Fehler: zeigte man sich in Berlin doch alsbald viel ablehnender[1]). Noch aber versuchte der König auf einem Umwege zum Ziel zu kommen. Schweden bot Brandenburg Subsidien zum Unterhalt des unter den obwaltenden Umständen unentbehrlichen Heeres: die Mitttel dazu sollte es seinerseits von Frankreich erhalten. Denn gegen Brandenburg die Waffen zu ergreifen lehnte Schweden damals noch ab, weil es mit einem solchen Gegner nicht anbinden mochte[2]). Waren doch die Rüstungen des Kurfürsten in vollem Gange, wenn man sie auch möglichst zu verheimlichen suchte: aber man wusste, dass die Truppen aus Preussen den 1. Juni bereits aufgebrochen waren[3]). Mit den Niederlanden und dem Kaiser wurde unterhandelt: wäre man den Kurfürsten dort mehr entgegengekommen, so würde die Entscheidung gegen Frankreich wol noch eher erfolgt sein. So aber gelang es Ludwig XIV. Brandenburg, wie er wünschte, bis zum Beginn der neuen Campagne hinzuhalten[4]).

Vor allem gab derselbe noch immer die Hoffnung nicht ganz auf die Gegner am Ende doch noch zu überbieten. Auch Schwerin und Meinders wirkten noch weiter für die Neutralität, unbeirrt

---

[1]) Verjus d. 7. Mai 1672.
[2]) Derselbe d. 26. Juni: La Suède n'entreprendra rien de tout ce qu'elle promit, à moins d'estre asseurée, qu'elle ne courira pas le danger d'avoir bientost en teste un prince armé et autant puissamment armé que l'est celuy-cy.
[3]) Bericht vom 16. Juni.
[4]) Instruktion für Verjus d. 26. Februar — „c'est toujours beaucoup, sy vous croyez le retenir encore jusques à la campagne sans prendre party.

durch den Unmuth des franzosenfeindlichen Kurprinzen Karl Emil, der eines Tages Schwerin zornig als einen „Franzosen" anfuhr und drohend warnte, ihm hinfort ja nicht mehr durch solches Betragen Anlass zur Unzufriedenheit zu geben¹). Ja Schwerin gewann es über sich Verjus noch einmal all das vorzutragen, was die endliche Darbringung des vielbesprochenen Geschenks an die Kurfürstin als dringend geboten erscheinen liess: vielleicht könne man sie doch noch zur Fürsprecherin gewinnen, während sie zur Zeit gemeinsam mit dem niederländischen und dem kaiserlichen Gesandten in der entgegengesetzten Richtung thätig sein sollte. Auch Verjus gab in Paris scherzend zu erwägen, ob es sich doch nicht am Ende empfehlen würde die Rückgabe der klevischen Plätze durch diese Art von Salz erst recht schmackhaft zu machen. Man werde in Berlin glauben, beides entspränge aus demselben Gefühl der Achtung und Zuneigung, und auch die Welt werde dahinter — zum Vortheil Frankreichs — ein besonderes Geheimnis vermuthen²). Von mehr aber als Möbeln, Galanteriertikeln oder dergleichen könne bei der Unsicherheit der Lage und der Fragwürdigkeit des Erfolges nicht die Rede sein, — Dingen, die nach viel aussähen, aber billig wären³). Jedenfalls gelte es zu eilen: denn schon sei der Kurfürst im Begriff auf den Rath seiner Gemahlin trotz des Widerspruchs seiner Minister nach Cleve abzureisen⁴).

Da gab die Nachricht von Turennes Sieg bei Sinzheim den Ausschlag. Sofort berief der Kurfürst seine Generale nach Potsdam, befahl den Marsch der bereits am 1. Juni aus Preussen aufgebrochenen Truppen zu beschleunigen und die Zahl der Regimenter zu verdoppeln, indem aus jeder der 200 Mann zählenden Compagnien durch Theilung und Neuaushebung zwei zu je 125

---

¹) Verjus d. 8. Mai.

²) Verjus d. 6. Juni — je crois, „qu'il serviroit comme du sel pour relever le goust à la restitution des places ... et qu'il feroit croire dans le monde, qu'il y auroit en tout cela quelque mistère plus caché sur le tout". —

³) d. 26. Juni: et en telles choses de la sorte qu'Elle jugeroit à propos, qui paroistroient davantage et pouroient peut estre couster moins qu'en argent contant.

⁴) d. 23. Juni.

Mann gemacht wurden. Generale und Minister konferirten unausgesetzt. Schwerin galt nichts mehr und dachte an den Abschied. Alles lag in den Händen von Somnitz[1]). Derfflinger eilte nach dem Haag um den allzu sparsamen Generalstaaten gegenüber die finanziellen und militärischen Interessen Brandenburgs energisch zu vertreten[2]), und noch bevor diese Einzelheiten völlig geordnet waren, wurde am 1. Juli in Berlin der Vertrag unterzeichnet, durch den der Kurfürst dem Bunde des Kaisers, der Niederlande und Spaniens gegen Frankreich beitrat[3]). Er ordnete nicht blos die gemeinsame militärische Aktion und was dazu an Geld und Truppen von den Verbündeten aufzubringen war, sondern versicherte den Kurfürsten, falls er während dieses Krieges angegriffen würde, der Hülfe der anderen drei Mächte, so lange bis ihm Ruhe geschafft, das Seine zurückgewonnen und Genugthuung gewährt sein würde[4]). Auch sollte ein Waffenstillstand von keinem der Verbündeten allein eingegangen, dem Kurfürsten aber für allen ihm dieses Bündnisses wegen in Kleve oder sonstwo zugefügten Schaden Ersatz ausgewirkt werden. Stand damit aber nicht im Widerspruch, wenn weiterhin bestimmt wurde, käme es zu Verhandlungen wegen eines Friedens oder mehrjährigen Stillstands, so sollte keiner der Verbündeten solche unternehmen ohne die übrigen davon benachrichtigt und deren Bevollmächtigten ein rechtzeitiges Erscheinen dazu ermöglicht zu haben, auch jeder die Vortheile, die er für sich selbst ausgewirkt, allen anderen sichern, soweit man darüber nicht anderes abmachen würde? Wurde damit nicht wenigstens mittelbar jedem der Alliirten das Recht zu Sonderverhandlungen der Art gegeben, wenn er nur die betreffenden Bedingungen erfüllte? Augenscheinlich bestimmt, ihm für den Fall eines ungünstigen Ausganges den Rücktritt von dem Bunde zu ermöglichen ohne deshalb so schwere Anklagen über sich ergehn lassen zu müssen, wie sie nach dem Frieden an Vossem gegen ihn erhoben

---

[1]) Bericht vom 30. Juni.
[2]) Urkunden u. Aktenstücke XIII, S. 797 ff.
[3]) v. Mörner a. a. O. S. 383—385 (n. 218); Pufendorf, de reb. gest. F. W. XII, § 35 (p. 908).
[4]) Art. 5.

worden waren, hat dieser Artikel den übrigen Verbündeten nachmals die Handgabe geboten den Kurfürsten ihrerseits im Stich zu lassen, ohne dass er dem Wortlaute der getroffenen Abmachungen nach sie mit Recht des Vortragsbruches hätte beschuldigen können.

Noch einen letzten Versuch machte Frankreich ihn zurückzuhalten. Auf seine Veranlassung hatte Karl XI. von Schweden Friedrich Wilhelm noch im Juni ersucht sein Heer doch noch nicht aus den Marken zu entfernen, indem er gleichzeitig eine Beihülfe zu seinem Unterhalt, d. h. natürlich wiederum französisches Geld anbot. Das war abgelehnt: schnelle Hülfe thue jetzt noth[1]. Da wies Verjus auf die Gefahren hin, denen der Kurfürst sich aussetzte, wenn er Preussen und Pommern so ganz von Truppen entblösste: Schweden habe in Pommern bedeutende Streitkräfte stehn, und Polen könne jeden Augenblick mit den Türken Frieden machen um Preussen anzugreifen. Auch erklärte Oberst v. Wangelin, der schwedische Gesandte, durch sein Eintreten gegen Frankreich verletze Brandenburg den Vertrag vom 11. Dezember 1673. Mit gutem Grunde bestritten das die kurfürstlichen Räthe[2]. Wie aber wollten sie dann Schweden das Recht absprechen von der Freiheit der Wahl der Partei auch seinerseits Gebrauch zu machen? So liess sich schon damals voraussehen, was kommen würde. Denn Frankreich wurde nicht müde Schweden als durch Brandenburg beleidigt darzustellen: es habe von demselben alles zu fürchten, dürfe unter keinen Umständen warten, bis seine natürlichen Feinde, der Kaiser, Dänemark, Brandenburg und Celle über es herfielen, sondern müsse ihnen zuvorkommen und gegen Branden-

---

[1] Lateinisches Schreiben Friedrich Wilhelm's an Karl XI. vom 30. Juni 1674 (Copie) und seine Antwort auf Schwedens erste Drohung vom 10. August: Car quant à ce qui s'est passé à l'occasion de l'ofre de subsides, Mr. l'Envoyé sait bien, qu'on n'a jamais pris cette ofre autrement que comme venant de la part de la France.

[2] Bericht Verjus' vom 14. Juli: Wangelin sagt ihm über den Inhalt der letzten Konferenz mit des Kurfürsten Räthen, „qu'il ne s'agit plus de subsides de neutralité, mais uniquement de vouloir montrer, qu'on a rien fait contre le dernier traité avec la Suède par les nouveaux engagements où on est entré".

burg die Waffen ergreifen, sobald dieses die gegen Frankreich ergriffenen niederzulegen sich weigere. Einer solchen Möglichkeit gegenüber werde man sich in Berlin doch wol noch besinnen, ehe man sich in der Pfalz engagierte¹).

Der Kurfürst glaubte nicht an eine Aktion Schwedens: noch Anfang August hoffte er vielmehr dasselbe demnächst an seiner Seite zu sehen²). Der Vorwurf der Kurzsichtigkeit oder wenigstens der Vertrauensseligkeit wird ihm kaum zu sparen sein. Aber seine Handlungsweise erklärt sich aus dem moralischen Druck, unter dem er stand, seit er wegen des Vossemer Friedens von der öffentlichen Meinung wie ein Verräther an Kaiser und Reich behandelt worden war: für ihn handele es sich, erklärte er Verjus, bei dieser ganzen Sache nur darum, seine Ehre und sein Ansehn in der Welt wiederzugewinnen³). Dem gemäss schlug er auch in dem Verkehr mit dem französischem Gesandten einen schärferen Ton an. Mitte Juli überreichte ihm dieser eine Note, worin er sich Auskunft darüber erbat, ob der Friede, für den der Kurfürst die Waffen ergreife, der Friede im Reich oder der mit Spanien und den Niederlanden oder einem andern Fürsten ausserhalb des Reiches sei und ob er Spanien und die Niederlande zum Frieden mit dem König oder den König zum Frieden mit diesen zu zwingen beabsichtige. Darauf hatte er am 15. Juli eine Audienz beim Kurfürsten, von der er folgende Schilderung nach Paris sandte⁴): „Il me dit, qu'il avoit pensé, qu'il ne faloit point mettre les conditions sur le pied de celles du traité des Pyrénées, comme les Espagnols le prétendoient, mais sur le pied du traité d'Aix la Chapelle, que les Espagnols s'en contenteroient bien et qu'il croioit, que V. M^té en seroit aussy fort satisfaite, appuiant sur cela d'un certain ton, comme s'il eust voulu donner à entendre,

---

¹) Instruktion für Verjus d. d. Versailles 23. Juli 1674.
²) Schreiben vom 10. August: s. oben S. 59 Anm. 1.
³) Bericht Verjus' vom 17. Juli: „qu'il estoit vray, que V. M. avoit accomply tous ses desirs et remply toutes les prétentions de S. A. E. et qu'il ne luy restoit plus rien à gaigner en cette affaire-là que l'honneur et la réputation dans le monde".
⁴) Bericht vom 17. Juli.

que V. M^{té} seroit bien heureuse d'en sortir à si bon conte. A quoi il ajousta aussitost, eslevant la voix, me regardant fixement, prenant un visage tout enflammé et estendant brusquement la main droite avec le point fermé: Mais il ne faut pas aller plus avant!"

Dass ein solcher Vorschlag aussichtslos war, musste der Kurfürst sich selbst sagen. Schiedsrichter Europas zu werden, wie er nach Verjus' Meinung bestrebt war[1]), konnte er damals am allerwenigsten hoffen. Ein Rückwärts zum Frieden gab es für ihn schon nicht mehr. Er war ganz Kriegseifer: eigenhändig wählte er im Zeughause die zu seinem persönlichen Gebrauch bestimmten Waffen aus und musterte die acht Compagnien der Garde. Am 12. August wurde von den Kanzeln ein Manifest verlesen, das kirchliche Fürbitten für den Verlauf des Kriegs anordnete: es gelte Deutschland von der drückenden Tyrannerei Frankreichs zu befreien[2]). Verjus wurde bedeutet, ein längerer Aufenthalt sei zwecklos. Man überreichte ihm des Kurfürsten Bild in Diamanten gefasst: er lehnte es ab und erzielte damit ganz den gewünschten Erfolg, denn die ganze Stadt war voll davon, weil, wie er boshaft, aber nicht so ganz grundlos bemerkt, die immer zu nehmen bereiten Deutschen das nicht begreifen könnten[3]). Eine hohe Meinung von dem brandenburgischen Beamtenthum nahm er freilich nicht mit. Auch die Armee, die er sich hatte sammeln sehen, imponirte ihm nicht. Einschliesslich der aus Preussen erwarteten 6—7000 Mann schätzte er sie auf kaum 15000 Mann. Die Compagnien waren fast sämmtlich incomplet, worüber der Kurfürst heftig zürnte. Das Regiment Kurprinz z. B. zählte statt 1000 nur 850 M. Die Ausrüstung war dürftig. Namentlich fehlte es an Lagergeräth: nachts schliefen die Leute nicht in Hütten, sondern in ihre Mäntel gehüllt unter freiem Himmel. Nur hatten noch

---

[1]) Ebendas. — la présomption, dont il se flatte, devenir l'arbitre de l'Europe.

[2]) Verjus d. 11. August: — et fait demain publier dans toutes les églises sous prétexte d'ordonner des prières pour le succès de son entreprise un manifeste contre V. M^{té}, qui porte, qu'il marche pour délivrer l'Empire de l'oppression et de la tyrannie des François.

[3]) Sein Bericht vom 13. August. Vgl. des Kurfürsten Brief an Ludwig XIV. Urkunden und Aktenstücke II, S. 527, Pufendort XII, 38.

lange nicht alle Mäntel¹). Am 23. August übernahm der Kurfürst, den seine Gemahlin und der Kurprinz ins Feld begleiteten, in Magdeburg das Kommando: mit 14 Regimentern Reitern, 2 Regimentern Dragonern und 10 Regimentern Infanterie. — im Ganzen etwa 20000 Mann — konnte er immerhin ein entscheidendes Gewicht in die Wagschale werfen. Am 13. und 14. Oktober überschritt er bei Kehl den Rhein und vereinigte sich am 15. bei Bläsheim mit den Kaiserlichen unter Bournonville.

Wie kläglich auch dieser elsässische Feldzug Ende des Jahrs 1674 und in den ersten Wochen 1675 ausging, ist bekannt. Trotz wiederholter Anläufe geschah nichts. Die günstigsten Gelegenheiten blieben unbenutzt, und wenn man ja endlich einmal handelte, so hielt man ein, ehe der Erfolg auch nur halb gewonnen war. Streit zwischen den Generalen, gegenseitige Rekriminationen, steigende Entfremdung zwischen den Verbündeten, fortschreitende Auflösung der zwecklos hin- und hergeführten, erschöpften und demoralisirten Armee waren die unvermeidlichen Folgen davon. Den tief verstimmten Kurfürsten traf der Tod seines hoffnungsvollen Erstgeborenen unter diesen Umständen doppelt schwer. Und zu alle dem kam nun der längst drohende, aber doch nicht ernstlich gefürchtete Einfall der Schweden in die Mark. Wie früher Wangelin in Berlin so erklärte der schwedische Gesandte im Haag, durch die Parteinahme für die Niederlande habe Brandenburg den Vertrag vom 11. Dezember 1673 gebrochen: wenn nicht gleich die That folgte, so verschuldete das neben der militärischen Unfertigkeit Schwedens die fortdauernde Steigerung seiner finanziellen Ansprüche an Frankreich. Dass dieses aber schliesslich durchdringen würde, war längst nicht mehr zweifelhaft.

Angesichts der Verstärkung der schwedischen Truppen in Pommern drangen die Räthe daheim auf schleunige Rückkehr des Heers. Aber damals hoffte man noch durch einen schnellen Sieg auf dem rheinischen Kriegsschauplatz auch von der Mark bald jede Gefahr abgewandt zu sehen. Schien es doch nach der Art, wie

---

¹) Bericht vom 10. August.

der schwedische Angriff angekündigt wurde, sich dabei mehr um einen plumpen Einschüchterungsversuch zu handeln als um einen ernst gemeinten Krieg. Daher hielt vielleicht eine nachdrückliche Erklärung der Verbündeten Brandenburgs Schweden noch auf. Und wenn es trotz alledem zum Aeussersten kam, so meinte Friedrich Wilhelm nach dem Wortlaute der Verträge auf thatkräftige Hülfe rechnen zu können, wenn es galt, die vorübergehend ihrem Schicksal überlassene Mark zurückzugewinnen. Wie ganz anders es thatsächlich kam, ist bekannt. Ohne die erwartete Unterstützung, im Wesentlichen auf die eigene Kraft angewiesen, musste der Kurfürst die Rettung der Mark unternehmen, und erst als der glorreiche Tag von Fehrbellin und seine rastlose Ausnutzung den Weg frei gemacht hatten, erschienen auch die Kaiserlichen, die Dänen und die Braunschweiger im Felde, um sich ihres Antheils an der Beute zu versichern. Inzwischen aber lösten sich die Niederlande von dem zu ihrer Rettung geschlossenen Bunde: trotz aller Warnungen, Erbietungen und Vorwürfe des Kurfürsten unterzeichneten sie am 10. August 1678 zu Nimwegen den Frieden mit Frankreich und erkauften von diesem günstigere Bedingungen für Spanien durch die ausdrückliche Zusage ihrem bisherigen Alliirten nicht weiter beizustehn. Nicht einmal für die Neutralisirung Kleves traten sie ein. Solche Treulosigkeit — denn nur diese sah er darin, mochten die Niederlande auch mit Recht darauf hinweisen, dass sie sich streng an den Buchstaben des Vertrages vom 1. Juli 1674 gehalten[1]) — wett zu machen, leistete der Kurfürst für unmöglich Gehaltenes, eroberte Rügen zurück, bezwang Stralsund und nahm Greifswald. Thatsächlich Herr Pommerns durfte er vielleicht hoffen den Frieden nun doch noch auf der Grundlage durchzusetzen, die Schwerin für allein annehmbar bezeichnet habe: Possideatis, uti possidetis.

Das aber schien erreichbar nur durch eine Verständigung mit Frankreich. Eine solche war eingeleitet, noch bevor der Kurfürst vor Stralsund in so undiplomatischer Weise persönlich mit dem Grafen Rébenac anknüpfte. Diese Thatsache verdient besonders

---

[1]) Vgl. oben S. 58.

beachtet zu werden, will man ohne Voreingenommenheit die wiederholt aufgeworfene Frage beantworten, ob Friedrich Wilhelm wirklich berechtigt war in dem Vorgehn seiner Verbündeten und insbesondere in dem des Kaisers schlechtweg Verrath zu erblicken oder ob seine Ansicht von der Möglichkeit einer erfolgreichen Fortführung des Kampfes auch ohne die Niederlande und Spanien nicht mehr der Ausfluss eines begreiflichen heissen Begehrens als ruhiger Ueberlegung war, das Vorgehn Leopolds aber als die unvermeidliche Folge des Abfalls der übrigen Verbündeten und der von Osten her drohenden Gefahren zu betrachten sein würde. Der Vorwurf der Bundbrüchigkeit, den der Kurfürst damals und späterhin mit leidenschaftlicher Erbitterung gegen Kaiser und Reich erhoben hat, erscheint doch in anderem Lichte, wenn man ihm entgegenhält, dass er selbst, noch bevor er durch die Haltung des Wiener Hofes dazu berechtigt oder gar gezwungen zu sein behaupten konnte, nicht blos Sonderverhandlungen begann und um einen Sonderfrieden warb, sondern dabei Frankreich gegenüber von vornherein Absichten zu erkennen gab, die mit den Verpflichtungen gegen seine dermaligen Verbündeten unvereinbar waren, wenigstens wenn diese den Massstab anlegten, den anzulegen er ihnen gegenüber als sein Recht beanspruchte. Gewiss war daran kein besonderer Anstoss zu nehmen, dass er den jüngern Schwerin nach London schickte, nicht blos um Englands Vermittelung anzurufen, sondern um im Geheimen den dortigen französischen Gesandten, Barillon, wissen zu lassen, wenn Frankreich ihm zum Besitz von Pommern auch nur bis zur Peene verhelfen wolle, sei er bereit in dessen Interesse zu wirken, wozu er reichlich Gelegenheit haben und mehr als Schweden im Stande sein werde[1]). Deutlicher erklärte er sich von Anfang an in Paris. Als Träger dieser geheimen Mission diente ihm Louis de Beauveau, Graf d'Espense, der um seines reformirten Glaubens willen den französischen Dienst mit dem seinen vertauscht hatte, Oberst der Trabanten und Generalmajor geworden und auch schon früher gelegentlich diplomatisch verwendet war, dann aber beim Ausbruch des Kriegs mit

---

[1]) Pufendorf XVI, 37, s. p. 120 ff.

Frankreich vorläufig seinen Abschied genommen und sich auf eigene Hand nach Nimwegen und Paris begeben hatte. Ihn liess Meinders vom Haag aus, angeblich natürlich auch ganz auf eigene Hand und als Privatmann, wissen, wie sehr der Kurfürst den Frieden mit Frankreich ersehne und daher wünsche sich auf Grund ihrer gemeinsamen Interessen und ohne Rücksicht auf die in Nimwegen schwebenden Verhandlungen mit dem Reiche unmittelbar mit dem König zu verständigen. Das theilte d'Espense dem Staatssekretär Pomponne mit, und dieser wurde daraufhin vom König zu einer Rückäusserung bevollmächtigt, welche ein Eingehn auf der von Brandenburg vorgeschlagenen Basis der Unterhandlungen in Aussicht zu stellen schien[1]. Das dauerte freilich nur so lange, bis am 10. August 1678 der Separatfriede mit den Niederlanden glücklich geschlossen war[2].

Auch Meinders, der unter dem Vorwand einer Badereise nach Aachen im Haag und in Nimwegen erschien und mit Colbert de Croissy und d'Avaux ausseramtlich zusammentraf, überzeugte sich davon, dass Frankreich unter keinen Umständen zu bestimmen sein werde zu Gunsten der Abtretung Pommerns an Brandenburg auf Schweden einen Druck auszuüben, mochte er auch durch die Erklärung Eindruck zu machen suchen, wenn erst Stralsund und Greifswald gewonnen wären, werde der Kurfürst sich mit der Peene als Grenze unmöglich begnügen können. Um so mehr hielt man von französischer Seite die durch d'Espense vermittelte Verbindung fest, zumal die allzu deutlich offenbarte Erbitterung des Kurfürsten gegen den ebenfalls zum Sonderfrieden rüstenden Kaiser die Möglichkeit zu weiterer Spaltung und Lähmung des Reiches zu bieten schien. Daher wurde am 25. Oktober — dem Tage der in Paris nicht für so nahe gehaltenen Kapitulation von Stralsund — d'Espense ausführlich für die Weiterführung der durch den Meinders'schen Brief angeknüpften geheimen Verhandlungen instruirt[3]. Der König begrüsse — so sollte er darlegen — des Kurfürsten Wunsch nach Frieden mit Genugthuung, bedauere aber seine Er-

---
[1] Mémoires de Pomponne I, S. 303 ff.
[2] Pufendorf XVI, 76, (p. 1249).
[3] S. Beilage V.

füllung durch das Verlangen nach Behauptung der Schweden entrissenen Landschaften erschwert zu sehen: da es den Westfälischen Frieden herzustellen gelte, könne man Schweden nicht die Abtretung von Gebieten zumuthen, die es eben durch diesen erworben habe. Zum Besten seines Vaterlandes und im Hinblick auf die Vortheile, die ihm das dann erst ermöglichte engere Bündnis mit Frankreich gewähren werde, möge der Kurfürst doch auf Eroberungen verzichten, um die er einen langwierigen Krieg, auch gegen Frankreich, würde führen müssen. Die bisher gegen die Niederlande und Spanien beschäftigten französischen Truppen seien nun anderweitig verwendbar: überschritten sie den Rhein, so seien Kleve, Mark und Minden verloren. Ihr Verlust aber würde die Eroberung Pommerns mehr als aufwiegen, zumal das Reich sich bereits erboten habe nach dem Frieden Schwedens Feinde in keiner Weise zu unterstützen. Von einem Angriff auf Stralsund und Greifswald sei bei der Nähe des Winters nichts mehr zu hoffen, und im Frühjahr könne ein Eingreifen Frankreichs ihn leicht noch ein Stück Hinterpommern kosten. Ja, selbst wenn das Reich im Krieg beharren sollte, sei Hülfe von ihm nicht zu hoffen. Nur der Friede könne des Kurfürsten Lande vor völligem Ruin bewahren. Den Frieden wünsche auch der König, ein so schweres Opfer aber könne er Schweden darum doch nicht zumuthen. Auch lasse die Entschädigung, die der Kurfürst für das in seinem Lande angerichtete Unheil verlangte, sich doch wol in Geld beschaffen. Nur übermässige Forderungen dürfe man nicht stellen, da es sich ausschliesslich um einen Beweis des Edelmuths des Königs handele. Diesen Vorschlägen eine gute Aufnahme zu erwirken wünschte man — durch üble Erfahrungen belehrt — sich auch des Einflusses der Kurfürstin zu versichern und wollte daher das Versäumte nachholen: d'Espense sollte Meinders wissen lassen, wie der König im Hinblick auf seine künftige enge Verbindung mit dem Kurfürsten den Wunsch hege die Beweise seiner Zuneigung auch auf die Kurfürstin ausdehnen zu können. Ohne auf das Wie und Was näher einzugehn, sollte er nur versichern, das Geschenk werde des Königs würdig sein, dann aber zu ergründen suchen, was die Empfängerin erwarte und verlange.

Die auf diese Instruktion gegründeten Eröffnungen d'Espense's beantwortete Meinders, ehe er zur Berichterstattung zu dem Kurfürsten zurückeilte, durch eine ausführliche Denkschrift, welche über die weiteren Ziele der noch hart im Gedränge befindlichen brandenburgischen Politik einiges Licht verbreiten konnte[1]). Ohne seiner Ehre und seinen Bundespflichten etwas zu vergeben — so führte diese aus — könne Frankreich Schweden zum Verzicht auf Pommern veranlassen, zumal es ja seinerseits, um den Frieden zu ermöglichen, viel wichtige Provinzen und Plätze herausgegeben habe ohne dazu gezwungen zu sein. Mit den Waffen für Schweden einzutreten werde es nach Lage der Dinge nach Abschluss des Friedens mit dem Kaiser um so weniger vermögen, als die Niederlande einen Angriff auf Kleve niemals dulden würden. Auch glaube der Kurfürst, zum Bunde mit Frankreich entschlossen, von dem Edelmuth des Königs erwarten zu dürfen, dass er ihn durch den Frieden nicht unfähig machen werde, ihm, wie er wolle und wünsche, erfolgreich zu dienen, daher zunächst der Mishandlung der besetzten Gebiete durch seine Intendanten Einhalt thun werde. Dagegen sei der Kurfürst bereit mit Rücksicht auf die umlaufenden Verdächtigungen für die Ehrlichkeit seiner Absicht Bürgschaft zu geben, und wünsche zu wissen, was der König als solche verlange, und ferner, in welcher Weise derselbe seine Dienstwilligkeit bethätigt zu sehen erwarte, um im Reiche sein Verhalten zu Baiern, Hannover u. s. w. auf der einen und zu Sachsen, Braunschweig, Celle, Münster u. s. w. auf der anderen Seite danach einrichten zu können. Die Denkschrift verlangt des Weitern Auskunft, wie der Kurfürst sich zu Köln stellen, ob er dort für die Nachfolge des Strassburger Bischofs Franz Egon von Fürstenberg und gegen die Bemühungen der kaiserlich gesinnten Neuburger wirken solle. Auch Polen, Ungarn, Dänemark, England, den Niederlanden und Spanien gegenüber wollte er sich nach des Königs Wünschen richten: mit anderen Worten, in seiner gesammten auswärtigen Politik war Brandenburg bereit Frankreich wie ein Vasallenstaat Heeresfolge zu leisten. Auf jede weitere Aktion gegen Schweden

---

[1]) S. Beilage VI.

wollte der Kurfürst verzichten, wenn dieses auch ihn nicht weiter beunruhigte, namentlich Preussen unbehelligt liesse. Schweden mit Geld zu unterstützen sollte dem König unbenommen bleiben, ja, selbst gegen eine territoriale Entschädigung Schwedens für Pommern hatte der Kurfürst nichts einzuwenden, wollte sich auch in Betreff des Ersatzes für den Schaden, den Schweden ihm zugefügt hatte, entgegenkommend zeigen, obgleich er so gross sei, dass er im Laufe eines halben Jahrhunderts nicht wieder gut gemacht werden könne[1]). An Truppen sei er bereit dem König auf Wunsch doppelt so viel zu stellen, als er zur Zeit bei einander habe. Endlich verlangte er für den ihm verbündeten Dänenkönig entsprechende Satisfaktion.

Dass es sich bei diesen weitgehenden Erbietungen an Frankreich nicht um leere Worte, nicht um einen des Gegners Absichten herauszulocken bestimmten diplomatischen Fühler handelte, sondern dass darin wolerwogene, ernste Absichten zu Tage traten, das erhellt zur Genüge schon aus dem einen Umstande, dass die leitenden Gedanken der Meindersschen Denkschrift sich mit den Erklärungen decken, durch die der Kurfürst selbst den Graf Rébenac vor Stralsund überraschte, indem er in engste Allianz mit Frankreich und neben diesem an die Stelle zu treten begehrte, die Schweden zuletzt eingenommen hatte. Sollten er und Meinders auf Grund der bisherigen Besprechungen nicht schon damals in der Hauptsache gewusst haben, was der König namentlich dem Reiche und dem Kaiser gegenüber an Diensten als Preis der begehrten Allianz verlangen würde? Denselben im Nothfalle zu bewilligen wird er schon damals entschlossen gewesen sein, sicherlich nicht leichten Herzens: denn die üblen Erfahrungen, die er nach dem Frieden von Vossem gemacht hatte, waren noch unvergessen, mochte er auch bei der tiefen, der gleichsam knirschenden Verstimmung, die angesichts der ihm jetzt drohenden schwersten Enttäuschung seines Lebens sich seiner bemächtigte, so abfälligen Urtheilen, wie sie damals über ihn ergangen waren, die Stirn zu bieten bereit sein mit dem Hinweise darauf, dass nicht er für den

---

[1]) S. Beilage VI, n. 17.

kläglichen Ausgang eines so glorreichen Krieges verantwortlich gemacht werden könne. Konnte er sich doch auch jetzt noch nicht zu der trostlosen Ueberzeugung bekehren, der Kaiser werde wirklich den zuletzt eingeschlagenen Weg bis zu Ende verfolgen und ohne Rücksicht auf ihn und seine Abrechnung mit Schweden einen ihn preisgebenden Separatfrieden schliessen. Wenn jemals, so schien ihm eben jetzt die Zeit gekommen, wo in einem kühnen Anlauf das Reich das ruhmlos Verlorene ruhmreich zurückgewinnen könne. Fasste man in Wien einen so tapfern Entschluss, dann war er des Eintritts in das politische System Frankreichs überhoben; dass er ohne dies einen andern Ausweg nicht mehr haben würde, musste man sich, so schien es, doch auch am Kaiserhofe sagen. Von Dobberan aus, wo er mit dem Dänenkönig weitere Verabredungen über die durch die veränderte Lage gebotenen Massnahmen getroffen hatte, richtete Friedrich Wilhelm am 4. Dezember 1678 ein umfängliches Schreiben an Leopold I.[1]): in fast ungestümer Sprache brachte er noch einmal all das in Erinnerung, was er in diesen letzten Jahren um der gemeinsamen Sache willen gelitten, gewagt und geleistet hatte. Was er danach empfunden habe, als ihm die in Nimwegen überreichten kaiserlichen Friedensvorschläge bekannt geworden, offen auszusprechen, hindere ihn allein die Ehrfurcht, die er dem Kaiser schulde. Auf des Kaisers Drängen allein habe er trotz des ihm 1673 gewährten ehrenvollen Friedens mit Frankreich von Neuem gebrochen. Was ihn das gekostet, wisse der Kaiser: denn nur um der ihm bewiesenen Treue willen sei er von Schweden angegriffen, habe aber trotz der dringendsten Gefahr und des Jammers seiner Unterthanen, die Gut und Blut darangesetzt, am Oberrhein ausgeharrt. Er habe seinen erstgeborenen Sohn verloren, selbst Gesundheit und Leben aufs Spiel gesetzt und damit mehr gethan, als von einem treuen Gliede des Reichs verlangt werden könne. Und nun, wo der liebe Gott seine Waffen gesegnet und er mit ungeheuren Opfern an Geld und Blut den Feind verjagt habe, der fünfzig Jahre hindurch Deutschlands Schrecken und

---

[1]) Im Auszug bei Pufendorf XVI, 86; eine französische Uebersetzung in Min. aff. étr. Prusse XIII.

Verderben gewesen, es mehrmals von einem Ende zum andern ausgeraubt und wie eine Sündflut überschwemmt, ja selbst des Kaisers Residenz gefährdet habe, da sei er wol zu dem Glauben berechtigt gewesen, dass der Friede seine Erfolge für das Reich sicher stellen werde. Statt dessen denke man die kaiserlichen Erblande denselben Gefahren von Neuem auszusetzen und den alten Feind in das Herz des Reiches zurückzuführen und dadurch ihn in eine noch viel üblere Lage zu versetzen als vorher. Denn wenn die Schweden in Pommern blieben, müsse er dauernd gerüstet und daher gehindert sein für Kaiser und Reich etwas zu leisten. Er solle also viel ungünstiger gestellt werden als diejenigen, die unter der Maske der Neutralität dem Feinde alle möglichen Vortheile zugewandt hätten. Wie wolle man, so fragt er endlich, ein solches Abkommen vor Dänemark und den übrigen betheiligten Staaten rechtfertigen? Deswegen hoffe er noch immer, der Kaiser werde alles an die Erlangung eines ehrenvollen, dauerhaften und allgemeinen Frieden setzen, damit das Reich für alle Zeit Sicherheit geniesse und er sammt den übrigen Verbündeten die Genugthuung erlange, welche die Gerechtigkeit Gottes ihm gewährt habe. Sollte aber — mit dieser nicht misverständlichen Erklärung schliesst das Schreiben — wider Erwarten das Gegentheil geschehn, dann müsse er seine Sache Gott befehlen, der ihn bisher sichtbar gesegnet, in der Zuversicht, dass er ihm auch Mittel und Wege zeigen werde, um mit Ehre und Genugthuung aus dieser Sache herauszukommen.

Ernst, würdig und eindringlich war diese Sprache gewiss. Aber liess sich von ihr irgend ein Erfolg hoffen, wenn Frankreichs Verlangen, im Nothfall seinen Truppen zur Niederwerfung Brandenburgs freien Durchzug durch die Reichslande zu gewähren, vom Kaiser nicht gleich mit Entrüstung zurückgewiesen wurde? Nun drohte eben der Einfall der Schweden in Preussen, den der Kurfürst durch Frankreich vielleicht gehindert zu sehen gedacht hatte. Ein neuer Sieg über den so oft und so gründlich geschlagenen Feind, wie er ihn zuversichtlich erwartete, konnte seine Stellung nur bessern, sein Recht auf Pommern nur stärken, oder aber er bewirkte in Wien noch in letzter Stunde einen Umschlag zu

Gunsten der Fortsetzung des Krieges. In jedem Falle wollte der Kurfürst in Paris keinen Zweifel darüber lassen, dass er zu einem ehrenvollen Frieden nach wie vor bereit sei: galt es doch bei der Unklarheit der Lage sich jeden möglichen Weg offen zu halten. Am 22. Dezember 1678 wandte sich Friedrich Wilhelm unter Bezugnahme auf die Besprechungen Meinders' und d'Espense's mit einem Briefe unmittelbar an Ludwig XIV[1]). Derselbe enthielt nichts mehr und nichts weniger als eine Verurtheilung seiner zuletzt verfolgten Politik und die Bitte, sie zu entschuldigen und zu verzeihen. Habe er sich, so bekannte er darin, des Königs Interesse feindlich entgegengestellt, so sei das geschehen gegen seine Neigung, allein um seinen reichsfürstlichen Pflichten zu genügen. Die zu seinem Bedauern dadurch gestörten alten guten Beziehungen zu Frankreich wünsche er herzustellen und habe mit Freuden durch Meinders erfahren, dass auch der König dazu geneigt sei. Der Augenblick dazu scheine jetzt gekommen, wo der König die Erfolge seiner siegreichen Waffen in beispiellosem Edelmuth der Ruhe der Christenheit unterordne. In gleichem Sinne schrieb er damals auch an Pomponne[2]). Ende des Jahres 1678 machte sich Meinders auf den Weg nach Paris.

So gut man diesen dort aufnahm, von einem Zugeständnis in Betreff Pommerns war nicht die Rede, obgleich inzwischen der Kurfürst durch den kühnen Winterfeldzug in Preussen abermals eine feindliche Armee vernichtet hatte. Konnte Frankreich an einem so ohnmächtigen Bundesgenossen noch irgend etwas liegen? Musste dieser neue glänzende Erfolg seiner Waffen ihm die Bundesgenossenschaft Brandenburgs nicht doppelt wünschenswert, die Ueberlassung Pommerns dafür nicht als einen mässigen Preis erscheinen lassen? Mitten heraus aus der winterlichen Jagd hinter den fliehenden Schweden her, aus Kukernese, in der Gegend von Tilsit, wandte sich der Kurfürst am 30. Januar 1679 nochmals brieflich an Ludwig XIV[3]), wolwollende Aufnahme für die neuen Mittheilungen erbittend, zu denen er Meinders soeben angewiesen

---

[1]) Urkunden u. Aktenstücke II, S. 529.
[2]) Ebendas. S. 529—530.
[3]) Ebendas. S. 530—531.

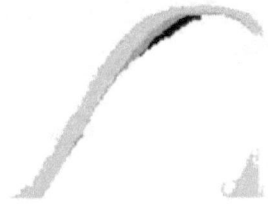

hatte. Wenige Tage später, auf dem Rückweg bereits nach Königsberg, am 18. Februar, erhielt er in Pillau die erste Nachricht von dem am 5. Februar erfolgten Anschluss des Kaisers und Spaniens an den Nimwegener Frieden, die weiterhin eine am 27. in Königsberg einlaufende Meldung bestätigte[1]. Nicht blos im Stich gelassen sah sich der Kurfürst durch diesen Vertrag, den selbst gut kaiserlich gesinnte als eine Schmach für das Reich und das Haus Habsburg bezeichneten, sondern unter Zustimmung von Kaiser und Reich mit Zwangsmassregeln bedroht, wenn er in Gemeinschaft mit Dänemark den Kampf gegen Schweden fortzusetzen wagte. Der 26. Artikel sicherte den Franzosen den Durchmarsch, falls sie die gegen Schweden Verbündeten zum Frieden erst zwingen müssten: nicht einmal Quartier durfte diesen innerhalb des Reiches gewährt werden. Was stand demnach von den guten Diensten zu erwarten, womit den König zur Herstellung des Friedens im Norden zu unterstützen Kaiser und Reich erlaubt sein sollte[2]? Schon war in Celle Graf Rébenac, den der Kurfürst vor Stralsund so schmeichelnd umworben hatte, erfolgreich gegen Brandenburg und Dänemark thätig. Erst brachte er einen Frieden zu Stande, nach dem die Braunschweiger die gemachten Eroberungen den Schweden zurückgaben und sich mit ganz geringem Gewinn begnügten; jetzt war er im besten Zuge die alten Neider Brandenburgs zu thätiger Beihülfe bei dessen Niederwerfung zu gewinnen, indem er ihnen auf einen Theil die gehofften Beute Aussicht machte. Hier lag augenscheinlich die schwächste Stelle in der Position des Kurfürsten, von der aus er am schwersten getroffen werden konnte: denn hinter den Welfen würden die Albertiner nicht zurückgeblieben sein[3].

Ludwig XIV. wusste also den Kurfürsten bereits völlig isolirt und ringsum bedroht, als er endlich am 1. März 1679 seine wiederholten dringenden Anschreiben beantwortete[4]: so erfreulich ihm die gemachten Eröffnungen seien, so sehr müsse er das Beharren

---

[1] v. Buch, Tagebuch II, S. 148. 152.
[2] Droysen II, 3, S. 437.
[3] Gallois, Lettres des Feuquières IV, S. 372 ff.
[4] Actes et mémoires des négociations de la paix de Nimègue IV, S. 373.

Schweden gegenüber bedauern. Diesen Worten Nachdruck zu
geben rückten gleichzeitig etwa 20000 Mann ins Klevische ein:
bis auf den östlichen Theil, den Spaen behauptete, war bald das
ganze Land in ihrer Gewalt und hatte unter Eintreibung rück-
ständiger und neu ausgeschriebener Kontributionen furchtbar zu
leiden. In dieser Bedrängnis erneute der Kurfürst in Nimwegen
das Ansuchen um einen Waffenstillstand, von dem bisher Frankreich so wenig wie Schweden hatte hören wollen. Der König ging
darauf ein: denn abgesehen davon, das in dem Vertrage vom
5. Februar zum Zwecke der Herbeiführung eines allgemeinen
Friedens eine Waffenruhe in Aussicht genommen war, ihre Ver-
sagung also dem Kaiser leicht einen erwünschten Anlass hätte
bieten können, um sich von dem als verderblich und ehrwidrig
angefochtenen Frieden doch noch wieder loszumachen[1]), konnten
seine eigenen Heere vor Anfang Mai nichts Ernstliches unternehmen
und war von Schwedens Seite irgend eine militärische Leistung
zunächst überhaupt ausgeschlossen. Aber nicht, wie der Kurfürst
wünschte, auf sechs Monate, sondern nur auf einen wollte er den
Stillstand erstrecken. Am 31. März wurde er zu Nimwegen unterzeichnet[2]) und trat gleich am nächsten Tage in Kraft.

In Nimwegen wurde nun mit neuem Eifer unterhandelt. Der
Kurfürst liess noch immer wenigstens Stettin fordern[3]), wenn auch
nur im Tausche gegen Minden und ein Stück Mecklenburg[4]). Es
wurde rundweg abgelehnt. Aber dass er nach allem, was er geleistet, und nach den Niederlagen, die er den Schweden beigebracht hatte, nicht ohne jeden Territorialgewinn ausgehen konnte,
leuchtete auch der französischen Diplomatie ein, zumal ohne ein
Zugeständnis in diesem Punkt die auch von dem König gewünschte nähere Verbindung mit Frankreich kaum zu ermöglichen
war. Da zeigte Pomponne einen Ausweg[5]). Bekannt mit der Ver-

---

[1]) Gallois, a. a. O. IV, S. 338 ff.
[2]) v. Mörner, S. 406 (n. 235).
[3]) Aktenauszug aus den Verhandlungen daselbst Min. aff. étr. Prusse XIII,
fol. 123 ff.
[4]) Vgl. oben S. 9. Gallois IV, S. 373.
[5]) Pomponne, Mémoires I, S. 303 ff.

gewaltigung, die Brandenburg 1653 bei der Grenzregulirung in Pommern erfahren hatte, schlug er vor, diejenigen rechts von der Oder gelegenen Landstriche, welche die schwedischen Kommissare damals gegen den Wortlaut des Westfälischen Friedens Brandenburg abgedrungen hatten, diesem jetzt zurückzugeben. In diesem Sinne wurden die französischen Gesandten zu Nimwegen am 22. April instruirt[1]). Im Uebrigen sollte Brandenburg von Frankreich durch Geld schadlos gehalten werden. Zunächst wollte davon der Kurfürst so wenig wie Schweden etwas hören: das sei ja eigentlich gar nichts, meinte der unermüdliche Blaspiel, schmerzlich überrascht durch eine solche Zumuthung. Schweden aber, obgleich die erbetene Hülfe der französischen Flotte abgeschlagen war[2]), wies darauf hin, dass Brandenburg verloren sei, sobald die Heere des Königs den Rhein überschritten, zumal man in Regensburg ernstlich damit umgehe es zur Annahme des vom Kaiser geschlossenen Friedens zu zwingen, so dass es schliesslich froh sein werde um den Preis der Herausgabe seiner Eroberungen gerettet zu werden. Darüber nahte mit dem April der Waffenstillstand seinem Ende. Für die nach dem Rhein bestimmten Regimenter den Durchmarsch auszuwirken war inzwischen Fuchs nach Celle geschickt: er wurde mit seinem Antrage abgewiesen und musste von dem Grafen Rébenac, der dort eben seine ersten diplomatischen Lorbern gewonnen hatte, zu seinem Schrecken vernehmen, dass Frankreich gegen Brandenburg seine deutschen Nachbarn zu waffnen denke, indem es ihnen für den Frieden die Erwerbung der ihm abgenommenen Gebiete garantierte: nicht blos Braunschweig und Kursachsen, sondern auch der Administrator von Magdeburg war bereit mitzuthun[3]). Nur ein sofortiger Friede mit Frankreich und Schweden konnte diese äusserste Gefahr abwenden. Lebhaft wünschte Fuchs, dass Frankreich wenigstens einen Gesandten in Berlin hätte, damit seines Herrn Ansehn einigermassen gewahrt würde: es sei für diesen doch schon demüthigend genug Vorschläge der Art

---

[1]) Beilage VII.
[2]) Gallois IV, S. 330—335.
[3]) Ebendas. S. 372 ff.

von sich aus nach Paris gelangen zu lassen ohne dort das gehoffte Entgegenkommen zu finden[1]).

Hatte der Kurfürst sich in der Stille noch mit der Hoffnung getragen, dass die Art, wie Frankreich den Frieden willkürlich zu seinen Gunsten deutete und dadurch gleich wieder brach, seine mishandelten und obenein noch verhöhnten Gegner zu einer letzten gemeinsamen Anstrengung vereinigen würde, so erwies sich auch diese als trügerisch. Damit war Brandenburgs Schicksal entschieden, und selbst ein schüchterner Versuch des vermittelnden England ihm nicht blos die durch den Recess von 1653 abgedrungenen Orte, sondern das ganze rechte Oderufer auszuwirken wurde von Frankreich unbedingt abgewiesen[2]). Schweden noch weiter verkleinern zu lassen sollte mit des Königs Ruhm unvereinbar sein[3]). Inzwischen hatte auch Dänemark zu unterhandeln begonnen: von seinem letzten Verbündeten also demnächst im Stich gelassen zu werden gewiss musste der Kurfürst sich beugen. Ende April brach Meinders wiederum nach Nimwegen und Paris auf[4]). Es war Gefahr im Verzuge. Denn genau mit Ablauf des Stillstands, am 1. Mai, rückten die Franzosen, die sich inzwischen vertragswidrig verstärkt hatten, in die rechtsrheinischen Lande des Kurfürsten. Jeder Versuch zum Widerstand war aussichtslos. So bemühte man sich um eine Verlängerung der Waffenruhe, im tiefsten Geheimnis: nur Anhalt, Meinders und Derfflinger sollen davon gewusst haben[5]). Bereits am 3. Mai wurde sie in Xanten unterzeichnet, knapp gemessen — vom 4. sollte sie bis zum 18. reichen[6]) — und auf harte Bedingungen, welche als die französische Antwort erscheinen auf die einst von Meinders an d'Espense gerichtete Frage, auf welche Art der König sich der Redlichkeit

---

[1]) Ebendas. S. 376.
[2]) Colbert de Croissy aus Nimwegen d. 8. Mai 1679.
[3]) Urkunden u. Aktenstücke II, S. 534. Vgl. Pufendorf XVII, 59 (S. 1340 in.) S. 70 (S. 1350); 71 (S. 1351 ext).
[4]) Vgl. des Kurfürsten Schreiben an den König und an Pomponne vom 30. April 1679, Urkunden u. Aktenstücke II, S. 531 ff.
[5]) v. Buch, Tagebuch II, S. 531.
[6]) v. Mörner a. a. O. S. 407, (p. 236).

der Absichten des Kurfürsten zu versichern gedenke¹). Wesel sollte am 15. Mai von 4000, Lippstadt von 2000 Franzosen besetzt und erst nach Ratifikation des Friedens unversehrt mit allem Zubehör, namentlich Geschütz und Munition, zurückgegeben werden.

Das erregte ungeheures Aufsehn, erweckte ausserordentliche Befürchtungen. Meinten doch manche, den Franzosen sei damit nur die Stellung eingeräumt, von der aus sie gemeinsam mit Brandenburg einen neuen, vernichtenden Vorstoss gegen die Vereinigten Niederlande ausführen würden. Thatsächlich aber bedeutete der Xantener Vertrag doch nur die Unterwerfung Brandenburgs unter den von Frankreich diktirten Frieden. Wesel und Lippstadt waren die Unterpfänder für seinen schliesslichen Gehorsam. Indem er sie ihm überantwortete, empfahl sich der Kurfürst gewissermaassen dem Edelmuth und der Ritterlichkeit des Königs²), durch den er sich trotz seiner Siege über die Schweden vor aller Welt als überwunden bekannte. Aber auch mit diesem Vertrag wurde auf das Willkürlichste umgesprungen und das arme Land behandelt, als ob es auf seinen Ruin förmlich abgesehn wäre, und im Einklang damit erklärte am 16. Mai Croissy in Nimwegen den kurfürstlichen Bevollmächtigten, von einer Erleichterung der Friedensbedingungen könne nicht die Rede sein. Es blieb keine Wahl: am 30. Mai meldete Croissy an Pomponne, Blaspiel habe im Namen seines Herrn den Verzicht auf Pommern ausgesprochen. Doch sollte das nach des Kurfürsten Absicht zunächst nur ein so zu sagen theoretisch gemeintes principielles Zugeständniss sein, das man dem Ruhm des Königs machte, von dem man dann aber nachträglich noch manches abzuhandeln hoffte. In diesem Sinn suchte der Kurfürst in einem neuen Schreiben Ludwig XIV.³) zu überzeugen, dass er, wenn er ihn zu Grunde richte, schliesslich sich selbst schädige, da ihm dann eben nur noch der Wille ihm zu dienen übrig bleiben werde, nicht aber das Vermögen dazu.

---

¹) Beilage VI, 13, 1. Vgl. oben S. 67.
²) S. A. E. — s'estoit promis toute autre résolution de la justice et de la générosité de S. M. — erklärt nachher Meinders in Paris.
³) 26. Mai 1679: Urkunden u. Aktenstücke II, S. 533.

Aber vergebens bemühte sich Meinders in Paris um ein Zugeständnis: von der Ueberlassung eines Theils von Pommern wollte Pomponne so wenig hören wie von dem Tausch Stettins gegen das linksrheinische Kleve und von anderen ähnlichen Kombinationen, welche Meinders, sich seiner Instruktion gemäss immer weiter herunterbietend, in Vorschlag brachte[1]).

Denn inzwischen hatten die Franzosen, sobald der verlängerte Waffenstillstand am 18. Mai ablief, die Feindseligkeiten wieder eröffnet. Unter greulicher Verwüstung des Landes zog Créquy mit 30000 Mann die Lippe aufwärts in die Grafschaft Mark. Durch die Mishandlung zum Aeussersten getrieben waffneten sich dort die Bauern und brachten ihm im kleinen Kriege hier und da Verluste bei. Spaen aber musste trotz eines glücklichen Gefechts in der Gegend von Bielofeld, bei Brackwede, vor der Uebermacht weichen. Herford und Bielefeld wurden besetzt (18. 19. Juni). Spaen ging weiter auf Minden zurück und hielt den nachdringenden Feind noch einmal auf. Unter den Mauern der Weserfestung schien ein ernster Zusammenstoss bevorzustehn. Durfte Spaen es auf einen solchen ankommen lassen? Auf eugen Raum beschränkt, hatte er, wie Graf Rébenac damals in Celle gehört haben wollte, für den Unterhalt seiner Truppen nur noch vier Dörfer zur Verfügung, und wenn er in das fünfte kam, waren sicher Hannoveraner und Lüneburger schon in doppelter Anzahl dort[2]). Wagte er dennoch einen Kampf, so war auch von dem günstigsten Ausgang eine Besserung der politischen Lage seines Herrn nicht zu hoffen. Nur die brandenburgische Waffenehre zu wahren und durch einen Kampf noch in letzter Stunde den Kurfürsten gegen Vorwürfe zu decken, wie er sie 1673 zu hören bekommen hatte, kann seine Absicht dabei gewesen sein. Die am 3. Juli ergehende Aufforderung zur Uebergabe Mindens lehnte er ab. Aber statt, wie nun erwartet wurde, anzugreifen traten die Franzosen den 4. Juli den Rückzug an: sie hatten die Nachricht erhalten, dass am 29. Juni in St. Germain der Friede unterzeichnet worden war.

[1]) Gallois IV, S. 408.
[2]) Gallois IV, S. 418.

Ohne ausdrückliche Vollmacht dazu, vielleicht vom Kurfürsten absichtlich ohne bestimmte Weisung gelassen hatte Meinders die als unabänderlich bezeichneten Bedingungen endlich angenommen. Ohne das wären die Verhandlungen am nächsten Tage abgebrochen worden. Und was hätte dann geschehn sollen? Bis an und über die Weser zurückgedrängt, vor sich die erdrückende französische Uebermacht, in Rücken und Flanke von den Welfen bedroht und auch von Dänemark so gut wie im Stich gelassen, hatte Brandenburg keinen Ausweg aus einer so verzweifelten Lage als die Unterwerfung unter Frankreichs Gebot. Meinders sprach sie aus[1]). Pommern kam also wirklich an Schweden zurück: nur der schmale Strich Landes auf dem rechten Oderufer, den er 1653 hatte hingeben müssen, verblieb dem Kurfürsten, mit Ausnahme von Damm, das als Vorwerk Stettins angesehn wurde, und Gollnows, das Schweden um 50000 Thaler zurückkaufen sollte. Dagegen musste dieses dem Antheil an den hinterpommerschen Licenten endgültig entsagen. Aus Freude aber über die Herstellung der alten guten Beziehungen und zum Ersatz für die aufgewandten Kosten und erlittenen Verluste versprach der König von Frankreich dem Kurfürsten in den nächsten zwei Jahren 300,000 Thaler zu zahlen in vierteljährlichen Raten, deren erste drei Monate nach der Ratifikation des Friedens fällig sein sollte. Thatsächlich freilich wurde der pekuniäre Gewinn für den Kurfürsten dadurch auf die Hälfte reducirt, dass er sich bereit erklärte in Betreff einer seit drei Jahren in seinen Händen befindlichen Anweisung des Kaisers auf Hamburg im Betrage von 150000 Thalern, deren Realisirung zu hindern die Herzöge von Braunschweig denen von Mecklenburg und Sachsen-Lauenburg und den Städten Hamburg und Lübeck zugesagt hatten, die zur Abwendung drohenden Streites in Aussicht genommenen gütliche Vermittelung des Königs zuzulassen[2]).

Am 12. Juli kam Meinders' Kourier mit dem Vertrage in Potsdam an. Bereits am 13. trat der sofort einberufene Geheime Rath zusammen. Dass die Ratifikation des Friedens verweigert

---

[1]) v. Mörner S. 411 ff.
[2]) 2. Separatartikel.

werden könnte, scheint von keiner Seite für möglich gehalten worden zu sein. Ohne Zögern gab der Kurfürst, so schmerzlich ihm dieser Ausgang war, dem Vertrage seine Zustimmung¹). Als Graf d'Espense, den man auf Meinders' Bitte zur Erklärung des Geschehnen von Paris nach Berlin sandte, dort ankam — den 17. Juli²) — war bereits alles erledigt und der Friede eine vollendete Thatsache. Kurze Zeit danach wurden die Ratifikationen in Nimwegen ausgewechselt.

Aber die lange Reihe der Enttäuschungen für den Kurfürsten war noch nicht zu Ende. Zunächst litten seine niederrheinischen Lande unter der französischen Okkupation so schwer, dass sie statt sich des Friedens zu freuen nach Meinders' Urtheil eher Grund hatten ihn zu verwünschen³). Was ihnen an Kontributionen abgepresst wurde, ging weit hinaus über das, was Frankreich dem Kurfürsten zu zahlen versprochen hatte. Dass dieser aber in Stettin die rückständigen Kriegssteuern eintrieb, sollte Unrecht sein und wurde mit Repressalien bedroht. Wesel erklärte man nicht eher räumen zu können, als die pommersche Hauptstadt wieder in den Händen der Schweden wäre. Aber auch Lippstadt hielt Créquy bis Ende September besetzt und nahm dann nicht nur die Geschütze mit fort, sondern blieb auch sonst noch in Kleve stehen. Und entsprechend kühl nahm man in Paris des Kurfürsten Bündnisanträge auf, während dieser wesentlich unter der Voraussetzung der nachfolgenden engeren Allianz mit Frankreich den Frieden geschlossen hatte. Die Vorschläge dazu, d. h. die Wünsche Brandenburgs überbrachte d'Espense nach Paris. Die Formel war die denkbar einfachste: was er Frankreich zu

---

¹) Fuchs meldet aus Potsdam: qu'on n'a pas fait le moindre doute de la ratifier, au contraire S. A. E. non obstant la douleur, qu'Elle ressent du peu d'avantage, qui luy en reste, a aussitost mis ordre pour expédier la ratification.

²) v. Buch, Tagebuch II, S. 180. d'Espense reist bereits den 20. wieder ab.

³) Brief Meinders' an einen französischen Staatsmann 26. Juli 1679 (Min. aff. étr. Prusse XIII): Mon Dieu, que les pauvres provinces de S. A. E. sont rigoureusement traittées après la paix. Cela est cause, qu'au lieu de s'en resjouir, elles la pleurent et la détestent.

leisten haben sollte, überliess der Kurfürst dem König festzusetzen¹). Er war bereit ihm in jeder Weise zu dienen, wenn er ihm dafür sein Recht auf Jägerndorf, das er bezeichnender Weise gerade jetzt in Wien in Erinnerung bringen liess, durchsetzen und Spanien und die Niederlande zur Zahlung der rückständigen Subsidien zwingen helfen, dann ihm einen Handelsvertrag und Hülfsgelder für Heer und Flotte gewähren und ihn gegen weitere schwedische Angriffe, namentlich in Preussen schützen wolle²). Pomponne aber gab sich zunächst den Anschein, als ob ein brandenburgisch-französisches Bündnis etwas ganz Chimärisches wäre³). Man wollte den Kurfürsten seine Hülflosigkeit fühlen lassen, ihn mürbe machen und in der schliesslichen Ergebung an Frankreich eine Gunst und Gnade erkennen lassen.

Erst am 20. Oktober wurde Pomponne bevollmächtigt mit Meinders über den erbetenen Freundschaftstraktat zu verhandeln⁴). Bereits am 25. wurde derselbe gezeichnet⁵). Er entsprach im Wesentlichen der Denkschrift, durch die Meinders gleich im Beginn der Friedensverhandlungen d'Espense's erste Eröffnungen beantwortet hatte⁶). Brandenburg trat vorbehaltlos in das politische System Frankreichs über: für den Fall des Kriegs verpflichtete es sich den Franzosen den Durchmarsch und die Anlegung von Magazinen zu gestatten und versprach die vom Kaiser beabsichtigte Wahl seines jugendlichen Sohns zum römischen König unter allen Umständen zu hindern, bei einer neuen Kaiserwahl aber entweder Ludwig XIV. selbst oder dem Dauphin oder aber, wenn diese das zweifelhafte Glück die deutsche Krone zu tragen von sich wiesen, dem von ihnen bezeichneten Kandidaten seine Stimme zu geben, also die Hand zu bieten zum Ausschluss der Habsburger vom Kaiserthum⁷). Dafür garantirte ihm Frankreich die Rechte, die

---

¹) Droysen a. a. O. Note 1636: qu'il laisse la liberté au Roy de France de stipuler ce qu'il voudra.
²) Droysen a. a. O. S. 454.
³) Ebendas. S. 457.
⁴) Min. aff. étr. Prusse XIII.
⁵) v. Mörner a. a. O. S. 704 ff.
⁶) Vgl. oben S. 67; Beilage VI.
⁷) Vgl. O. Klopp, Das Jahr 1683, S. 64—65.

es durch die Verträge von Münster, Oliva, Bromberg und St. Germain erworben hatte, und versprach sich beim Kaiser für die Rückgabe Jägerndorfs zu verwenden.

Es war sicherlich nicht blos die Sorge bei dem Werben um die französische Allianz von den Braunschweigern und Kursachsen überflügelt und dadurch in seinem Besitzstand gefährdet zu werden, was Friedrich Wilhelm vermochte einen solchen Vertrag zu unterzeichnen. Leidenschaftlicher Unwille über die Behandlung, die er von seinen Verbündeten erfahren, Rathlosigkeit gegenüber den von allen Seiten andrängenden Gefahren und dazu in der Stille wol auch eine gewisse Reue darüber, den den neuen Krieg widerrathenden und zur Neutralität mahnenden nicht gefolgt zu sein[1]): alles das zusammen erklärt den sich gewissermaassen überstürzenden Eifer, mit dem Friedrich Wilhelm jetzt mit einem Mal alles Heil in einer der bisher verfolgten gerade entgegengesetzten Richtung zu finden meinte. An Dienstbeflissenheit gegenüber dem König, der sich bereits anschickte die eben geschlossenen Verträge durch neue Willkürakte wiederum zu verletzen, zum Theil weil er sicher war dabei Brandenburg nicht mehr gegen sich zu haben, hat es in der nächsten Zeit kaum ein deutscher Fürst ihm zuvorgethan, obgleich er auch jetzt noch für sein Liebeswerben nicht durchweg die gehoffte Aufnahme fand, ja sich dafür gelegentlich recht übel belohnt sah. Es war mehr als eine rhetorische Floskel, wenn er in einem Schreiben, das er am 13. November, in den Tagen also, wo die Nachricht von dem Abschluss des geheimen Defensivbündnisses vom 25. Oktober eben eingetroffen sein wird, mit der Bitte um Rückgabe der aus Wesel weggeführten Kanonen an Ludwig XIV. richtete[2]), geradezu bekannte, er habe sich in die Arme des Königs geworfen, ihm seine Interessen geopfert und sich unlösbar an die des Königs geknüpft. Aber während er dadurch die Freundschaft und das Wolwollen des grössten und edelsten Fürsten der Welt zu gewinnen glaubte, habe er sich den Hass und

---

[1]) Vgl. Schwerins Aeusserung in der Sitzung des Geheimen Rathes vom 13. Juli 1679 bei v. Orlich, Geschichte des Preuss. Staates im 17. Jahrh. II, S. 326 Note.

[2]) Urkunden u. Aktenstücke II, S. 535.

die Feindschaft aller anderen zugezogen, denen nichts erwünschter sein könne als ihn von Frankreich schlecht behandelt zu sehn. Er erklärte sich geradezu für den treusten Verbündeten des Königs, der über seine — des Kurfürsten! — feste Plätze nach Belieben verfügen könne, da sie mit ihrem gesammten Inhalt doch nur zu seinem Dienste bestimmt seien. Was musste er dann aber empfinden, wenn er von dem Erlass hörte, durch den der König den 27. November aus Anlass des Friedens mit Brandenburg und Dänemark ein feierliches Tedeum befahl zum Danke für die Unterwerfung aller seiner Feinde unter seinen Willen[1]).

Um so freudiger aber begrüsste es der Kurfürst als einen Beweis des so angelegentlich erbetenen Wolwollens, dass der König von den 60 zum Theil durch die Franzosen in den Niederlanden erbeuteten Kanonen, welche seiner Zeit in Wesel deponirt und auch bei dessen Rückgabe an Brandenburg 1674, durch eine von Spaen ausgestellte Bescheinigung ausdrücklich als französisches Eigenthum anerkannt, dort belassen worden waren, jetzt aber weggeführt werden sollten, während der Kurfürst meinte, dass sie auf Grund des Xantener Vertrages dort und damit ihm verbleiben müssten, nach längerem Hin und Herverhandeln die grössere Hälfte nebst der zugehörigen Munition ihm überlassen zu wollen erklärte[2]). Dieser Zwischenfall trug einigermaassen dazu bei die Stellung Pomponnes zu erschüttern, zumal der König wegen des geringen Gewinns, den ihm der Nimwegener Friede gebracht hatte, ohnehin unzufrieden mit ihm war. Am 18. November trat Pomponne zurück: seinen Nachfolger Colbert, Marquis de Croissy, einen der Gesandten in Nimwegen, der durch seine grössere Gefügigkeit gegen die Launen des Königs für den europäischen Frieden viel gefährlicher war, begrüsste der Kurfürst mit einem schmeichelhaften Schreiben, in dem er sich selbst, der sich eben mit den denkbar festesten Banden an Frankreich geknüpft habe, seinem Wolwollen empfahl[3]).

---

[1]) — par la defférence que tous mes ennemis ont esté forcés d'avoir pour mes volontés.

[2]) Urkunden u. Aktenstücke II, S. 535—36. Pufendorf XVII, 83 (S. 1364). Pomponne, Mémoires, a. a. O.

[3]) Urkunden u. Aktenstücke II, S. 537—38.

Auch wer die erbitterten Klagen, in denen der Kurfürst sich über die Treulosigkeit seiner Verbündeten erging, als vollberechtigt anerkennt, auch wer mit ihm der Meinung ist, dass Brandenburg damals nur in dem engsten Anschluss an Frankreich Sicherheit finden konnte, wird doch den Zweifel nicht unterdrücken können, ob Friedrich Wilhelm in der Hingabe an Frankreich nicht zu weit ging und sich von seiner Leidenschaft nicht doch zu Schritten hinreissen liess, welche selbst durch die ihm widerfahrene Behandlung nicht gerechtfertigt werden konnten, weil sie mit der einem deutschen Fürsten von seiner Macht und seinem Ruhm obliegenden Pflicht der Selbstachtung unvereinbar waren. Er betrat doch zum Mindesten eine abschüssige Bahn, wenn er sich im Dezember 1679 mit Kurfürst Maximilian Heinrich von Köln und dem Bischof von Strassburg in Verbindung setzte, der neben seinem in Köln thatsächlich regierenden Bruder Wilhelm von Fürstenberg als der skrupelloseste Parteigänger und Agent Frankreichs bekannt war, um im Interesse Frankreichs dem Kaiser entgegenzuwirken und dazu allmählich möglichst alle Fürsten des Reichs heranzuziehen[1]). In dem gleichen Sinne bemühete er sich nach Verabredung mit Frankreich eine gemeinsame Aktion der Kurfürsten zu veranlassen zum Zweck der endlichen Auflösung des seit achtzehn Jahren in Regensburg versammelten Reichstags. Den Vorwand dazu entnahm er zunächst der in Süddeutschland auftretenden Pest. Dass es sich aber um mehr handelte, liess das gemeinsame Vorgehn seines Regensburger Gesandten Gotfried von Jena

---

[1]) Sa dite A. E. ayant cru, qu'il y alloit de l'intérest de la France, si Elle rentroit dans une bonne correspondence avec l'Electeur de Cologne, n'a pas manqué d'en faire ouverture par sa lettre du 6. décembre écrite à cet Electeur et par une autre à Mr. l'Evesque de Strasbourg du mesme date. Et comme cette correspondence paroist à présent d'autant plus nécessaire, vu que l'Empereur tâche à faire entrer les princes d'Allemagne dans quelques résolutions contraires aux intérests de la France, S. A. E. ne manquera pas d'entretenir cette bonne intelligence avec le dit Electeur et les étendre mesme à tous les princes de l'Empire, que S. M. aura la bonté de luy nommer pour cela, en faisant part à S. M. de tout ce qui pourroit arriver dans les affaires d'Allemagne touchant les intérests de S. M. T. Ch. (Prusse XIII).

mit dem jetzt dort Frankreich vertretenden Verjus zur Genüge erkennen[1]).

Aber auch ganz absonderliche Ideen zeitigte dieses überstürzte Werben um die Gunst des französischen Königs und dieses fast krampfhafte Bemühen sich derselben um jeden Preis zu versichern. Man plante nach dem Vorbilde der schottischen Garde Ludwigs XIV. zum persönlichen Dienste desselben eine Compagnie von hundert märkischen Edelleuten zu bilden, deren Hauptmann immer der zweite Sohn des brandenburgischen Kurfürsten sein sollte. Die Blüte des einheimischen Adels sollte zum Eintritt veranlasst und zur Vertretung des prinzlichen Befehlshaber immer ein besonders tüchtiger Führer vom Kurfürsten entsandt werden[2]).

[1]) Schreiben vom 25. Dec. 1679, 3. Januar 1680 ebendas. Vgl. die Instruktion Rébenacs und dessen ersten Bericht aus Berlin vom 20. Januar 1680.

[2]) Prusse XIII, f. 295. Sçavoir si le Roy voudroit faire une compagnie de cent gentilshommes de Brandebourg pour la mettre dans sa maison comme celle des Escossois, dont le second fils de Mr. l'El. de Br. seroit tousjours capitaine. S. A. E. auroit soin de luy envoyer toute la meilleure noblesse de son pays et luy fourniroit des bons officiers pour la commander au service du Roy pour Mr. son fils.

IV. François de Pas, Graf de Rébenac, Frankreichs erster ständiger Gesandter am Berliner Hofe
1680—1688.

Stimmungen und Absichten, wie sie damals am Berliner Hofe herrschten, liessen das wiederholt ausgesprochene Verlangen nach Beglaubigung eines ständigen französischen Gesandten bei demselben auch im Interesse des Königs selbst der Erfüllung besonders würdig erscheinen. Denn bei der Art des Entgegenkommens, die Brandenburg jetzt bewies, schien es nur geringer Nachhülfe zu bedürfen um den leistungsfähigsten deutschen Staat, der namentlich in Betreff seiner militärischen Bedeutung kaum überschätzt werden konnte, auf die Dauer zum dienstfertigen Vasallen zu gewinnen.

Der berufenste Kandidat aber für diese Stellung war seit den Stralsunder Tagen zweifellos gegeben. Auch hat der Erfolg gelehrt, dass eine glücklichere Wahl kaum getroffen werden konnte. Der Träger eines Namens, der in Frankreichs militärischen und diplomatischen Kreisen seit Menschenaltern den besten Klang hatte, als Soldat und Offizier bewährt, von dem Kurfürsten als Achtung gebietender Gegner geschätzt, als diplomatischer Agent dringend umworben und mit überraschendem Vertrauen beehrt, war François de Pas, Graf — eigentlich Vicomte — de Rébenac, ohne Frage besonders geeignet die zu St. Germain geschaffene Lage weiter zum Vortheil Frankreichs auszugestalten. Besass er doch neben dem

Reiz einer glänzenden Persönlichkeit auch den Scharfblick des geborenen Staatsmannes und die Beweglichkeit und Schlagfertigkeit der Diplomatenschule, die seit Mazarins Zeiten, mit dem Glück der Fürsten und Völker spielend, ihren Beruf in rastloser Betriebsamkeit zu einer mit Virtuosität ausgeübten Kunst entwickelt hatte. Stolz darauf die siegesgewisse Grösse und Herrlichkeit seines Königs darzustellen, nicht blos ehrgeizig, sondern begierig auch nach Glanz und Reichthum und dabei von dem Glauben erfüllt berechtigt und berufen zu sein, es in der allgemeinen Jagd nach dem Glück besonders weit zu bringen, betrieb Rébenac, wie früher das Kriegshandwerk, so jetzt die Diplomatie mit dem kecken Wagemuth, der an seinem Erfolge nicht zweifelt und bei allem Diensteifer und Gunstwerben doch auch nach obenhin die Freiheit des Urtheils und die Unabhängigkeit der Meinung sich zu bewahren weiss.

Bis in die nationale Heldenzeit der Kreuzzüge zurückreichend hatte das Geschlecht der de Pas de Feuquières in dem letzten Jahrhundert der französischen Geschichte eine glänzende Rolle gespielt und an dem rasch vermehrten Ruhm seines Vaterlandes reichen Antheil gewonnen[1]). Bewundernd hatte auf dem Schlachtfeld von Ivry (14. März 1590) Heinrich IV. an der Leiche François' de Pas gestanden, der für ihn und seinen Glauben den Heldentod gestorben war, und für seinen nachgeborenen Sohn zu sorgen versprochen. Dieser war jener Manasse de Feuquières (geb. 1590), welcher, mit dreizehn Jahren Soldat, sich als solcher vielfach auszeichnete, seit 1631 als Gouverneur von Toul Lothringen sicherte, nach Gustav Adolfs Tod aber von Richelieu nach Deutschland geschickt wurde, um das Bündnis der süddeutschen Protestanten mit den Schweden zu erhalten und zu festigen[2]), und dabei namentlich auf Bernhard von Weimar entscheidend einwirkte, sich dann auch wiederholt als Feldherr hervorthat, so dass er nicht blos des Königs und des Kardinals Gunst und Vertrauen genoss, sondern zu den

---

[1]) Vgl. Mémoires militaires du Marquis Antoine de Feuquières, lieutenant général des armées du Roy. Nouv. édit. (London 1736.) S. XLVII ff. und danach Gallois, Lettres inédites des Feuquières. (Paris 1845—46.) I, S. IX ff.

[2]) Marquis de Feuquières, ambassadeur en Allemagne, Lettres et négociations 1633—34. Amsterdam und Paris 1753. 3 Bde.

höchsten Ehren berufen schien, als der gegen seine Ueberzeugung auf höheren Befehl unternommene Angriff auf Diedenhofen ihn in die Gefangenschaft der Kaiserlichen lieferte, in der er den erhaltenen Wunden 1640 erlag [1]). Aus seiner Ehe mit Anna Arnauld, einer Dame aus einem alten, hochangesehenen reformirten Hause, die dem ererbten Glauben auch treu blieb [2]), während ihr Gatte 1632 katholisch geworden war, hinterliess Manasse de Feuquières ausser einigen Töchtern nicht weniger als sieben Söhne, deren sorgenvolle Zukunft in ihrer Mutter Bruder, dem allverehrten Haupte der Familie Arnauld, einen unermüdlich treuen Beschützer fand — ein schönes Beispiel gleichsam erblicher Familienfreundschaft, das sich innerhalb der folgenden Generation der Feuquières und der Arnauld zwischen Manasses Enkeln und dem Staatssekretär der auswärtigen Angelegenheiten Arnauld de Pomponne in Gemeinschaft mit seiner mütterlich sorgenden Gattin in ansprechendster Weise wiederholt.

Am glänzendsten trat die allen Feuquières als Familienerbe eigene zwiefache Veranlagung, die militärische und die diplomatische, bei Manasses Erstgeborenem, Isaac de Pas, zu Tage, während nach dem Berichte eines seiner Familie nahe stehenden Zeitgenossen der Soldat selbst in dessen dem geistlichen Stande gewidmeten jüngern Bruder so unüberwindlich war, dass er den König freiwillig als Almosenier in das Feldlager begleitete [3]). Der Ruhm seiner Vorfahren, das unbelohnt gebliebene, aber unvergessene Verdienst seines Vaters und die eigene Tüchtigkeit bahnten Isaac de Feuquières schnell den Weg zu hohen Aemtern und Ehren. Während des Frondekrieges als Gouverneur von Verdun bewährt, wurde er Generalleutenant, wirklicher Staatsrath und Statthalter des Bisthums Toul und 1660 mit dem Titel eines Vicekönigs Gouverneur der französischen Besitzungen in Amerika und war dann als Gesandter an verschiedenen deutschen Höfen thätig, bis er im Oktober 1672

---

[1]) Gallois a. a. O. I, S. XXI—XXIII,
[2]) Ebendas. V, S. 219.
[3]) Mémoires de l'abbé Arnauld bei Petitot, 2. Serie, Bd. XXXIV, S. 358: er ist der ältere Bruder des Staatssekretärs Pompónne, zuerst ebenfalls Soldat. S. 115.

als solcher zum Nachfolger des zunächst an Pomponnes Stelle getretenen Courtin ¹) in Stockholm ernannt wurde ²). Wie glänzend er sich bewährte, ist bekannt: sein Werk war die Lösung Schwedens aus der Tripelallianz, sein Eintritt in das französche Bündnis und namentlich der Angriff auf die Marken 1674—75, der Ludwig XIV. in einem Augenblick arger Bedrängnis Luft machte und die Erhaltung und Befestigung seiner schwer bedrohten Vorherrschaft ermöglichte. Alles war voll vom Lobe Feuquières' ob dieses diplomatischen Meisterstücks und feierte ihn um so mehr, als er, ein ganzes Jahrzehnt fern in den rauhen Norden verbannt, bei den damaligen Verkehrsverhältnissen bei mehr als einer folgenschweren Entscheidung ganz auf sich selbst angewiesen, doch immer das Richtige traf und nicht selten seines von dem feinsinnigen Pomponne berathenen Königs Absichten glücklich zuvorkam. Er durfte (Oktober 1678) von sich rühmen, dass er in den sieben Jahren, die der Tanz da oben nun schon dauere, auch nicht einmal aus dem Takt gekommen sei; aber ein Vergnügen sei der Tanz freilich auch nicht gewesen ³). Ja, überschwänglich priesen ihn manche geradezu als auserwähltes Rüstzeug Gottes auch zum Heil Schwedens, dessen entartetes und verweichlichtes Volk er wieder mit Muth und Thatkraft erfüllt und sogar zur Neuentfaltung seiner alten kriegerischen Tugenden vermocht habe. Den Sieg, durch den der jugendliche Karl XI. im August 1676 das von Norwegen her in Westgothland eingefallene dänische Heer bei Helmstadt fast vernichtete, schrieb man dem Einfluss zu, den der König dem ihm in's Feld gefolgten französischen Gesandten auf seine Entschliessungen einräumte ⁴). Auch an dem folgenden Winterfeldzug und den langwierigen Kämpfen bei Lund nahm derselbe Theil.

Aber trotz aller Erfolge drückten Feuquières doch schwere Sorgen. Unerachtet wiederholter ausserordentlicher Zuschüsse

---

¹) Recueil des instructions des ambassadeurs de la France: II. Suède, S. 119 ff.
²) Seine Instruktion s. ebendas. S. 126 ff. Gallois II, S. 35.
³) Gallois a. a. O. IV, S. 239.
⁴) Mémoires de l'abbé Arnauld, Petitot II. Ser. XXXIV, S. 341.

reichte sein Gehalt nicht aus zur Führung des seiner Stellung entsprechenden Haushalts. Der Ertrag seines Gouvernements Verdun, in dem er sich vertreten liess, war durch den Frondekrieg und zur Erleichterung des nothleidenden Volkes nöthig gewordene Abgabennachlässe empfindlich vermindert[1]). Auch das Familiengut Feuquières brachte nur eine ungleiche und unsichere Rente. Obenein war seine Gattin, eine Schwester des Marschalls de Gramont[2]), früh gestorben. Die Obhut über sieben Söhne und zwei Töchter, die sie ihm geboren hatte, musste der ferne Vater ihren Schwestern, der verwitweten Marquise de Saint Chamond und der Aebtissin von St. Ausony, überlassen. Besonders treu und wirksam aber nahmen sich der Söhne, die früh eine Versorgung, zunächst im Heere suchten und sich dabei unmuthig durch die ihren Ansprüchen an das Leben nirgends entsprechende Knappheit der Mittel behindert und geschädigt sahen, Arnauld de Pomponne und seine Gattin an, der „Patron" und die „Patronin", obgleich sie selbst eine starke Familie und kein Vermögen hatten. Eine hervorragende Rolle in der Korrespondenz Feuquières' mit diesen treuen Freunden spielen seine finanziellen Bedrängnisse und die unbequemen Anforderungen der älteren Söhne, die hinter ihren reicheren, mit Glücksgütern gesegneten Standesgenossen nicht zurückbleiben mochten und dem Ruhm ihres Hauses entsprechend auftreten zu können wünschten. Das hinderte Feuquières aber nicht, anders als viele, namentlich nicht französische Diplomaten der Zeit, (Mai 1674) ein Geschenk von 20000 Thalern rundweg abzulehnen, durch das Karl XI. ihn für die Schweden geleisteten Dienste belohnen wollte[3]). Aermer als er einst weggegangen war[4]), kehrte er 1682 nach Frankreich zurück, wo sein unermüdlicher Gönner Pomponne inzwischen (1679) dem erneuten Ansturm der Familie Colbert und ihres Anhanges erlegen war. Aber auch ohne besondern Fürsprecher drangen die Verdienste durch, die er sich in einer grossen Krisis um Frankreich erworben hatte; er wurde als ausserordent-

---

[1]) Gallois V, S. 253.
[2]) Ebendas. II, S. IV.
[3]) Ebendas. II, S. 444—45.
[4]) Ebendas. V, S. 246.

licher Gesandter nach Madrid geschickt, damals wol dem wichtigsten und verantwortlichsten Posten, den die französische Diplomatie wahrzunehmen hatte. Dort ist er am 6. März 1688 gestorben.

Und schon war damals in seinen Söhnen die vierte Generation dieses Geschlechts[1]) im Dienste des bourbonischen Königthums glänzend bewährt, und nicht ohne Stolz rühmte er sich, bereits einen Minister zum Sohn zu haben. Seines Erstgeborenen Antoine de Pas (geb. 16. April 1648) schien eine glänzende militärische Laufbahn zu warten: der Herzog von Luxemburg hatte ihn zum Adjutanten erwählt und Turenne, dessen Blick für militärische Talente bekannt war, ihn mehrfach ausgezeichnet[2]). Nachdem er sich bei Senef (1674) hervorgethan hatte und verwundet war[3]), wurde er Oberst des Marineregiments[4]). Aber er verstand die höfischen Künste nicht, die damals auch der Soldat zum Fortkommen nicht entbehren konnte, und die Verbindung mit dem beim König nie beliebten Luxemburg wurde ihm geradezu hinderlich. Mit dem Marschall zugleich war er schon 1679—80 in die Untersuchung verwickelt, welche in Folge der lügnerischen Aussagen der Giftmischerin La Voisin gegen eine grosse Anzahl von Herren und Damen der höchsten Gesellschaftskreise eingeleitet wurde, natürlich ohne jedes Ergebnis und ohne Schädigung seines makellosen Rufes. An den ersten Feldzügen des Kriegs gegen die Grosse Allianz nahm er noch mit Auszeichnung Theil, wurde aber seit Luxemburgs Tod (1695) zurückgesetzt, fiel ohne bestimmten Anlass bei dem König in Ungnade und erhielt daher auch beim Ausbruch des Spanischen Erbfolgekriegs, der noch einmal alle militärischen Talente Frankreichs zu wetteifernder Thätigkeit vereinigte, zu seinem Kummer kein Kommando, sondern musste den gewaltigen Kämpfen des nächsten Jahrzehnts aus der Ferne als unthätiger, blos kritisirender Beobachter zusehen. Diese unfrei-

---

[1]) Isaac de Feuquières spricht mit Recht von „une fidélité inviolable et héréditaire d'un nombre un peu extraordinaire de générations:" Gallois V, S. 175.
[2]) Mém. de l'abbé Arnauld bei Petitot II, Série XXXIV, S. 360.
[3]) Gallois III, S. 23. 34.
[4]) Ebendas. S. 108. 112.

willige Musse benutzte er zur Ausarbeitung eines Memoirenwerks[1]), welches die Grundsätze der Kriegskunst behandelte und durch Beispiele zum Theil von selbstdurchlebten Aktionen erläuterte und seiner Zeit um so mehr Ansehn genoss, als er darin manche von den Ansichten seines grossen Meisters Luxemburg niederlegte. Er starb am 27. Januar 1711.

Mehr vom Glück begünstigt wurde sein jüngerer Bruder François de Pas, den eine eigenthümliche Verkettung der Umstände aus der militärischen Laufbahn, die er nach der Tradition seines Hauses zunächst gewählt hatte, in die diplomatische verschlug und da zu hohen Ehren kommen liess. Etwa 1649 geboren focht der Chevalier d'Harbonnières, welchen Titel er als Zweitgeborner nach der Sitte seines Hauses führte, mit Antoine gemeinsam bereits 1667 in Flandern und machte die Belagerungen von Douai, Tournay, Courtrai und Oudenarde mit. Beide Brüder wurden verwundet, kehrten aber unter den Augen des Königs in den Kampf zurück[2]). Auch weiterhin fehlte es ihm nicht an Auszeichnung und Avancement. Aber das genügte ihm nicht: er erstrebte auch eine baldige glänzende Versorgung. Durchdrungen von dem Verdienst seines Hauses und dem Gefühl der eigenen Leistungsfähigkeit glaubte er sich in dieser Hinsicht auch noch ohne eigene Bewährung zu grossen Ansprüchen berechtigt. Sein Briefwechsel mit den Brüdern, dem fernen Vater, mit den fürsorglichen Damen der Familie und dem in Werbungen und Empfehlungen für seine Schützlinge unermüdlichen Patron Pomponne gewährt einen lehrreichen Einblick in die damaligen französischen Zustände und zeigt, wie schon in jenen guten Jahren Ludwigs XIV. die Aemter nicht blos am Hofe, sondern auch im Heere und in der Verwaltung durchaus angesehn wurden als bestimmt zu möglichst glänzender Versorgung gewisser bevorzugter Familien, während die Abrechnungen und Vorhaltungen der mütterlich sorgenden „Patronin", die immer wieder zur Sparsamkeit mahnt, die eingehenden Gelder möglichst lange einbehält

---

[1]) Die oben S. 86 Anm. 1 angeführten Mémoires de M. le marquis de Feuquières, contenant ses maximes sur la guerre et l'application des exemples aux maximes. Nouv. édit. Londres 1736.

[2]) Gallois II, S. 29—31.

und die drängenden Gläubiger vertröstet oder herunterbietet, erkennen lassen, wie viel glänzendes Elend in den Kreisen zu finden war, die der grossen Menge so beneidenswerth erschienen. Frühzeitig dachte François de Pas daher darauf diesem besonders schmerzlich empfundenen Mangel durch eine reiche Heirat abzuhelfen. Doch glückte es ihm damit nicht ganz nach Wunsch. Denn weniger um ihrer selbst willen erschien ihm die Dame begehrenswerth, die seine Tante, Frau von St. Chamond, ihm zur Gattin erkor, als weil sie vornehmer Abkunft war und eine reiche Erbschaft zu hoffen hatte, Jeanne d'Esquille, die Tochter des Senatspräsidenten (président à mortier) und Staatsraths Jean d'Esquille, Barons de Sambaraut, des Sprösslings einer alten, in Pampelona heimischen Familie[1]). Mehr als ihre Anmuth und ihre geistigen Vorzüge[2]) bedeutete für den Chevalier, dass der Oheim ihrer Mutter[3]), ein alter, wunderlicher, offenbar einigermassen zum Geiz[4]) neigender Herr, Arnauld de la Barthe, Vicomte de Rébenac[5]), einer der reichsten Männer der ganzen Provinz, versprochen hatte sie zur Erbin einzusetzen und seinen Namen sowohl wie sein einträgliches Amt als Marschall von Béarn ihrem Gatten zuzuwenden. Natürlich merkte dieser bei den durch Frau von St. Chamond geführten Verhandlungen bald, dass es dem Bewerber vornehmlich um eine glänzende Versorgung zu thun war, und machte daher allerlei Schwierigkeiten und Vorbehalte, die jener als geflissentliche Chicanen sehr übel vermerkte. Doch verständigte man sich schliesslich, und im August 1672 fand die Hochzeit statt[6]). Von dem Grossoheim seiner Gattin adoptirt, führte François de Pas hinfort den Titel eines Marquis oder Vicomte, bald meist Grafen von Rébenac[7]).

Beide Theile aber fühlten sich bald einigermassen enttäuscht.

---

[1]) Gallois II, S. 37. 38.
[2]) Ebendas. II, S. 144—45.
[3]) Ebendas. II, S. 44—45.
[4]) Ebendas. III, S. 33.
[5]) Ebendas. II, S. 337.
[6]) Ebendas. II, S. 39 Anm.
[7]) Ebendas. III, S. 20.

Der alte Vicomte hatte gedacht, den Erben seines Namens in altfränkisch hausväterlicher Weise bei ihm auf seinen Gütern leben und ihm die Grillen vertreiben zu sehen, und nun stand dessen Sinn wie zuvor auf das Feldlager und den Hofdienst, und die durch seine Ehe erlangten reicheren Mittel sollten ihm nur freiere Bewegung und damit die Möglichkeit schnelleren und höheren Aufsteigens gewähren. Feuquières aber beklagte sich bitter darüber, dass man die gemachten Zusagen ihm nicht halte, und erging sich in abfälligen Urteilen über den pflichtvergessenen alten Herrn. Bereits 1673 war er wieder im Felde, freilich ohne das ersehnte Regiment, als freiwilliger Adjutant des Marschalls Grafen de Guiche[1]). Die gleiche Stellung bei Turenne lehnte er ab, weil er bei dessen Armee besondere Aktionen nicht erwartete, eilte aber, als er in Köln die Einschliessung Mastrichts erfuhr, alsbald dorthin[2]) und fand auch Gelegenheit sich auszuzeichnen: bei der Erstürmung eines Halbmonds wurde er durch einen Granatsplitter verwundet[3]). Für sein Fortkommen jedoch ergab sich auch daraus kein Gewinn. Wol aber schmeichelte dem alten Seneschall von Béarn der Waffenruhm, den der Träger seines Namens erwarb, und als dieser im Frühjahr 1674 für längere Zeit daheim erschien, erfüllte er auch die bisher noch nicht eingelösten Zusagen[4]). Deshalb und um den alten Herrn auch ferner in der Gebelaune zu erhalten, mag Rébenac dem Feldzug von 1675 fern geblieben sein[5]). Auch fand sich vielleicht in der Nähe Gelegenheit zur Auszeichnung. Eine niederländische Flotte kreuzte vor Bayonne und schien eine Landung zu beabsichtigen. Bei den Massnahmen dagegen ging Rébenac dem stellvertretenden Gouverneur von Béarn und Nieder-Navarra, Marschall d'Albret, als Freiwilliger zur Hand. Auch bemühte er sich durch den Vorkauf des Amtes eines Seneschall von Bigorre, das der alte Onkel einst für 40000 Livres erworben und ihm ab-

---

[1]) Ebendas. II, S. 130.
[2]) Ebendas. S. 180.
[3]) Ebendas. S. 183—204.
[4]) Ebendas. II, S. 382—83.
[5]) Ebendas. II, S. 417—18, 433—34, 450.

getroten hatte, seinen knappen Finanzen aufzuhelfen[1]). Denn mit dem greisen Vicomte blieb sein Verhältniss nach wie vor gespannt, so entzückt derselbe von den beiden Kindern seiner Grossnichte, einem Knaben und einem Mädchen, sein mochte[2]). So verging für Rébenac unter höchst unbehaglichen Verhältnissen auch das Jahr 1676, ohne dass er das gesuchte Glück gemacht hätte. Und doch meinte er darauf ein Recht zu haben und verdachte es seinen Freunden höchlich, dass sie erst Beweise seiner Fähigkeiten haben wollten, ehe sie ihm zu einem Posten verhalfen, der seinen Ehrgeiz und sein Geldbedürfnis befriedigte: sie müssten es mit ihm wagen, meinte er, und ihn schon wegen seines Verlangens nach einer solchen Stellung achten; niemand habe sein Glück gemacht, der ein Amt erst erhielt, wenn er es verdiente; vielmehr müsse man erst ein Amt haben, um sich seiner würdig zeigen zu können. Er nahm es dem „Patron" Pomponne daher sehr übel, dass er nicht nach diesen Principien naivsten Streberthums handelte, und fragte entrüstet, wessen er sich denn für sein Fortkommen von Fremden versehen dürfe, wenn ein Verwandter und Freund seines Hauses es so an sich fehlen lasse[3]).

Dennoch schlug, dank der Fürsorge des Patrons, endlich die Stunde, wo man ihm ein Amt anvertraute, in der Hoffnung, er werde sich ihm gewachsen zeigen, ein Amt, in dem es bei der Generationen hindurch bewährten Doppelbegabung der Feuquières mit dem jungen Feuerkopf allerdings am ersten gewagt werden zu können schien. Im November 1676 meldet Pomponne dem Vater, Rébenac sei bestimmt den Marquis de Vitry zu ersetzen[4]), der als französischer Militärbevollmächtigter der schwedischen Armee in Deutschland beigegeben war, Wrangels Einfall in die Marken mitgemacht und dabei besonders auf möglichst schwere Heimsuchung des Landes gedrungen hatte, dann aber auch Zeuge des elenden Fortgangs des Krieges geworden war. Die Aufgabe war also eine militärische und diplomatische zugleich: es galt die Operationen

---

[1]) Ebendas. III, S. 22.
[2]) Ebendas. IV, S. 64. 148.
[3]) Ebendas. IV, S. 172—73.
[4]) Ebendas. IV, S. 52.

der schwedischen Armee zu beaufsichtigen und möglichst zum Vortheil Frankreichs zu gestalten, ausserdem aber über alles, was bei ihr vorging, sowol dem König wie dessen Gesandten in Stockholm Bericht zu erstatten[1]). Rébenac trat damit also in eine gewisse Gemeinschaft der Thätigkeit mit seinem Vater. Es war daher dringend geboten sich mit diesem ins Einvernehmen zu setzen; deshalb sollte Rébenac, zumal der direkte Weg über See nach Stralsund der dänischen und brandenburgischen Kreuzer wegen gefährlich war, über England nach Gothenburg und dann durch Schonen nach Ystadt und von dort hinüber nach Stralsund gehen[2]).

Zunächst aber beeilte er seine Abreise nicht, zur Beunruhigung Pomponnes, der mit einem so wenig beflissenen Schützling am Ende doch keine Ehre einzulegen fürchtete. Es war ihm gar nicht angenehm, dass der junge Lebemann mit dem bereits erhobenen Reisegeld von 2000 Thalern sich noch etliche Wochen in Paris aufhielt, während der König ihn längst unterwegs glaubte. Als Rébenac dann endlich in London ankam, lehnte er die ihm zur Ueberfahrt nach Stralsund angebotene englische Fregatte ab[3]) und beharrte gegen Pomponnes Rath auf dem Umweg durch Schweden. Seinen Vater aber bekam er doch nicht zu sehen. Dieser war damals mit einem Theile der schwedischen Armee in Malmöe eingeschlossen in harter Bedrängnis[4]). Der Sommer war schon ziemlich weit vorgeschritten, als Rébenac sich dem schwedischen Hauptquartier in Stralsund anschloss. Bei Graf Königsmark fand er die beste Aufnahme: hatte dieser doch selbst in Frankreich gedient und besass dort noch ein Regiment, war auch mit Rébenacs älterem Bruder Antoine befreundet[5]). Zudem fand er in dem thatenlustigen Franzosen einen willkommenen Verbündeten gegen seinen oft widerstrebenden Kriegsrath. Auch brachte es der Gang der Ereignisse mit sich, dass zunächst weniger die diplomatische als die militärische Seite seiner Mission zur Geltung kam, zumal seine

---

[1]) Ebendas. III, S. 140, Anm.
[2]) Ebendas. IV, S. 108.
[3]) Ebendas. IV, S. 128.
[4]) Ebendas. S. 134. 159.
[5]) Ebendas. III, S. 118.

Berichte, die in Stockholm besonderen Beifall fanden[1]), in Paris spät und unregelmässig eingingen, daher nicht recht verstanden und vielfach angefochten wurden[2]). Dagegen nahm er lebhaften Antheil an der Vorbereitung des Zuges, durch den Königsmark, den Verlust Stettins wett zu machen, den Brandenburgern und Dänen die Insel Rügen wieder entreissen wollte. Auch die glückliche Ausführung im Januar 1678 war wenigstens zum Theil sein Verdienst: in der siegreichen Schlacht bei Bergen, die den Schweden mit der Insel zugleich eine Menge Trophäen und reiche Beute in die Hände lieferte, war er mit Graf Carlson, einem natürlichen Sohne Karls X. von Schweden, an der Seite Königsmarks und scheint entscheidend auf die Leitung der Operationen eingewirkt zu haben[3]). Den Sieg meldete er alsbald durch einen Expressen dem König, der seine besondere Zufriedenheit damit zu erkennen gab[4]). Dennoch hatte Rébenac an seiner Situation viel auszusetzen. Namentlich drückten ihn seine knappen Finanzen: das Verhältnis zu dem Grossoheim und Adoptivvater, der ihn zwar auf das Gerücht hin, er sei auf Rügen gefallen, tief betrauert hatte, sonst aber gleich hartherzig blieb, besserte sich nicht[5]). Dazu kamen die steten lästigen Mahnungen, mit denen die Marquise von Pomponne ihn zur Sparsamkeit anzuhalten suchte, nach seiner Meinung sehr mit Unrecht. Kostete ihn doch allein die Korrespondenz mit den übrigen französischen Gesandten in Deutschland monatlich 200 Livres, da er zwischen Stralsund und Hamburg dauernd einen Kourier unterwegs hatte. Dass man ihm die für diese Reise gezahlten 2000 Thaler gar auf sein Gehalt verrechnen wollte, brachte ihn vollends ausser sich[6]). Sich darum aber irgend etwas abgehn zu lassen fiel ihm nicht ein, wenn er auch unnützen Aufwand zu vermeiden und mit einem „Train" von einem Cavalier, einem Sekretär, einem

---

[1]) Ebendas. IV, S. 189.
[2]) Ebendas. S. 168.
[3]) Ebendas. IV, S. 169 ff. Vergl. Königsmarks Bericht bei Fock, Rügenschpommersche Geschichten VI, S. 538 ff.
[4]) Ebendas IV, S. 201.
[5]) Ebendas. S. 175.
[6]) Ebendas. S. 169.

Almosenier, einem Hausmeister, einem Officianten, einem Koch, zwei Kammerdienern, drei Lakaien, zwei Stallknechten und acht schlechten Pferden sich für seine Stellung bescheiden genug eingerichtet zu haben glaubte¹) und es sich namentlich als ein Verdienst anrechnete, dass er selbst in dieser Umgebung der Versuchung zu übermässigem Trinken widerstände²). Für all das waren freilich selbst in jenen Zeiten 6000 Thaler wenig genug³).

Aber sein Verhalten und seine Berichte fanden in Paris steigenden Beifall, so dass seine Gönner ihn bald zu einem wichtigeren Posten aufsteigen zu sehen hofften. Doch ging sein Wunsch die Zwitterstellung bei Königsmark mit der eines Gesandten in Hannover zu vertauschen nicht in Erfüllung. Dann war die Rede davon, ihn dem König von Schweden beizugeben, wenn dieser, wie beabsichtigt wurde, selbst mit einem Heere nach Deutschland ging⁴) — eine höchst bedeutende Stellung, die eigentlich seinem Vater gebührt hätte, die dieser aber ihm überlassen wollte, theils wegen der danach zu hoffenden glänzenden Laufbahn, theils weil er durch seine Kenntnis der deutschen Sprache dafür besonders empfohlen wurde⁵). Aber der Plan kam überhaupt nicht zur Ausführung. So ging Rébenac im Sommer 1678 mit Graf Königsmark nach Rügen und lag dort aus Mangel an einer ihm zusagenden anderen Beschäftigung wider seine Gewohnheit der Jagd ob⁶). Dafür aber wurde er nachher auch noch Zeuge von des Grossen Kurfürsten überraschendem Angriff, der die Schweden trotz tapferen Widerstands von der Insel verdrängte und sich hinter die Mauern von Stralsund zurückzuziehen nöthigte. Mit ihnen theilte er die Schrecknisse der Beschiessung, welche die für uneinnehmbar geltende Stadt in wenigen Stunden in die Hände des Kurfürsten lieferte, sah sich aber schon während der Belagerung und mehr noch seit Beginn der Kapitulationsverhandlungen von dem Sieger,

---

¹) Ebendas. S. 179—80.
²) Ebendas. S. 175—78.
³) Ebendas. S. 179.
⁴) Ebendas. S. 195.
⁵) Ebendas. S. 199.
⁶) Ebendas. S. 209.

Prutz, Der Grosse Kurfürst.

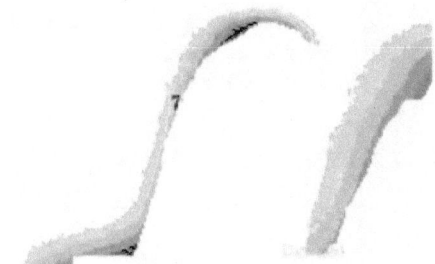

der bereits auf Rügen besonderes mit ihm vorgehabt zu haben schien, in überraschender Weise gesucht und umworben: er sollte der vom Kurfürsten geplanten Wendung seiner Politik bei dem französischen König die Wege ebnen helfen[1]).

Man möchte daher annehmen, der Kurfürst würde am liebsten gerade diesen Mann bei den demnächst einzuleitenden Verhandlungen mit Frankreich verwendet gesehen haben. Doch hatte Rébenacs Bericht über die erstaunlichen Eröffnungen, die ihm vor Stralsund gemacht waren, in Paris zunächst keine weitere Folge, vielmehr wurde er, entgegen seinem Wunsche heimkehren zu können, angewiesen in Hamburg die weiteren Befehle des Königs abzuwarten[2]). Sein Patron Pomponne hoffte ihn erst als Gehülfen, dann als Nachfolger des Vaters in Stockholm unterzubringen[3]), der immer dringender seine endliche Abberufung erbat. Am 4. November verliess Rébenac demnach Stralsund und kam am 5. nach Reibenitz: er fand die in der Gegend liegenden lüneburgischen Truppen in höchster Erregung gegen die brandenburgischen, denen sie das Beziehen der Winterquartiere in Mecklenburg nöthigenfalls gewaltsam verwehren wollten, — eine Thatsache, die für die Beurtheilung der Lage namentlich des Kurfürsten von grosser Wichtigkeit war. Am 7. November erreichte Rébenac Wismar, wo man ihn ehrenvoll empfing. Ein Gleiches geschah unter Ueberreichung von Geschenken den 8. in Lübeck. Die kleine katholische Gemeinde daselbst erbat durch ihn die Hülfe seines Königs zur Erlangung einer eigenen Kirche: es brauchte dazu ja nur die erbetene Gleichstellung der Lübecker mit den Niederländern in den französischen Häfen von diesem Zugeständnis abhängig gemacht zu werden[4]), zumal der Rath sich in den bisher geführten Verhandlungen schon dazu bereit erklärt hatte. Am 10. November erreichte Rébenac Hamburg, wo ihn auf ausdrückliche Weisung seines Herrn alsbald der brandenburgische Gesandte bewillkomm-

---

[1]) Vergl. oben S. 2 ff.
[2]) Gallois IV, S. 241.
[3]) Ebendas. S. 242.
[4]) Gallois IV, S. 246—47.

nete¹), während die Stadt ihn beschenkte und dem Könige ihr Bedauern darüber auszusprechen bat, dass sie zu ihrem Schmerze durch die Verhältnisse gezwungen worden sei ihm entgegenzutreten²). Er empfahl dem Rathe durch Vermittelung Pomponnes des Königs Schutz nachzusuchen: unter ihm würden sie ebenso glücklich werden, wie die Kölner durch ihre kluge Nachgiebigkeit geworden.

Inzwischen war auch Greifswald gefallen. Die Vertreibung der Schweden aus Pommern war eine vollendete Thatsache. Aber dass die Beute nicht in der Hand des Siegers bleiben würde, stand ebenfalls bereits fest. Noch freilich sträubte sich der Kurfürst gegen eine so unerhörte Zumuthung und suchte wenigstens einen Theil von Pommern für sich zu retten, während Schweden aller Niederlagen unerachtet dabei blieb, auch nicht ein Dorf abtreten zu wollen³). Des Kurfürsten Widerstand zu brechen und ihn zur Annahme seiner letzten Anträge zu vermögen, die ihm durch die endliche Ausgleichung eines alten Unrechts einen minimalen Gebietszuwachs gewährten, wollte ihn Ludwig XIV. in Deutschland vollends isoliren und dazu namentlich die Fürsten des Hauses Braunschweig erst zum Frieden mit Frankreich und Schweden gewinnen, dann gegen Brandenburg in Waffen bringen. Eine glückliche Fügung gab diese Angelegenheit in Rébenacs Hand und liess ihn darin einen vollen Erfolg gewinnen.

Ohne Auftrag dazu und daher incognito machte Rébenac von Hamburg aus dem benachbarten Celler Hof einen Besuch, wo er seine schöne Landsmännin Eleonore d'Olbreuse als Gebieterin Herzog Georg Wilhelms waltend wusste. Er fand dort in Folge des Streits um die Winterquartiere in Mecklenburg alles voller Erbitterung und deshalb geneigt zu schnellem Frieden mit Schweden⁴). Er meldete das nach Paris und wurde alsbald angewiesen mit dem Hause Braunschweig auf einer ähnlichen Basis in Friedensverhandlungen einzutreten, wie sie Brandenburg aufgenöthigt werden sollten: gegen Rückgabe des eroberten Herzogthums Bremen sollten

---

¹) Ebendas. S. 247.
²) Ebendas. S. 248.
³) Ebendas. IV, S. 286.
⁴) Ebendas. IV, S. 252—254.

Braunschweig-Lüneburg und Braunschweig-Wolfenbüttel gemeinsam das Amt Thedinghausen und die Vogtei Dörverden erhalten, im Uebrigen aber durch Geld schadlos gehalten werden [1]). Diese wie von ungefähr eingeleitete diplomatische Aktion erlangte die grösste Bedeutung und trat geradezu in das Centrum der ganzen politischen Situation. Von ihrem Ausgang hing mit dem Schicksal Brandenburgs die Rettung Schwedens ab: legten auch die Braunschweiger die Waffen nieder, liessen sie sich vielleicht gar bestimmen sie gegen Brandenburg zu kehren, so musste sich dieses, wollte es nicht Gefahr laufen zerstückelt zu werden, dem Machtwort Frankreichs beugen. Denn wenn die Braunschweiger Frieden machten, musste Münster folgen; auch Dänemark konnte dann nicht fortkämpfen; Brandenburg war also erst isolirt, bald vielleicht rings umstellt. Der Friede im Norden lag in Rébenacs Hand. Pomponne war froh seinen einst als leichtfertig angezweifelten Schützling in einer so wichtigen Sache als so umsichtig bewährt und damit für den Fall des Erfolges auf das Glänzendste empfohlen zu sehen [2]), und mit Stolz sah Feuquières sich von dem Sohne fast übertroffen: er hatte also doch Recht gehabt, wenn er meinte, bei seinen Anlagen müsse derselbe nur vor eine grosse Aufgabe gestellt werden, um sich zu bewähren. Zudem hoffte er, Rébenacs diplomatischer Triumph würde auch sein Verhältnis zu dem alten griesgrämigen Vicomte bessern [3]). Seinen Erfolg zu sichern drang er in Stockholm nachdrücklichst auf endliche Annahme der von Frankreich gebotenen, unerwartet und unverdient günstigen Bedingungen. Auch Rébenac wusste, was von dem Ausgange der in seine Hände gelegten Negociation abhing: in unermüdlicher Thätigkeit nahm er sich derselben auf das Gewissenhafteste an. Gewandt, schlagfertig, zur rechten Zeit schmiegsam und dann wieder fest beharrend führte er die Sache in kleinen drei Monaten zu dem gewünschten Ende. Am 5. Februar 1679 unterzeichnete er in Celle den Frieden für Frankreich und Schweden mit Braunschweig-Lüneburg und Braunschweig-Wolfenbüttel und so mit dem Gesammt-

---

[1]) Ebendas. S. 263—64.
[2]) Ebendas. S. 266—272.
[3]) Ebendas. S. 273.

hause Braunschweig¹). Gegen 300000 Thaler, die Frankreich ihnen zahlte, gaben die Braunschweiger das Herzogthum Bremen an Schweden zurück und begnügten sich mit der pfandweisen Ueberlassung des Amtes Thedinghausen und der Vogtei Dörverden; gegen Zusage der Neutralität für die Fortdauer des Krieges erhielten sie Sicherheit gegen jede aus Anlass dieses Vertrages erfolgende Anfeindung und insbesondere zugleich mit den Herzögen von Mecklenburg und Sachsen-Lauenburg und deren ihnen verbündeten Nachbarn, namentlich Lübeck und Hamburg, das Versprechen nachdrücklichen Schutzes gegen alle Ansprüche, welche der Kurfürst von Brandenburg und der König von Dänemark auf Grund der ihnen im Laufe des Krieges vom Kaiser auf Hamburg ertheilten Assignation von 150000 Thaler etwa erheben würden, d. h. man annullirte einfach das Recht des Kurfürsten auf jene Summe. Also auch hier trug Brandenburg die Kosten und sah sich rechtmässig erworbener Mittel hinterrücks beraubt²).

Ein grosser, für Frankreich entscheidender Erfolg war Rébenac gleich bei seinem ersten Versuch in der Diplomatie gelungen. Der Celler Vertrag machte Ludwig XIV. Brandenburg gegenüber vollends zum Herrn der Situation, selbst wenn der Friede mit dem Kaiser noch nicht zu Stande gekommen wäre, der thatsächlich an demselben Tage gezeichnet wurde. Am 19. März schloss der Bischof von Münster Frieden, ganz nach derselben Schablone: gegen 100000 Thaler, die ihm Frankreich zahlte, gab er Verden an Schweden zurück. Inzwischen aber war Rébenac in Celle bereits im besten Zuge, die Braunschweiger zur Unterstützung Frankreichs gegen Brandenburg zu gewinnen: als Preis verlangten sie freilich Halberstadt und Minden und, wenn diese nicht zu gewinnen wären, weitere Abtretungen Schwedens in Bremen und Verden. Erschienen diese Forderungen Ludwig XIV. auch übermässig, so liess er, der schliesslichen Fügsamkeit Brandenburgs schon gewiss, diesen Faden doch ruhig weiter spinnen, und Rébenac versäumte nicht durch reiche Geldspenden — er wandte darauf im Ganzen 4200

---

¹) Actes et mémoires de la paix de Nimègue III, S. 567 ff.
²) Vergl. Droysen III, 3, S. 452. Vergl. oben S. 78.

Ducaten¹) — und namentlich durch ein im Namen des Königs seiner schönen Landsmännin dargebrachtes kostbares Geschenk²) Stimmung für Frankreich zu machen. Die Wirkungen des von ihm gewonnenen Erfolges traten inzwischen immer deutlicher zu Tage. Auch Dänemark wünschte nun Frieden und knüpfte durch Vermittelung Braunschweig-Lüneburgs Unterhandlungen mit Frankreich an. Deshalb war damals die Rede davon, Rébenac unter dem Vorwand eines Besuches bei seinem Vater auch noch nach Kopenhagen zu senden, um das grosse Werk der Befriegung des Nordens nach seines Königs Gebot zu vollenden und zu krönen³). Doch hielt man bei der Wichtigkeit der in Celle schwebenden Verhandlungen schliesslich sein Verbleiben daselbst für nützlicher. So war er Zeuge davon, wie im April die durch Fuchs überbrachte Bitte des Kürfürsten von Brandenburg um Gewährung von Durchmarsch für seine nach Kleve bestimmten Truppen auf Grund des von ihm zustande gebrachten Vertrages rundweg abgelehnt wurde, und konnte dem erschreckten Gesandten selbst darlegen, wie für seinen Herrn nun jede Aussicht auf eine erfolgreiche Fortsetzung des Kampfes geschwunden und von dem Versuche dazu sicher nur noch grösseres Unheil zu erwarten sei. Und als dann Brandenburg sich der herben Nothwendigkeit gefügt und zu St. Germain Frieden geschlossen hatte, gelang es dem geschickten Zusammenwirken Feuquières' in Schweden mit seinem Sohne in Celle auch Dänemark von der Nothwendigkeit des Anschlusses zu überzeugen. Mit dem Lunder Vertrage vom 2. September 1679 trat im Norden endlich Waffenruhe ein.

Der Friede aber, an dessen Zustandekommen Rébenac einen so wesentlichen Antheil hatte, wurde schliesslich von Ludwig XIV. als eine Art von Enttäuschung empfunden und hatte den Rücktritt Pomponnes, der dafür verantwortlich gemacht wurde, zur Folge. Der Marquis de Croissy, des „grossen" Colbert wenig bedeutender Bruder, übernahm die Leitung der auswärtigen Angelegenheiten. Das drohte auch Rébenacs eben erst recht in Fahrt

---

¹) Gallois IV, S. 392.
²) Ebendas. S. 371.
³) Ebendas. S. 384.

gekommenes Glücksschifflein gleich wiederum auf den Strand zu setzen. Er war gerade unterwegs nach Kopenhagen, von wo er sich zu seinem Vater begeben sollte, um in gemeinsamer Thätigkeit mit ihm die nordischen Angelegenheiten vollends im Interesse Frankreichs zu ordnen, und hoffte dann für die geleisteten Dienste mit dem Stockholmer Gesandtschaftsposten belohnt zu werden, als ihn im November 1679 zu Hamburg die Nachricht erreichte, dass sein „Patron", dessen wolwollendem Vertrauen er diese Anfänge einer vielversprechenden Laufbahn verdankte, zu Fall gebracht sei. Betrübt, aber nicht gebrochen, schrieb er demselben, sei er durch diese Botschaft gewesen. Sein eigenes Interesse, erklärt er in der ersten Aufregung, sei ihm dabei ganz gleichgültig; nichts könne ihn nun noch überraschen, und er frage gar nicht danach, was weiter aus ihm werden würde[1]. Nachdem er aber an einem solchen Mann einen so lächerlichen Glückswechsel erlebt habe, meine er auch der Aufnahme mit der grössten Seelenruhe entgegenzusehen, welche die von ihm zu Stande gebrachten Verträge bei dem Könige fänden, denn er sei sich bewusst es weder an Sorgfalt noch an Treue dabei haben fehlen zu lassen[2]. Hatte er in dieser Hinsicht wirklich Befürchtungen gehabt, so wurden sie jedenfalls glänzend widerlegt. Die Dienste, welche er, wie durch einen Zufall gerade auf diesen Posten gestellt, hatte leisten können, waren zu augenfällig und zu entscheidend für die Befestigung der französischen Machtstellung, als dass ihre Anerkennung durch den Wechsel im Staatssekretariat der auswärtigen Angelegenheiten hätte beeinträchtigt werden können, auch das von ihm dabei bewiesene Talent zu bedeutend, als dass man nicht hätte wünschen sollen sich desselben gerade jetzt weiter zu bedienen. Rébenac wurde zum ersten Inhaber der neu errichteten ständigen französischen Gesandtschaft in Berlin ernannt[3], für einen Posten also, für den er durch seinen Antheil an den letzten Verhandlungen besonders empfohlen war, und wo er nach dem, was sich vor Stralsund abgespielt hatte, von Seiten des Hofes der besten Aufnahme sicher sein konnte. Ehe er

[1]) Gallois V, S. 10.
[2]) Ebendas. S. 11.
[3]) Ebendas. V, S. 13—16.

sich jedoch dorthin begab, leitete er noch in Kopenhagen einen
den Frieden im Norden zu sichern bestimmten Vergleich ein
zwischen Dänemark und dem Herzog von Holstein-Gottorp[1]), überliess aber seine Beendigung dem dortigen französischen Gesandten
Montargis. Dann hatte er noch — vermuthlich in Lund[2]) — die
Freude eines endlichen Wiedersehens mit seinem Vater. Ueber
Hamburg und Celle ging er dann nach Berlin, wo er am 12. Januar
1680 eintraf[3]).

Selbst für jene Zeit war es eine ungewöhnlich schnelle Laufbahn, die den 31jährigen nach einer kurzen Lehrzeit, in der er
sich freilich als angehenden Meister bewährt hatte, an denjenigen
Hof führte, um den während der nächsten Jahre eigentlich die
ganze deutsche Politik Frankreichs gravitirte. Sein Ehrgeiz war
damit fürs Erste allerdings befriedigt. Um so lästiger aber empfand
es Rébenac, dass seine äussere Lage sich nicht ebenso glänzend
entwickelte, seine finanziellen Verhältnisse vielmehr eng und gedrückt blieben. Eine ärgerliche Enttäuschung bereitete ihm besonders das Testament des Vicomte de Rébenac, der 1679 starb.
Zur Universalerbin hatte er Rébenacs Gattin ernannt; dieser selbst
aber ging ganz leer aus, während sonst alle möglichen Leute mit
Legaten bedacht waren. Besonders kränkte es ihn, dass die
100000 Livres, die seinem Sohne ausgesetzt waren, seiner und
seiner Gattin Verwaltung ausdrücklich entzogen wurden, weil er
sich dadurch vor aller Welt der Verschwendung verdächtigt sah.
Der alte Herr scheint in diesem Punkte über den Gatten seiner
Grossnichte geurtheilt zu haben wie das Ehepaar Pomponne, das
sich auch jetzt der stets ungeordneten Finanzen der in alle Welt
verstreuten Feuquières fürsorglich annahm und dabei immer von
Neuem Gelegenheit fand Rébenac wegen seiner leichtfertigen Wirthschaft Vorstellungen zu machen, zumal er gelegentlich Verwandte
und Freunde, die helfend oder Bürgschaft leistend für ihn einge-

---

[1]) Ebendas. V, S. 18. Recueil des instructions données aux ambassadeurs etc. XIII. Dannemark p. 21.
[2]) Ebendas. V, S. 15—16.
[3]) Sein erster Bericht.

treten waren, sitzen liess und dadurch in peinliche Verlegenheit brachte. Dabei war er selbst bei dem übergrossen Massstab jener Zeit nicht schlecht gestellt und vereinigte eine ganze Anzahl recht einträglicher Aemter in seiner Person: seiner Frau Grossoheim war er als Seneschall von Béarn gefolgt, er war Seneschall von Béarn und Unter-Navarra, Lieutenant der Präsidentschaft von Toul und ausserdem bevollmächtigter Minister und als solcher reichlich besoldet und gelegentlich durch ausserordentliche Beihülfen unterstützt. Aber er liebte allzu sehr die souveräne Ungebundenheit des seinen König mit königlichem Glanze vertretenden Grandseigneur, um in diesen Dingen dem Andrängen wolmeinender Freunde nachzugeben und Ordnung zu machen. Nichts widerstrebte ihm mehr als die Gebundenheit wirthschaftlich geordneten häuslichen Lebens. Als im Frühjahr 1679, der Zeit, wo man dem Ableben des alten Vicomte entgegensah, die Seinen die Meinung aussprachen, er wünsche heimzukehren, wies er diesen Gedanken mit Entrüstung zurück, noch entrüsteter freilich die Zumuthung, er möge seine Frau nachkommen lassen und mit ihr in der Fremde gemeinsam Haus halten. Es sei ein schwerer Irrthum, meinte er, wenn man glaube, er könne nicht ohne sie leben: und wenn er zwanzig Jahre auf Reisen zubringen sollte, so würde ihn dabei schon das Eine trösten, dass er so lange ohne Frau und namentlich auch ohne Kinder leben könne, und seine Gesandtschaft würde ihm von dem Augenblick an verleidet sein, wo sich seine Frau in den Kopf setzen würde zu ihm zu kommen. So sei er nun einmal angelegt und habe seine Denkweise nicht geändert, obgleich er ja eine Frau gefunden habe, die er achte und zärtlich liebe[1]).

[1]) Gallois IV, S. 389—91.

V. Rébenac als Vertrauter des Kurfürsten und seine Berichte 1680—85.

Nur die ausserordentliche politische Lage, die der Friede und das Geheimbündnis von St. Germain geschaffen hatten, macht die Aufnahme recht begreiflich, die dem neuen französischen Gesandten in Berlin bereitet wurde, und erklärt es, wie derselbe dort alsbald eine Stellung gewann, so bevorzugt und so einflussreich, wie sie ein Hof auch dem bewährtesten Vertreter einer seit langer Zeit eng befreundeten Macht nur ausnahmsweise einräumen wird.

Nach den letzten Ereignissen sah der Kurfürst die alten Allianzen als endgültig zerrissen an: seine Lage für den Augenblick zu sichern und für die Zukunft zu bessern hielt er nur im Anschluss an Frankreich für möglich. Dass es ihm mit diesem Systemwechsel voller Ernst sei, davon den Vertreter Frankreichs und durch diesen den französischen König zu überzeugen war er hinfort mit fast leidenschaftlichem Eifer bemüht und wählte zu dessen Bethätigung gelegentlich so ungewöhnlich demonstrative Formen, dass er auch bei seinen Freunden Anstoss erregte und sich argen Misdeutungen aussetzte. Daher gestaltete sich sein Verkehr mit Rébenac während der nächsten fünf Jahre zu ausserordentlicher Intimität und schien mit wolberechneter Absichtlichkeit angelegt zu sein auf fortwährende Wiederholung, Ausführung und Erweiterung des Themas, das er bereits bei ihrer ersten Begegnung vor Stralsund als den Angelpunkt all seines Denkens und

Sorgens dargestellt und auch rücksichtlich der sich daraus ergebenden Konsequenzen mit verblüffender Offenherzigkeit erörtert hatte. Seine ganze Politik schien schien sich auf die schrittweise Ausführung des Programms zu concentriren, das seiner Zeit Meinders in der d'Espense überreichten Denkschrift in den Hauptpunkten angedeutet hatte [1]).

Nicht ohne Neid werden die übrigen Gesandten am Berliner Hofe gesehn haben, wie ihr stets beargwöhnter französischer College auch dann Zutritt zum Kurfürsten erlangte, wenn er ihnen versagt blieb. Schon als Friedrich Wilhelm im Februar 1680 einige Tage gicht- und fieberkrank zu Bette lag, war Rébenac der einzige, der ihn in den schmerzfreien Pausen sehen durfte [2]). Auch wenn der Kurfürst, wie er es liebte, auf Wochen in die einsamen Waldreviere entwich, allein von seiner Gemahlin begleitet, dem geliebten Waidwerk obzuliegen, folgte ihm der französische Gesandte gelegentlich dorthin, sei es dass er auf seine Weisung eine Reise nach Küstrin fingirte, um sich ihm von da aus unbemerkt anschliessen zu können [3]), sei es dass er auf die ihm einmal eingeräumte Stellung hin ihm ungerufen nacheilte, um ihm eine Denkschrift zur Kenntnisnahme vorzulegen [4]) oder als der Erste eine so wichtige Nachricht wie die von dem Entsatze Wiens zu überbringen [5]). Ja, als der alte Herr in einem der Schwächezustände, die ihn in späteren Jahren immer häufiger befielen, sich einmal für zwei Monate ganz von der Welt zurückzog, ein Zimmer im Berliner Schloss durch eine Wand in „zwei kleine Löcher" theilen liess und in dem einen seine Lagerstätte aufschlug, mit der Kurfürstin Haus hielt, speiste und Rath hielt, da war wiederum Rébenac der einzige von den fremden Gesandten, der, ohne erst eine Audienz nachsuchen zu müssen, jeder Zeit vorgelassen wurde, während die übrigen ihn oft vierzehn Tage lang nicht zu sehen bekamen [6]).

---

[1]) Vgl. oben S. 67 ff.
[2]) Bericht vom 6. Februar 1680.
[3]) 7. September 1680. 6. October 1685.
[4]) 30. September 1683.
[5]) 2. October 1683.
[6]) 14. März 1684.

Mehr aber noch als diese Ungezwungenheit und Lebhaftigkeit des Verkehrs wollte es doch als politisches Symptom bedeuten, wenn der Kurfürst Rébenac z. B. an seiner Seite hatte, als er im Sommer 1680 seine Garde musterte[1]), die auf über 1700 Mann verstärkt und neu eingekleidet war. Den kundigen Blick des Franzosen fesselten an ihr namentlich die schmucken Mäntel, die eigenthümlich gerollt getragen wurden. Um so mehr fielen ihm aber auch die in der kaiserlichen Armee üblichen rothen Schärpen auf, welche ihr Oberst angeblich in geheimem Einverständnis mit dem ihm befreundeten kaiserlichen Gesandten Grafen Lamberg sie hatte anlegen lassen: er machte den Kurfürsten darauf aufmerksam, und heftig erzürnt befahl dieser sie alsbald durch die bei den Brandenburgern üblichen weissen zu ersetzen, indem er sich in wenig schmeichelhaften Ausdrücken über die rothe Farbe, d. h. die kaiserliche Partei erging. Welchen Eindruck aber musste es hervorbringen, dass in eben den Tagen, da ganz Deutschland von patriotisch entrüsteten Klagen über den Verlust Strassburgs widerhallte, der Kurfürst Rébenac einen kostbaren, mit Diamanten besetzten Ehrensäbel überreichen liess, um auch in Kleinigkeiten zu zeigen, dass seine Gesinnung gegen Ludwig XIV. und seine Freundschaft für Rébenac durch jenen Zwischenfall nicht geändert sei. Nach dem stehenden Brauche der französischen Gesandten lehnte Rébenac die Gabe zunächst dankend ab, um sie sich durch Fuchs noch einmal überbringen und aufnöthigen zu lassen[2]). Mit berechtigter Ironie schrieb er darüber seinem Vater: den deutschen und holländischen Zeitungen nach stehe er gewissermassen am Pranger und werde mit Steinen geworfen, nur müsse man wissen, was für Steine das seien, nämlich Diamanten als Zierat eines Degens, den der Kurfürst drei Tage nach dem Eintreffen der Nachricht vom Falle Strassburgs anzunehmen ihn genöthigt habe[3]). Und als er im Frühjahr 1683 im Begriff stand die Bedrängnis, in die das Reich zwischen Frankreichs neuen Gewaltthaten und dem drohen-

---

[1]) 24. August 1680. S. Beilage XVII, 4.
[2]) 29. Oktober 1681. Beilage X, 10.
[3]) Gallois V, S. 265—66.

den Türkenangriff gerieth, zu steigern und zugleich zu benutzen durch einen mit Zustimmung Ludwigs XIV. und im Bunde mit Dänemark zu unternehmenden Angriff auf die deutschen Provinzen Schwedens und auf das Haus Braunschweig, da bot der Kurfürst dem französischen Gesandten gar das Kommando eines Reiterregimentes an[1]).

War es da zu viel gesagt, wenn der kaiserliche Gesandte Graf Lamberg sich bitter über die „grossen Caressen" beschwerte, die man Rébenac zu Theil werden liess? Besonders die Kurfürstin fand er darin allzu freigebig[2]), und eine Menge von Einzelnheiten, die Rébenac in seinen Berichten erwähnt, bestätigen diese Bemerkung. Das Mistrauen und die Voreingenommenheit, womit Dorothea dem Gesandten anfangs entgegengekommen war, hatte derselbe bald gründlich überwunden. Welch gutes Einvernehmen späterhin zwischen beiden herrschte, lehrt zur Genüge die charakteristische Bemerkung, mit der Rébenac im Sommer 1682 die Nachricht von der Genesung der Kurfürstin nach einer lebensgefährlichen Halskrankheit begleitete, Gott habe sie für ihre Familie erhalten wollen und so könne man hinzufügen, im Interesse auch des Königs, für dessen Bestes sie Eifer und Beflissenheit in überraschendem Masse entwickele[3]). Auch kann das, selbst wenn nicht noch ganz andere Beweise dafür vorhanden wären, nicht wundernehmen bei einer Fürstin, die in dem Schreiben, wodurch sie Ludwig XIV. zur Geburt seines ersten Enkels, des Herzogs von Burgund, beglückwünschte, den in der Wiege liegenden künftigen Träger der französischen Krone geschmackvoll als „die Freude ganz Frankreichs und des besseren Theils der Christenheit" verherrlichte[4]). Gelegentlich wurde freilich auch damals schon das Verhältnis der Kurfürstin zu Rébenac durch den Kampf der am Hofe ringenden

---

[1]) 22. Mai 1683.
[2]) Urkunden u. Aktenstücke, XIV, S. 998.
[3]) 12. August 1682. Dieu l'a voulu conserver pour sa famille, et on peut y ajouster pour le bien de vos affaires, pour lesquelles elle a un zèle et une application inconcevable. 7. October 1682: Je connus — la grande affection que Madame l'Electrice a pour vos intérests. —
[4]) 13. August 1682: — qui fait présentement la joye de toute la France et de la meilleure partie de la chrétienté.

Parteien getrübt: dann aber wusste dieser mit der ihm eigenen Unverfrorenheit eine Aussprache herbeizuführen und die hohe Frau weiter zu seinen und Frankreichs Gunsten umzustimmen[1], wobei ihm seine Kenntniss des Deutschen zu gute gekommen sein wird, da die Kurfürstin zwar Französisch verstand, sich aber darin zu unterhalten nicht liebte[2]. Auch der Kurprinz, so wenig er, wie es ohne recht zuverlässigen Anhalt damals bereits hiess, mit dem engen Anschluss an Frankreich einverstanden sein sollte, stand während jener Jahre mit Rébenac in vielfachem, nicht blos höfisch-geselligem Verkehr und liess es sich angelegen sein dem einflussreichen Diplomaten eine gute Meinung von sich beizubringen und sich für gewisse, bereits frühzeitig von ihm gefürchtete Eventualitäten seiner Fürsprache und im Nothfall der Hülfe seines Königs zu versichern. Auch mit dem am Hofe verkehrenden Adel suchte und gewann Rébenac vielfache Verbindung und scheint es vortrefflich verstanden zu haben in demselben Sympathien für seinen König zu erwecken, wie denn der junge Graf Christoph Dohna, den er besonders an sich gezogen hatte, ohne seines Vaters ernste Abmahnung sein Glück in der französischen Schweizergarde versucht haben würde[3].

Es wäre ja nun an sich wol möglich, dass diese „Caressen", die man Rébenac erwies, nur auf den äussern Effekt berechnet gewesen wären und nicht als Ausfluss und zugleich als Mittel einer bestimmten politischen Tendenz genommen werden dürften. Doch scheint die öffentliche Meinung, in so beschränktem Maasse eine solche sich damals bilden und so selten sie zum Ausdruck gelangen konnte, die Sache doch ernster genommen zu haben. Auch musste es auf sie in jener Zeit noch besondern Eindruck machen, wenn zu dem vielbesprochenen glänzenden Feste, das Rébenac aus Anlass der Geburt des Herzogs von Burgund am 27. September 1682 veranstaltete, das kurfürstliche Paar selbst sein Erscheinen zugesagt hatte — mochte es nachher auch durch Abwesenheit von

---

[1] 7. Juni und 21. Juli 1683.
[2] Vergl. oben S. 5.
[3] Ch. de Dohna: Mémoires originaux sur le règne et la cour de Fréderic (Berlin 1833) S. 17—18.

Berlin daran gehindert werden — und der Kurfürst seine Antheilnahme an dem freudigen Ereignis durch zahlreiche Kanonenschüsse u. a. m. bezeugen liess. Aber das kurprinzliche Paar, Markgraf Ludwig und seine junge polnische Gemahlin und die Zierden der Hofgesellschaft fanden sich dazu ein, und der märkische Adel war nach Rébenac natürlich etwas selbstgefälligem Bericht Meilen weit dazu herbeigeströmt[1]). Es war, was man damals eine „Wirthschaft" nannte, d. h. ein Kostümfest. Unter den achtzig Masken bemerkte man die Kurprinzessin als Diana, Markgraf Ludwig und seine Gemahlin als Sultan und Sultanin. General von Wangenheim als Pickelhering u. s. w. und Herr von Canitz, der Hofpoet, der auch dieses Fest in seiner Art verherrlichte, schritt gravitätisch als Apotheker einher, in goldverbrämtem Mantel, statt der Knöpfe lauter kleine runde Arzneifläschchen am Rock und an der Seite statt des Degens eine grosse Klystierspritze[2]). Aus der neugierig zudrängenden Volksmasse aber ertönte, als man drinnen die Gesundheit Ludwigs XIV. und seines Hauses trank, jubelnder Zuruf, sehr zum Aerger des kaiserlichen Gesandten Grafen Lamberg, der, wie Rébenac zu erwähnen nicht unterliess, nicht einmal illuminirt hatte. Auch auf einem anderen grossen Fest, das Rébenac am Dreikönigstag 1683 gab, erschienen der Kurprinz und seine Gemahlin[3]). Zu den ausgesprochenen Gegnern Frankreichs dürfte ersterer damals also doch wol nicht zu rechnen gewesen sein.

An sich gewiss unwesentlich hatten diese höfischen Vorgänge doch insofern auch politische Bedeutung, als sie einer Intimität Ausdruck gaben, die auf einem anderen, viel wichtigeren Gebiete sorgsamst gepflegt wurde: als Vertreter der Brandenburg damals am nächsten verbundenen Macht wurde der französische Gesandte der Theilnehmer aller auf die auswärtige Politik bezüglichen Erwägungen und der Mitwisser der sie betreffenden Geheimnisse des Kurfürsten und seiner Räthe, und selbst von den letzteren hat mancher nicht so tief eingeweiht in diesen Dingen

---

[1]) 7. October 1682.
[2]) Vehse, Geschichte der deutschen Höfe I, 1, S. 135—136.
[3]) v. Buch, Tagebuch II, S. 221.

gestanden wie er. Gleich nach seiner Ankunft hatte ihn der Kurfürst durch den ihn zu begrüssen geschickten Fuchs ersuchen lassen, von den Aufträgen, mit denen er gekommen, ja nichts dem Fürsten Johann Georg von Anhalt, seinem Schwager und ersten Minister, bekannt werden zu lassen, da er entschieden kaiserlich gesinnt sei [1]). Willkommener hätte dem gewandten Franzosen nichts sein können: aus dieser einen Mittheilung erkannte er zur Genüge, welche Zustände am Berliner Hofe herrschten, und übersah alsbald, welche günstigen Aussichten sie seinen diplomatischen Künsten eröffneten. In der wichtigsten Angelegenheit, die augenblicklich zur Entscheidung stand, handelte der Kurfürst ohne Wissen und Mitwirkung und in ausgesprochenem Gegensatz zu seinem ersten Berather! Und der Verlauf entsprach diesem Beginn. Was er irgend zu wissen wünschte, um seine Instruktionen erfolgreich ausführen zu können, erfuhr Rébenac in vielen Fällen durch den Kurfürsten selbst. Ihm entgegenzuwirken erschienen schon am 22. März 1680 Graf Lamberg und Abt Otto von Banz als kaiserliche Gesandte in Berlin [2]), dem Hof sehr ungelegen, da man sich eben anschickte Rébenac zu Ehren ein grosses Fest zu geben [3]). Ueber den Gang der mit ihnen geführten Verhandlungen erstattete der Kurfürst Rébenac selbst Bericht, wol ohne zu wissen, dass dieser auch von seinen Ministern entsprechende Mittheilungen erhielt [4]). Auch was nach den Angaben seiner Gesandten der Kaiser zur Einschränkung der französischen Uebermacht zu thun beabsichtigte, erfuhr Rébenac von dem Kurfürsten [5]), der ihn 1683 auch über den Stand der Verhandlungen auf dem Laufenden erhielt, durch die der Kaiser zwischen ihm und Spanien einen Vergleich wegen der rückständigen Subsidien herbeizuführen suchte [6]). Das Gleiche geschah Ende des Jahres 1684 in Bezug auf die rasch wechselnden Beziehungen zu dem Hause Braunschweig und nament-

---

[1]) 16. Januar 1680.
[2]) Urkunden u. Aktenstücke XIV, S. 916 ff.
[3]) v. Buch, Tagebuch II, S. 211.
[4]) 13. April 1680.
[5]) 14. August 1680.
[6]) 23. Juni 1683.

lich auf den Plan zur Vermählung des Kronprinzen mit einer hannoverschen Prinzessin[1]). Rébenac war alle jene Jahre thatsächlich der Mann des besonderen kurfürstlichen Vertrauens, und wenn er einmal nach Paris meldet[2]), es laufe kaum ein Brief eines brandenburgischen Ministers ein, den ihm der Kurfürst nicht alsbald im Original zu lesen gäbe, so war das, wie manche Beispiele zeigen, nicht leere Renommisterei. Als der jüngere Schwerin Anfang 1683 nach Wien geschickt wurde, um durch die Erneuerung der brandenburgischen Ansprüche auf Schlesien eine Pression zu Gunsten der Annahme der französischen Friedensvorschläge auszuüben, bekam er nicht blos dessen Instruktion zu lesen, sondern man theilte ihm auch seine Berichte mit[3]), wie man ihm ein Jahr später auch von dem Entwurf zu der Antwort Kenntnis gab, die auf des Kaisers erneute Aufforderung zur Rüstung gegen Frankreich ertheilt werden sollte[4]). Die Berichte v. Diests aus dem Haag legte man ihm ebenso gut vor wie die Ezechiel von Spenheims aus Paris. Unverkennbar waltete also all diese Zeit bei dem Kurfürsten das Streben vor, die Untrennbarkeit der Interessen Brandenburgs und Frankreichs deutlichst zum Ausdruck zu bringen und in allen wichtigen Fragen ein gemeinsames Handeln der beiden Regierungen zu gewährleisten. Ein Wandel begann darin erst 1685, wo er die Erfolglosigkeit und Gefährlichkeit dieses Weges erkannte und zögernd und vorsichtig die allmähliche Lösung von Frankreich vorbereitete und anbahnte. Wenn man auch da noch Rébenac gelegentlich scheinbar besonderes Vertrauen bezeigte, so waltete dabei wol eher die Absicht vor, ihn zu täuschen, in Sicherheit einzuwiegen und den bereits im Vollzug begriffenen Uebergang zu den Gegnern ihm möglichst lange zu verbergen. Noch im Frühjahr 1685 zeigte man ihm die Berichte, die Fuchs aus den Niederlanden einsandte. Was man ihm aus begreiflichen Gründen davon vorenthielt, wusste er sich auf andere Weise zugänglich zu

---

[1]) 16. Dec. 1684.
[2]) 28. Februar 1681.
[3]) 13. Januar 1683.
[4]) 22. März 1684.

machen¹), obgleich gerade in diesem Fall besondere Massregeln ergriffen waren um das Geheimnis der Korrespondenz zu wahren und selbst Meinders, der für einen Franzosenfreund galt, davon nichts zu sehen bekam²). Auch der ungezwungene lebhafte Verkehr mit dem Kurfürsten selbst hatte nun ein Ende, und Rébenac bekam ihn namentlich in den häufigen Zeiten körperlichen Leidens ebenfalls nur noch in vorher erbetenen Audienzen zu sehen³).

Kunstgriffe der Art, welche durch Erweckung eines thatsächlich nicht berechtigten Vertrauens Rébenac und die auf ihn angewiesenen Leiter der französischen Politik irre führen sollten, wird man in solchen Vorgängen bis zu der Krisis des Jahres 1685 nicht erblicken dürfen angesichts der Beweise noch viel weiter gehenden Vertrauens, deren Rébenac von dem Kurfürsten und seinem Hause gewürdigt wurde. Von einem solchen berichtet er am 25. November 1683⁴). Auf seinen Zweifel an der Gesinnung des Kurprinzen gegen Frankreich erhielt er von dem Kurfürsten die Versicherung, derselbe werde dereinst die von ihm eingeschlagene Richtung unverändert weiter verfolgen, und um ihm das zu beweisen, bat er ihn ihm seine Kassette zu reichen: er wolle ihm etwas mittheilen, was sonst vor seinem Tode niemand erfahren solle, nämlich ihn ein Stück aus einer Denkschrift lesen lassen, die er eigenhändig aufgesetzt, um sie seinem Sohne als Frucht seiner eigenen langen Erfahrung zur Anleitung für die eigene Regierung zu hinterlassen. Und nun las er Rébenac einen Abschnitt aus dem nachmals als „Väterliche Vermahnung" bezeichneten politischen Testamente vom Jahre 1667 vor, von dem der aufmerksame Hörer bekennt, dass es Hand und Fuss habe. Darin habe es wörtlich geheissen: „Mein Sohn, benutze meine Erfahrungen für die Wahl Deiner Bundesgenossen und halte Dir alle Zeit gegenwärtig, dass der gefährlichste Feind Deines Hauses der Kaiser ist. Du bist umgeben von Mächten, die alle auf die Deine eifersüchtig sind, aber keine kann Dir

---

¹) 26. Juni 1685.
²) Urkunden u. Aktenstücke XIV, S. 1163.
³) 30. März 1686.
⁴) Beilage IX.

V. Rébenac als Vertrauter des Kurfürsten etc. 1680—85.

schaden ausser der des Hauses Oesterreich, und diese wird die Gelegenheit dazu niemals ungenutzt lassen, was sie auch immer für Verpflichtungen gegen Dich eingegangen sein mag. Der einzige Freund, der Dich gegen ihre Unternehmungen decken kann und durch Deine Grösse nicht beeinträchtigt wird, ist der König von Frankreich, mit dem ich Dich in einem vollkommenen Bündnis zurücklasse"[1]. Die ungewöhnlich bevorzugte Stellung, die Rébenac am Berliner Hofe einnahm, erhellt doch auch daraus, dass er in das Geheimnis des kurfürstlichen Testaments gezogen wurde, und dass nicht blos die Kurfürstin Dorothea, sondern auch der Kurprinz ihn zum Berather und Helfer zu gewinnen trachtete. Dasselbe gilt von den Schwankungen, welche die Pläne des Kurprinzen zur Eingehung einer zweiten Ehe durchmachten: von diesem selbst wurde der Gesandte davon unterrichtet.

Den intimen Beziehungen Rébenacs zu dem kurfürstlichen Hause entsprachen die Lebhaftigkeit und Vertraulichkeit seines Verkehrs mit den einflussreichsten Gliedern des Geheimen Rathes, von denen gerade die damals besonders angesehenen entschiedene Anhänger der französischen Allianz waren, mochten sie dieselbe auch nicht bis zu dem Grade von Dienstbarkeit ausgebildet sehen wollen, die der Franzose unter trügerisch glänzenden Formen Brandenburg aufzuerlegen trachtete. Namentlich mit Meinders unterhielt Rébenac sehr vertraute Beziehungen: dieser galt daher für das Haupt der französischen Partei, den „Chef der Kreaturen Rébenacs"[2]. Was er, so urtheilte man, der ganz im Vertrauen des Kurfürsten war, wusste, wusste auch Rébenac[3]. Als dieser zu Anfang des Jahres 1682 mit Meinders und dem Kanzler v. Jena gegen den herrschenden Brauch in des Letzteren Wohnung zusammentraf, empfand die Partei der Gegner bald lebhafte Beängstigungen[4], denn v. Jena, der übrigens mit Meinders bitter verfeindet war[5],

---

[1] Beilage IX.
[2] Urkunden u. Aktenstücke III, S. 800.
[3] Urkunden u. Aktenstücke XIV, S. 1057. III, S. 792. v. Raumer, Beiträge zur neueren Geschichte III, S. 477.
[4] Urkunden u. Aktenstücke XIV, S. 1017.
[5] In seinem Bericht vom 5. Mai 1682 sieht Rébenac das Haupthindernis

galt gemeinhin für den einzigen, der den vollständigen Sieg der am Hofe augenblicklich dominirenden französischen Partei vielleicht noch zu hindern befähigt oder gewillt war[1]).

Auch wenn Rébenac sich nur der legalen Wege bediente, die ihm bei solchen Verbindungen jeder Zeit zur Verfügung standen, um nicht blos von den thatsächlichen Vorgängen, sondern auch von den wechselnden Stimmungen und Ansichten des Hofes und der Regierung Kenntnis zu erhalten, befand er sich in ungewöhnlich günstiger Lage und konnte mehr und Genaueres erfahren als seine diplomatischen Kollegen, von denen keiner dem Kurfürsten und seiner Familie so nahe getreten ist oder mit so vielen von den an den Staatsgeschäften hervorragend betheiligten Männern Jahre lang so enge Beziehungen unterhalten hat wie er. Die Frage bleibt demnach nur, ob er von dem, was er auf diese Weise in Erfahrung brachte, auch wahrheitsgetreu Bericht erstattete und nicht etwa in dem Streben an der Stelle, an die seine Relationen gingen, einen bestimmten, sei es dort, sei es von ihm selbst aus irgend welchem Grunde gewünschten Eindruck zu erzeugen, das Thatsächliche ausgemalt oder gefärbt, Wesentliches dazugethan oder davon weggelassen hat. Zunächst würde er sich damit seinen Auftraggebern gegenüber einer Pflichtverletzung schuldig gemacht haben. Denn Ludwig XIV. legte, wie die Instruktionen für seine Gesandten wiederholt nachdrücklichst hervorheben[2]), den grössten Werth auf strenge Sachlichkeit der ihm erstatteten Berichte, untersagte jede Art von Zuthat oder Weglassung, verlangte bei der Wiedergabe von Unterredungen möglichst wörtliche Reproduktion derselben oder, wenn diese, wie so oft, nicht zu verbürgen war, wenigstens zuverlässige Uebermittelung des Inhalts. Auch wird man den französischen Diplomaten seiner Zeit das Zeugnis kaum versagen können, dass sie diesem Gebote im Allgemeinen redlich

---

für Frankreichs vollen Sieg in der „haine irréconciliable entre le Sr. Jena et Meinders," und erklärt ihre Versöhnung für unmöglich „ses deux hommes estant incompatibles."

[1]) Urkunden u. Aktenstücke XIV, S. 966.

[2]) Vergl. z. B. die besonders lehrreiche Stelle: Recueil des instructions données aux ambassadeurs de France. I. Autriche ed. Sorel, S. 89.

und zum Theil mit ungewöhnlichem Erfolge nachzukommen bemüht gewesen sind. In Folge einer Generationen hindurch fortgesetzten Uebung war die Fähigkeit des diplomatischen Hörens und Sehens, Auffassens und Wiedergebens bei ihnen zu seltener Vollkommenheit entwickelt und wurde mit virtuoser Sicherheit geübt.

Das gilt im vollsten Masse auch von den Berichten Rébenacs, der für diese Thätigkeit die Anlage von Vater und Grossvater ja gewissermassen ererbt hatte. Mit überraschender Leichtigkeit machte er daher den Uebergang vom militärischen zum diplomatischen Glücksritter und fand sich in dem neuen Beruf und dessen nicht einfache Anforderungen gleich bei dem ersten Versuche hinein, als ob er eine langjährige Schule dafür durchgemacht hätte. So gewann er, begünstigt allerdings durch von ihm unabhängige Umstände, in kurzer Zeit Erfolge, die auf die Gestaltung der europäischen Politik massgebend einwirkten und ihm einen Platz unter den ersten Diplomaten seiner Zeit verschafften. Eine Prüfung seiner Berichte an den Quellen, die uns über die darin behandelten Vorgänge und Zustände sonst zur Verfügung stehen, ergiebt ein hohes Mass von Zuverlässigkeit in allem Thatsächlichen, und manche bisher nicht beachtete oder kaum recht verständliche Notiz in den Berichten anderer Gesandten erhält erst durch seine auf schärferer Beobachtung und genauerer Kenntnis beruhenden ausführlicheren Mittheilungen ihre klare Deutung und richtige Beleuchtung und kann nun in den Zusammenhang der Dinge als ergänzendes Glied eingefügt werden. Diese Wahrhaftigkeit Rébenacs in den anderweitig controlirbaren Theilen seiner Berichte wird auch denjenigen von seinen Angaben eine gewisse Autorität sichern, für welche uns andere Quellen nicht zur Verfügung stehen, und wenn er in der Auffassung und Beurtheilung von Personen und Verhältnissen den Franzosen und Beauftragten Ludwigs XIV. natürlich niemals ganz verleugnet, so wird man ihm doch die Anerkennung nicht versagen können, dass er bestrebt ist die in seiner Herkunft und Stellung begründete Voreingenommenheit zu überwinden und der Wirklichkeit unbefangen gerecht zu werden.

Dazu aber war er sicherlich um so mehr befähigt, gegenüber den ihm vorgesetzten Personen, ja sogar gegenüber das Recht der eigenen Meinung sich nicht verkümmern liess und nicht gewöhnt war seine bessere Einsicht ihrem Belieben unterzuordnen, mag dieser anmuthende Zug, der damals in jenen Kreisen nicht eben häufig waren, zunächst auch nur seinem stolzen Unabhängigkeitssinn entsprungen sein, dem ein gewisser sorgloser Leichtsinn drohenden Konflikten gegenüber zu Hülfe kam. Als ihm sein Vater, der auf einen so schwierigen und verantwortungsvollen Posten gestellt war, einmal klagte, die ihm ertheilten Weisungen seien durch ihre Deutbarkeit für ihn ein Gegenstand der Sorge, und dennoch lasse man ihn ohne die erbetene Aufklärung, da meinte der leichtlebige Rébenac, ihm gehe es zwar ganz ähnlich, nur mache er sich darum weiter keine Sorgen, da er sich für die Fehler, die daraus etwa entsprängen, durchaus nicht verantwortlich fühle[1]. Er begnüge sich damit, seine Ansichten und Gedanken über die Geschäfte von Zeit zu Zeit darzulegen: entweder billige man sie eben oder nicht; Schweigen nehme er für Zustimmung und verfolge dann den eingeschlagenen Weg weiter, da er sich durch die von ihm gemachte Mittheilung hinreichend gedeckt fühle. Als aber Ludwig XIV. Ende des Jahres 1682 den Kurfürsten, den Rébenac trotz der Reunionen bei Frankreich festgehalten und sogar beim Kaiser auf Nachgiebigkeit zu dringen vermocht hatte, durch die rechtlose Wegnahme von Orange, das mit dem übrigen Erbe Wilhelms von Oranien den brandenburgischen Hohenzollern zufallen sollte, unklug beleidigte, da erklärte der Gesandte rund heraus den neuen, durch ihn nicht verschuldeten Schwierigkeiten nicht gewachsen zu sein und Brandenburgs Uebertritt zu den Gegnern nicht mehr hindern zu können und bat den König ihn durch einen befähigteren Mann zu ersetzen, forderte also seine Entlassung[2]. Sie wurde ihm nicht gegeben: man verstand in Paris die in ebenso feiner wie entschiedener Weise gegebene Lehre und beauftragte ihn den in Berlin erregten Unmuth nach Möglichkeit zu beschwichtigen.

Man darf annehmen, dass auch Ludwig XIV. die Berichte

---

[1] Gallois V, S. 133.
[2] 30. December 1682. Beilage X, 23.

seines Berliner Gesandten ihrem Werthe nach würdigte. Unerachtet ihrer Zahl — allwöchentlich ging einer ein, sobald Wichtiges vorfiel und Unterhandlungen schwebten, folgten sie einander schneller, zuweilen mehrere an einem Tage — sind sie fast ausnahmslos von ihm selbst gelesen worden, wie ein Bleistiftvermerk am Kopfe der erhaltenen Aktenstücke — leu, L. — erkennen lässt. Dass sie aufmerksam gelesen wurden, beweisen gelegentliche Notizen — z. B. Fragezeichen bei vermuthlich unrichtigen Dechiffrirungen, das Verlangen nach Auskunft über darin vorkommende Persönlichkeiten, die bisher nicht erwähnt und dem Leser daher unbekannt waren, und eigenhändige Marginalverfügungen auf darin gestellte Anträge oder gemachte Vorschläge. Auch darin kommt die Wichtigkeit zum Ausdruck, die Brandenburg damals erlangt hatte. Zudem dürfte der König Rébenacs Berichte wol mit mehr Vergnügen gelesen haben als die manches anderen von seinen Gesandten, mochten sie der Schreibseligkeit jener Zeit entsprechend zuweilen auch zu dickleibigen Abhandlungen anschwellen. Denn wie das Schwert, so wusste Rébenac, dank einer von seinen Vorfahren auf ihn vererbten glücklichen Anlage, auch die Feder mit Meisterschaft zu führen und handhabt die Sprache, die, eben auf einem Höhestand der Entwickelung angelangt, bei aller Unverbrüchlichkeit der einmal geltenden Regel doch eine bewunderswürdige Beweglichkeit, Mannigfaltigkeit und Fülle entwickelte, mit einer Freiheit und Sicherheit, die wie in den meisten der aus jener Zeit auf uns gekommenen Briefwechsel von dem damaligen Stande der allgemeinen Bildung in den höheren Kreisen der französischen Gesellschaft ein sehr vortheilhaftes Bild zu geben geeignet sind. Uebersichtlichkeit der Anordnung und Klarheit des Vortrages, Knappheit und Schärfe des Ausdrucks und dabei doch auch der anmuthigen Rundung nicht entbehrende lebendige Anschaulichkeit der Schilderung und treffende Prägnanz der Charakteristik vereinigen sich in diesen Berichten zu einem Ganzen, das auch heut noch auf den Leser seinen Reiz ausübt. Selbst die nicht seltenen umständlichen Erörterungen zunächst noch ganz hypothetischer politischer Verhältnisse tragen den Stempel seltener geistiger Beweglichkeit wie ernster Sachlichkeit an sich, während die Schilderung der kleinen und auch kleinsten Dinge des höfischen Lebens, bei der man sich sonst so leicht in den trüben Dunstkreis höfischen Klatsches versetzt fühlt, in jedem Zuge den vornehmen Geist erkennen lässt, der eigentlich weit über diesen Dingen steht.

Und eben hierin beruht wie der Charakter so auch der Werth der Persönlichkeit, durch deren Vermittelung wir hier den Grossen Kurfürsten in seiner von den Härten und zugleich den Schwächen des hereinbrechenden Alters bereits stark beeinflussten Eigenart, sein Haus und seinen Hof, seine Berather und Gehülfen sowie seine Politik und die Art, wie sie gemacht wurde, in mancher Hinsicht von einer ganz neuen Seite kennen lernen. Ein geborner Diplomat ist Rébenac doch kein zünftiger Diplomat. Das Bischen diplomatische Technik, das unerlässlich war und doch eigentlich nur auf einen kurzen Extrakt hinauslief aus den feierlich ceremoniösen Formen, in denen sich das Leben der höfischen Gesellschaft damals abspielte, hat er sich als ein in jenen Kreisen heimischer Kavalier schnell zu eigen gemacht und handhabte es mit der spielenden Leichtigkeit des Routiniers, der sich dabei aus einem Verstoss gegen die zünftigen Regeln herzlich wenig machte. Aber auch Blick und Urtheil liess er sich nicht durch irgend welche zünftige Voreingenommenheit befangen und trüben. Wie er als Jüngling sich mit fröhlichem Wagemuth in das Getümmel des Kampfes gestürzt hatte, so bewegt er sich jetzt mit leichtlebiger Unbefangenheit in dem schwer entwirrbaren Durcheinander der grossen Politik, in das ihn, der eben nur vorwärtskommen, sein Glück machen wollte, nicht eine bestimmte Absicht und nicht ein wolerwogener Beschluss geführt hatten, sondern nur eine Reihe von zufälligen Umständen. Mit dem Herzen an alledem, was er that und trieb, wenig betheiligt, dachte er nicht viel an den kommenden Tag und sorgte nicht um den schliesslichen Ausgang. Daher hing er auch nicht an dem Amte, meinte vielmehr, wenn er sein Bestes thue und seine Vorgesetzten glaubten, andre würden es noch besser machen, so möchten sie sich nur ja dieser bedienen; denn nach dem, was er geleistet, würde ihm eine leidlich befriedigende Zukunft gesichert sein[1]).

---

[1]) Gallois V, S. 133—34.

Auch mag der Aufenthalt in Berlin für einen Mann von Rébenacs Lebensgewohnheiten damals nicht allzu angenehm gewesen sein und der Gesandte sich zuweilen wie in eine Art von Wildnis verbannt gefühlt haben. Dazu kam der unverhältnismässige Aufwand, den er um seiner Stellung willen und weil er es eben einmal so gewöhnt war, machen zu müssen glaubte. Bereits im April 1680 dankt er seinem Vater für die guten Ratschläge wegen sparsamerer Einrichtung seines Haushalts, bedauert aber sie nicht befolgen zu können, da das Berliner Leben in Folge des Zusammenströmens von so vielen fremden Gesandten in der darauf noch garnicht eingerichteten Stadt unerhört theuer sei: für ein „möblirtes", d. h. nur mit Tischen und Betten versehenes Haus habe er vergeblich 1200 Thaler Miethe geboten; nachher bekam er ein ganz leeres für 600 Thaler. Dabei bestand sein Haushalt nur aus einem Edelmann, einem Almosenier, einem Sekretär, einem Hausmeister, zwei Köchen und einem Kellermeister, einem Jäger, der zugleich die Einkäufe zu besorgen hatte, einem Stallmeister, einem Kammerdiener, zwei Mädchen, sechs Lakaien, drei Stallknechten und vier Kutsch- und sieben Reitpferden: erstere sollen demnächst durch acht schöne Pferde ersetzt werden, die ihm Herzog Georg Wilhelm von Braunschweig-Lüneburg zum Geschenk gemacht hatte. Auch erklärt er in Berlin einen Pagen für unentbehrlich. So bestehe sein „Train" denn aus 25 Personen und 19 Pferden, die Küchenjungen u. s. w. ungerechnet. Mit weniger, meint er, könne man doch nicht bestehn. Er halte offene Tafel, berichtet er weiter, doch auf einfachem Fuss — ein Hauptgericht, vier kleinere und zwei Beisätze, Braten und Entremets zugleich aufgetragen, dann Früchte, die besonders theuer seien. Getrunken werde nicht übermässig, da der Wein ausserordentlich kostspielig sei, die Pariser Pinte $22^1/_2$ Sous. Ueberhaupt sind blos Fleisch und Brot billig, alles Andre fast unerschwinglich. Wenn er aber hier — was ja anginge — an dem Gewöhnlichen etwas sparen wollte, müsse er bei gewissen ausserordentlichen Gelegenheiten um so grössern Aufwand machen. Briefporto, seine eigene, sehr einfache Kleidung, Livreen, Miethe, Lohn, Geschenke und kleine Wolthaten kämen dazu: unter 16000 Thalern jährlich sei nicht zu bestehn¹), und dabei spiele er nicht einmal, wie es sich für Leute von Welt doch eigentlich gehöre. So war er dauernd in finanzieller Bedrängnis, auch wenn nicht ausserordentliche Anforderungen an ihn herantraten. Als er im Juli 1681 dem Kurfürsten zu der Fürstenzusammenkunft in Pyrmont folgen musste, kostete ihn der Tag 200 Livres = 66²/₃ Thaler; denn da Miethswagen nicht zu haben waren, musste er sich wie zu einem Feldzuge mit eigenen Pferden u. s. w. ausrüsten und war, da das erwartete Geld aus Frankreich wieder einmal ausblieb, froh mit im Spiel gewonnenen 1200 Thalern die Kosten bestreiten zu können²). Und als er dann „müde und ruinirt" — er hatte sich den Fuss verstaucht, lag etliche Tage danieder und schleppte sich dann mühsam am Stock einher — nach Berlin zurückgekehrt, war das bisher von ihm bewohnte Haus Erbtheilung halber verkauft; ein anderes, das er miethen wollte, bekam er nicht, weil die greise Besitzerin es vor ihrem Gewissen nicht verantworten zu können erklärte, dass darin die Messe gelesen würde; für ein anderes von nur drei Zimmern und etwas Dienergelass, sollte er 1000 Thaler Jahresmiethe oder einen Kaufpreis von 3000 Thalern zahlen. Deshalb löste er seinen Haushalt zeitweilig auf und behielt nur ein paar Zimmer als Absteigequartier, zumal er ohnehin vielfach in Potsdam zu verweilen genöthigt war³). Da aber der doppelte Haushalt auf die Dauer nicht durchführbar war, dachte er im Frühjahr 1682 ernstlich daran seine Gattin doch noch nachkommen zu lassen, zumal sein Vater dieselbe endlich kennen zu lernen und deshalb bei sich in Schweden zu sehen wünschte⁴). Aber auch dem stellten sich unüberwindliche finanzielle Hindernisse entgegen⁵). Von der Regierung behauptete er um 10,0000 Thaler geschädigt zu sein⁶).

Natürlich blieben diese unerquicklichen Verhältnisse, unter

---

¹) Gallois V, S. 135—36.
²) Ebendas. S. 227.
³) Ebendas. S. 239—40.
⁴) Ebendas. S. 265.
⁵) Ebendas. S. 242.
⁶) Ebendas. S. 243.

denen er trotz des äussern Glanzes seiner Stellung in Berlin lebte
und sich unwürdig gedrückt fühlte, wie auf seine Stimmung so
auch auf sein Urtheil nicht ganz ohne Einfluss und erklären manchen Zug in seinen Berichten über den kurfürstlichen Hof. Denn
ein Mann von seiner geistigen Beweglichkeit, seinem Ehrgeiz, seiner
Leichtlebigkeit und seinen Ansprüchen an das Leben muss sich in
den kleinen und engen Verhältnissen der märkischen Hauptstadt
inmitten dieses sich oben erst aus den bescheidensten Anfängen
emporarbeitenden Hof- und Staatslebens mit ihrer Knappheit, Unsicherheit und Freudlosigkeit sehr unbehaglich und dabei doch den
ihn umgebenden Menschen und Verhältnissen weit überlegen gefühlt haben. Dafür aber wahrt er ohne nationalen Eifer und ohne
politische Leidenschaft auch dem oft recht kleinlichen diplomatischen Intriguengewirr gegenüber seine vornehme und kühle Ruhe
und fällt trotz seiner persönlichen Theilnahme daran, da es sich
doch um Dinge handelt, die ihm im Grunde herzlich gleichgültig
sind, niemals aus der Rolle des aufmerksamen Beobachters und
des gewissenhaften Berichterstatters und hat uns von allen ein-
schlagenden Verhältnissen und den daran betheiligten Personen
ein Bild gegeben, das in Folge eines unglücklichen Zusammen-
treffens der Umstände nur zu lange unbekannt geblieben ist.
Durch Rébenac lernen wir die Person und die Politik, das Haus
und den Hof, zum Theil auch den Staat und das Heer des Grossen
Kurfürsten von einer neuen Seite kennen und sehen sie in einer
Beleuchtung, die von der üblichen wesentlich abweicht. Der Blick
dieses scharfsichtigen Beobachters, der Dingen und Menschen näher
trat als irgend ein anderer, durchdrang vielfach die äussere Hülle,
durch die sich andere täuschen liessen. Sein Bericht zerstört so
manchen von den Zügen, welche die übliche Darstellung in ihrer
stark legendarischen Färbung bisher mit einer gewissen Vorliebe
festgehalten hat. Mit Rébenacs Augen und so nahe gesehn verliert
jene Zeit viel von dem idealen Schimmer, von dem wir sie umgeben zu sehen gewöhnt sind, aber sie erschliesst sich uns dafür
unmittelbarer und lebendiger in ihrer armen, mühseligen und
widerspruchsvollen Wirklichkeit. Und das ist zweifellos ein Gewinn.
Denn was er so in der prosaischen Alltäglichkeit seines arbeits-

vollen und vielfach getrübten Lebens etwa verliert, gewinnt der Schöpfer des preussischen Staates an ächter Menschlichkeit, die sich im Kleinen wie im Grossen gleich unmittelbar giebt und daher dem Verständnis wie dem Herzen eines jeden gleich ergreifend nahe tritt und theuer wird. Wie wir die Verhältnisse, von denen sein Wirken und seine Erfolge bedingt waren, hier kennen lernen, gewinnen wir erst die volle Einsicht darin, wie unendlich schwer es der Grosse Kurfürst in seinen alten Tagen gehabt, wie sehr er der einfachsten Voraussetzungen zu unbehinderter, des Erfolges auch nur einigermassen sicherer und daher erfreuender und beglückender Herrscherthätigkeit entbehrt und selbst untergeordnete Dinge in zähem Kampfe den widerstrebenden Verhältnissen hat abringen müssen. Als sein persönliches Werk und doppelt bewundernswerth erscheint daher, was er geleistet hat.

VI. Die französische Partei am Berliner Hofe 1680—85.

Dass Friedrich Wilhelm seit den Verträgen von St. Germain die einzige Bürgschaft für die Sicherheit seines Staates im Anschluss an Frankreich sah und sich daher mit einer Beflissenheit, die für unser Gefühl etwas Befremdendes hat, um Ludwigs XIV. Freundschaft bewarb, erscheint nach allem, was vorangegangen, ebenso natürlich wie auf der anderen Seite der Widerstand seinen guten Grund hatte, der dieser Politik ihrer gefährlichen Konsequenzen wegen in seinem Hause und von einigen seiner verdientesten Räthe und Offiziere entgegengesetzt wurde. Ihn zu beschwichtigen oder zu brechen und diejenigen, welche die eingetretenen Wendung, sei es aus Ueberzeugung, sei es aus Gehorsam gegen ihren Fürsten, unterstützten, darin zu bestärken war eine der vornehmsten Aufgaben des französischen Gesandten. Auch ihrer hat sich Rébenac mit ebenso viel Geschick wie Glück entledigt, indem er klug die Erfahrungen benutzte, die seine Vorgänger gemacht hatten, und gewandt die Verbindungen aufnahm und weiterbildete, die jene angeknüpft hatten.

Gerade für diese Art von Thätigkeit fand er den Boden vorbereitet. Spielte das Geld in der französischen Diplomatie doch seit langer Zeit eine viel zu grosse Rolle und hatte anderwärts viel zu grosse Erfolge gehabt, als dass nicht auch in Berlin hätte versucht werden sollen die Andersdenkenden durch ein so einfaches Mittel zu bekehren. Meinte man hier und da doch geradezu, es gebe überhaupt nichts Höheres und Wünschenswertheres als des grossen Königs Zufriedenheit zu gewinnen oder, wie man zu sagen pflegte, „der Ehre seiner Gnade theilhaftig zu werden", und pries denjenigen glücklich, dem diese Zufriedenheit und Gnade durch thatsächliche Beweise (marques effectives) zu erkennen gegeben wurden. Demgemäss betrachteten Ludwig XIV. und seine Minister und seine Gesandten auch die Beamten fremder Fürsten als von ihnen abhängig, erwarteten, dass sie sich um ihre Gunst bemüheten, und stellten Zumuthungen an ihre Dienstwilligkeit, die selbst mit den einfachsten Begriffen von Beamtendiensttreue gegen den eigenen Herrn unvereinbar waren. So wenig sie daher Bedenken trugen, den Dienern eines fremden Staates für Dienste der Art Geld als Lohn anzubieten, so natürlich fanden sie es, wenn dieselben das Geld ruhig nahmen oder wol gar fernere Leistungen von der Zusage auch neuen klingenden Lohnes abhängig machten. Auch in diesen Dingen war das alles beherrschende französische Vorbild damals so massgebend, dass es überall nachgeahmt wurde: Geldgier und Bestechlichkeit sind in dem Beamtenthum jener Zeit weithin herrschend gewesen. Für die Anfänge des modernen Staates aber, wie er im Zeitalter der absoluten Monarchie durch das mit dieser aufkommende Beamtenthum ausgebaut wurde, bleibt es doch eine sehr charakteristische Thatsache, dass der raschen und bis zu einem gewissen Grade vollkommenen Ausbildung der administrativen Technik, namentlich im auswärtigen Dienst, nicht blos die nationale, sondern auch die rechte moralische Grundlage fast vollständig abging.

Gewiss fehlte es nicht an Momenten, welche die erstaunliche Käuflichkeit des höheren Beamtenthums jener Zeit und in erster Linie des im diplomatischen Dienst verwendeten zu erklären geeignet sind. Dahin gehören neben der Knappheit der Besoldung, die obenein meistens nur zu einem Theile aus einem festen Bezuge an Geld bestand, zum andern aus Kost- und Kleidergeldern, Gefällen und Sporteln, einmal die Unregelmässigkeit der Gehaltszahlungen und dann das fortwährende Schwanken des Geldwerths, der namentlich in der hier in Betracht kommenden Zeit unaufhaltsam sank. Dem gegenüber standen die zunehmende Theuerung und die steigenden Ansprüche, welche mit dem Wachsen des Luxus an die äussere Lebenshaltung der Beamten gestellt wurden, besonders rücksichtlich der Repräsentation an die diplomatisch thätigen[1]). All diese Momente waren damals nun gerade in Brandenburg in besonders hohem Masse vorhanden, während es in dem eben erst werdenden Staat in Folge der Ungleichartigkeit und der verschiedenen historischen Vergangenheit der darin vereinigten Gebiete auch für einen grossen Theil des Beamtenthums noch an jedem starken Gegengewichte fehlte, welches dasselbe hätte veranlassen können das Interesse der nur in der Idee vorhandenen Gesammtheit den damit collidirenden Sonderinteressen alle Zeit überzuordnen. So konnte es geschehen, dass Männer, die mit Recht als hochverdiente Mitarbeiter des Grossen Kurfürsten bei der Gründung seines Staates gefeiert werden, zugleich doch den — so zu sagen — moralischen Gebrechen, an denen das politische Leben der Zeit krankte, so widerstandslos verfielen.

Vaubrun und St. Géran so gut wie Verjus hatten nicht blos durch an sich unverfängliche ansprechende Geschenke, sondern auch durch Geld einzelne Personen des Rathes und des Hofes in das französische Interesse gezogen[2]). Nur Schwerin, erhaben über die laxen Anschauungen seiner Genossen, hatte die auch ihm gemachten Anerbietungen ebenso diplomatisch höflich wie entschieden zurückgewiesen[3]). Vielleicht war mit seinem unlängst erfolgten Tode eine moralische Autorität in Wegfall gekommen, welche jene Kunst der französischen Diplomatie um den vollen Erfolg gebracht hatte: jedenfalls ist sie von Rébenac in weit grösserem Umfang angewandt als von seinen Vorgängern und zu einem förmlichen System entwickelt. Hatte dieser doch bereits in Celle[4]) die Erfahrung gemacht, dass in Bezug auf die Gratifikationen, welche den am Abschluss wichtiger Verträge betheiligten Beamten gegeben zu werden pflegten, die betreffenden Minister nach dem Range der

---

[1]) Isaacsohn, Geschichte des preussischen Beamtenthums II, S. 335 ff.
[2]) S. oben S. 22. 44 ff.
[3]) Vergl. S. 38—39.
[4]) Vergl. S. 101.

von ihnen vertretenen Fürsten abgestufte Forderungen erhoben¹). Auch hier also hatte das alles beherrschende Ceremoniell bereits Geltung gewonnen und einen allgemein recipirten Brauch entsprechend geregelt. Es wird damals überhaupt kaum ein Diplomat eine wichtige Mission übernommen haben, ohne sich zum Voraus die Vollmacht geben und die Mittel bewilligen zu lassen, um seinen Auseinandersetzungen an der entscheidenden Stelle mit klingenden Argumenten nachhelfen zu können, und bei manchem diplomatischen Kampf hat sich das Geld als die wirksamste Waffe erwiesen. Der kaiserliche Gesandte Baron von Fridag, in dem Rébenac nachmals endlich einen ebenbürtigen Gegner erhielt, klagt in einem Berichte nach Wien²), es sei ihm „zu denen benöthigten Extraordinairausgaben zu Penetrirung und Beförderung derer Geschäften, Gewinnung und Erhaltung der Freunde, Ueberkommung ein- und anderer Nachrichten oder sonsten, nicht der geringste Heller ausgefolgt worden, jedoch die Erlaubnis, was zu versprechen, allergnädigst gegeben." Und dabei — so hebt er eindringlich hervor — stehe ihm ein „habiler französischer Minister" gegenüber, der viele Tausende „nicht allein zu Behuf des kurfürstlichen Aerarii, sondern auch darüber grosse Summen Geldes nebenst denen jährlichen Pensionen zu 6000 Thaler, 3, 2 und 1 Tausend, sammt vielen anderen Präsenten an alle dienliche Orte ordentlich zu entrichten hat." Er erklärt dem gegenüber nichts ausrichten zu können, „wenn nicht endlich auch denen Wolmeinenden zu ihrer Animir- und Bestärkung empfindliche kaiserliche Gnadenbezeigungen, denen Uebelwollenden zu ihrer Wiederherbeibringung und Besserung gereicht werden." Ohne 6—8000 Thaler werde es in Berlin unmöglich sein für den Kaiser „ein neues Vertrauen oder Kredit zu establiren", und doch stände unendlich viel mehr als diese Summe dabei auf dem Spiele. In Wien hat man sich denn auch je länger je mehr von der Richtigkeit dieses Standpunktes überzeugt: v. Fridag wurde entsprechend reichlicher mit Geld-

---

¹) Gallois IV, S. 343. 351.
²) 6. Januar 1678. Urkunden u. Aktenstücke XIV, S. 1235.

mitteln versehen und soll in einem Jahre — 1680 — nicht weniger als 50000 Thaler aufzuwenden gehabt haben [1]).

Man möchte diese Angaben v. Fridags auf den ersten Blick für übertrieben halten, aber sie werden nicht nur durch die des Herrn Dietrich Sigismund v. Buch bestätigt, der[2]) den steigenden Einfluss der französischen Partei am Hofe ebenfalls auf die von Rébenac gemachten reichen Geschenke zurückführt, sondern namentlich durch Rébenacs eigene Berichte und die amtlichen Rechnungen, die er über die von ihm aufgewendeten Gelder gelegt hat. Die Anfänge, die seine Vorgänger in dieser Hinsicht gemacht hatten, hat er geschickt zu einem förmlichen System ausgebildet, das auf die Sittengeschichte des brandenburgisch-preussischen Beamtenthums in seinen Anfängen ein interessantes Licht fallen lässt, mag dabei auch immer noch fraglich bleiben, ob das, was er dadurch erreichte, nicht ohnehin schon als eine Folge der auf einen bestimmten Weg hindrängenden Verhältnisse eingetreten sein würde. Jedenfalls aber kann man nicht behaupten, das brandenburg-preussische Beamtenthum sei schon damals jedem anderen nicht blos an Leistungsfähigkeit, sondern auch an Pflichtbewusstsein und politischer Moral weit voraus gewesen. Vielmehr wurzelte es ebenfalls durchaus in dem Boden der einmal gegebenen Zeitverhältnisse und hat trotz seines kräftigen Wachsthums die ungesunden Säfte nicht gleich überwinden können, die ihm von dorther zugeführt wurden: es war nicht besser, aber auch nicht schlechter als das Beamtenthum der Zeit überhaupt und machte daher unbedenklich und ohne sich eines Unrechts bewusst zu werden mit, was bei diesem einmal gang und gäbe war und als herkömmlicher Brauch nicht blos für unanstössig, sondern bis zu einem gewissen Grade für zu Recht bestehend gehalten wurde.

Aeusserst lehrreich ist in dieser Hinsicht die Charakteristik, die Rébenac nachmals zur Information seines Nachfolgers auf dem Berliner Posten von dem ebenso einflussreichen wie hochverdienten Franz Meinders entwarf, dem ihm eng verbundenen Haupte der

---

[1]) Bericht Rébenacs vom 28. Januar 1687.
[2]) v. Buch, Tagebuch II, S. 213.

französischen Partei[1]). Er bezeichnet ihn als den geschicktesten und zuverlässigsten Staatsmann nicht blos Brandenburgs, sondern vielleicht des ganzen Reichs. Niemals sei für ihn etwas Anderes als das Beste seines Herrn massgebend; doch wolle er im Dienst desselben auch selbst sein Glück machen: deshalb liebe er die Gratifikationen und andere Gunsterweisungen, die sein Vermögen vermehren. Was der König ihm geben lasse, sei vortrefflich angewandt, wenn man von ihm auch niemals einen Schritt erwarten dürfe, den er mit seiner Pflicht für unvereinbar halte. Er sei überzeugt, dass seines Herrn wahres Interesse den Anschluss an Frankreich fordere; doch gelte es dabei seine Würde zu wahren und sich das Vertrauen auch der Reichsfürsten zu erhalten, damit der Kurfürst als derjenige geachtet werde, der zuerst und allein im Stande sei sich etwaigen Uebergriffen des Kaisers so gut wie Frankreichs aus eigener Kraft entgegenzustellen und so zwischen beiden das Gleichgewicht zu bewahren. Nicht weil er französisches Gold genommen, sondern weil er von seinem Nutzen für Brandenburg durchdrungen sei, bemühe sich Meinders um die Erhaltung des guten Einvernehmens zwischen seinem Herrn und dem König — eine Auseinandersetzung, welche in der Art, wie sie Meinders Verdiensten gerecht wird und seine Schwächen entschuldigt, die damals herrschende Verwirrung der Begriffe recht erweist und die ihr entsprechende absonderliche Praxis einigermaassen begreiflich macht.

Neben Meinders galt damals namentlich Joachim Ernst von Grumbkow, der Generalkriegskommissar und Oberhofmarschall, für einen Anhänger Frankreichs. In ersterem Amte ausgezeichnet und hochverdient scheint er durch das letztere allzu sehr Höfling geworden zu sein und galt in eigentlich politischen Dingen für unerfahren[2]). Ein Freund des Kaisers und bei seiner Eitelkeit Schmeicheleien nur allzu zugänglich war er obenein unter dem Einfluss seiner ehrgeizigen Gemahlin, einer Tochter des Geheimraths

---

[1]) Beilage XVIII, 8.
[2]) S. v. Fridags Schilderung seines Wesens Urkunden u. Aktenstücke XIV, S. 1236.

von Grote¹), angeblich allzu sehr auf das Wol seiner Familie bedacht²). Unter dem Schein der Sanftmuth übte die Dame in Gemeinschaft mit Meinders den grössten Einfluss auf ihren Gatten aus und hatte gern bei allen wichtigen Geschäften die Hand im Spiele³).

Grumbkow wurde von Seiten der kaiserlichen Partei geradezu als „Kreatur Rébenacs" bezeichnet. Zu der „bekannten französischen Kette" aber rechnete man neben ihm und Meinders namentlich auch noch Paul Fuchs⁴). Doch war das jedenfalls nicht so unbedingt und nicht alle Zeit richtig. Denn er und Friedrich von Jena nahmen unter den kurfürstlichen Räthen zu der französischen Allianz doch eine eigenartige Stellung ein. Nur vorübergehend und unter besonderen Umständen hielten sie sie für nützlich und nöthig: unter anderen, nachmals eingetretenen Verhältnissen wurde sie von ihnen verworfen und offen bekämpft⁵). Vielleicht war nicht ganz ohne Einfluss darauf die ausgesprochene persönliche Gegnerschaft, die zwischen Meinders und von Jena herrschte⁶) und zuweilen selbst in Gegenwart des Kurfürsten und in den Sitzungen des Geheimen Rathes zum Ausdruck kam, so sehr der hohe Herr darüber entrüstet sein und von Jena mit strenger Ahndung bedrohen mochte⁷). Um so mehr hielten sich natürlich die Gegner Frankreichs an von Jena: der kaiserliche Gesandte, Graf Lamberg (Oktober 1680), sah in ihm den einzigen, der der französischen Partei das Gegengewicht zu halten vermöchte⁸), und wünschte ihn deshalb durch ein Geschenk von 4000 Thalern an den Kaiser zu fesseln. Die übliche Ebbe in der kaiserlichen Kasse ermöglichte zunächst freilich nur eine Abschlagszahlung von 2000 Thalern.

---

¹) v. Buch, Tagebuch I, S. 120. II, S. 28.
²) Bericht Rébenacs vom 8. März 1682 und vom 19. Februar 1684.
³) Beilage XVIII, 9.
⁴) Urkunden u. Aktenstücke XIV, S. 953. 967. 1007. 1010.
⁵) Bericht Rébenacs vom 16. September 1682.
⁶) 2. Mai 1682: „la haine irréconciliable entre le Sr. Jena et Meinders."
⁷) 1. September 1682: Der Kurfürst „se plaignist des partialités de son conseil, de l'aigreur et de la mauvaise conduitte du Sr. Yena, dont il feroit, dit-il, une punition exemplaire."
⁸) Urkunden u. Aktenstücke XIV, S. 966.

Der Rest sollte gezahlt werden, sobald sein Bruder Gotfried von Jena, der als brandenburgischer Gesandter in Regensburg durch seine franzosenfreundliche Gesinnung dem Wiener Hofe den schwersten Anstoss gab, abberufen sein würde, — was erst Jahre hinterher und auch da keineswegs völlig gelang. In ein besonderes Licht aber werden diese Abmachungen noch dadurch gerückt, dass den Vermittler dabei kein Geringerer machte als des Kurfürsten eigener Schwager und nominell erster Minister, Fürst Johann Georg von Anhalt[1]): er nahm das Geld in Empfang und quittirte statt von Jenas, der sich dessen weigerte, über die richtige Zahlung[2]). Auch wollte Lamberg die gute Wirkung dieser Gabe[3]) bald an v. Jenas grösserer Devotion gegen den Kaiser bemerken[4]). Das aber hat diesen nicht gehindert späterhin, als die Reunionen Brandenburgs Verhältnis zu Frankreich ernstlich erschütterten, seinerseits seine Kollegen bei dem Kurfürsten wegen der Annahme französischen Geldes zu verklagen[5]).

Nach Friedrich von Jenas plötzlichem Tode (September 1682), der, ohne vorhergehende Krankheit erfolgend, den Kurfürsten um so tiefer erschütterte, als sie Altersgenossen waren[6]), galt unter den Geheimräthen Paul Fuchs für denjenigen, der der französischen Allianz möglicher Weise am gefährlichsten werden könnte. Dass dieser ebenso reich begabte wie ehrgeizige Staatsmann einer grossen Zukunft entgegenging, hatte Rébenac bald erkannt: schon im Juni 1680 erklärte er es für unbedingt nothwendig ihn entweder ganz zu gewinnen oder zu vernichten[7]). Er zeige, berichtet er, ihm deshalb Vertrauen, sei aber dauernd vor ihm auf der Hut[8]). Solche Argumente schlugen bei Ludwig XIV. immer durch: eine eigenhändige Randbemerkung des Königs zu dieser Stelle des Be-

---

[1]) Urkunden u. Aktenstücke XIV, S. 970.
[2]) Ebendas. S. 987. 909.
[3]) Ebendas. S. 904.
[4]) Ebendas. S. 977. 984.
[5]) Rébenac d. 22. October 1681.
[6]) 16. September 1682.
[7]) 18. Juni 1680: Il faudra, Sire, de nécessité absolue avoir Fux tout à fait à soy ou le perdre.
[8]) Ebendas.

richts besagt: „4000 Livres à Fuchs, sy Mr. de Rébenac juge, qu'il luy faille donner cette somme." Galt es damals doch den über die Reunionen mächtig erregten Kurfürsten durch jeden zur Verfügung stehenden Einfluss von einem raschen Schritt zurückzuhalten. Auch äussert sich Rébenac zunächst sehr zufrieden mit der Wirkung der Fuchs zugewendeten Gratifikation, der weiterhin mehrere ähnliche folgten, rühmt ihn als besonders treu und offenherzig[1]) und weiss noch im Sommer 1683 zu berichten, er habe sich durch den Widerspruch, den er im Geheimen Rath der beabsichtigten Unterstützung des Kaisers gegen die Türken entgegengesetzt, den Zorn des Kurfürsten und den Vorwurf der Verrätherei zugezogen[2]). Später aber wurde gerade Fuchs ein entschiedener Gegner der französischen Allianz und hat wesentlich dazu beigetragen sie zu lösen und seinen Herrn auf die entgegengesetzte Seite zurückzuführen. Die politische Gegnerschaft, welche damit zwischen ihnen erwuchs, hat die persönliche Verfeindung zwischen ihm und Meinders natürlich gesteigert und verschärft: der Letztere sah sich von dem jüngeren Kollegen allmählich überflügelt und um den einstigen Einfluss gebracht, während Fuchs als der eigentliche Träger des neuen Systems die längst ersehnte leitende Stellung gewann, in der ihn der Thronwechsel dann vollends befestigte.

So bieten die Summen, die Rébenac aufwandte, um unter den ersten Beamten des brandenburgischen Staates Vertreter der französischen Interessen zu werben oder warm zu halten, eine Art von Gradmesser für das Steigen und Sinken des Einflusses der am Berliner Hofe mit einander ringenden Parteien, spiegeln zugleich die Schwankungen wieder, in welche die brandenburgische Politik, nicht sowol durch die von allen Seiten andringenden Gefahren als durch unberechenbare persönliche Einwirkungen zu gerathen drohte, und erschliessen uns so den Einblick in Schwierigkeiten, mit denen der Grosse Kurfürst, ohne eigentlich recht eine Ahnung von ihrem Vorhandensein zu haben, auf Schritt und Tritt ringen musste. Um so bedeutender erscheint, was er trotzdem

---

[1]) 9. August 1681.
[2]) 21. Juli 1683.

geleistet hat, und um so höher ist sein persönliches Verdienst darum anzuschlagen. Andererseits ist auch der Umstand charakteristisch, dass diese Zahlungen steigen und fallen, je nachdem die Empfänger sich mehr oder minder diensteifrig erweisen, besonders angefeuert oder für ungewöhnliche Leistungen auch ungewöhnlich belohnt werden sollten. Was für Erfahrungen müssen Ludwigs XIV. Gesandte gemacht haben, um sich zu einer solchen Praxis für berechtigt zu halten! Wundernehmen kann dieselbe allerdings nicht, wenn Johann Georg von Anhalt selbst in Wien rieth, wenn Graf Lamberg etwas ausrichten wolle, solle er mit zwei Wechseln in der Hand nach Berlin kommen und von dem einen über 100,000 Thalern 80000 Thaler der Kurfürstin geben, 2000 aber unter Fuchs und andere vertheilen [1]).

Schon im Mai 1680 war Rébenac mit Meinders, von dem er freilich wusste, dass er bereits früher französisches Geld genommen hatte, glücklich so weit, dass er ihn wissen liess, der König wolle ihm die Ehre einer Gratifikation von 3000 Thalern erweisen. Mit dem Dank zugleich empfing er von Meinders die Versicherung, eine Steigerung seines Eifers für den König sei eigentlich nicht mehr möglich. So lange der kurfürstliche Geheime Rath, urtheilt Rébenac in Folge dessen, in seiner dermaligen Zusammensetzung bliebe, werde es für den König genügen Meinders und Fuchs zu „haben" [2]). Aber bereits im September empfahl der Gesandte Meinders nachlassenden Eifer durch die Zahlung der verheissenen 3000 Thaler neu zu beleben; Fuchs soll 4000 Livre erhalten [3]). Im Februar 1681 verspricht er sich „einen sehr guten Effekt" von der Vertheilung von 7000 Thalern unter Meinders, von Jena und Fuchs, und im März 1682 meldet er, dass er von den verfügbaren Geldern an Meinders, v. Jena und v. Grumbkow je 2000 Thaler, Fuchs aber und die an den Verhandlungen über die unlängst geschlossene Allianz betheiligten Sekretäre je 1500 Thaler gegeben habe [4]). Für den Vertrag von 1683 erhalten 1684 Meinders und

---

[1]) O. Klopp, Das Jahr 1683 S. 264.
[2]) 22. Mai 1680.
[3]) 7. September 1680.
[4]) 22. März 1682.

Fuchs je 3000 Thaler, letzterer mit Rücksicht darauf, dass er, obgleich nicht immer zuverlässig, sich zuletzt doch wieder besser bewährt hat. Grumbkow werden 2000 Thaler versprochen¹). Von Fuchs behauptet die erbitterte kaiserliche Partei, er habe 6000 Thaler bekommen²). v. Jena wird eine solche Zuwendung gelegentlich vorenthalten, weil er sich nicht hinreichend eifrig französisch zeigt³). Seine Bezüge werden gekürzt, da Rébenac in Erfahrung gebracht hat, dass er im Geheimen Rathe gegen die französische Allianz geltend gemacht habe, wie Frankreich im Falle seines Sieges Brandenburg auch ohne Subsidien werde zum Gehorsam zwingen können, während, wenn Oesterreich die Oberhand gewänne, der Kurfürst der Gnade des Siegers preisgegeben sein würde, ohne dass Frankreich ihm dagegen helfen könnte⁴). Daher soll denn auch bei der nächsten Vertheilung — „marques de bonté" ist der technische Ausdruck — im Herbst 1682 v. Jena leer ausgehen⁵), dagegen Meinders als der zuverlässigste 3000 Thaler erhalten, Grumbkow und Fuchs je 2500, so jedoch, dass sie nicht erfahren, dass sie weniger reich bedacht sind als ihr College⁶). Aehnlich schwankte im Laufe der Zeit auch die Werthschätzung von Fuchs: denn die ersten vier Jahre eifrigst um Frankreichs Gunst bemüht⁷) galt er nachmals für dessen Hauptgegner⁸).

Waren aber die ersten Beamten des Staates fremdem Golde so zugänglich, so behielten natürlich die Unterbeamten, die Sekretäre und Kanzlisten, erst recht nicht reine Hände. Sie erscheinen vielfach in den Rechnungen Rébenacs, darunter der nachmals so hoch gestiegene und verdiente Sekretär Ilgen als Empfänger von 1000 Livres⁹). Auch Aufwendungen für gelegentliche kleinere

---

¹) 19. Februar 1864.
²) Urkunden u. Aktenstücke XIV, S. 1124.
³) 22. März 1682.
⁴) Rébenacs Andeutung vom 2. Mai 1682 wird bestätigt und ergänzt durch Urkunden u. Aktenstücke III, S. 647.
⁵) 3. November 1682.
⁶) 2. December 1682.
⁷) 9. August 1681: le plus fidèle et plus droit.
⁸) Beilage XVIII, 8.
⁹) Beilage XIII ext.

Geschenke an Meinders und Fuchs und ihre Frauen und die einflussreiche Frau von Grumbkow sind darin verzeichnet. Nach der von ihm gelegten Rechnung hat Rébenac in dem ersten $4^1/_2$ Jahren seines Berliner Aufenthalts, vom Januar 1680 bis zum Mai 1684, für Gratifikationen im Ganzen nicht weniger als 172,000 Livres aufgewandt, und zwar sind davon nicht weniger 122,304 Livres an die mehrfach genannten kurfürstlichen Räthe gezahlt worden, nämlich an Meinders im Ganzen 53550 (in Raten zu 750, 6000, 75000 und 9000), an Fuchs 32750 (750, 4000, 6000, 9000) und an von Jena und v. Grumbkow je 18000 Livres (je dreimal 6000). Was diese Summen bedeuten, recht zu würdigen, muss man wissen, dass nach dem „Generaletat der Kurfürstlichen Durchlaucht in Brandenburg Civil Bedienten in Cölln a. d. Spree" [1]) von den Empfängern v. Grumbkow 1683 als Geheimrath, Generalkriegskommissar und Schlosshauptmann insgesammt 2256 Thaler (= 6768 Livres), Fuchs als Geheimrath [2]), an Postgeldern und für Ausfertigung der Militäraffairen 1700 Thaler (= 5100 Livres) und Meinders als Geheimrath 1200 Thaler (= 3600 Livres) Gehalt bezog, jeder von ihnen also durch die französischen Zuwendungen in kurzer Zeit ein Vielfaches seines amtlichen Einkommens nebenher einnahm. Denn Aemterhäufungen, wie sie später üblich wurden und einzelner hoher Herren jährliche Einnahmen auf 20, 30, ja 80000 Thaler steigerten, waren damals noch nicht üblich: höchstens v. Grumbkow hat davon eine Ausnahme gemacht [3]).

Es liegt in der Natur einer Staatskunst, die derartige Mittel nicht blos in einzelnen Ausnahmefällen, sondern dauernd anwendet, dass sie sich damit auch nicht auf die möglicher Weise entscheidende Stelle beschränkt, sondern auf die gleiche Art auch auf untergeordnete Instanzen einzuwirken versucht, um durch sie auf Um- und Schleichwegen ihrem Ziele näher zu kommen. Höflinge

---

[1]) König, Versuch einer historischen Schilderung der Residenzstadt Berlin, II, S. 353 ff. S. 356.

[2]) Nach Isaaksohn, a. a. O. II, S. 247 bezog Fuchs als bürgerlicher Geheimrath 1000 Thlr.

[3]) Ebendas. S. 350.

und Hofbedienstete kauft sie zu Organen, um ausserhalb des amtlichen Instanzenzuges mit den kleinen Künsten höfischen Alltagslebens an entscheidender Stelle Einfluss zu üben, ihre Ansichten vertreten zu lassen und so von langer Hand her unvermerkt auf den von ihr gewünschten Ausgang hinzuarbeiten. Auch da brauchte Rébenac zunächst nur gewisse von seinen Vorgängern geschickt geknüpfte Verbindungen aufzunehmen und weiter zu pflegen. Um auf die Kurfürstin Dorothea einzuwirken, die ohne sich unmittelbar und absichtlich in die Politik zu mischen doch bei ihrem grossen Einfluss auf ihren Gemahl durch Empfehlung oder Widerspruch zuweilen den Ausschlag geben konnte, hielt auch er sich an ihre erste Hofdame, Fräulein von Wangenheim, einst die Braut Emanuel Frobens, die neben Meinders, Fuchs und Grumbkow für die eifrigste Vertreterin der französischen Interessen galt[1]. Aber noch 1680 heirathete sie Gotfried von Perband, der zuerst in schwedischen Diensten und Erzieher des jungen Königs Karl XI. gewesen war, dann Ludwig XIV. acht Jahre als aide de camp gedient hatte[2]. Beim Ausbruch des Kriegs mit Schweden nach Brandenburg zurückgerufen war er Oberst eines Dragonerregiments geworden und wurde nachmals kurfürstlicher Kämmerer und Hauptmann von Angerburg in Preussen[3]. Er galt viel bei Friedrich Wilhelm, und Rébenac setzte daher mit ihm die Beziehungen fort, in denen er von früher her zu seiner Gemahlin stand: auch v. Perband empfing französisches Geld[4]. In der Gunst der Kurfürstin aber trat später an die Stelle des Fräulein v. Wangenheim die Herzogin von Holstein-Wiesenburg, die Schwester des letzten, 1665 verstorbenen Herzogs von Brieg, eine Nichte des Fürsten von Anhalt, von der es hiess, sie sei aus Anlass ihrer unglücklichen Ehe katholisch geworden und habe, nach dem Tode ihres Bruders mit dem kaiserlichen Hofe um eine von ihr beanspruchte Rente von 100000 Thalern erbittert streitend, dem Kurfürsten das lange

---

[1] Urkunden u. Aktenstücke XIV, S. 967.
[2] v. Buch, Tagebuch I, S. 240 N. 279.
[3] König, Versuch einer historischen Beschreibung der Residenzstadt Berlin II, S. 383 mit 2450 Thlr. Gehalt.
[4] Beilage XIII.

vergeblich gesuchte Dokument über die Erbverbrüderung von 1534 eingehändigt[1]). Das könnte freilich die besondere Gunst erklären, die sie bei dem Kurfürsten genoss. Da aber auch Anhalt kein Geheimnis vor ihr haben sollte, so begreift man den Werth, den Rébenac auf die Verbindung mit ihr legte: er verdankte ihr die wichtigsten Mittheilungen und rühmte ihr nach, dass sie sich nie zweideutig gezeigt habe[2]).

Aber auch in tieferen Schichten suchte die französische Diplomatie ihre Bundesgenossen. Zu ihnen zählte namentlich der vertraute Kammerdiener des Kurfürsten, ein Holländer, Kornmesser, der nach Rébenac bei seinem Herrn all die Gunst genoss, die ein Mensch seines Schlags überhaupt erlangen konnte[3]), wie er denn gelegentlich auch vom Kurfürsten als Vertrauensmann zu völlig ausserhalb seines Berufs liegenden Aufträgen verwendet wurde[4]). Er erhielt durch Rébenac allmählich 6800 Thaler (2000, 1000, 2400, 1600, 800), ein recht beträchtlicher Zuschuss bei einem Jahrgehalt von 882 Thaler[5]). Wie sehr dieses Mannes Einfluss geschätzt wurde, beweist, dass auch v. Fridag bei seiner grossen und schliesslich gelungenen Aktion von 1685 sich seiner zu versichern für nöthig hielt, indem er im Interesse der erbetenen Hülfe Brandenburgs gegen die Türken ausser den Ministern nächst der Kurfürstin, dem Hofprediger Magister Anton Brunshemius[6]) vornehmlich „dem bekannten Kammerdiener aufs Beweglichste und in gehörigen Terminis zusprach"[7]). Hatte er doch gleich bei seiner Ankunft „kein Bedenken getragen demselben 3000 Gulden Rheinisch

---

[1]) Bericht Rébenacs vom 30. December 1682. Vgl. v. Buch, Tagebuch I, S. 32, Nr. 25c, Droysen IV, 4, S. 153.

[2]) In demselben Bericht.

[3]) 9. August 1681: Il a toute la faveur qu'un homme de sa sorte peut avoir. — 23. Mai 1684: son valet de chambre affidé. Vgl. Urkunden und Aktenstücke III, S. 795: der secreten Camerdienaar Cornmesser. Droysen IV, 4, S. 146 macht ihn zum Kabinetsrath.

[4]) 23. März 1684: Cornmesser est icy avec les cassettes et l'argent secret de son maistre, qu'il distribue pour des chevaux d'artillerie.

[5]) König a. a. O. II, S. 392.

[6]) Ebendas. S. 379.

[7]) Urkunden u. Aktenstücke XIV, S. 1183.

zu verehren"¹), und als er zu Beginn des Jahres 1686 in Erfahrung brachte, sein Vorgänger, Graf Lamberg, habe ihm s. Z. 1000 Thaler versprochen, während Rébenac ihm unlängst durch v. Grumbkow 2000 Thaler wirklich gezahlt habe, da hielt er es für unerlässlich ihm sofort die gleiche Summe zuzuwenden, „massen er Tag und Nacht bei dem Kurfürsten sich aufhalte, ihn des Nachts in allen seinen Schmerzen kehren und wenden und sonsten was erzählen und vorsagen müsse". „Selbiger Gelegenheit, berichtet v. Fridag weiter, weiss er sich meisterlich zu bedienen und erhaltet hauptsächlich das französische Interesse und selbiger Kron Adhärenten bereits von geraumer Zeit; bringt alle odiosa wider E. K. M. dextre an und kann dem Herrn Kurfürsten in viele beibringen und abhalten, dergestalten, dass er auch die Kurfürstin selbsten bei weitem übertrifft; dahero wohl ein guter Theil des etwa für dieselbe destinirten Regals abgezogen und nützlicher diesem Kammerdiener gegeben werden kann"²). Ganz entsprechend finden wir späterhin Kornmesser neben Meinders als Hauptgönner Raulé's, dem er bei seinem Herrn gegen die Beschwerden der Niederländer erfolgreich die Stange hielt³).

Dass Rébenac nach alledem von den brandenburgischen Staats- und Hofbeamten, die er von allen Seiten her Geld annehmen sah⁴), keine hohe Meinung hatte, ist begreiflich genug: aber er wusste noch mehr und hatte noch ganz andere Beweise von der herrschenden Käuflichkeit in Händen. Denn dass an einem so geldarmen Hof, wie der Berliner war, ein Kammerdiener, eine Hofdame, ja selbst ein höherer Hofbeamter sich kaufen liess, war schliesslich nichts so Unerhörtes. Und selbst die Minister, die von fremden Fürsten Geld dafür nahmen, dass sie — vielleicht im Einklang mit ihrer Ueberzeugung, — die Politik ihres Herrn zu deren Gunsten beeinflussten, erscheinen doch nur leicht verschuldet im Ver-

---

¹) Urkunden u. Aktenstücke XIV, S. 1195.
²) Ebendas. S. 1237.
³) Ebendas. III, 795.
⁴) Sein Bericht vom 18. Januar 1682: les gens-là reçoivent de l'argent de tant de costés, qu'une affaire comme celle-là leur plairoit beaucoup pl[us] u. s. w.

gleich mit dem Offizier, der, mit einem der höchsten und wichtigsten Kommandos betraut, aus falschem Ehrgeiz und niedriger Habgier sich in ähnliche Verbindungen einliess. Dass Hans Adam v. Schöning, nachmals der vertraute Günstling Friedrichs III., zu Anfang von dessen Regierung französisches Geld genommen hat, ist bereits bekannt¹). Aber die Verbindung, in die Gravel 1688 mit ihm trat, setzte nur eine bereits von Rébenac geschaffene und befestigte entsprechend fort. Denn Schöning, der seinen militärischen Ruf 1679 durch die Verfolgung der Schweden nach Livland begründet hatte, theilte mit dem französischen Diplomaten die Feindschaft gegen den greisen Derfflinger, den er zu ersetzen bestimmt war²), und war ihm als der bevorzugte Vertraute des Kurprinzen für die Zukunft von besonderer Wichtigkeit³). Als er nun 1685 das Kommando der zur Unterstützung des Kaisers nach Ungarn geschickten Truppen erhielt, liess er sich bereit finden auch dort Frankreichs Interesse möglichst zu fördern, indem er das eben nothdürftig hergestellte Verhältnis zum Kaiser durch seine Klagen über dessen Haltung und die schlechte Behandlung der kurfürstlichen Armee, gegen die Friedrich Wilhelm ganz besonders empfindlich war⁴), geflissentlich untergrub und verbitterte. Dafür sollte einer ersten Gabe von 3000 Thalern nach Beendigung des Feldzugs die gleiche Summe folgen⁵). Auch bei ihm entsprang diese Haltung zum Theil aus persönlichem Ehrgeiz: mit den Trägern der kaiserfreundlichen Politik verfeindet konnte er die erstrebte glänzende Stellung für sich selbst nur von einem neuen Umschwung erhoffen, den herbeizuführen er allein geeignet schien⁶). So liess er denn neben den für den Kurfürsten bestimmten Berichten über die Vorgänge in Ungarn auch an Rébenac welche gelangen, wiederholt betheuernd, auch fernerhin werde er seine Pflicht thun und man

---

¹) H. Prutz, Brandenburg und Frankreich 1688: Raumers Historisches Taschenbuch 1885, S. 249—86.
²) Bericht vom 29. Januar 1686.
³) 2. Februar 1686; 19. April 1687.
⁴) 4. Mai 1688: c'est l'endroit le plus sensible à Mr. l'Electeur.
⁵) 30. März und 4. Mai 1686.
⁶) 4. Mai 1686: — c'est presque de luy seul, qu'on peut espérer du changement dans cette cour.

könne sicher auf ihn rechnen¹). Ja, er übertraf noch die Erwartungen Rébenacs²), der ausser ihm freilich noch andere geheime Correspondenten in dem brandenburgischen Heer hatte, so gut wie in dem bairischen und dem kaiserlichen³). Planmässig nährte Schöning des Kurfürsten immer noch reges Mistrauen gegen den Kaiser und dessen Absichten und bestärkte ihn in der Meinung, man gehe in Wien nur darauf aus die brandenburgische Armee zu ruiniren, was durch gewisse Vorkommnisse bei der Belagerung Ofens scheinbar Bestätigung fand, und verfolge überhaupt kein anderes Ziel als Brandenburgs Macht möglichst zu verringern⁴). Auch die Art, wie Schöning ein Geschenk von 2000 Dukaten, das der Kaiser ihm wie allen Befehlshabern der Hülfskontingente überreichen liess, als ihm und der von ihm vertretenen Macht unangemessen zurückwies, schien nur darauf berechnet es zwischen Brandenburg und dem Kaiser zum Bruch zu treiben, fand aber zur Freude Rébenacs des Kurfürsten Billigung, obgleich Schönings Gegner diesen Zwischenfall in jeder Art gegen ihn zu verwerthen trachteten⁵).

Solche Vorgänge konnten die Franzosen freilich nur in dem Glauben bestärken, dass mit Geld alles zu erreichen sei, und das Wort, das späterhin Friedrich der Grosse in tiefem Unmuth gesprochen hat: „Point d'argent, point de prince d'Allemagne" galt bei ihnen in der positiven Fassung, dass jeder deutsche Fürst für Geld zu haben sei. In den herkömmlichen Formen des Werbens um persönliches Wolwollen, das dann gelegentlich auch politisch

---

¹) 2. August 1686.
²) 12. November 1686: — Schoening, lequel continue à garder une conduite, qui surpasse encore ce que j'en avois espéré.
³) 4. Mai 1688: J'ay, Sire, establay des correspondences seures dans les trouppes de Brandebourg, qui vont en Hongrie, j'en ay aussy dans celles de Bavière et parmy les Impériaux.
⁴) 2. November 1686.
⁵) Bericht Rébenacs vom 2. November 1686: — ce général à crû, que puisque c'estoit le présent ordinaire, qu'on faisoit à tous les commandans des secours, qui estoient venus en Hongrie, que luy devoit estre distingué, et enfin il l'a refusé jusqu'à présent. Le procédé a donné lieu à ses ennemis icy de blasmer sa conduite, mais Mr. l'Electeur l'a approuvée.

nutzbar gemacht wurde, war es geblieben, wenn Verjus einst dem Kurprinzen Karl Emil ein schönes Pferd, für das dieser ihm durch einen Dritten 300 Thaler hatte bieten lassen, zum Geschenk machte und den Betrag seinem König unter den von Amtswegen in Berlin gemachten Geschenken in Rechnung setzte[1]. Auch darin war nichts Anstössiges zu finden, wenn Rébenac den Prinzen und Prinzessinnen des kurfürstlichen Hauses gelegentlich kleine Geschenke machte, u. A. dem Erstgeborenen der Kurfürstin Dorothea, Markgraf Philipp, ein Pferd mit vollständigem Sattel- und Zaumzeug[2]: aber nur aus der jener Zeit eigenen Denkweise wird es erklärlich, bleibt jedoch darum nicht weniger befremdlich, wenn man französischerseits alles Ernstes daran dachte, den Kurprinzen Friedrich durch Gewährung einer reichen Pension von der Seite des gröbsten materiellen Interesses an sich zu fesseln. „Je ne sçay, schreibt Rébenac am 2. November 1683 dem König, si Votre Majesté, voyant Monsieur l'Electeur vieux et incommodé, ne songeroit point à préparer l'esprit du Prince Electoral à entrer dans ces mesmes sentimens par quelque pension de 50 ou 60 mille livres, qui luy seroient infiniment agréables." Ludwig XIV. bemerkte dazu am Rande: „Sçavoir comment l'Electeur prendra cela." Nach einiger Zeit berichtete der Gesandte[3], man meine, die Sache sei zu machen, und zwar am besten durch den Kurfürsten selbst. Doch geschah thatsächlich nichts. Wol aber kam man zu Beginn des Jahres 1687 auf den Gedanken zurück und zwar, wie es heisst, auf Anregung durch Meinders und v. Schöning, welcher letztere sich damals in der Gunst Friedrich Wilhelms schwer bedroht sah, den mit dem Vater gespannten Kurprinzen aber völlig beherrschte. Der Augenblick schien besonders günstig, weil der Kurfürst die erbetene Erhöhung des kurprinzlichen Einkommens eben abgeschlagen hatte: ein königliches Geschenk von 10000 Dukaten, schön geprägte Stücke in einer schönen Kassette, so meinte Rébenac, der in der stilgerechten Ausstattung solcher Gaben erfahren war, würde

---

[1] Beilage III, 5.
[2] Beilage XIII.
[3] 12. December 1683.

dem Kurprinzen sehr willkommen sein: begründen könne man es ja damit, dass man ihm für die Versicherung seiner Hingebung an des Königs Interessen danken wolle, die er unlängst durch Rébenac hatte nach Paris gelangen lassen[1]). Einen weiteren Fortgang scheint die Angelegenheit aber auch diesmal nicht gehabt zu haben. Die Ereignisse, die bald danach eintraten, — der Tod des Markgrafen Ludwig, des jüngsten Sohnes aus Friedrich Wilhelms oranischer Ehe, mit dessen Gesinnung Rébenac ebenfalls zufrieden sein zu können erklärte[2]), und der Ausbruch traurigen Familienhaders, zu dem er den Anlass gab und der in der Entfernung des kurprinzlichen Paares aus Brandenburg gipfelte, werden ihre Verfolgung wol haben als inopportun erscheinen lassen.

Aber nicht einmal vor dem Herrscherpaare selbst machte die französische Diplomatie mit diesen Künsten Halt. Die Art, wie sie ihm gegenüber geübt und wie sie von ihm aufgenommen wurden, wird von dem Standpunkt unseres modernen Denkens immer schwer fassbar sein. Wir kommen nicht hinweg über den Widerspruch, der für dieses zwischen ihr und den Begriffen von Fürstenehre und Fürstenpflicht obwaltet. Was damals auf diesem Gebiete geschehen konnte, indem es geboten und hingenommen wurde als im Einklang befindlich mit dem Herkommen, kann eben nur an den damals herrschenden Anschauungen gemessen und vom Standpunkte der Sittengeschichte aus aufgefasst werden, denn selbst ein Zurückgreifen auf die im Mittelalter wurzelnde privatrechtliche Auffassung des Staates und des Staatsgutes als eines Familienbesitzes des Herrscherhauses reicht zur Erklärung dieser Erscheinungen nicht aus.

Schöne und kluge Frauen haben zu allen Zeiten gelegentlich auch politisch Einfluss geübt, und das wird, wenn auch vielleicht

---

[1]) d. 15. Februar 1687: — et d'ailleurs le prétexte ne peut estre plus favorable en le remerciant de l'inclination, qu'il a tesmoignée pour les intérests de V. M., lorsqu'il m'a chargé de luy en donner des assurances de sa part.

[2]) d. 22. Februar: Quand mesme, comme plusieurs gens le croyent, Mr. l'Electeur et le Prince Electeur ne pourroient vivre longtemps, les intérests de V. M. n'en seroient que plus fortement establies près du Margrave Louis, des dispositions duquel j'ay tout sujet d'estre satisfait.

nicht so häufig und nicht in dem Masse wie früher, ebenso in Zukunft geschehn: auch in Zukunft werden findige Diplomaten diese in dem natürlichen Verhältnis der Geschlechter begründete Möglichkeit sich gelegentlich zu Nutze machen, freilich wol kaum in dem Umfange und mit dem Erfolge wie in jener Zeit, wo neben dem Golde Frauenschönheit eine Macht besass, die zu der herrschenden sittlichen Werthschätzung des Weibes im umgekehrten Verhältnis stand, — eine Beobachtung, die sich in unseren Tagen die ins Uferlose hinausgehende Frauenbewegung nicht ungesagt sein lassen sollte, da sie denjenigen Recht zu geben scheint, die von dem Hinübergreifen des Weibes über die Schranken der Familie und des Hauses, die ihm im Einklang mit der Natur von der Sitte angewiesen sind, früher oder später die natürliche und die sittliche Basis seines Wirkens in Frage gestellt und verkümmert zu sehen fürchten.

Dass der Grosse Kurfürst von seiner zweiten Gemahlin Dorothea stark beeinflusst worden ist, steht fest, mag auch die vielfache Anfeindung, der die hohe Frau von gewissen Seiten her ausgesetzt war, Wesen und Ziel dieses Einflusses geflissentlich entstellt haben. Jedenfalls genügte die Thatsache, dass ihre Meinung gehört und geachtet wurde, um von verschiedenen Seiten den Versuch zu veranlassen sich ihrer auch im Dienste bestimmter politischer Interessen zu bedienen. Mag ihr Einfluss in Folge dessen im Allgemeinen überschätzt worden sein: in einzelnen Momenten scheint er doch mit den Ausschlag gegeben zu haben. Nicht blos die französische Diplomatie hat ihn zu benutzen gesucht: auch von Seiten der kaiserlichen und der niederländischen ist das geschehen, zumal die Kurfürstin nicht ganz mit Unrecht in dem Rufe stand an der Mehrung ihres Besitzes besondere Freude zu haben und daher Geschenke gern anzunehmen, auch wenn sie nicht aus Anlass eines glücklich geschlossenen Vertrages dargeboten wurden, sondern in der unverkennbaren und auch gar nicht geleugneten Absicht, sich dadurch zu politischen Zwecken ihrer Fürsprache bei ihrem Gemahl zu versichern. Es liegt in der Natur solcher Verhältnisse, dass sie leicht übertrieben und schlimmer dargestellt werden, als sie in Wahrheit sind: immerhin ist das, was wir in diesem Falle akten-

mässig konstatiren können, zwar nicht ganz ungewöhnlich für
jene Zeit, wol aber höchst befremdlich für unsere moderne Denkweise.

Bereits 1672 hiess es, die Kurfürstin sei von Frankreich gewonnen[1]), und später verstieg sich der niederländische Gesandte
v. Amerongen zu der Behauptung, dass er von einer glaubwürdigen Person gehört habe, für 40 bis 50000 Thaler könne man sie
für die Generalstaaten gewinnen. Auf die Kunde davon beschied
Dorothea ihn sofort zu sich und verlangte die Nennung seines
Gewährsmannes, widrigenfalls er selbst für den Urheber so schnöder
Nachrede gelten müsste. Der Holländer gerieth in arge Verlegenheit, blieb jedoch die Antwort schuldig[2]). Offenbar aber war eine
derartige Meinung über die Kurfürstin weiter verbreitet. Graf
Lamberg hatte, wie seine niederländischen Kollegen wussten, als
er im Frühjahr 1682 nach Berlin kam, ausdrücklich Vollmacht die
Kurfürstin „considerabel te regaleeren"[3]). Gemeinsam erwogen
die kaiserlichen und die niederländischen Gesandten, was man ihr
als Geschenk darbringen sollte um sie zu bestimmen, dass sie bei
ihrem Gemahl auf die Lösung der französischen Allianz hinarbeite[4]),
und als im Sommer 1683 Spanien Vorschläge machte zu endlicher
Begleichung des Streits über die rückständigen Subsidien, war dabei ein Geschenk von 80000 Thalern an die Kurfürstin vorgesehn[5]),
und bei den Verhandlungen über die Freigabe eines reich beladenen
spanischen Schiffes, das brandenburgische Kreuzer aufgebracht
hatten, erklärte Lamberg dem Fürsten von Anhalt, er sei beauftragt der Kurfürstin, käme man durch ihre Hülfe zum Ziel, in
Gemeinschaft mit den mithelfenden Ministern 100000 Thaler als
Lohn anzubieten[6]).

Wie hätten die französischen Diplomaten sich diese schwache
Seite der hohen Frau entgehen lassen sollen? Hatte sie doch

---

[1]) Urkunden u. Aktenstücke III, S. 237, Anmkg.
[2]) Bericht Rébenacs vom 9. März 1680.
[3]) Urkunden u. Aktenstücke III, S. 646.
[4]) Ebendas. III, S. 664. 667 ext. 677.
[5]) Ebendas. S. 716. Vgl. IV, S. 1042 Anmkg.
[6]) Urkunden u. Aktenstücke XIV, S. 1065.

nicht angestanden aus Anlass des Abschlusses eines Vertrages zwischen ihrem Gemahl und Frankreich von letzterem ein Geschenk als ein im Herkommen begründetes Recht geradezu zu beanspruchen und ihres Gemahls Minister zu Verhandlungen darüber und zu vielfachen Mahnungen deswegen veranlasst[1]), ohne damit durchzudringen. Aber in Paris bedauerte man manchmal ihrem Werben nicht nachgegeben zu haben und sah die Verweigerung des gewünschten Geschenks als einen Fehler an. Das Versäumte nachzuholen schien um so mehr angezeigt, als der inzwischen erfolgte Abschluss der Geheimallianz mit Brandenburg einen willkommenen Anlass dazu bot. So wurde Rébenac gleich in der ersten ihm ertheilten Instruktion davon unterrichtet, dass der König in Verfolg des Friedens von St. Germain beschlossen habe, der Kurfürstin zum Zeichen seiner Freundschaft ein Geschenk von Edelsteinen zu machen. Bei seiner Ueberreichung soll der Gesandte sie der Achtung und Neigung des Königs versichern, um bei den bevorstehenden Verhandlungen daraus möglichsten Gewinn zu ziehen: denn der König erwarte, dass der Dank für die empfangene Gabe und die Hoffnung in Zukunft mehr zu erhalten die Kurfürstin anfeuern werde ihm zu Diensten und gefällig zu sein[2]). Aber die kunstreiche Goldschmiedearbeit erforderte unerwartet lange Zeit: die Kurfürstin wurde ungeduldig[3]) und liess sich unter der Hand erkundigen, worin denn das ihr in Aussicht gestellte Geschenk eigentlich bestehn würde[4]), während man bereits die Gegengabe für Ludwig XIV. herrichten liess, der Kurfürst einen Lehnsessel aus Bernstein, der Kurprinz etliche der damals in Berlin aufgekommenen neumodischen Wagen, der sogenannten

---

[1]) Vgl. oben S. 48 ff. 54.

[2]) Instruktion vom 1. Dezember 1679 (z. Th. gedruckt Gallois V, S. 16—17 Anmkg): Comme cette princesse a beaucoup de pouvoir sur l'esprit de l'Electeur et qu'elle n'est pas indifférente à ces sortes de grâces, la reconnoissance de celle, qu'elle a receue, et l'espérance d'en mériter de nouvelles, pourront exciter son zèle dans les choses, qui seront du service de S. M. et qui seront capables de luy plaire.

[3]) Bericht Rébenacs vom 6. Februar 1680.

[4]) Siehe seinen ersten Bericht aus Berlin vom 16. Januar 1680.

Berlinen¹). Endlich Mitte März 1680 kam der Kurier mit der längst ersehnten Gabe an, deren Ausbleiben die Kurfürstin den französischen Gesandten angeblich bereits durch demonstrative Kälte sollte haben fühlen lassen²). Am 15. März überreichte sie Rébenac³), der wenige Tage vorher dem Kurprinzen zu Ehren ein glänzendes Fest gegeben hatte. Die alles Erwarten übertreffende Grossartigkeit der Gabe machte auf die Empfängerin tiefen Eindruck; sie bestand in einem Diamantenschmuck in Form einer an der Brust zu tragenden Rose und Ohrgehängen, alles schön gefasst, im Werth von ungefähr 60000 Thalern, den freilich Kenner nur auf 40000 anschlugen. Aber über die politische Bedeutung des Vorganges liessen die bei der Ueberreichung gewechselten Reden keinen Zweifel. Denn auf die Frage der Kurfürstin, wie sie dem König dafür danken solle, meinte Rébenac, diesem werde es genügen zu wissen, dass ihr das Geschenk angenehm gewesen sei, fügte aber wie im Scherz hinzu, er habe allerdings in dieser Hinsicht eine Bitte, nämlich dass sie hinfort eine ebenso gute Fransösin sein möge, wie sie bisher eine schlechte gewesen sein sollte⁴). Ihre Bereitwilligkeit dazu bezeigte Dorothea, indem sie nach einer Weile Rébenac die üble Nachrede mittheilte, die Amerongen über ihre angebliche Käuflichkeit in Umlauf gesetzt hatte. An den König aber richtete sie ein Dankschreiben, in dem trotz des korrekten kurialen Tons doch auch die politische Seite des ganzen Handels entsprechend zum Ausdruck kam. Es lautete:

Monseigneur,

Je viens de recevoir de la part de Vostre Majesté un présent, qui par sa beautté et par sa richesse marque assez la générosité de celuy, qui l'a fait, mais que j'estime encor bien plus pour

---

¹) Ebendas.
²) 6. Februar 1680.
³) Bericht vom 19. März. Urkunden u. Aktenstücke III, S. 564. v. Buch, Tagebuch II, S. 209.
⁴) Bericht vom 16. März 1680. — j'ajoustoy en riant, que pour moy je voudrois bien luy demander quelque chose deplus et la prier d'estre aussy bonne Françaiue qu'on m'avoit dit qu'elle avoit peu esté.

m'estre un gage précieux de la bonté, que Vostre Majesté a pour moy. J'en ay toute la reconnaissance, que je dois. Et comme je ne la puis mieux tesmoigner qu'en cultivant avec soin et autant, qu'il me sera possible, cette amitié et union parfaite, que je vois restablie pour jamais entre Vostre Majesté et Monsieur l'Electeur, mon espoux, je m'y employeray avec un zèle sincère et n'auray jamais plus de joye, que lorsque je trouveroy l'occasion de faire voir à Vostre Majesté, avec combien de respect et d'estime je suis

*) Monseigneur
de Vostre Majesté
la très humble et obéyssante servante
Dorothea, Electrice de
Brandebourg.

A Cologne sur le Spree
le 6/16 de Mars 1680.

Die hier gegebene Zusage hat die Kurfürstin gehalten. Erleichtert wurde ihr das durch den Gang der politischen Entwicklung, die ihren Gemahl nicht blos im Bunde mit Frankreich festhielt, sondern sich mit demselben immer tiefer einzulassen vermochte. So hat denn auch Ludwig XIV. nicht versäumt sie sich durch weitere Geschenke und Gefälligkeiten anderer Art zu verbinden. Auf ihren Wunsch sollte die Zahlung der durch den Vertrag vom 11. Januar 1681 dem Kurfürsten zugesagten Subsidien in Paris erfolgen: ein nicht unbeträchtlicher Theil der vierteljährlich fälligen Summen blieb, wie Rébenac berichtet, gleich dort zur Bezahlung der für die Kurfürstin gemachten Einkäufe an Nippes u. a. m.¹). Als zu Beginn des Jahres 1682 Brandenburg durch eine Modifikation der letzten Defensivallianz noch näher an Frankreich gefesselt werden sollte, wurde Rébenac beauftragt zu erkunden, was der Kurfürstin als Geschenk am willkommensten sein möchte. Edelsteine erklärte er für ausgeschlossen, da sie deren ebenso viele wie schöne habe und der ihr unlängst gesandte Diamantschmuck doch nicht übertroffen werden könne. Er empfahl ein Paar goldene

---

*) Eigenhändig.
¹) Bericht vom 12. Januar 1681.

Vasen, deren man in Berlin noch keine besässe¹). Ihre Herstellung fand man in Paris zu langwierig und würde kostbare Teppiche, Möbel u. dgl. vorgezogen haben. Schliesslich liess man durch Vermittelung an die Kurfürstin selbst eine Anfrage deshalb gelangen: danach schienen Perlen das Erwünschteste, aber nicht als Halsband — denn dergleichen besitze sie bereits —, sondern zu schönen Armbändern vereinigt. In Paris entschied man sich für die Herstellung einer kostbaren silbernen Toilette im Werthe von 48609 Livres und von Gobelins mit Darstellung von der Monate, die auf 60000 Livres geschätzt wurden. Darüber verfloss natürlich längere Zeit, und erst nach anderthalb Jahren konnte die Sendung zur See über Hamburg an ihren Bestimmungsort abgehn. Inzwischen blieb Dorothea eine Fürsprecherin des französischen Bündnisses: ihre Genesung von schwerer Krankheit im Sommer 1682 begrüsste Rébenac daher als ein Glück auch für Frankreich²) und rechnete es ihr zum besonderen Verdienste an, dass sie auch bei den Verhandlungen über die Allianz Brandenburgs mit Frankreich und Dänemark dieser Richtung treu blieb, obgleich man sich von der entgegengesetzten Seite auf alle Weise bemühte sie davon abzubringen und ihre persönlichen Wünsche einer Politik hätten entgegen sein müssen, die ihren Gemahl von Neuem den Gefahren eines Krieges auszusetzen drohte³). Um so schmerzlicher empfand auch sie die Enttäuschung, welche den erneuten Hoffnungen Friedrich Wilhelms auf die Eroberung Pommerns bereitet wurde, als Frankreich den erst angeregten und geförderten Angriff auf Pommern plötzlich untersagte, und gab ihrem Unmuth darüber auch gegen den Gesandten lebhaften Ausdruck⁴). Um so mehr drang dieser darauf, dass das längst verheissene Geschenk endlich fertig gestellt und ihm zur Ueberreichung zugesandt wurde. Aber erst im November 1683 konnte er melden, dass die Sendung in Hamburg angekommen sei, leider unterwegs durch Havarie des

---

¹) 18. Januar 1682.
²) Vgl. oben S. 109.
³) Bericht Rébenacs vom 2. Mai 1683.
⁴) Desgleichen 21. Juli 1683.

Schiffes einigermassen beschädigt[1]) Doch scheint es mit leichter Mühe wieder in Stand gesetzt worden zu sein. Bereits am 30. Januar 1684 richtete die Kurfürstin an Ludwig XIV. wiederum ein Dankschreiben für ein ihr übersandtes kostbares Geschenk: die ihr gewordene „Regalirung" wurde nach dem Fürsten von Anhalt, der dem kaiserlichen Gesandten, Graf Lamberg, alsbald von den neuen grossen Aufwendungen Rébenacs zur Stärkung seiner Partei Kunde gab, an „Tapezereien" allein auf 30000 Thaler geschätzt[2]). Gegen solche Freigebigkeit freilich konnte der Kaiser mit seinen beschränkten Mitteln nicht aufkommen, so gern er ebenfalls auf diese Weise seine Sache gefördert hätte[3]). Immer freilich fielen auch die französischen Geschenke nicht so wahrhaft königlich aus: in seinen Rechnungen verzeichnet Rébenac auch eine chinesische Zimmereinrichtung, bestehend aus Tischen, Spiegeln und Armleuchtern, die er durch einen Gelegenheitskauf um den dritten Theil des Werths, um 1400 Livres, als Geschenk für die Kurfürstin erworben hatte[4]).

Nach alledem hatte der kaiserfreundliche Friedrich v. Jena doch wol nicht so ganz Unrecht, wenn er bereits den 31. Oktober 1681 klagte, er vermöge dergleichen „Cabala" nicht zu unterbrechen, „weilen alles hinterrücks seiner und durch das Frauenzimmer getrieben würde"[5]). So befremdlich uns solche Vorgänge erscheinen mögen: mit dem Charakter jener Zeit stehen sie vollkommen im Einklang und stellen sich dar als das natürliche Ergebnis ihrer politischen sowol wie ihrer gesellschaftlichen und wirthschaftlichen Verhältnisse. Mehr als jemals sonst war das Geld eine Macht, mit der man alles versuchen, der sich jeder beugen zu dürfen

---

[1]) 30. November 1683.

[2]) Urkunden u. Aktenstücke XIV, S. 1124—25. Diese Angabe beweist die Identität dieses Geschenks mit dem, welches Seidel, Der Silber- und Goldschatz der Hohenzollern im K. Schloss zu Berlin (Berlin 1896) S. 4—5 nach A. Maze-Sencier, Le livre des collectionneurs (Paris 1885) S. 78. 85 als 1682 überreicht mit dem oben angegebenen Werthe aufführt.

[3]) Lambergs Bericht vom 19. Februar 1684 Urkunden u. Aktenstücke XIV, S. 1124.

[4]) Beilage XIII.

[5]) Urkunden u. Aktenstücke XIV, S. 1007.

glaubte. Das allein macht es begreiflich, wie Rébenac im Einverständnis mit seinem König selbst dem Kurfürsten von dieser Seite beizukommen versuchen und auch wirklich beikommen konnte.

Im Einverständnis mit Frankreich und im Bunde mit Dänemark rüstete Friedrich Wilhelm im Frühjahr 1683 zum Angriff auf Schweden und das Haus Braunschweig. Aber während er die Beute, die er 1678 hatte fahren lassen müssen, diesmal sicher zu gewinnen dachte, wollte Ludwig XIV. sich seiner nur bedienen um durch die Schürung kriegerischer Gefahr im Norden das Reich an der gewaffneten Rückforderung der Reunionen zu hindern. Sobald diese nicht mehr zu befürchten stand, fiel er ihm in den bereits zum Schlage erhobenen Arm. Um so heftiger brauste der Kurfürst darüber auf, je mehr er von seinen beschränkten Mitteln an die Rüstungen gesetzt hatte, nun ganz nutzlos. Ihn zu beschwichtigen und von der Annäherung an den Kaiser auch jetzt noch zurückzuhalten, empfahl Rébenac in einem Berichte vom 13. Juli 1683, man möge ihm dafür baaren Ersatz gewähren, nicht gerade auf diesen Titel hin, sondern in Gestalt einer „einfachen Gratifikation", die in seine Privatkasse zu fliessen habe. Er verspricht sich davon eine wunderbare Wirkung[1]). Sei nun, so führt er weiter aus[2]), bei des Kurfürsten neuer Erkrankung und bei dem Mangel an Einverständnis zwischen ihm und Dänemark ein Losschlagen gegen des Königs Willen auch nicht zu fürchten, so habe der Kurfürst im Reiche doch einmal grossen Einfluss und müsse warm gehalten werden. Er empfiehlt daher grössere Pünktlichkeit als bisher in der Zahlung der vertragsmässigen Subsidien: eine ganz besondere Freude aber werde man ihm durch eine Gratifikation machen, die freilich in möglichst angenehmer Form und ohne Wissen seiner Minister als für seine Schatulle bestimmt und in lauter schön geprägten Stücken angeboten werden müsse. In Folge dessen wurde Rébenac noch im Laufe des Juli angewiesen,

---

[1]) Il seroit bon, que ce ne fust point par voye de récompense pour les frais qu'il a fait, mais par une simple gratifification, qui se mettroit dans la cassette particulière de Mr. l'Electeur. Elle produiroit un effet admirable sur ce prince.

[2]) 14. Juli 1683.

dem Kurfürsten eine geheime Gratifikation von 100000 Livres anzubieten[1]), hielt es aber für besser damit noch etwas zu warten. Angesichts einer so beträchtlichen Summe meinte er sich zu seiner eigenen Entlastung dem König gegenüber vom Kurfürsten doch wol eine Empfangsbescheinigung geben lassen zu müssen, was sonst bei derartigen Zahlungen natürlich nicht geschah. Das würde daher, fügte er in stolzer Bescheidenheit hinzu, der einzige Beleg der Art sein, den er dem König zu überreichen haben werde, da in allen ähnlichen Fällen seine Treue in der Ausführung der ihm gewordenen Befehle dem Könige Bürgschaft genug sei.

Den Eindruck der von ihm vorbereiteten Gabe zu steigern liess Rébenac gegen niemand etwas von dem Vorhaben verlauten, auch gegen die kurfürstlichen Räthe nicht, obgleich diese eben damals immer wieder mit der Bitte um wenigstens theilweisen Ersatz der vergeblich aufgewandten Rüstungskosten in ihn drangen. Ohne jedes Recht des Kurfürsten darauf sollte das Geschenk allein der Güte des Königs entspringen[2]). Die eine Zeit lang gehegte Befürchtung, es könne durch den an den kaiserlichen Hofe gesandten Fürsten von Anhalt doch noch zu einer Versöhnung mit diesem und zu der wiederholt erwogenen Entsendung von 12 Regimentern zur Rettung Wiens kommen, wurde freilich durch den Gang der Ereignisse bald gegenstandslos. Um so mehr bat Rébenac den Zeitpunk zur Ueberreichung des Geschenks selbst bestimmen zu dürfen[3]). Er besorgte, der Kurfürst könnte das Beispiel Christians VI. von Dänemark nachahmen, der die ihm als

---

[1]) Sein Bericht vom 3. August 1683.

[2]) Rébenac d. 1. September 1683: Cependant les ministres me pressent toujours pour quelque dédommagement sur les frais extraordinaires, que leur maistre à fait, et tant que je les verray persister dans cette pensée, je ne m'ouviray de rien à Mr. l'Electeur, qui croiroit peutestre en avoir plus d'obligation aux instances que ses ministres en on faits qu'à la bonté de Votre Majesté.

[3]) Ebendas. Je croy, Sire, qu'il seroit assez utile — lorsque j'auray les lettres de change, que j'eusse aussy le pouvoir ou de les donner ou de les promettre, parcequ'il y a des temps où elle peut produire de beaucoup meilleurs effets qu'un plus considérable dans d'autres.

Entschädigung angebotenen 6000 Thaler abgelehnt hatte[1]), offenbar um sich die Freiheit des Handelns gegen Schweden zu wahren. Vorläufig machte er dem Kurfürsten, als er ihm mit der eben eingetroffenen Nachricht vom Entsatze Wiens auf einen Jagdausflug nacheilte, um die nun wesentlich veränderte Lage alsbald vertraulich zu besprechen[2]), zunächst nur die geheimnisvolle, aber vielverheissende Mittheilung, der König beabsichtige ihm einen kleinen Beweis seiner Freundschaft zu geben, der zu keinem seiner Minister in irgend einem Bezuge stehe und von dem er daher auch ihm allein sprechen dürfe. Und als darauf Fuchs ihn im Auftrage seines Herrn über die Natur des verheissenen Geschenks auszuhorchen kam und dabei auf die seit längerer Zeit fälligen höheren Hülfsgelder anspielte, die zu dem geplanten Krieg gegen Schweden versprochen waren, da legte Rébenac bezeichnender Weise besondern Werth darauf zu konstatiren, dass es sich nicht um eine vertragsmässig begründete Verpflichtung handele, sondern um eine freiwillige Gunsterweisung[3]). Schliesslich wurde die Ueberreichung noch verzögert durch die Mühe, welche die Beschaffung so vieler Goldstücke in guter Prägung bereitete[4]). Erst am 23. November 1683 konnte Rébenac die Erledigung seines Auftrages nach Paris melden und den Verlauf der immerhin recht merkwürdigen Scene schildern: „J'ay présenté — schreibt er — à Monsieur l'Electeur de Brandebourg les cent mille livres, dont Elle avoit bien voulu le gratiffier. Ce prince les a receu fort agréablement et ne m'a pas seulement chargé d'en rendre de sa part de très-humbles grâces à Vostre Majesté, mais il ordonne aussy à Monsieur de Spanheim de L'en remercier dans une audience, qu'il doit demander pour le sujet, que j'auray l'honneur d'expliquer cy-dessous. J'avois eu soin de faire faire une cassette brodée, d'avoir des bourses et d'assembler les plus belles espèces, que j'avois pu avoir. Je puis assurer, que ce présent luy a esté plus agréable qu'une somme

---

[1]) Bericht vom 18. September 1683.
[2]) Bericht vom 2. October 1683.
[3]) 8. October 1683.
[4]) S. die Berechnung des gezahlten Agio Beilage XIII.

bien plus forte, qui luy seroit venue par les voyes ordinaires. Il en couste quelque chose, Sir, que j'ay cru devoir prendre sur un petit fond, que j'ay encore entre les mains [1]".

So heimlich die Sache eingeleitet und ausgeführt war: ganz verborgen blieb sie natürlich nicht. Von seiner Mission an den Kaiserhof zurückkehrend fand der Fürst von Anhalt, der eben durch österreichisches Geld eine Wendung nach dieser Seite zu bewirken gedacht hatte, die Lage vollkommen verändert und kam bald dahinter, durch welche Mittel der gewandte und reiche Franzose die langsame und stets durch Geldmangel gehemmte Wiener Staatskunst wieder einmal überholt hatte [2]).

[1]) Vgl. Beilage XIII, die Notiz über die Verwendung noch vorhandener Goldstücke.
[2]) Urkunden u. Aktenstücke XIV, S. 1124.

VII. Des Grossen Kurfürsten Persönlichkeit und Regierungsweise und die Parteiungen im Rath, im Heer und am Hofe.

Wenn Rébenac die der französischen Diplomatie so geläufigen Künste zur Werbung eines Anhangs am Berliner Hofe in solchem Umfange und mit solchem Erfolg auszuüben Gelegenheit fand, so können die daselbst herrschenden Zustände nicht eben gesunde gewesen sein. Auch ergiebt die Zusammenfügung der einzeln auf uns gekommenen Züge zu einem einheitlichen Bilde ein Gemälde, das der Vorstellung wenig entspricht, die man sich gerade für die späteren Zeiten seiner Herrschaft von des Grossen Kurfürsten Hof und Haus machen möchte, da im bewundernden Aufblick zu dem genialen Schöpfer seines Staats ein dankbares Volk mit diesem selbst gern auch alles ihm Verbundene in dem gleichen Glorienschein verklärt sehen möchte. Thatsächlich aber scheint Brandenburg-Preussen gerade damals arm gewesen zu sein zwar nicht an Talenten, wol aber an fest in sich gegründeten Charakteren. Inmitten von allen Seiten anstürmender Gefahren vor eine Aufgabe gestellt, die zu lösen auf die Dauer über eines Menschen Kraft ging, hat der Kurfürst zwar arbeitsame und geschäftskundige Diener, aber seit dem Hingange Schwerins keinen ihm eigentlich kongenialen, namentlich keinen ihm moralisch ebenbürtigen Mitarbeiter gehabt. Bei keinem seiner Räthe finden wir die ihrer selbst gewisse Ueberzeugungstreue, den unerschrockenen Freimuth und die unantastbare Selbstlosigkeit, die einst den hochverdienten Oberpräsidenten zur vorbildlichen Verkörperung des preussischen Beamtenthums einer späteren besseren Zeit gemacht hatte.

So sehr Friedrich Wilhelm einen Meinders und einen Fuchs zu schätzen wusste und so trefflich sie ihm gedient haben: es bestand zwischen ihm und ihnen doch nicht das Vertrauensverhältnis, wie es ihn mit jenem und überhaupt mit der älteren Generation seiner Beamten verbunden hatte. Es war ohnehin nicht seine Art, sich leicht zu erschliessen und unbefangen zu geben: die Fähigkeit dazu hatte der Druck einer freudlosen Jugend verkümmert. Sich abzuschliessen und sich in sich zurückzuziehn gewohnt, setzte der Kurfürst die gleiche Neigung auch bei anderen voraus. In den aufreibend sorgenvollen ersten Jahren seiner Regierung, wo er an der Rettung von Haus und Land fast hätte verzweifeln müssen, war es ihm gleichsam zur anderen Natur geworden, seine Absichten scheu in sich zu verschliessen und mit einer Heimlichkeit an ihre Ausführung zu gehen, welche den das Handeln beschwingenden Glauben an den Erfolg in ihm selbst nicht aufkommen liess. So Grosses ihm trotzdem gelungen war — wie oft treten uns auch späterhin noch Züge an ihm entgegen, welche erkennen lassen, dass der Zweifel an der eigenen Kraft und das Gefühl der Unsicherheit den ihn umgebenden Verhältnissen gegenüber von ihm nicht überwunden war. Wie über die Knaben- und Jünglingsjahre so liegt auch über das letzte Jahrzehnt dieses von rastloser und doch nie voll belohnter Regentenarbeit erfüllten Fürstenlebens der Schatten einer gewissen Melancholie ausgebreitet. Auch körperliche Dinge hatten daran ihren Antheil. In jungen Jahren von zarter Gesundheit und gegen Ende der Regierung seines Vaters von gefährlichem Siechthum ergriffen, hatte Friedrich Wilhelm sich doch niemals geschont und war durch die unbeugsame Kraft eines in den Dienst der höchsten Pflichten gestellten Willens der Schwäche seines Körpers in einem Maasse Herr geworden, dass er ihm alles zumuthen zu können glaubte. Namentlich im Felde hatte er keine Rücksicht gekannt. Die Folgen blieben nicht aus: frühzeitig fesselte ihn die Gicht oft Tage, ja Wochen lang unter quälenden Schmerzen an das Lager. In Verbindung damit standen heftige Fieberanfälle, dann peinvolle Athemnoth, die seinem Leben wiederholt ein plötzliches Ende zu bereiten drohte.

Das alles erklärt manchen auf den ersten Blick befremdlichen Zug in seinem Wesen: Unentschlossenheit im Beginn[1]) und Unbeständigkeit in der Fortführung schwieriger Dinge[2]); übergrosse Vertraulichkeit gegen die Einen und ungerechte Heftigkeit gegen die Anderen und, was eng damit zusammenhing, eine gewisse Ueberstürzung im Reden, die ihn oft mehr sagen liess, als im Augenblick gut war[3]); dann wiederum die Vorliebe für die Einsamkeit oder doch das Zusammensein mit nur einigen wenigen, ihm ganz vertrauten Personen[4]), die sich zuweilen bis zu einer Art von Menschenscheu steigerte und ihn fast melancholisch erscheinen liess[5]). Wie es in der Gestaltung der geschichtlichen Ueberlieferung leicht geschieht, zumal wenn sie, wie es in der Preussens frühzeitig der Fall war, selbst wiederum zu einem Momente der weiteren geschichtlichen Entwicklung gemacht, oft unbewusst in den Dienst praktisch-politischer Tendenzen gestellt wird, so hat sich die Nachwelt auch das Bild von des Grossen Kurfürsten Persönlichkeit und Regierungsweise mehr nach der Grösse der von ihm gewonnenen Erfolge konstruirt als nach der Art und den Mitteln, denen er sie fast zur eigenen Ueberraschung zu danken hatte. So grosses schien eben füglich nur durch ein Handeln im grossen Stil gewonnen, ein so hohes Ziel nur auf einem dauernd geradeaus und bergauf führenden Wege erreicht sein zu können, und nicht immer giebt uns die Ueberlieferung die Möglichkeit dieses Idealbild durch die minder glänzende, aber menschlich doch fast noch erhebendere Wirklichkeit zu ersetzen. Rébenacs Berichte bieten uns dazu wenigstens in einigen Hinsichten den nöthigen

---

[1]) Rébenac d. 8. Dezember 1685: Voilà, Sire, la troisième résolution qui est arrivée dans cette affaire depuis deux jours.

[2]) 25. October 1685: — sy ce n'est la légèreté naturelle de ce Prince, qui est violente.

[3]) 25. Mai 1688: Mr. l'Electeur est de tout temps le prince du monde qui garde le moins de modération dans ces discours publics

[4]) Vgl. oben S. 107.

[5]) 16. September 1682.

Anhalt. Denn niemand hat so wie er den alternden Kurfürsten bei seiner alltäglichen Regentenarbeit beobachtet, jedenfall niemand sein Wesen, wie es sich dabei gab, so eingehend und oft mit dramatischer Lebendigkeit geschildert, niemand bei aller Betonung des Befremdlichen und Verwunderlichen auch das Bedeutende und Grosse in ihm so richtig erfasst und so unmittelbar vor Augen gestellt. Auch von einem grossen Theil der Umgebung des Kurfürsten gilt das: die Menschen, die wir sonst nur als Schemen zu sehen bekommen, treten uns bei Rébenac so zu sagen leibhaftig entgegen, aus der sonst so matten Beleuchtung in das helle Licht der Wirklichkeit gerückt, vor dem ausschmückende Zuthaten verschwinden und nur die Realität bestehen bleibt.

Aber nicht blos die Persönlichkeit, sondern auch die Regierungsweise und damit die Politik des Grossen Kurfürsten erscheint in dem Lichte der hier gebotenen neuen Materialien doch noch in manchem Zuge wesentlich anders, als wir sie der herrschenden Tradition nach zu sehen gewöhnt sind.

Ueberblickt man den Gang der brandenburgischen Politik in dem letzten Jahrzehnt Friedrich Wilhelms und vergegenwärtigt sich die Erfolge, die sie den widerstrebenden Verhältnissen abgerungen hat, so bekommt man den Eindruck einer weitausgreifenden, zielbewussten und konsequenten Leitung, die sichern Auges und fester Hand das Staatsschiff durch Klippen und Sandbänke glücklich hindurchsteuerte. Gehen wir aber ihren einzelnen Akten nach und lösen den von ihr durchmessenen Weg nach den Momenten, die für die wechselnde Wahl der Richtung massgebend waren, gewissermassen in seine Bestandtheile auf, so wird daraus ein mühseliges und sorgenvolles Laviren und gelegentlich ein recht widerspruchsvolles Hin- und Herkreuzen. Fast niemals war das, was er dank einer zuweilen unverhofft glücklichen Fügung schliesslich erreichte, von vornherein des Kurfürsten Ziel gewesen: zumeist waren seine Gesichtspunkte vielmehr negative, insofern er vor allem die drohenden Gefahren vermeiden wollte. Darin liegt wahrlich kein Vorwurf: im Gegentheil, angesichts der damaligen Lage und seines beschränkten Machtmittel gereicht es ihm vielmehr zum Verdienst. Denn es galt in weiser Selbstüberwindung den Staat durch massvolle Beschränkung auf der Höhe zu erhalten, die er glücklich erreicht hatte, und ihm damit die kraftvolle Benutzung später sich bietender günstiger Möglichkeiten zu wahren, nicht aber inmitten einer furchtbaren europäischen Krisis alles auf eine Karte zu setzen, um vielleicht alles zu gewinnen, ebenso gut aber auch vielleicht alles zu verlieren. Eine solche Politik musste sich in der Persönlichkeit ihres Trägers um so deutlicher widerspiegeln, je mehr dieser selbst den Druck der auf ihm lastenden Sorge und Verantwortlichkeit empfand. Daher erschien der Grosse Kurfürst unbeständig bis zur Unberechenbarkeit, plötzlich wechselnden Launen unterworfen und unzuverlässig, bemüht seine wahre Meinung zu verbergen und das, was er eigentlich wollte, möglichst lange geheim zu halten. Dazu nöthigte ihn aber zunächst doch nur das Misverhältnis, das zwischen der Bedeutung und dem Mitteln seines Staates obwaltete. Denen freilich, die diplomatisch mit ihm zu ringen hatten, erschien das als der Ausfluss seines Charakters: er galt für versteckt, für unwahr, für hinterhaltig, und 1672 hat ihn der französische Gesandte Gremonville in diesem Sinne den feinsten Fuchs des Reichs genannt[1]). Unter den damals obwaltenden Umständen ist das aber kaum ein Tadel. Wenn jedoch bereits 1658 ein venetianischer Gesandter urtheilte, besser als irgend ein Anderer verstehe es der brandenburgische Kurfürst seine Freundschaft und seine Stimme zu verhandeln[2]), und Leibnitz, der von dem Aufkommen Brandenburgs Schaden für das Haus Braunschweig befürchtete, demselben Gedanken 1669 in beleidigender Plumpheit den Ausdruck gab, Friedrich Wilhelms Maximen laute: „Wer mir das Meiste giebt, dem adhärire ich"[3]): so galt das doch eigentlich von allen Fürsten der Zeit, namentlich von den deutschen, ganz abgesehen davon, dass Friedrich Wilhelm, wenn er eine solche Politik verfolgte, dabei nicht blos auf seinen persönlichen Vortheil

---

[1]) — le plus fin renard de l'Empire: Mignet, Négociations sur la succession d'Espagne (Documents inédits sur l'histoire de France) IV, S. 103.
[2]) Fontes rer. Austriac. XXVII, S. 18. Vgl. ähnliche Urtheile bei Klopp, Das Jahr 1683, S. 64, Anm. 3.
[3]) Werke I, S. 169.

bedacht war, sondern das Wol eines eben erst werdenden Staates vertrat.

Um so mehr freilich sollte man wie seine Politik, so auch seine Persönlichkeit von dem verklärenden legendaren Nimbus befreit sehen lernen, so, wie sie sich in der harten Wirklichkeit darstellte: unter dem Druck unausgesetzt nagender Sorge, zeitweise aussichtslos scheinender Bedrängnis, nach den seltenen und immer nur kurz gemessenen Zeiten glänzender Erfolge voll zuversichtlichen Aufschwungs, durch unverdient schwere Enttäuschung tief innerlich verbittert, Tag und Nacht darauf denkend, wie für das ihm zu Unrecht Entgangene Ersatz zu schaffen, und in dem rastlosen Drang danach zuweilen versucht, durch einen grossen, wenn auch gewagten Wurf aller Noth mit einem Mal ein Ende zu machen, um dann die Gelegenheit dazu schliesslich ebenfalls wieder entschwinden zu sehen — die Trägerin eines in fieberhafter Rastlosigkeit sich abhetzenden Fürstenlebens. Menschlich tritt uns der Grosse Kurfürst so ohne Frage näher, und wir lernen auch die Härten und Schroffheiten seines Wesens verstehn und achten. Wir werden das von ihm Erreichte auch seinem moralischen Werthe nach viel höher anschlagen, wenn wir uns immer gegenwärtig halten, wie er bei der Erfüllung seines schweren Berufs nicht blos mit der Schwäche der eigenen Natur, sondern auch vielfach mit der Selbstsucht und Unzuverlässigkeit seiner nächsten Gehülfen zu ringen hatte und, keineswegs nach Heroenart über Menschen und Dingen seiner Zeit erhaben, dieselben mühelos seinen höheren Zwecken dienstbar machen konnte.

So tritt er uns in dem Bilde entgegen, das Rébenac in einer Menge von kleinen Zügen von ihm gezeichnet hat. Auf Grund eines während der ersten fünf Jahre seines Berliner Aufenthalts ungewöhnlich intimen Umganges schildert uns dieser unmittelbar unter dem frischen Eindruck des eben Erlebten in dem Kurfürsten nicht den zu weltgeschichtlicher Bedeutung aufgestiegenen Staatsgründer, den unvergänglicher Ruhm umstrahlt, sondern den pflichttreuen Haus- und Landesvater, der, von den besten Absichten erfüllt, aber doch in den Mitteln zu deren Verwirklichung nicht selten fehlgreifend, sich vielfach in freudloser, weil nie völlig genügend gelohnter Arbeit abmüht, im Drange der unstät wechselnden Ansprüche einer gährenden Uebergangszeit das nur locker gefügte Schiff seines Staates über Wasser zu erhalten. Besser als sonst irgend jemand hat dieser scharfblickende Franzose, der obenein mit deutscher Sprache und deutschem Wesen ungewöhnlich vertraut war, während einer Reihe besonders kritischer Jahre Friedrich Wilhelms Art zu leben und zu regieren aus nächster Nähe beobachten können. Die nüchterne Wirklichkeit freilich, die er von Woche zu Woche getreulich wiedergiebt, weist natürlich manchen Zug auf, der in dem Idealbilde, das wir vor Augen zu haben gewohnt sind, nicht zu finden ist, und mancher, an den wir uns besonders zu halten pflegen, wird darin vergeblich gesucht werden.

Für einen französischen Diplomaten, der gewohnt war durch die unermüdliche Initiative seines Königs der europäischen Politik die Richtung gegeben zu sehen, mag es allerdings nicht leicht gewesen sein sich in die Lage des Kurfürsten zu versetzen, der im Widerstreit ihm weit überlegener Mächte, die geeinigt ihn jeden Augenblick zermalmen konnten, vor allem suchen musste eine leidliche Sicherheit gewährende mittlere Stellung zu gewinnen und dabei, je nachdem die Gefahr von dieser oder jener Seite wuchs, zu jähem, oft widerspruchsvollem Wechsel der Haltung genöthigt wurde: was ihm die Verhältnisse aufzwangen, erschien als persönliche Eigenschaft. Schon Verjus hatte gemeint, nicht eine Viertelstude könne man sich auf ihn verlassen[1]), und ähnlich klagt Rébenac, niemals sei er so weit mit sich einig, dass er nicht durch irgend einen falschen Eindruck, der ihm beigebracht wurde, wieder umgestimmt und nach der entgegengesetzten Seite hinübergezogen werden könnte[2]). In drei Tagen wechselt seine Entschliessung dreimal[3]). Mit gutem Grunde aber führt Rébenac diese Entschlussunfähigkeit, die mit den Jahren zunahm, wenigstens zum

---

[1]) 16. Januar 1674: — je ne voudrois respondre de rien icy pour un quart d'heure.

[2]) 2. Mai 1682: — il ne faut jamais attendre de ce prince une conduitte tellement réglée, qu'il n'y ayt toujours à craindre de fausses impressions etc.

[3]) d. 21. Juli 1683.

Theil auf körperliche Ursachen zurück. Die oft langen Leidenszeiten, die er unter quälenden Gichtschmerzen verbrachte, nahmen dem Kurfürsten begreiflicher Weise Kraft und Muth[1]). Wie hätte den 65jährigen, der die meiste Zeit im Bett oder auf dem Lehnstuhl zubrachte[2]), inmitten einer durch alle denkbaren Parteiungen zerrissenen Umgebung[3]), hatte er einmal, dem Andrängen Frankreichs nachgebend, gewagt zu handeln beschlossen, nicht alsbald wieder der quälende Zweifel überkommen sollen, ob bei diesem Alter und bei dieser Gebrechlichkeit ihm die Ausführung auch noch vergönnt sein würde! Meinte er doch, dass sein Nachfolger das etwa Begonnene in seinem Sinne zu Ende zu führen so wenig befähigt wie gewillt sei.

Unter diesen Umständen wurde er in weit höherem Masse, als mit dem Interesse seines Staates recht vereinbar war, abhängig von seiner Umgebung. In ihr aber fehlte es vollends an Einigkeit und Entschlossenheit. Im Vergleich mit dem, was er von Frankreich her gewohnt war, wo dem absolut geltenden Willen des Königs gegenüber auch der sachlich begründetste Widerspruch des mit der Ausführung betrauten Beamten sich nicht hervorwagte oder zum Schweigen gebracht wurde, fiel Rébenac eine gewisse Disciplinlosigkeit des brandenburgischen Beamtenthums auf. Es mag ja etwas übertrieben und unrichtig zu weit verallgemeinert sein, trifft aber doch jedenfalls einen Misstand, der schon bei vereinzeltem Vorkommen als bedenkliches Symptom gelten durfte, wenn Rébenac aus Anlass der Schwierigkeiten, zu denen 1687 die Abberufung Gotfried von Jenas aus Regensburg Anlass gab, d. 22. März bemerkte: „C'est l'usage ordinaire de la cour de Berlin, que tous les gens, qui sont dans le service, sont sur le pied de faire à tous momens des capitulations avec leur maistre et de re-

---

[1]) 18. September 1683: ce prince est sy abattu de ses maladies —.

[2]) 15. April 1684: — l'Electeur est un prince de soixante cinq ans, qui à la vérité est disposé à la guerre, fait des démarches et prend des mesures pour cela, mais il passe les trois quarts de l'année dans son lict ou sur une chaise, dont il ne peut se remuer.

[3]) 17. Juni 1684. 15. April 1684.

fuser ou d'accepter les employs selon ce qu'ils jugent à propos". Er verwundert sich, dass der Kurfürst so selten energisch durchgreift und für gewöhnlich dem Willen seiner Räthe nachgiebt[1]). Wol drohe er gelegentlich aufbrausend mit schwerer Ahndung, aber noch niemals sei ein entsprechendes Handeln gefolgt. Den Geheimen Rath schildert Rébenac als dauernd von Parteiungen zerspalten, die nur zum Theil sachliche Gründe hatten, vielfach persönlicher Natur waren[2]). Da stand anfangs der Kanzler v. Somnitz, der alles Heil vom Anschluss an den Kaiser erwartete[3]), gegen den Oberpräsidenten v. Schwerin, der, überzeugt von der Aussichtslosigkeit jedes Widerstandes gegen Frankreichs Uebermacht, Brandenburg im Anschluss an dieses aufsteigen lassen wollte[4]), und dann Meinders, der Gesinnungsgenosse Schwerins[5]), gegen Friedrich v. Jena, der diese Richtung später um so heftiger bekämpfte, je mehr er sich ihr ehemals dienstbar gemacht hatte[6]) und obgleich er sich dadurch gelegentlich den Zorn seines Herrn zuzog[7]). Nach dem Tode v. Jenas[8]) erneute sich der Gegensatz verschärft zwischen Meinders und Fuchs[9]). Neben letzterem galten späterhin namentlich v. Diest und v. Lützburg, der Schwager des Barons v. Fridag, für die leidenschaftlichsten Gegner Frankreichs[10]). So sehr misstrauten die Herren einander, dass, wo einer von ihnen mit einer

---

[1]) 12. Januar 1681: Il y a des temps ou ce prince agist d'une authorité absolue, mais ils sont rares et ils l'emportent toutes les fois qu'ils le veulent.

[2]) 25. October 1685: — ils est encore porté à un changement continuel par la cabale de ces ministres, qui ne sont jamais d'accord entre eux et qui veulent toujours le contraire de ce qui leurs concurrens ont estably.

[3]) Verjus nennt ihn 7. November 1673 passionné Autrichien et amy intime du Baron de Goez.

[4]) S. oben S. 16. 29. 38—39.

[5]) Vgl. S. 39. 130.

[6]) Vgl. S. 25. 136.

[7]) Rébenac d. 1. September 1682: l'Electeur se plaignist des partialités de son conseil, de l'aigreur et de la mauvaise conduitte de Mr. Yena.

[8]) S. oben S. 132.

[9]) Rébenac 10. Februar 1683. 3. November 1685. 25. Juli 1687; Beilage XVIII, 10.

[10]) Derselbe 10. April 1687.

wichtigen Verhandlung betraut wurde, er einen seiner Gegner beigegeben zu erhalten verlangte, um nicht hinterher von diesem verdächtigt zu werden¹).

Dieses Misverhältnis nahm zu und wurde gefährlicher, wie mit dem Alter und der Hinfälligkeit des Kurfürsten bei den streitenden Geheimeräthen die Rücksichtnahme auf den Thronwechsel mehr mitwirkte. Denn seit einer schweren Krankheit Friedrich Wilhelms im Jahre 1683 rechnete man dauernd mit der Möglichkeit eines solchen, und schon damals will Rébenac bemerkt haben, dass die Räthe leise traten und des Thronfolgers Misfallen zu vermeiden bemüht waren²). Unter solchen Umständen gab es zwischen dem Kurfürsten und seinen Räthen denn auch gelegentlich lebhafte Auseinandersetzungen: in seinem Unmuth nannte er die seine Ansicht Bekämpfenden wol gar Verräter³) und drohte ein Exempel an ihnen zu statuiren, sobald er die Beweise für ihre Bestechlichkeit nur erst in der Hand hätte⁴), und wenn Rébenac recht berichtet ist, scheint es fast, als ob im Frühjahr 1687 Fuchs eine solche Aufwallung des mistrauischen alten Herrn benutzt habe, um eine Indiscretion, die er selbst durch Mittheilung eines Beschlusses des Geheimen Rathes nach Wien begangen hatte, dem als Franzosenfreund bekannten Meinders in die Schuhe zu schieben und ihn dadurch vollends zu discreditiren. Er erzählt nämlich am 25. Juli 1687:

„Il y a, Sire, des divisions d'esclat dans le conseil de Monsieur l'Electeur. Les Sieurs Meinders et Fuchs ne gardent plus guère des mesures l'un envers l'autre. Je me suis trouvé mesme

---

¹) Verjus aus Berlin d. 7. November 1673.

²) 21. Februar 1683: — ses ministres — commencent à mesnager le prince Electoral et — craignent à luy displaire en renouvellant la guerre.

³) Bericht vom 21. Juli 1683.

⁴) 2. Mai 1682: Il a pris comme une atteinte à sa gloire la liberté que ses ministres se donnent de parler contre son alliance avec V. M. et a déclaré aujourdhuy dans le conseil, que sy quelqu'un d'eux estoit assez hardy pour y contredire, qu'il les feroit punir exemplairement — — sie nähmen Geld vom Kaiser: mais que s'il en pouvoit avoir des preuves, il les feroit chastier comme traistres et leurs feroit mettre la teste à bas.

dans la nécessité d'y entrer, croyant, que dans une occasion de cette nature je ne pouvois m'en dispenser sans préjudicier extrèmement aux intérests de Votre Majesté. Il y a trois jours, que Monsieur l'Electeur de Brandebourg, me voyant l'après-dinée dans sa chambre, fist sortir le monde et me pria d'y rester. Il me dit, qu'il y avoit quelques semaines, qu'il m'avoit nommé un homme, qu'il croyoit estre celuy, qui avoit revellé les secrets de son conseil, mais qu'il avoit voulu s'éclaircir d'une affaire sy importante et qu'enfin il en avoit trouvé l'autheur. Il me demanda, sy je pouvois le deviner. Je luy dis, que je pensois le connaistre. Il me respondit, qu'il ne le croyoit pas, puisque ce n'estoit autre que ce traistre de Meinders, qu'il chargea de mesme temps de touttes les injures imaginables; qu'il estoit informé de touttes les circonstances, et que le matin mesme on luy avoit fait voir la chose sy evidemment, qu'elle n'estoit pas seulement hors de doute, mais qu'il vouloit aussy l'en faire convenir devant moy; que sa pensée en cela estoit de s'attirer une reconnoissance de l'Empereur; qu'il y en avoit longtemps, qu'il en agissoit de cette manière et que le chancelier Stratmann estoit celuy, avec lequel il entretenoit sa correspondance. J'admiray, Sire, la crédulité de ce prince et l'artifice jointe à la hardiesse du Sieur Fuchs, qui osoit entreprendre de détruire son ennemy en l'accusant d'un crime sy esloigné de l'apparence pour le Sieur Meinders et dont il est luy-mesme sy manifestement coupable." Er habe, so berichtet Rébenac weiter, höchst erstaunt gethan, erklärt, das nicht für möglich gehalten zu haben, und eine Menge von Momenten geltend gemacht, die vielmehr Fuchs als den Urheber der nach Wien gelangten Mittheilungen erscheinen liessen, dann aber hinzugefügt, der Kurfürst möge es ihm nicht übel nehmen, wenn er hinfort nicht mehr für angezeigt halte, seines Königs Angelegenheiten der Leidenschaft oder vielmehr der Bestechlichkeit seiner Räthe auszusetzen; denn längst habe er bemerkt, dass alles den König Betreffende verdreht würde, namentlich durch Fuchs: er werde deshalb hinfort mit den Ministern nicht mehr amtlich verkehren, sondern sich unmittelbar an den Kurfürsten selbst wenden.

Solche Parteiungen aber, aus dem Zusammenwirken politischer und persönlicher Gegensätze entsprungen, blieben natürlich nicht auf das eigentliche Centrum der Regierung beschränkt, sondern fanden darüber hinaus, namentlich auch in des Kurfürsten militärischer Umgebung eine unliebsame Fortsetzung, zumal auch in dieser privaten Feindschaft sich leicht ein beschönigendes politisches Mäntelchen umhängen konnte. Als erbitterter Franzosenfeind galt in früherer Zeit namentlich Gerhard Bernhard v. Pöllnitz, der Oberst der Leibgarde und Oberstallmeister; als Gemahl einer Gräfin von Nassau, einer Verwandten Luisens von Oranien, besass er des Kurfürsten Ohr und war Schwerin sowol wie Meinders wiederholt ein gefährlicher Gegner geworden[1]).

Den ersten Platz aber unter den militärischen Gegnern Frankreichs am Berliner Hofe nahm alle Zeit der Feldmarschall v. Derfflinger ein, der sich weder durch politische Erwägungen noch andere Einflüsse irgend welcher Art in seinem leidenschaftlichen Franzosenhasse irre machen liess. Auch in Rébenacs Berichten tritt uns der alte Held daher vielfach entgegen, und wenn man dabei natürlich alle Zeit mit der bitteren Antipathie zu rechnen hat, die der Gesandte begreiflicher Weise gegen den Helden empfinden musste, der ihm durch seinen Einfluss vielfach so unbequem wurde und dabei nicht nur durchaus unzugänglich und heftig, sondern augenscheinlich in manchen Stücken recht wunderlich war, so wird man seine originelle Persönlichkeit doch auch in dieser etwas einseitigen Beleuchtung gerne sehen und für sein Bild manchen neuen charakteristischen Zug gewinnen. Mit Derfflinger auszukommen war offenbar überhaupt nicht leicht, und nur die pietätvolle Dankbarkeit für seine Dienste und der Mangel an einem geeigneten Ersatz erklären die langmüthige Geduld, die Friedrich Wilhelm auch seinen Schrullen und Launen gegenüber lange Jahre hindurch geübt hat. Allerdings war er, wie Vauguion berichtet, im August 1672 in Folge eines Konfliktes mit dem Kurfürsten in

---

[1]) Bericht St. Gérans vom 4. März 1672: Pellnitz en a toutte authorité et a commencé par rendre ceux qui avoient plus de crédit, odieux et suspects à leur maistre au point, qu'il maltraitte sy fort Mr. de Schwerin u. s. w. Vgl. oben S. 16. Verjus, d. 3. October 1673.

dem Kommando der Artillerie durch den Grafen Dohna ersetzt worden¹), aber 1674 befand sich der 68jährige, nachdem er im Haag sich auch als Diplomat bewährt hatte, doch wieder an der Seite seines Herrn am Oberrhein und war immer der Erste an dem Feinde, steigerte aber auch durch die Heftigkeit, mit der er seinem Unmuth über die Halbheit und Zweideutigkeit der kaiserlichen Kriegführung Ausdruck gab, die Spannung zwischen beiden Hauptquartieren. Neue Lorbern gewann er im Schwedenkrieg. Nach dem Frieden zog er sich vom Dienste zurück, blieb aber in allen militärischen Dingen einflussreich und auch politisch eine Macht, mit der man rechnen musste. Namentlich in der Krisis der Jahre 1682—84 lernte Rébenac ihn als einen höchst unbequemen Gegner kennen²). So leidenschaftlich hasste der alte Herr die Franzosen überhaupt, dass er sich auch der Anstellung von französischen Offizieren im Heere und der Verleihung von Regimentern an solche auf das Heftigste entgegensetzte³). Nur mit Mühe stellte der Kurfürst selbst den Frieden wieder her. Andererseits scheint es, als ob auch Rébenac in dem Kampf mit diesem Widersacher gelegentlich allzu hitzig gewesen sei und sich Blössen gegeben habe. Wenigstens wollte im August 1683 Graf Lamberg wissen, er habe von dem Staatssekretär de Croissy wegen seiner unbedachten Schroffheit gegen Derfflinger einen Verweis bekommen⁴).

Das wird mit den Parteikämpfen zusammengehangen haben, die im Frühjahr 1683 den Berliner Hof erfüllten. Auf Anregung Frankreichs, das durch kriegerische Verwickelungen im Reich sich den ungestörten Besitz des Raubes der Reunionen zu sichern dachte, rüstete der Kurfürst, lüstern nach dem ihm als Preis winkenden Pommern, im Bunde mit Dänemark zum Kriege gegen Schweden und Braunschweig: der Feldmarschall that alles, um

---

¹) 5. August 1672: — charge que posséda Durflein, qui a quitté Mr. l'Electeur; es handelt sich wohl um Christian Albert Burggraf zu Dohna: vgl. v. Buch, Tagebuch I, S. 346.

²) Beilage XVII, 6. 7.

³) Rébenacs Angaben a. a. O. bestätigt v. Buch, Tagebuch II, S. 221.

⁴) Urkunden u. Aktenstücke XIV, S. 1042.

den Krieg zu hintertreiben[1]) und liess sich angeblich auch durch
ein Geschenk von 30000 Thalern nicht umstimmen, das der Kurfürst ihm machte[2]). Rébenac, der durch den Kurfürsten selbst sich
um Versöhnung mit Derfflinger bemüht haben will, erklärte schliesslich geradezu, so lange ein so ausgesprochener Feind Frankreichs
an der Spitze der kurfürstlichen Armee stehe, könne sein König
dieser und ihren Unternehmungen kein Vertrauen schenken. Da
Derfflinger beharrte, wurde damals bereits die Berufung Marschall
Schombergs in brandenburgische Dienste erwogen, der zwar durch
seinen Glauben sowie durch seine Herkunft und seinen Ruhm
empfohlen war, mit dem aber doch in einem vielleicht ausserordentlich kritischen Augenblick ein Franzose über die brandenburgischen Streitkräfte verfügt haben würde. Der Kurprinz und
die Minister, denen der eigensinnige alte Held höchst unbequem
war, gingen, heisst es, eifrig mit diesem Gedanken um: was seine
Ausführung für Frankreich zu bedeuten gehabt hätte, brauchte
Rébenac freilich nicht näher darzulegen[3]). Eben deshalb aber
nahm der Kurfürst selbst doch daran Anstoss und legte sich aufs
Unterhandeln, um Derfflinger umzustimmen, — natürlich vergebens[4]). Wenn nun gar Rébenac, obgleich er das in diesem Falle
früher selbst für aussichtslos erklärt hatte, jetzt dennoch wirklich
versucht haben sollte, auch hier durch Geld zum Ziel zu kommen[5]),
so dürfte er wol gerade das Gegentheil bewirkt haben, und wenn
Derfflinger damals äusserte, gern würde er für den Kaiser kämpfen[6]),

---

[1]) Bericht Rébenacs vom 19. Mai 1683: Le maréchal Dorfling ne néglige
rien de ce qui peut traverser la chose, et voyant, qu'il ne sauroit y contredire
ouvertement, il le fait en faisant naistre de la difficulté sur l'exécution des
ordres qu'on luy donne.

[2]) Bericht vom 12. Mai 1683: — „il est ennemy déclaré de la France et
des François. — Mr. l'Electeur, pour le mettre de bonne humeur, luy a fait
offrir trente mille escus, ce qu'il a receu avec un mépris qui le rendroit
criminel près de tout autre maistre que le sien.

[3]) Beilage XVII, 8.

[4]) Bericht Rébenacs vom 29. Mai 1683: vgl. den Bericht Lambergs vom
28. Juni Urkunden u. Aktenstücke XIV, S. 1071.

[5]) Urkunden u. Aktenstücke XIV, S. 1075.

[6]) Ebendas. S. 1081.

so war damit sicherlich nicht blos der Türkenkrieg gemeint. Im Zusammenhange damit wurde um jene Zeit in Wien erwogen, ob man nicht, wie 1663—64 Sparr als Führer der brandenburgischen Hülfstruppen in Ungarn, jetzt Derfflinger zum kaiserlichen Feldmarschall erheben sollte[1]).

Seine Gegner schoben dieser Unbeugsamkeit des alten Herrn natürlich alle möglichen ehrenrührigen Motive unter: nur um die eigene, durch sein Alter verschuldete Unfähigkeit nicht zu Tage kommen zu lassen sollte er so eifrig gegen den Krieg sein[2]). Schliesslich spitzte sich der Gegensatz zwischen ihm und Rébenac aufs Aeusserste zu. Der Gesandte wollte von einem förmlichen Komplot wissen, dessen Theilnehmer ihn durch Herbeiführung eines Konfliktes am Hofe unmöglich machen wollten. Da spielte er sich auf den schlagfertigen Kavalier hinaus. Noch nie, so erklärte er, habe er bisher mit Leuten von Welt Händel gehabt: geriethe er jetzt in solche, so würde er sich dafür einfach an Derfflinger halten und diesen dann entsprechend behandeln, worauf der Marschall — nach Rébenacs Bericht — Berlin Hals über Kopf verliess, ohne, wie sonst, Urlaub zu nehmen und sich zu verabschieden, und mit der Erklärung, die Franzosen halte er jeder Niederträchtigkeit für fähig, und wenn er seine Entfernung ruchbar werden liesse, könne er nicht wissen, was ihm unterwegs passiren würde. Nach Rébenacs Bericht hätte der Kurfürst selbst sich über Derfflingers Verhalten lustig gemacht[3]). In der Hauptsache aber liess dieser sich auch durch solche Zwischenfälle nicht irre machen. Ob es wahr ist, dass er, wie sein französischer Gegner ihm nachsagt, sich den Anschein gegeben habe, als ob er sich des Kurfürsten Willen endlich fügte, um, mit der Leitung der Vorbereitungen betraut, die befohlenen kriegerischen Massnahmen nur um so sicherer zu hintertreiben, wird man dahingestellt sein lassen müssen: es ist wenig

---

[1]) Ebendas. S. 1084.
[2]) 14. März 1684: — la guerre, qu'il veut éviter comme une chose, qui le ruyne infailliblement par ce que son extrême vieillesse le rend incapable du service.
[3]) 25. März 1684.

wahrscheinlich gegenüber der von ihm abgegebenen Erklärung, um keinen Preis in der Welt werde er an einem so ungerechten Krieg theilnehmen, wie er hier geplant würde. Dass der Frankreich wenig geneigte Kurprinz ihm noch einigermassen die Stange hielt[1]), mag richtig sein. Aber Derfflingers Ansehn war doch im Niedergang begriffen: er musste zusehen, wie trotz seines Widerspruchs französische Offiziere, darunter selbst Katholiken, angestellt wurden und einer von ihnen, Herr v. Briquemault, gar die besonders wichtige und reich dotirte Stelle eines Gouverneurs von Lippstadt erhielt[2]). Dennoch suchte ihn der Kurfürst immer wieder. Auch die kaiserliche Partei, der gewandte v. Fridag an ihrer Spitze, appellirte immer von Neuem an seine Mitwirkung und bestimmte ihn Ende 1685, als Brandenburgs Verhältnis zu Frankreich zusehends schlechter wurde, wieder am Hofe zu erscheinen. Da umwarb auch Rébenac ihn von Neuem und erbot sich, ihm auf seinem Gute Güsow seinerseits den ersten Besuch zu machen, um ihn von des Königs guten Absichten zu überzeugen, der ihn vielleicht demnächst doch noch im Felde verwenden würde. Der Feldmarschall lehnte grob ab: des Gesandten Visite begehre er so wenig wie des französischen Königs Freundschaft[3]).

Diesen Zuständen gegenüber sagt Dietrich Sigismund v. Buch doch nicht zu viel, wenn er seine Tagebuchaufzeichnungen für das Jahr 1682 mit der Bemerkung eröffnet[4]), dass der Hof sich zwar äusserlich gut befunden habe, sein innerer Zustand aber um so trauriger gewesen sei. Denn die allgemeinen und besonderen Intriguen hätten die Geister und Gemüther dergestalt verwirrt, dass es am Hofe nicht drei Personen gegeben habe, die einig gewesen

---

[1]) 15. April 1684. Ce général voyant, que la feinte complaisance qu'il avoit eu de consentir à la marche des trouppes, ne produiroit pas l'effet qu'il en attendoit, avoit pris de déclarer à son maistre, que pour rien au monde il ne donneroit les mains à une guerre aussy injuste que celle qu'il alloit commencer.

[2]) 15. Mai 1684: Le Sieur de B. a eu le gouvernement de Lippstadt, le plus considérable de ceux que Mr. l'Electeur donne, de sorte qu'il est un des officiers de toutte l'armée, qui tire le plus de bienfait.

[3]) Urkunden u. Aktenstücke XIV, S. 1227.

[4]) v. Buch, Tagebuch II, S. 214.

wären oder sich gegenseitig wolgewollt hätten. Fehlte es demnach gerade in dem Kreise, auf dessen selbstlose und verständnisvolle Mitarbeit bei der Lösung der ihm gestellten schweren Aufgaben der Kurfürst besonders angewiesen war, nicht blos an Einigkeit, sondern vielfach sogar an dem guten Willen zu solcher, so konnte es natürlich nicht ausbleiben, dass ausserhalb der eigentlichen staatlichen Geschäftsleitung stehende Personen Einfluss auf diese gewannen und gelegentlich auch noch andere als blos sachliche Gesichtspunkte geltend machten. Auch der Einfluss entsprang hier, den die Kurfürstin Dorothea über den ihr zunächst angewiesenen Wirkungskreis hinaus bei ihrem Gemahl gewann. An sich thatsächlich geübt, ist er doch in Folge der Parteiungen, die den Hof zerrissen und auch das kurfürstliche Haus spalteten, von geschäftigen Gegnern nicht blos rücksichtlich seiner Stärke übertrieben, sondern auch in Bezug auf die von ihm verfolgte Richtung und die ihm zu Grunde liegenden Beweggründe entstellt und verleumdet worden.

An Gaben des Herzens und des Geistes stand Dorothea, geborene Herzogin von Holstein-Sonderburg-Glücksburg (geb. 28. September 1639), verwitwete Herzogin von Braunschweig-Celle, ihrer Vorgängerin, der Oranierin Luise, zweifellos nach, welche, inmitten grosser Traditionen aufgewachsen und nach der Art ihres ruhmreichen Hauses tief innerlich berührt von dem Geiste der Zeit, dem Kurfürsten eine ebenbürtige Gemahlin gewesen war. Auch hat dieser das lebhaft empfunden und hat bei Dorothea das kluge Verständnis und den einsichtsvollen Rath vergeblich gesucht, den ihm jene bei aller Schlichtheit und Anspruchslosigkeit in so reichem Masse gewährt hatte. Dass die Eingehung einer neuen Ehe durch Friedrich Wilhelm nicht nach dem Sinn der oranischen Verwandten war, ist menschlich ja wol begreiflich: als sie vorbereitet wurde, haben dieselben ihr in jeder Weise entgegengearbeitet, und namentlich seine Schwiegermutter und sein Schwager von Anhalt haben aus ihrem Unmuth kein Hehl gemacht[1]), sich auch zeitig den Anschein ge-

---

[1]) S. des Kurfürsten Briefwechsel mit Schwerin Urkunden u. Aktenstücke XII, S. 917 ff.

geben, als ob von der Stiefmutter und den Stiefgeschwistern die Kinder erster Ehe eine Benachtheiligung ihrer Rechte zu fürchten hätten. Dorothea war deshalb von dem kurfürstlichen Hause und Hof mit unverhohlenem Mistrauen und Uebelwollen aufgenommen, und es scheint unter dem Einfluss Anhalts, den Luise auf dem Sterbebette geboten hatte sich ihrer Kinder anzunehmen und sie nicht zu verlassen, wenn Friedrich Wilhelm zum zweiten Male heirathen sollte[1]), auch das Verhältnis zu ihren Stiefkindern von Anfang an, wenn nicht geradezu getrübt, so doch der Art beeinflusst worden zu sein, dass es ein recht vertrauliches und herzliches überhaupt nicht werden konnte. Das Vorurtheil aber, das ihr dort begegnete, griff auch in weitere Kreise hinüber. Bei der Bevölkerung hat sie sich niemals der Beliebtheit erfreut, die ihre Vorgängerin genossen hatte. Was von dem am Hofe umlaufenden Gerede weiterhin verbreitet wurde, scheint man da nur allzu wolgefällig aufgenommen und breiter ausgeführt zu haben: Dorothea wurde zur bösen Stiefmutter gestempelt, weit hinaus über das Mass, das berechtigt und erlaubt war. Denn dass sie die Abneigung, mit der man ihr begegnete, je länger je mehr erwiderte, dass sie darauf verzichtete sich in vergeblichem Liebeswerben abzumühen und die beste Schutzwehr gegen Anfeindungen aller Art sich in der Neigung ihres Gemahls zu erhalten bemüht war, war doch nur natürlich. Uebrigens werden der üblen und vielfach ungerechten Beurtheilung, die sie erfuhr, auch die leidigen konfessionellen Momente nicht fremd geblieben sein: denn dass sie, die Lutheranerin, zu dem reformirten Bekenntnis ihres Gemahls übertrat, wurde ihr in den glaubenseifrigen Kreisen besonders schwer angerechnet und gewiss auch auf nicht eben löbliche Beweggründe zurückgeführt.

Politischer Ehrgeiz scheint Dorothea freilich fremd gewesen zu sein, und dass sie politisch Einfluss zu üben gesucht hätte, ist kaum erweisbar. Anfangs hielt sie sich diesem Gebiete begreiflicher Weise überhaupt fern[2]). Ohne hervorragende geistige An-

---

[1]) Rébenac d. 6. Februar 1680.
[2]) Vaubrun d. 19. Juli 1669: Mad. l'Electrice ne se mesle d'aucune affaire.

lagen¹), nahm sie doch im Laufe der Zeit auch an diesen Dingen Antheil. Als unermüdliche treue Gefährtin wich sie nicht von des Gatten Seite, auch nicht, wenn er seiner Neigung zur Einsamkeit nachgebend sich in die Waldstille entlegener Jagdreviere verbarg²), ja nicht einmal wenn es die Strapazen des Lagerlebens oder gar winterliche Feldzüge zu ertragen galt. Sie wurde ihm in demselben Masse als aufopfernd treue Pflegerin unentbehrlich, wie mit zunehmendem Alter die ihn heimsuchenden körperlichen Beschwerden häufiger und schmerzhafter wurden. Dadurch wurde sie unwillkürlich auch die Theilnehmerin seiner politischen Sorgen. Doch scheint sie dabei allerdings mehr von dem Standpunkte des persönlichen Interesses ausgegangen zu sein, als aus politischer Ueberzeugung eine bestimmte Richtung verfolgt zu haben: daher soll sie auch besonders gewandt gewesen sein, wenn es etwas ihr Unangenehmes zu hintertreiben galt, als dass sie positiv etwas durchzusetzen vermocht hätte³). Und als sie dann im Laufe der Jahre eine stattliche Reihe von sieben blühenden Kindern gebar, darunter vier Söhne, deren prangende Jugendschöne auch Rébenacs Entzücken war⁴), und in begreiflicher mütterlicher Liebe dieselben glänzend versorgt und womöglich zu voller fürstlicher Stellung erhoben zu sehen wünschte, da wird es unter den obwaltenden Verhältnissen freilich nicht ausgeblieben sein, dass sie ihren Einfluss namentlich für die Erfüllung dieses Wunsches geltend machte. Das aber konnte nur eine weitere Trübung der Beziehungen zu den Kindern aus ihres Gemahls erster Ehe zur Folge haben, um

---

¹) Rébenac d. 6. Februar 1680: — elle a naturellement peu d'esprit.
²) Vgl. S. 43. 151.
³) Rébenac vom 6. Februar 1680. Il est inconcevable, Sire, combien cette princesse a de crédit sur l'esprit de son mary, surtout lorsqu'elle est piquée ou qu'elle veut traverser le succès d'une affaire. Elle plaist à son mary par une assiduité extraordinaire; elle emploit plustot son crédit pour ses affaires domestiques et pour entretenir son mary dans une froideur continuelle pour les enfans du premier lit que pour les affaires estrangères, auxquelles elle ne s'attache que lorsqu'elle y trouve d'interest.
⁴) Rébenac berichtet den 14. Januar 1680: — j'y vis quatre garçons et deux filles, il y en avoit une autre malade. C'est, Sire, une des plus belles familles qu'on puisse voir et tous ont beaucoup d'esprit et de feu.

so mehr als das Schicksal ihr noch in die Hand zu arbeiten schien. Der Tod des reichbegabten Karl Emil, die besorgliche Schwäche des nunmehrigen Kurprinzen Friedrich und die Kinderlosigkeit des Markgrafen Ludwig eröffneten ihrem Erstgeborenen doch bedeutende Aussichten dereinst nach dem Vater zur Herrschaft zu kommen. Das muss auch auf den Kurfürsten Eindruck gemacht haben und wurde unwillkürlich ein Moment, das ihm die Gattin doppelt theuer machte und ihrem Rathe und noch mehr ihren Wünschen bei ihm geneigte Aufnahme sicherte und grösseres Gewicht verlieh. Ob Dorothea aber jemals eigentlich politischen Einfluss geübt hat, bleibt zweifelhaft, mag ihr Rébenac solchen auch zuschreiben und sie um seinetwillen mit Schmeicheleien und Geschenken umworben haben. Wird sie doch die zur Entscheidung stehenden grossen politischen Fragen kaum mit anderen Augen gesehn haben als der Kurfürst selbst, und wenn sie sich ein Urtheil darüber erlaubte, wird sie das doch wol nur auf die ihr von dem Gemahl gemachten Mittheilungen hin und in dem von ihm vertretenen Sinne gethan haben. Aber je mehr der Kurfürst gelegentlich selbst schwankte und inmitten der ihn umdrängenden Schwierigkeiten bei sich selbst um die Entscheidung rang, um so mehr konnte sie schon dadurch bestimmend auf ihn einwirken, dass sie ihn auf dem zuerst eingeschlagenen Wege festhielt und seinen anfänglichen Beschluss gegen nachträgliche Skrupel und Zweifel sowol wie gegen selbstsüchtige Einflüsse von anderer Seite her stützte und stärkte. So war sie Franzosenfreundin, so lange der Kurfürst die französische Allianz pflegte: aber indem sie dieser Politik feindliche Einwirkungen auf ihn bekämpfte, erwarb sie sich doch in Ludwigs XIV. und Rébenacs Augen ein Verdienst um Frankreich[1] und liess beide den Moment fürchten, wo sie dieser Bundesgenossin verlustig gehen würden[2]. Zudem fielen nicht selten ihre persönlichen Wünsche mit dem zusammen, was für Frankreich politisch

---

[1] Rébenac 1. Mai 1683. Vgl. oben S. 146, Anm. 2.

[2] Derselbe d. 7. Juni 1686. Je ne dois point cacher, qu'elle a du chagrin de ce qu'elle ne reçoit pas de présent. Mais elle reviendra sans peine à la première occasion outre que j'ay sujet d'estre fort satisfait d'un petit éclaircissement que j'ay eu avec elle. —

vortheilhaft war: namentlich begreift man, dass sie vor allem den Frieden erhalten zu sehen wünschte, um ihren Gemahl nicht von Neuem den Anstrengungen und Gefahren eines Krieges ausgesetzt zu wissen. Daher hat sie sich auch da noch, als der Konflikt mit Frankreich sich immer mehr zuspitzte, bemüht den drohenden Bruch möglichst hinauszuschieben. Ihrem Einfluss schrieb man es zu, dass der Erlass, durch den der Kurfürst im ersten Zorn über die Verfolgung seiner Glaubensgenossen in Frankreich seinen katholischen Unterthanen, Civil so gut wie Militär, den Besuch der Messe in der französischen Gesandtschaft, wo sonst 400—500 derselben zu erscheinen pflegten, bei Strafe verbot, nach einiger Zeit wieder zurückgenommen wurde[1]). Weiterhin freilich konnte sie schärfere Massregeln nicht hindern: wurde doch schliesslich allen katholischen Unterthanen untersagt das Haus des französischen Gesandten überhaupt zu betreten, so dass selbst Kaufleute ihre Waaren dort nicht mehr anbieten durften. Rébenac freilich war solcher Uebereifer nicht unlieb: denn nun würde, meinte er, wenigstens alle Welt sehn, dass es in Brandenburg ebenso zugehe wie in Frankreich, und wie der Kurfürst Kirchengebete für seine französischen Glaubensgenossen anordnete, so liess er in seiner Kapelle Gebete halten und Fasten ansagen für die Rettung der Kirche aus der über sie hereingebrochenen Verfolgung[2]).

Aber selbst unter diesen für ihn so mislichen Umständen meinte Rébenac die gute Behandlung, die er erfuhr, namentlich den Bemühungen der Kurfürstin zu verdanken[3]). Wenn er jedoch annahm, dass sie zu dieser Haltung wenigstens mit durch den Wunsch veranlasst werde, die erstrebte reichliche Versorgung ihrer Kinder durch Beihülfe französischen Einflusses durchzusetzen[4]), so liegt dafür ein direkter Beweis jedenfalls nicht vor. Was Dorotheen in dieser Hinsicht alles zugetraut und nachgesagt wurde, hat der Gesandte von Anfang an als eitel Lügenwerk erkannt und bezeich-

---

[1]) Bericht Rébenacs vom 13. November 1685. Vgl. M. Lehmann, Preussen und die katholische Kirche I, S. 1461.
[2]) 17. November 1685.
[3]) 8. August 1686.
[4]) Bericht vom 31. Mai 1685.

net. Wenn sie dabei, von Mutterliebe verleitet, etwas zu weit gegangen sein und mit dem Staatswol Unvereinbares erstrebt haben sollte, so hat sie das damit etwa begangene Unrecht freilich schwer gebüsst: gewissenlose Klätscher entblödeten sich nicht sie gar als Urheberin oder Mitwisserin der Giftmischerei zu verdächtigen und dadurch in dem kurfürstlichen Hause unerhörte Zwietracht zu erzeugen und geflissentlich zu nähren. Vielleicht ist damit in irgend einer Weise die schwere Krankheit in Verbindung zu bringen, die sie damals befiel: ein Schlaganfall brachte sie dem Tode nahe, und von den Folgen desselben scheint sie sich nicht mehr ganz erholt zu haben[1]).

---

[1]) Rébenac 10. Juni 1687 und 10. Februar 1688.

VIII. Vater und Sohn und die Verwickelungen im Kurfürstlichen Hause.

Gegensätze verschiedener Art waren im kurfürstlichen Hause innerhalb der letzten Generationen zu Tage getreten: nicht nur nach Anlagen und Neigungen, auch nach Zielen und Wegen der Politik waren Vater und Sohn, Kurfürst und Kurprinz wiederholt entschiedene Gegner gewesen — die natürliche Wechselwirkung zwischen der trotz des vorherrschenden Familienzugs scharf ausgeprägten Eigenart der einzelnen Herrscherpersönlichkeiten und der Fülle der Probleme, die eine von kirchlichen und politischen, gesellschaftlichen und wirthschaftlichen Wandelungen gleich tief bewegte Zeit in raschem Wechsel zur Lösung stellte.

Der Gegensatz, in dem der Grosse Kurfürst selbst zu dem Vater gestanden hatte, erneute sich in anderer Weise zwischen ihm und seinem Nachfolger. Momente, die genau so nur zum Theil in der Natur beider begründet lagen wie die, welche einst das Verhältnis Georg Wilhelms zu dem einzigen Sohne getrübt hatten, erzeugten hier ein Misverständnis, das nicht blos für die kurfürstliche Familie die Quelle unerquicklichster innerer Spaltung wurde, sondern durch den Einfluss der eigensüchtigen Bestrebungen Fremder zeitweilig die Zukunft des Staates zu gefährden schien. Aehnliches wie er selbst einst an dem väterlichen Hofe erlebt haben wollte, hat der Grosse Kurfürst in Folge einer unglücklichen Verkettung der Umstände sich von dem Sohne vorhalten sehn müssen. Wie er selbst überzeugt blieb, beinahe das Opfer einer von des Vaters erstem Minister veranlassten Vergiftung geworden zu sein, so hat sein Sohn die gleiche Beschuldigung gar gegen die Stiefmutter erhoben und eine Zeit lang mit unerhörter, durch keine Widerlegung bekehrbarer Hartnäckigkeit aufrecht erhalten, und wie ihn in den trüben Tagen einer einsamen und verbitterten Jugend die Sorge gequält hatte, er könne durch irgend einen Gewaltstreich von der ihm gebührenden fürstlichen Stellung ausgeschlossen werden, so wurde er beschuldigt dem Sohn zu ähnlichen Befürchtungen Grund gegeben zu haben. Wie er selbst einst während des Aufenthalts in den Niederlanden und Kleve — obendrein unter politisch viel gefährlicheren Umständen — sich dem Vater entzogen und die Rückkehr an den Hof verweigert hatte, musste er den künftigen Nachfolger sich wider ihn auflehnen sehen. Das war doch wol von all dem Schweren, das er zu erleben gehabt hat, das Schwerste, und die besonderen Umstände, welche diesen Konflikt begleiteten, lassen seinen Lebensabend recht trübe und freudlos verdüstert erscheinen.

Dank der bevorzugten Stellung, die Friedrich Wilhelm ihm während der ersten Jahre seines Aufenthalts in Berlin einräumte, hat Rébenac auch in diese Dinge gelegentlich einen tiefern Blick gethan als die meisten der nicht unmittelbar daran betheiligten Zeitgenossen. Als Vertreter einer Macht, die, kam es zum Aeussersten, beide Theile anzurufen dachten, sah er sich frühzeitig von beiden ins Vertrauen gezogen, ohne dass er sich durch offene Parteinahme die Freiheit des Blicks und die Unbefangenheit des Urtheils hätte beeinträchtigen lassen. So geben seine Berichte auch über Ursprung und Verlauf dieser unerquicklichen Episode aus des Grossen Kurfürsten letzten Regierungsjahren nicht blos manche interessante Einzelheit, sondern lassen sie auch bei aller Subjektivität der Auffassung doch in manchem Zuge in einem anderen und vielleicht richtigeren Licht erscheinen, als man sie bisher im Allgemeinen zu sehen gewohnt war. Weniger in die Sphäre der hohen Politik scheinen sie danach zu gehören als vielmehr in die lange Reihe kleinlicher persönlicher Händel und ärgerlicher häuslicher Streitigkeiten, an denen der Berliner Hof damals überreich war.

Gewiss hat die öffentliche Meinung der Kurfürstin Dorothea in mancher Rücksicht Unrecht gethan und sie unverdient ungünstig beurtheilt¹). In einem Punkt aber scheint ihr Tadel doch zutreffend gewesen zu sein: Friedrich Wilhelms zweite Gemahlin war zu sehr Mutter um recht Kurfürstin von Brandenburg sein zu können. In einer Weise, die menschlich begreiflich ist und ihr an sich nicht zur Unehre gereicht, aber im Hinblick auf die mit ihrer Stellung verbundenen höheren Pflichten manchem unfürstlich erscheinen kann, stellte Dorothea die Interessen der blühenden, schönen Kinder²), die sie dem Gemahl geschenkt hatte, in mancher Hinsicht über die des Hohenzollernschen Staats und legte grössern Werth darauf, dieselben einst reichlich versorgt zu wissen als ihres Gatten hingebende Lebensarbeit für das Gemeinwol durch ein stolzes Emporwachsen des von ihm geschaffenen Staates belohnt zu sehen.

Aber nicht genug damit: die Liebe zu den eigenen Kindern scheint sie wirklich mit Abneigung gegen die Stiefkinder erfüllt zu haben und der Vorwurf nicht unbegründet zu sein, dass sie gestrebt habe zwischen dem Kurfürsten und seinen Söhnen erster Ehe eine Erkältung herbeizuführen und dauernd zu erhalten³), wobei freilich nicht unbeachtet gelassen werden darf, dass ihr von der anderen Seite von Anfang an mit unverkennbarem Mistrauen und verletzendem Uebelwollen begegnet worden war. Namentlich gilt das von Johann Georg von Anhalt, der von der sterbenden Luise gewissermassen zum Beschützer ihrer Kinder gegen eine künftige Stiefmutter bestellt zu sein glaubte⁴). So lange freilich Luisens Erstgeborener Karl Emil dem Throne zunächst stand, waren dem Ehrgeiz Dorotheas für die eigenen Kinder enge Schranken gesetzt. Aber sie war doch frühzeitig bemüht ihnen wenigstens eine reiche Versorgung auszuwirken. Ihrem ältesten Sohne

---

¹) Vgl. oben S. 172.
²) Vgl. oben S. 173.
³) Rébenac d. 6. Februar 1680: elle emploit son crédit — — pour entretenir son mary dans une froideur continuelle pour les enfans du premier lit.
⁴) Vgl. oben S. 172.

Philipp Wilhelm (geb. 16. November 1669) wünschte sie, wie Verjus 1673 von Herzog Johann Friedrich von Hannover gehört haben wollte[1]), die Lande westlich der Weser oder wenigstens Kleve zugewiesen zu sehen, obgleich bei der Kunde davon der Kurprinz zornig aufbrausend erklärte, das der Stiefmutter niemals verzeihen zu können. Die Braunschweiger rieben sich bereits schadenfroh die Hände; auch Frankreich, meinten die Herren, könne ja nichts Erwünschteres begegnen als eine solche Theilung und Schwächung Brandenburgs.

Nun starb aber im December 1674 während des elsässischen Feldzugs Karl Emil, natürlich nicht ohne dass, wie damals bei jedem plötzlichen Todesfall in fürstlichen Kreisen, sofort von Gift als Ursache gesprochen wurde: Frankreich sollte den Prinzen, den es als Kurfürsten zum Feinde zu haben fürchten musste[2]), durch seinen französischen Koch haben aus dem Wege räumen lassen[3]). Des Kurfürsten zweiter Sohn von der Oranierin aber, Friedrich, der nun Kurprinz wurde, war körperlich elend, misgebildet und von zarter Gesundheit, galt auch — freilich einigermassen mit Unrecht — für geistig beschränkt. Er würde, so meinte man, den Vater nicht überleben, lasse auch Nachkommenschaft nicht erwarten[4]). Damit änderte sich die Lage für Dorothea und ihre Kinder allerdings nicht unwesentlich. Denn die Zukunft von Haus und Staat allein auf den dritten Sohn der ersten Ehe, Markgraf Ludwig, zu gründen, schien doch bedenklich, und ähnliche Rücksichten wie sie den Kurfürsten schon in dem Testament von 1664 die jüngeren Söhne so reichlich zu versorgen bestimmt hatten, dass sie heiraten und den auf wenig Augen stehenden Stamm fortpflanzen könnten[5]), empfahlen jetzt eine gleiche Fürsorge für die Söhne aus der zweiten Ehe, wenn dabei natürlich eine eigentliche Theilung ebenso wenig beabsichtigt war wie früher. Sofort aber

---

[1]) Bericht vom 7. Juni 1673.
[2]) Bericht Verjus' vom 8. Mai 1674.
[3]) v. Orlich, Geschichte des Preussischen Staates im 17. Jahrhundert I, S. 538—39.
[4]) Bericht Rébenacs vom 15. Januar 1681.
[5]) 20. April 1680.

gab es neue Parteiungen im kurfürstlichen Hause. Auch zeigte sich
alsbald, welch bedenklichen Einfluss von hieraus fremde Mächte
gewinnen könnten. Seit Jahren, so berichtet Rébenac auf Grund
der in Berlin über diese Frage umlaufenden, natürlich je nach dem
Parteistandpunkt sehr verschieden gefärbten Gerüchte[1]), bemühe
sich die Kurfürstin um Aufhebung des Testamentes, das ihr Gemahl — freilich unter ganz anderen Umständen — 1667 aufgesetzt hatte: es hatte das die Staatseinheit verbürgende Erstgeburtsrecht vorbehaltlos anerkannt, doch auch die beiden jüngeren Söhne
standesgemäss versorgt. Mehr als das verlangte Dorothea für ihre
vier Söhne. Im Frühjahr 1680 erst war sie damit am Ziele.
Auch Rébenac machte Friedrich Wilhelm gelegentlich Andeutungen
über sein Vorhaben; doch erfuhr dieser nur, es handele sich
dabei um Minden, Kleve, Ravensberg und einige preussische
Aemter.

Welche Aussichten aber eröffneten sich der französischen
Politik, als am 18. April 1680 Meinders und v. Jena im Auftrage
des kurfürstlichen Paares dem Gesandten die Bitte vortrugen, sein
König möge die Garantie für die Bestimmungen übernehmen, an
denen der Kurfürstin mehr als an sonst irgend etwas in der Welt
gelegen sei. Denn dass auch der Kurprinz Friedrich, dem die
Pläne zu Ohren gekommen waren und der sie sofort um jeden
Preis hindern zu wollen erklärt hatte, auf die erste Nachricht von
diesem Vorgange ebenfalls seine Zuflucht zu dem König von
Frankreich nehmen würde, liess sich mit Sicherheit erwarten.
Welche Stellung nahm Frankreich dann in Deutschland ein! Denn
gewiss hätte niemand lieber als der Kaiser und die Reichsfürsten
die Garantie für die ihnen allen besonders erwünschte Zerstückelung Brandenburgs übernommen. Und wie vollständig bekam es
die Zukunft Brandenburgs in die Hand, wenn der König dem Kurprinzen die Zusage gab, er werde alles thun, um eine solche Minderung seiner Macht von ihm abzuwenden[2]). Frankreich schien

---

[1]) 20. April 1680.
[2]) Ebendas. Jusques à présent, Sire, quand Mr. le Prince El. m'en a
parlé, je luy ai fait connoistre, que l'intérest de V. M. seroit plustost de
réunir et d'élever sa puissance que de la diminuer.

nach Rébenacs Ansicht berufen genau die Rolle zu spielen, die nachmals der Wiener Hof gespielt haben soll.

Aber noch in anderer Hinsicht sollte nach dem, was Rébenac vernahm, Dorothea die Prinzen erster Ehe gegen ihre Söhne zurückzudrängen suchen. Dem kränklichen Prinzen Friedrich hatte seine Tante, die verwitwete Landgräfin Hedwig Sophie von Hessen-Kassel, des Kurfürsten Schwester, bei der er erzogen worden war[1], bereits in jungen Jahren ihre Tochter Elisabeth Henriette zur Gattin bestimmt. Es hiess, Dorothea wünsche deren Hand vielmehr für einen ihrer Söhne zu gewinnen, — augenscheinlich verleumderisches Gerede, da bei dem jugendlichen Alter ihrer Söhne ein solcher Plan doch noch gar nicht gehegt werden konnte[2]. Ebenso sagte man ihr nach, sie sei bemüht die von dem Kurfürsten beabsichtigte Vermählung des jugendlichen Markgrafen Ludwig mit der noch im Kindesalter stehenden Prinzessin Luise Radziwill zu hintertreiben und die reiche Erbtochter des litauischen Fürsten Bogeslav Radziwill, der als Generalleutenant und Statthalter von Preussen in des Kurfürsten Diensten gestanden und diesem sterbend (1669) sein einziges Kind namentlich im Hinblick auf seine Erhaltung im evangelischen Glauben empfohlen hatte, für ihren Erstgeborenen, den Markgrafen Philipp, aufgehoben zu sehen, den sie gar veranlasst haben sollte mit der jungen Dame brieflich in Verbindung zu treten. Darüber scheint es zu ärgerlichen Szenen gekommen zu sein. Der Kurprinz trat entschieden für Ludwig ein, und während er sonst, trotz seiner Abneigung, der Stiefmutter respektvollst begegnete, gab er seinem Unmuth jetzt gelegentlich lebhaft Ausdruck. Rébenac erklärte er eines Tages, er werde schon wissen die geplante Zerstückelung zu hindern und dereinst auch die Minister zu fassen, die zu dergleichen riethen: es stünden dabei doch zu grosse Interessen auf dem Spiel und die Sache sei bereits zu weit getrieben, als dass er noch länger dazu schweigen könnte. Der Gesandte suchte ihn zu beruhigen: er stellte das Vorhandensein von Theilungsplänen bei dem Kurfürsten in Abrede;

---

[1] Bereits 1667 will Verjus das von dem Herzog von Hannover gehört haben!
[2] Bericht Rébenacs vom 21. August 1680.

höchstens könne der Kurprinz durch unkluges Betragen solche erst veranlassen. Doch sah er bald, dass hier Frieden zu stiften nicht leicht war. Denn auch die Kurfürstin machte ihn zu ihrem Vertrauten und glaubte seinem Einfluss die Beruhigung des Kurprinzen zu verdanken. Sich tiefer in die Sache einzulassen lehnte Rébenac höflich ab, versprach aber der Kurfürstin in seinem Verhalten zu ihr immer der Freundschaft eingedenk zu sein, die sein König ihr zugesagt hätte. Das Gleiche bekam auf der anderen Seite natürlich der Kurprinz zu hören[1]), dem ausserdem freilich auch der Kaiserhof Hülfe gegen die seine Rechte bedrohenden Theilungspläne verhiess[2]).

Andere Differenzen kamen hinzu, um die Entfremdung zwischen Vater und Sohn zu steigern. Dieser klagte über die geradezu „rüde" Behandlung, die er von jenem erfuhr; aber wenn er sich darüber gelegentlich auch krank ärgerte, niemals liess er es dem Vater gegenüber an der Bezeigung der schuldigen Ehrfurcht fehlen[3]). Der Kurfürst dagegen machte in seinem wachsenden Unmuth kein Hehl daraus, dass er den künftigen Nachfolger weder liebe noch achte[4]), dass er gering von ihm denke und sein Lebenswerk bei ihm nicht wol aufgehoben glaube, es daher begreiflich finden würde, wenn der König von Schweden, wie er als seine Absicht bezeichnet haben sollte, nach seinem Tod jenem gegenüber an Brandenburg Vergeltung üben würde[5]). Aber auch Dorothea liess den Kurprinzen empfinden, wie sehr sie gegen ihn eingenommen war, und behandelte ihn, wie Rébenac meint, unklug schlecht. War es da zu verwundern, dass in dem Gemüth des kränklichen und anfälligen Prinzen, der obnehin zur Verschlossenheit und Verstellung neigte, allmählich fast leidenschaftlicher Groll gegen die Stiefmutter sich

---

[1]) Bericht Rébenacs vom 21. August 1680.
[2]) Derselbe, d. 15. Januar 1681.
[3]) Rébenac d. 7. September 1680: Ce prince ne laisse pas d'avoir beaucoupde des plaisir de la manière fort rude, dont Mr. son père avoit commencé à le traitter.
[4]) Mr. l'Electeur ne l'ayme ny l'estime — Bericht vom 15. Januar 1681.
[5]) Ebendas. Karl XI soll gesagt haben, er warte nur des Kurfürsten Tod ab, qu'il le feroit bien payer à son fils. Ce prince me le rapporta en ajoustant: Le Roy de Suède a raison, car mon fils n'est bon à rien.

einnistete und gelegentlich gegen sie und ihre Kinder in Reden entlud, die der französische Diplomat als „schrecklich" bezeichnet¹). Bei solcher Spannung trugen auch an sich unwesentliche Dinge dazu bei die Gegensätze zu verschärfen und zu verbittern. Der Kurprinz, durch seinen Erzieher Eberhard Dankelmann zur Sparsamkeit gewöhnt, nahm, so heisst es, Anstoss an dem Aufwand, der statt der ehemals herrschenden und durch die Verhältnisse gebotenen Knappheit durch Dorothea im Hofhalt herrschend geworden war: man sagte ihm damals besondere Vorliebe für das Geld nach und meinte, er werde dereinst vor allem seine Kassen zu füllen bemüht sein²).

Das alles macht es begreiflich, dass der Kurprinz sich von der Stiefmutter des Uebelsten versehen zu dürfen glaubte und ihr daher auch in Betreff der gewünschten fürstlichen Versorgung der Stiefbrüder bösere Absichten zutraute, als sie in Wahrheit hegte oder zu verwirklichen nach Lage der Dinge irgend hoffen konnte. Thatsächlich war denn auch in dem Testament vom 29. Januar 1680, das Friedrich Wilhelm jedoch erst vor der Abreise des Hofs nach Pyrmont im Mai 1681 unterzeichnete und auch von dem Kurprinzen durch seine Unterschrift auf der Rückseite beglaubigen liess, nicht die Rede von einer Theilung, welche die Rechte des Erstgeborenen verletzt hätte: die Souveränität verblieb ungekürzt dem als Universalerben bezeichneten künftigen Kurfürsten, dessen jüngere Brüder durch eine reiche Renten gewährende, aber mehr dem Schein als der Wirklichkeit nach fürstliche Zwitterstellung versorgt wurden³). Der Kurprinz konnte mit den

---

¹) Ebendas. Madame l'Electrice le traitte fort mal et se conduit avec trop peu de prudence à son sujet. Aussy n'y est-il pas insensible, et hier mesme, sur quelque petit desmêlé entreux il me dit bien des choses terribles pour Elle et pour ses enfans, s'il se trouve jamais le maistre.

²) Ebendas. Il a peu d'esprit dissimulé et avaricieux au dernier point, peu d'élévation, et s'il marque quelque désir d'augmenter ses estats, ce n'est que pour mettre plus d'argent dans ses coffres.

³) Rébenac d. 31. Mai 1681: — la souveraineté de tout appartient à celui, qui sera électeur; les cadets y ont des domaines assez considérables. Richtig sind auch seine speziellen Mittheilungen d. 1. September 1683. Vgl. auch Lambergs Bericht Urkunden u. Aktenstücke XIV, S. 996. 1043 und Droysen a. a. O. IV, S. 147.

Bestimmungen, die ihm zunächst freilich ihrem Inhalt nach nicht mitgetheilt waren, nach Rébenacs Urtheil wol zufrieden sein: sie gaben ihm sicher keinen Grund gegen angebliche Kränkung seiner Rechte bei anderen Reichsfürsten oder beim Kaiser Schutz zu suchen, so wenig wie Dorothea ihren Einfluss bei dem Gemahl dadurch in Frage zu stellen Lust haben konnte, dass sie für die künftige Exekution des ihre Kinder immerhin reich bedenkenden Testaments sich fremder Beihülfe versicherte, etwa gar von Seiten des dem Kurfürsten besonders verhassten und verdächtigen Hauses Braunschweig. Auf der anderen Seite aber gab sich Rébenac, dem der Kurfürst den Inhalt der von ihm getroffenen Anordnungen anvertraut hatte[1]), den Anschein, als ob diese Angelegenheit wesentlich durch seinen Einfluss einen für den Kurprinzen so günstigen Ausgang genommen hätte[2]), — eine Behauptung, die dadurch bestätigt zu werden schien, dass der Kurfürst dieses Testament unter die Garantie des Königs von Frankreich stellte. Jedenfalls wurde damals das seit längerer Zeit gestörte Verhältnis zwischen Vater und Sohn gebessert.

Nur hielt das nicht lange an. Bereits im November 1681 meldet Rébenac nach Paris, er vermeide jeden vertraulichern Verkehr mit dem Kurprinzen und beschränke sich auf das durch den Anstand Gebotene und das Zusammentreffen bei festlichen Gelegenheiten, da er sonst fürchten müsse des Kurfürsten Misfallen und Mistrauen zu erregen[3]): der Prinz sei durch die Gesandten des Kaisers, Dänemarks und der Niederlande mit einem Male völlig umgestimmt und mache auch in seinen Reden kein Hehl aus seiner Abneigung gegen Frankreich. In wie weit die Frage nach dem Testament dabei eine Rolle spielte, vermögen wir nicht zu sagen. Legen auch spätere Vorgänge die Vermuthung nahe, dass

---

[1]) 5. April 1685: Il m'a dit, qu'il me le monstreroit et qu'il n'avoit presque rien changé depuis ce qu'il m'avoit fait l'honneur de me confier, il y a quelque temps.

[2]) 31. Mai 1685. Le Prince El. — est persuadé, que V. M. m'a donné ordre de m'opposer dans ces occasions autant qu'il se pourroit à la séparation d'une partie des estats, comme il l'avoit tousjours appréhendée.

[3]) Bericht vom 25. November 6815.

Dorothea mit dem ihren Söhnen Zugewiesenen nicht befriedigt war, sondern noch mehr zu erreichen strebte und hoffte, so würde doch schon des Kurprinzen von dem kaiserlichen und dem niederländischen Gesandten genährte Entrüstung über die neuen französischen Gewaltthaten hinreichen, um die Erkaltung seiner Beziehungen zu Rébenac zu erklären, während sich den Gegnern Frankreichs in der Testamentsangelegenheit ein sehr wirksames Mittel darbot, um des Prinzen Verdacht rege zu halten und ihn gegen Frankreich ebenso wie den so demonstrativ franzosenfreundlichen Vater einzunehmen. Durch das Geschenk eines Ehrensäbels, das er kurz nach dem Fall Strassburgs Rébenac machte, arbeitete dieser den Gegnern ja förmlich in die Hände[1]). Als dann der Kurfürst in dem heissen Verlangen nach Pommern sich gar bereit finden liess im Bunde mit Dänemark die weiteren Vergrösserungspläne Ludwigs XIV. wenigstens mittelbar zu unterstützen, wurde der Kurprinz dadurch um so mehr ins Gedränge gebracht und Gegenstand des Wettbewerbs beider Parteien, als bei des Vaters üblem Gesundheitszustand er jeden Augenblick gewärtig sein musste selbst zur Herrschaft berufen zu werden. Gerade als jene gewagten Entwürfe greifbare Gestalt gewannen und durch ein neues französisch-brandenburgisches Bündnis festgelegt werden sollten, Anfang 1683, war Friedrich Wilhelm so schwer krank, dass man sein Ende für nahe hielt[2]). Im März 1683 galt sein Zustand für hoffnungslos: so hinfällig war er körperlich und geistig traurig niedergeschlagen. In der Erledigung der laufenden Geschäfte musste er sich vom Kurprinzen vertreten lassen, während alle wichtigen Angelegenheiten natürlich liegen blieben, da die Minister bereits mit dem nahen Thronwechsel rechneten und in Erwartung

---

[1]) Vgl. oben S. 108.
[2]) 27. Januar 1683: — les deux dernières maladies de M. l'Electeur ont sy affaibly la santé de ce prince, qu'il ne songe à rien qu'au repos. Je ne m'apperçois en aucune façon, que son esprit diminue, mais le corps l'est à un tel point, qu'il devient incapable de touttes sortes de mouvement; — Aehnlich d. 25. Februar und d. 13. März 1683. Ce prince est dans un abatement de corps et d'esprit, qui le rend peu capable d'une pareille entreprise, et on peut dire, que sans un miracle il n'en relevera pas.

eines vollständigen Systemwechsels alles vermeiden wollten, was sie dem neuen Herrn gegenüber kompromittiren konnte.

Da trat in des Kurfürsten Befinden doch noch eine Besserung ein, und alsbald lebte auch die alte Energie in ihm wieder auf: die Allianz mit Frankreich gegen Schweden und Braunschweig wurde ernstlich unterhandelt. Auch der Kurprinz hat ihr nicht widersprochen, schien also damit einverstanden, obgleich Rébenac zweifeln zu müssen meinte, ob er bei seiner angeborenen Furchtsamkeit in einer solchen, doch nicht ungefährlichen Sache die nöthige Ausdauer und Festigkeit beweisen werde[1]). Weiterhin aber rühmt er den Eifer, mit dem derselbe sich um den gewünschten Abschluss bemüht[2]). Jedenfalls also hat der Kurprinz damals den Widerspruch fallen lassen, den er anfangs gegen des Vaters Pläne erhoben hatte — vielleicht nur, weil er an die Möglichkeit ihrer Ausführung doch nicht glaubte. Sicherlich aber kann von einer prinzipiellen politischen Gegnerschaft zwischen Vater und Sohn um jene Zeit nicht die Rede sein. Eine solche kann daher auch den heftigen Konflikt nicht verschuldet haben, der bald danach zwischen beiden erfolgte. Vielmehr kamen die Störungen, welche das eben damals ganz leidliche Verhältnis aufs Tiefste erschütterten, offenbar von einer ganz anderen Seite.

Am 7. Juli 1683 starb die Kurprinzessin Elisabeth Henriette, die zweite Tochter der Landgräfin von Hessen Hedwig Sophie, der 1649 mit Wilhelm VI. von Hessen-Kassel vermählten jüngeren Schwester des Kurfürsten. Von ihrer Mutter für den in Kassel erzogenen Prinzen bestimmt scheint sie früh der Gegenstand einer halb kindlichen Neigung desselben geworden zu sein. Bei Friedrich Wilhelm stiess die Verbindung anfangs auf Widerstand, obgleich er sein Einverständnis damit bereits im Sommer 1676 er-

---

[1]) Bericht vom 20. März 1683: Ce prince se retire de la connoissance des affaires à mesure, qu'il voit restablir la santé de Mr. son père; nur um diese Frage kümmert er sich auch ferner: Mais je ne vois pas, Sire, que la timidité naturelle de ce prince doive en faire attendre beaucoup de fermeté et de constance dans les affaires, qui seront sujettes comme celle-cy à des suittes périlleuses.

[2]) 5. Mai 1683.

klärt hatte¹). Erst 1679 fand die Hochzeit statt. Doch lebte das kurprinzliche Paar wegen der andauernden Spannung mit der Stiefmutter meistens in Köpenick. Der Ehe entstammte nur eine Tochter, die 1700 dem Erbprinzen Friedrich von Hessen-Kassel vermählt wurde. Wenige Tage nach ihrer Mutter, der Landgräfin, erlag Henriette den anfangs ganz gelinde auftretenden Kindsblattern²). Der Todesfall war nicht ohne politische Bedeutung³), da der Verstorbenen ältere Schwester dem Dänenkönig vermählt war, mit dem Brandenburg eben weitaussehende Entwürfe verbanden und dessen Einfluss auf seinen Schwager nicht gering gewesen zu sein scheint.

Alsbald trat die Frage nach der Wiederverheiratung des Kurprinzen in den Vordergrund, und schon als man die Vorbereitungen zu der dem Brauche der Zeit gemäss erst Monate nach dem Tode erfolgenden feierlichen Beisetzung traf — Anfang November 1683 — hielt Friedrich Umschau nach einer neuen Gattin. In Betracht kamen zunächst die jugendliche Sophie Charlotte von Hannover, deren liebreizende Schönheit schon während des Pyrmonter Kongresses 1681 und bei einem mit ihrer Mutter 1682 in Berlin gemachten Besuch allgemein bemerkt worden war, und die Tochter Johann Georgs von Anhalt, durch ihre Mutter eine Kousine Friedrichs. Auf erstere wusste der vielgewandte hannoversche Geheimrath v. Grote jetzt die Aufmerksamkeit zu lenken, während der Kurprinz Rébenac bekannte, seine Neigung gehe zu der letzteren, obgleich sie jener in der äusseren Erscheinung weit nachstand⁴). Dass diese Ehe den Kurprinzen noch mehr nach der kaiserlichen Seite hin gezogen haben würde, liegt auf der Hand. Jener aber schien sich die bittere Verfeindung des Kurfürsten mit dem Hause Braunschweig als unüberwindliches Hindernis entgegenzustellen. Seine Stiefmutter, so scheint es, hätte den Kur-

---

¹) v. Orlich a. a. O. I, S. 541. Anmkg.
²) Rébenac d. 10. Juli 1683: der ohnehin kranke Kurfürst tiefgebeugt par la nouvelle qu'il a receu de la mort de Madame la princesse électorale, qui mourut presque subitement le 7ᵉ de ce mois.
³) Urkunden u. Aktenstücke III, S. 739.
⁴) Bericht vom 4. November 1683.

prinzen am liebsten unvermählt bleiben gesehn: sie hielt, wie man es damals ziemlich allgemein that, seine Tage für gezählt, und da auch des Markgrafen Ludwig Ehe mit Luise Radziwill bisher kinderlos geblieben war, so hatte allerdings ihr Erstgeborener Aussicht dereinst des Vaters Nachfolger zu werden. Durch den Fürsten von Anhalt hat sie nun nach Rébenacs Bericht dem Kurprinzen irgend eine Mittheilung der Art machen lassen, vielleicht unter Hinweis auf seine zarte Gesundheit die Möglichkeit eines frühen Todes vorhalten lasse, damit aber die übelste Aufnahme gefunden. Tief gekränkt erklärte der Kurprinz dem Franzosen, das würde er Anhalt niemals verzeihen und von der Ehe mit seiner Tochter sei nicht mehr die Rede[1]); keine andere als die hannöversche Prinzessin wolle er heimführen. Davon aber wollte der Vater so lange nichts wissen, als Ernst August von Hannover in engem Anschluss an den Kaiser dem zwanzigjährigen Stillstand mit Frankreich entgegenarbeitete, in der Hoffnung, mit Hülfe des Wiener Hofes die beiden Ziele seines Ehrgeizes zu erreichen, die Union Hannovers und Celles unter seinem Erstgeborenen und die Kur.

So kam die Angelegenheit zunächst nicht vorwärts, obgleich bereits im Oktober 1683 Meinders zu einer Besprechung auch über sie nach Hannover geschickt war und im Februar 1684 Fuchs deswegen dort erschien[2]). Die Weigerung des Herzogs, die von ihm verlangte Schwenkung seiner Politik eintreten zu lassen, schien die Aussicht auf die vorher nöthige Verständigung abzuschneiden. Der Kurprinz war klug genug seine üble Lage nicht noch dadurch zu verschlimmern, dass er des Vaters Frankreich freundliche Politik etwa bekämpfte, gab vielmehr sein Einverständnis damit aus-

---

[1]) Bericht vom 2. Januar 1684: Madame l'E. se flatte, que le Prince El. ne vivra pas longtemps et que le margrave Louis n'ayant point d'enfans, le prince Philippe, son fils, viendra à la succession. Pour réussir dans son dessein elle s'est servi du prince d'Anhalt, lequel a sy fort dépleu au Prince El., qu'il me dit, que de toute sa vie il ne luy pardonneroit et que sa fille seroit la dernière personne du monde, à laquelle il se détermineroit.

[2]) S. Guhrauer, „Zur Jugendgeschichte der Königin Sophie Charlotte" „Der Freihafen" 1, 3, S. 121 ff.

drücklich zu erkennen, indem er auf Rébenacs Veranlassung den braunschweigischen Ministern erklärte, seine Neigung zu Sophie Charlotte sei unverändert, aber er sehe zur Zeit keine Möglichkeit, wie eine so grosse Harmonie der Personen und ein so starker Gegensatz der Interessen ausgeglichen werden könnten[1]). Nur dann konnte er seine Wünsche befriedigt zu sehen hoffen, wenn Frankreich mit Hülfe seines Vaters auf Kosten Deutschlands zum Ziele kam. So wurde er zum Parteigänger Frankreichs, wenigstens für den Augenblick, und suchte sich Rébenac geneigt zu erhalten als mächtigen Fürsprecher der von ihm betriebenen Ehe. Mit besonderem Eifer trat dafür von den kurfürstlichen Räthen Fuchs ein, der eine Versöhnung zwischen Brandenburg und dem Hause Braunschweig schon deshalb dringend wünschte, um ersteres nicht noch mehr in Abhängigkeit von Frankreich gerathen zu lassen[2]) oder gar in den Angriffskrieg gegen Schweden und Braunschweig gezogen zu sehn.

So erhielt der Eheplan des Kurprinzen eine politische Bedeutung, und da Frankreich den ihm so grosse Vortheile verheissenden Stillstand wünschte und es mit dem Kriegstreiben gegen Schweden und Braunschweig gar nicht ernst meinte, sondern darin blos ein Mittel zur Durchsetzung seiner Absichten sah, so hatte es Rébenac leicht, den Gönner der Wünsche des Prinzen zu spielen und bei diesem die Meinung zu erwecken, dass er nur durch französische Hülfe die Hand Sophie Charlottens gewinnen könnte, und ihn dahin zu bringen, dass er — wie Graf Lamberg unwillig bemerkte — nun auch anfing mit der französischen Partei „schön zu thun und ihr nachzuschweifen"[3]). Dennoch gab es zwischen ihm und dem Vater noch lebhafte Erörterungen, und die Sache veranlasste neue Parteiungen am Hofe. In seiner Ungeduld mög-

---

[1]) Rébenac d. 29. Januar 1684. Le Prince El. est de concert en tout ce qui se passe et a déclaré sur ce que je l'en ay prié aux ministres de Brunswik, qu'il avoit à la vérité du penchant pour la princesse de Hannover, mais qu'il ne voyoit, comment concilier une sy grande union de personnes avec une sy grande différence d'intérest.
[2]) Derselbe d. 2. Januar 1684.
[3]) Urkunden u. Aktenstücke XIV, S. 1134.

lichst bald zu einer Frau zu kommen ¹) scheint der Kurprinz heftig angedrungen zu sein²), was der Vater unter den obwaltenden Umständen allerdings auch für politische Gegnerschaft nehmen konnte. Für den Einbläser hielt er Derfflinger, den er als leidenschaftlichen Gegner des geplanten Kriegs gegen Braunschweig kannte und dessen einflussreiche Stellung dadurch zeitweise ernstlich gefährdet schien³). Auch wollte Rébenac eine wachsende Intimität zwischen dem Kurprinzen und den Gesandten der Frankreich feindlichen Staaten bemerken⁴), während Fuchs wol schon damals im Geheimen den gewünschten Umschwung vorbereitete, bei dem die Versöhnung Brandenburgs und Braunschweigs durch die Ehe des Kurprinzen mit der Tochter Ernst Augusts besiegelt werden sollte. Ob Friedrich von dieser Entwicklung der Dinge schon Kenntnis hatte, als er Rébenac im Mai 1685 feierlich erklärte, bisher habe er die Interessen des Hauses Lüneburg wahrzunehmen gesucht, jetzt müsse er sie aufgeben: seine Neigung für die hannoversche Prinzessin sei zwar unverändert, aber ihre Befriedigung verschiebe er auf eine Zeit, wo sie ohne Nachtheil für das Interesse und die Ehre seines Vaters möglich sei⁵), muss dahingestellt bleiben: verstecktes und verstelltes Wesen wurde ihm im Allgemeinen nachgesagt.

Ueberraschend schnell trat dieser Zeitpunkt ein. Denn im

---

¹) Rébenac d. 25. April 1684: Cependant, Sire, il se passe tant de choses entre Mr. l'El. et le Prince El. sur le mariage avec la princesse d'H. et celuy cy se détermine sy fort à vouloir le faire, qu'il employe tous les moyens imaginables contre ceux, qu'il croit le traverser. Il est aussy fort aydé par Mr. Fuchs. . .

²) d. 29. April. — Ce Prince se sert du Sr. Fuchs pour parvenir à ses fins, qui ne sont autres que d'avoir promptement une femme.

³) Derselbe d. 25. März 1684: Il est mal satisfait de la conduitte du Prince El. et ne l'attribue avec raison qu'au Sieur Dorfling et aux autres gens de sa cabale.

⁴) 29. Februar 1684.

⁵) Bericht vom 13. Mai 1684: — qu'autant qu'il avoit soustenu les interests de Lunebourg jusques icy, autant vouloit-il les abandonner présentement; qu'il estoit vray, qu'il avoit tourné ses inclinations du costé de la princesse d'H., mais que pour y satisfaire il prendroit un temps, qui ne pourroit porter de préjudice ny à l'intérest ny à l'honneur de Mr. son père.

entscheidenden Augenblick liess Ludwig XIV. den erst eifrig betriebenen Angriff Brandenburgs, Dänemarks und Kölns auf Schweden und Braunschweig nicht zu, da die Generalstaaten sich ihm beugten und den gebotenen Stillstand annahmen, also die Rüstungen, welche der Kurfürst, obgleich zeitweilig krank, inmitten der höfischen Kabalen und der Umtriebe seiner Minister energisch betrieben hatte, ihren Zweck erfüllt hatten[1]) und die Unterwerfung auch des Reichs mit Sicherheit zu erwarten stand. Friedrich Wilhelm war ausser sich: wiederum entging ihm die gehoffte pommersche Beute; für seine Verhältnisse ungeheure Summen waren nutzlos aufgewendet. Aber den Krieg gegen Frankreichs Willen zu unternehmen, wie er einen Augenblick wollte, war unmöglich. Nur im Bunde mit dem eben noch so hart bedrohten Hause Braunschweig liess sich vielleicht der Plan gegen Schweden ausführen, ohne Frankreichs Einsprache fürchten zu müssen. So wurde Friede, Versöhnung, Bündnis mit Braunschweig mit einem Male die Parole. Auch des Kurprinzen Eheplan wurde nun realisirbar, ja er fügte sich als ein sehr nützliches und wirksames Moment der neuen Politik des Kurfürsten ein. Anfang September 1684 ging der Oberkämmerer v. Grumbkow als Brautwerber nach Hannover, indem er Sophie Charlotten im Auftrage Friedrichs ein kostbares Juwelengeschenk im Werthe von 50000 Thalern überbrachte[2]). Alles ordnete sich nun schnell nach Wunsch: bereits am 8. Oktober fand die Hochzeit des 27jährigen Prinzen mit der 16jährigen Braut statt. Zu den Festlichkeiten, die den Einzug des jungen Paares in Berlin verherrlichten, hatte der Kurfürst sämmtliche Prinzen des Hauses Braunschweig eingeladen: galt es doch eine Art von Versöhnungsfest. Seine Gäste besonders zu ehren liess er dabei in der Nähe Berlins ein stattliches Heer von 12—13000 Mann in einem Lager versammeln. Nach mancher Meinung freilich waren die Truppen bestimmt demnächst in Pom-

---

[1]) Instruction Ludwigs XIV. für Rébenac d. d. Versailles 6. Juli 1684.
[2]) Bericht Rébenacs vom 9. September.

VIII. Vater und Sohn etc.

mern einzufallen¹), und Rébenac bekennt bei seinem Bericht über den Empfang der Herzogin von Hannover und ihrer Tochter, es seien die schönsten Truppen, die er bisher in Deutschland zu sehen bekommen habe²).

Dass die Kurfürstin ihres Stiefsohns neue Ehe nicht mit allzu günstigen Augen ansah, ist begreiflich. War sie mit Nachkommenschaft gesegnet, so schwanden die Hoffnungen, die sie in der Stille für ihre Söhne nährte. Um so mehr wünschte sie denen nun eine reichliche Versorgung zu sichern: sie verlangte von Ernst August von Hannover, er sollte das Testament von 1680 unterzeichnen und dadurch der Bürgschaft für seine Ausführung übernehmen. Der Kurprinz erhob Einsprache: den jüngeren Söhnen seien ohnehin schon zu grosse Vortheile eingeräumt³). Als dann aber im Dezember 1684 Sophie Charlottens Vater selbst für längere Zeit in Potsdam als Gast erschien, vollendete sich der Umschwung der brandenburgischen Politik: dem gewinnenden und gewandten Welfen, der unter dem Schein selbstloser Ehrlichkeit vor allem des eigenen Hauses Erhöhung und Bereicherung betrieb, überliess der ältere, durch die letzten Enttäuschungen verstimmte Kurfürst um so lieber die leitende Stellung, als das in Angriff genommene engere Bündnis beider Häuser einen neuen Weg zur Gewinnung Pommerns zu eröffnen verhiess⁴). Um sein Zustandekommen aber bemühte sich mit einem Eifer, wie er ihn den Staatsgeschäften noch niemals entgegenbracht hatte, der Kurprinz selbst⁵), wobei freilich dahingestellt bleiben musste, ob das nicht zum Theil wenig-

---

¹) Ebendas. Il a donné ordre sous prétexte de luy faire honneur à toutes les troupes qu'il a en ce pays-cy de s'assembler pour former un corps de 12—13000 hommes. Il est certain, que sa pensée est de marcher de là en Poméranie.

²) Bericht vom 14. November: — de ses troupes, qui sont les plus belles de touttes celles que j'ay veu dans l'Allemagne.

³) Bericht vom 12. Dezember 1684: — Mr. le Prince Electeur — trouve les avantages des cadets trop grands.

⁴) C'est la maison de Braunswik, schreibt Rébenac d. 16. December 1684, en la personne du duc de Hannover, qui a présentement tout le crédit dans cette cour-cy, que Mr. l'Electeur est absolument changé à son égard.

⁵) Ebendas. Le Prince Electeur, qui ne s'estoit jamais empressé pour

stens deshalb geschah, weil die damit eintretende neue Kombination Brandenburg des bisher nothgedrungenen Anschlusses an Frankreich überhob.

Aber selbst wenn das der Fall gewesen sein sollte, ist ein politischer Gegensatz zwischen Vater und Sohn in jener Zeit doch nirgends erkennbar, und wenn sie in Betreff des Verhältnisses Brandenburgs zu Frankreich auf der einen und zu Kaiser und Reich auf der anderen Seite wirklich prinzipiell verschieden dachten, so verlor das doch im Laufe des Jahres 1685 in demselben Maasse an Bedeutung, wie mit dem Umsichgreifen der neuen Religionsverfolgung in Frankreich der Kurfürst sich von der Unmöglichkeit überzeugte in den seit 1679 gegangenen Bahnen zu beharren und um des Glaubens willen auf die andere Seite zu treten für nothwendig erkannte. Einem ganz anderen Gebiete gehörten die Anlässe an, welche trotzdem einen überaus heftigen Konflikt zwischen Vater und Sohn herbeiführten, wenn derselbe, zunächst durchaus unpolitischen Ursprungs, auch in seinem Fortgang eine gewisse politische Bedeutung erlangte durch die Art, wie ihn die verschiedenen Parteien zu benutzen suchten.

So einmüthig alle, die ihr nahe kamen, der jungen Kurprinzessin liebreizende Schönheit, anmuthig heiteres Wesen und geistige Beweglichkeit entzückt priesen[1]) und es begriffen, dass sie den Gemahl bald völlig beherrschte, mochte auch ihre Neigung zu höfischer Pracht und glänzenden Festlichkeiten mit seiner bisherigen Lebensführung so wenig stimmen wie mit dem am Berliner Hofe überhaupt herrschenden Ton: ihrer Schwiegerältern Neigung zu gewinnen gelang ihr nicht[2]), und das Verhältnis namentlich zu der Schwiegermutter blieb von Anfang an kühl, obgleich Sophie

---

les affaires d'estat, se donne un mouvement continuel près de tous les ministres pour surmonter en faveur de son beau-père jusques aux moindres obstacles; d. 4. September 1685 schreibt R.: Elle (sc. la maison de Brunswic) gouverne entièrement le Prince El. et luy a desjà donné les moyens de s'accréditer dans les affaires et de faire valoir son sentiment.

[1]) v. Friday schreibt d. 9. April 1685: Die Kurprinzessin „hat ihresgleichen in Schönheit, Annehmlichkeit und Verstand gar wenig:" Urkunden u. Aktenstücke XIV, S. 1353. Vgl. Beilage XVIII, 6.

[2]) Beilage XVI, 13.

Charlotte es ihr gegenüber niemals an der Bezeigung der schuldigen Ehrfurcht hatte fehlen lassen. Politischen Einfluss zu üben hat sie nach Rébenacs Zeugnis bei Lebzeiten des Grossen Kurfürsten nicht versucht. Auch bot die Entwicklung der Dinge 1685—86 ihr dazu kaum Anlass und Gelegenheit: denn wenn ihr Gatte wirklich, wie es hiess, ein Gegner der französischen Allianz war[1]), so hatte er sich damals nur der fortschreitenden Lockerung derselben zu freuen. Vielleicht aber war dabei die ihn, wie es scheint, dauernd erfüllende Sorge nicht ohne Einfluss, das Bemühen der Stiefmutter um noch reichlichere Versorgung ihrer Kinder könne mit Hülfe Frankreichs doch noch mehr erreichen und zu einer förmlichen Theilung des Landes führen[2]). Das Geheimnis, mit dem man für ihn die wachsende Intimität mit Frankreich zu umgeben gesucht hatte[3]), konnte in dieser Hinsicht bei ihm wol Verdacht erregen. Auch von dem Inhalt des Testaments von 1680 hatte er erst durch Rébenac Kenntnis erhalten. War darin nach seiner Meinung den jüngeren Brüdern zu viel eingeräumt, so hatte er, zumal die Exekution des Testaments unter Ludwigs XIV. Schutz gestellt war, von diesem sicher nur Hinderung zu gewärtigen, wenn er einst sein Erstgeburtsrecht und die Hausgesetze dagegen geltend zu machen versuchte. Wie es versteckten und zu Verstellung geneigten Leuten zu gehn pflegt, so wird der Kurprinz[4]) die gleiche Eigenschaft auch bei anderen vermuthet und ihnen daher Schlimmeres zugetraut haben, als er in Wahrheit von ihnen zu fürchten hatte. Auch die Kälte seines Verhältnisses zum Vater wird dazu beigetragen haben. Gewiss war der Kurprinz nur mässig begabt: aber beschränkten Geistes und ohne Scharfblick, erschien er doch einem Manne wie Rébenac nicht einfach unbedeutend[5]), mochte er den Krieg auch um seiner verhängnis-

---

[1]) Urkunden u. Aktenstücke XIV, S. 1067. 1191.
[2]) Urkunden u. Aktenstücke XIV, S. 1067.
[3]) d. 11. Dezember 1680 schreibt Rébenac: Il est d'une ignorance entière sur tout ce qui se passe entre V. M. et Mr. son père. Il sceait seulement en gros, qu'il y a une union estroitte.
[4]) Beilage XVIII, 4.
[5]) Ebendas. und Bericht Rébenacs vom 11. December 1680 — „avec une

vollen Folgen willen verabscheuen¹). Dass aber der Vater nicht
viel von ihm hielt, ihn nicht liebte und nicht achtete²), kann ihm
selbst auf die Dauer nicht entgangen sein. So konnte ihn denn
auch wol das Gefühl überkommen, der Vater sehe ihn mit seinem
misgestalteten, gebrechlichen Körper nur ungern auf dem Platze,
auf den ihn des ältern Bruders Tod berufen hatte, und bedauere
es wol gar, dass die stattlichen, gesunden und blühenden, auch
geistig reich veranlagten Söhne Dorotheas von der Nachfolge an
Land und Leuten ausgeschlossen sein sollten. Von Jugend auf
vielfach leidend und öfters in Lebensgefahr klammerte sich der
Kurprinz mit seinen Hoffnungen um so leidenschaftlicher an die
ihm von Rechtswegen bevorstehende Zukunft, je mehr es schien,
als sollte sie ihm doch noch entgehn und gerade die ihm zunächst
stehenden ihn einem frühen Tode verfallen glaubten³) und damit
als einem wichtigen Momente rechneten. Bei diesen wird denn
auch die neue Ehe Friedrichs keinen Beifall gefunden haben trotz
der bezaubernden Persönlichkeit Sophie Charlottens.

Nun war damals die Lösung von Frankreich bereits in vollem
Gange. Den ersten entscheidenden Schritt dazu bezeichnet das
Bündnis mit den Niederlanden vom 20. April 1685. Aber auch
in diese Verhältnisse wurde der leidige Hader innerhalb des kurfürstlichen Hauses hineingetragen. Denn wenn es auch natürlich
nicht, wie man Rébenac glauben machen wollte, um seine Aufmerksamkeit abzulenken und ihm den Hauptzweck der Entsendung
von Fuchs nach dem Haag zu verbergen, der einzige Auftrag des
Bevollmächtigten war, bei Wilhelm von Oranien dahin zu wirken,
dass er Dorotheas Erstgeborenen den Weg zur künftigen Nachfolge
in seinen Aemtern in der Republik bahnen hülfe, so kann man
doch angesichts wolbeglaubigter späterer Vorgänge kaum daran

---

grande pauvreté de corps et d'esprit il ne laise pas d'avoir des qualités en
luy, dont on peut faire de grandes choses, sy on le mesnageoit.

¹) Beilage XVIII, 4.
²) S. oben S. 183.
³) In einem Bericht vom 15. Januar 1681 giebt ihm Rébenac kaum 3
bis 4 Jahre mehr zu leben. Den 15. Februar 1687: — comme plusieurs gens
croyent, Mr. l'Electeur et le Prince El. ne pourroient vivre longtemps. — —

zweifeln, dass ein solcher Gedanke damals wirklich vorhanden war und zur Sprache gebracht wurde, freilich ohne weitere praktische Folgen[1]). Nun gab Brandenburgs erneute Annäherung an die Republik Frankreich Anlass es durch Wiederaufnahme der Bündnisverhandlungen mit dem Hause Braunschweig und mit Schweden zu bedrohen. Mit ersterem aber lag der Kurfürst bereits wieder in hellem Streit wegen der mecklenburgischen Quartiere und des Durchmarschs der aus Ungarn heimkehrenden Truppen. Natürlich wurde die Stellung der Kurprinzessin am Berliner Hof dadurch nicht gebessert, zumal ihr Gemahl aus seinen braunschweigischen Sympathien kein Hehl machte und die Entsendung von Truppen nach Mecklenburg als gefährlich für den Frieden widerrathen hatte.

Andererseits war ja nun aber auch die Verständigung mit dem Kaiser bereits eingeleitet. Baron von Fridag hatte bei seiner Ankunft am 18. März 1685 eine so ausgezeichnete Aufnahme gefunden, dass Rébenac sich darüber beschwerte[2]), und so langsam man vorwärts kam und so oft der Franzose hören musste, des Kaisers Anerbietungen seien unzureichend und würden abgelehnt: die durch die Verhältnisse gebotene Annäherung vollzog sich allmählich und war gesichert, seit die Aufhebung des Edikts von Nantes allem Schwanken beim Kurfürsten ein Ende machte. Nur ein Hindernis drohte sie noch zu verzögern oder vielleicht gar zu vereiteln, die hartnäckige Weigerung des Wiener Hofs das brandenburgische Recht auf Schlesien durch Gewährung einer Entschädigung anzuerkennen. Und da hat sich endlich, wie bekannt, der Kurprinz selbst ins Mittel gelegt, indem er heimlich jenen unwürdigen und unseligen Revers ausstellte, durch den er sich verpflichtete den dem Vater vom Kaiser entschädigungsweise überlassenen

---

[1]) Bericht Rébenacs vom 26. Juni 1685: Le seul secret de son voyage a esté la pensée, dont Madame l'Electrice s'est vainement flattée de faire substituer le prince Philippe, son fils, aux charges de Mr. le Prince d'Orange à l'exclusion de son frère, le margraff, qui est l'héritier naturel et tendrement aymé de ce prince. — Droysen IV, 4, S. 158 stellt das in Abrede, da er Rébenacs Bericht nur fragmentarisch kennt.

[2]) Urkunden u. Aktenstücke XIV, S. 1152.

Kreis Schwiebus dereinst zurückzugeben. Dass er damit die Pflichten des Sohnes nicht minder schwer wie die des Thronerben verletzte, ist zweifellos: sein Verfahren bleibt verwerflich und unentschuldbar, von welchem Standpunkte immer man es betrachten möge; darum aber ist es psychologisch doch immer noch erklärbar.

Nicht auf die diplomatische Meisterschaft des Barons v. Fridag kommt es dabei an, der um solche krummen Wege gehn und die in Wien wolbekannte Entfremdung zwischen Vater und Sohn politisch ausnutzen zu können, insgeheim ausdrücklich auch bei dem Kurprinzen beglaubigt worden war[1]), auch nicht auf den Einfluss, den, wie es scheint, sein Oheim Anhalt auf den Kurprinzen ausübte[2]), sondern vielmehr auf die Umstände, die sonst damals auf ihn einwirkten und ihn so weit verblendeten, dass er eine solche Handlungsweise verantworten zu können meinte, obgleich er sich doch eigentlich selbst hätte sagen müssen, dass er damit sich selbst für die Zukunft gleichsam mit gebundenen Händen der kaiserlichen Politik auslieferte. Und da stossen wir wiederum zunächst auf die Frage nach dem kurfürstlichen Testamente und den Befürchtungen, die Friedrich in Bezug auf dessen Inhalt hegen zu müssen glaubte.

Es stimmt durchaus zu dem Grundcharakter der kurfürstlichen Politik, dass sie in derselben Zeit, wo sie, mit den Niederlanden bereits versöhnt, im besten Zuge auch zur Einigung mit dem Kaiser war, doch noch demonstrativ das gute Verhältnis zu Frankreich betonte und alles zu vermeiden suchte, was diesem Anstoss geben oder den im Geheimen eingeleiteten Umschwung vorzeitig bekannt werden lassen konnte. Nur deshalb liess sich Friedrich Wilhelm damals schliesslich doch herbei, die Anfangs verweigerte Deklaration, durch die er gegenüber den Zweifeln des Königs an der Bedeutung des Vertrages mit den Niederlanden sich für die Zukunft zu getreulicher Erfüllung der gegen Frankreich übernommenen Verpflichtungen verband, wirklich abzugeben, und zwar in so devoten Ausdrücken, dass Rébenac nicht anstand von

---

[1]) Urkunden u. Aktenstücke XIV, S. 1153.
[2]) Droysen IV, 4, S. 163—64.

der „Unterwerfung Brandenburgs" zu sprechen[1]), zumeist aus Furcht vor der Erneuerung der Gefahren von 1679 durch ein Bündnis Frankreichs mit Schweden und Braunschweig. Musste da nicht auch der Kurprinz glauben, es sei jede Aussicht auf einen Vergleich mit dem Kaiser geschwunden? Vertrat doch obenein des Vaters Gesandter in Regensburg, Gotfried v. Jena, in der pfälzer Erbschaftssache ziemlich unverholen den französischen Standpunkte, mochte er gleichzeitig auch brandenburgische Ansprüche geltend zu machen haben[2]), worin sich nach Rébenacs nicht eben unzutreffender Bemerkung ein charakteristischer Zug der unruhig betriebsamen Politik des Kurfürsten offenbarte[3]). Natürlich versäumte auch Rébenac nichts, um inmitten des von Parteiungen zerrissenen Hofs seine Zuversicht auf den Bestand des brandenburgisch-französischen Bündnisses recht geflissentlich zur Schau zu tragen und keinen Zweifel daran aufkommen zu lassen, dass das eine Zeit lang gestört gewesene gute Einvernehmen zwischen dem Kurfürsten und seinem König völlig hergestellt sei. In diesem Sinne trat er eines Tages an Friedrich Wilhelm heran mit der Bitte, er möge durch milde Ueberredung auch den Sohn zu der Erkenntnis bringen, dass die Grösse und Sicherheit seines Hauses mit der französischen Allianz nicht unvereinbar sei, wie manche jenen glauben zu machen trachteten[4]). Natürlich wusste der Gesandte und durch ihn sein König ganz gut, wie es in Wahrheit mit der Bundstreue Brandenburgs stand, und bemühten sich nun auch ihrerseits den bereits unabwendbaren Bruch bis zu einem Moment hinzuzögern, wo er Frankreich möglichst wenig Schaden that und Gefahr bereitete. Vor allem aber arbeitete die französische Diplomatie nun wiederum eifrigst an der Gewinnung des Hauses Braunschweig. Dessen Neigung auf derartige Anträge einzugehn erfüllte den Kurfürsten begreiflicher Weise mit grosser Besorgnis und musste ihm

---

[1]) Bericht vom 15. December 1685.
[2]) Rébenac d. 9. März 1686.
[3]) Ebendas. C'est, Sire, le génie naturel de cette cour d'establir des prétentions sur toutes les choses du monde, de les croire touttes justes et de les faire valoir selon sa puissance.
[4]) Bericht vom 12. Januar 1686.

des Sohnes besondere Vorliebe für dasselbe¹) in einem recht bedenklichen Lichte erscheinen lassen.

Der Kurprinz ist nun aber in dieses schwer entwirrbare Durcheinander scheinbar und wirklich verfolgter Absichten nicht eingeweiht gewesen: er wurde den Geschäften ferngehalten, obgleich er den kranken Vater wiederholt in der Führung der laufenden Sachen vertreten hatte, — zweifellos ein übles Verhältnis zu einer Zeit, wo er jeden Tag den Vater an der Spitze des Staates zu ersetzen berufen sein konnte. Wäre es zu verwundern gewesen, wenn er von einem gerade in dieser Zeit und unter solchen Umständen entstandenen neuen Testament des Vaters noch mehr benachtheiligt zu werden gefürchtet hätte als von dem 1680 aufgesetzten? Freilich ist in dem viel besprochenen Reverse Schwiebus betreffend eine direkte Bezugnahme auf das kurfürstliche Testament nicht enthalten, und wir finden kein Zeugnis dafür, dass des Kaisers Gegenleistung etwa darin bestanden hätte, dass er des Kurfürsten Testament, falls es den Rechten des Kurprinzen zu nahe trat, nicht zu bestätigen versprochen hätte. Auf einen gewissen Zusammenhang aber führt schon die Zeitfolge der Ereignisse. Am 26. Januar 1686 vollzog Friedrich Wilhelm ein neues Testament, das er wenige Tage später dem Kaiser zur Aufbewahrung übersandte, und zu diesem wichtigen Akte ist der Kurprinz nicht einmal in der 1681 beliebten Form herangezogen worden. Hatte er damals den Inhalt nur durch den französischen Gesandten erfahren²), so scheint er diesmal überhaupt keine Kenntnis davon erhalten zu haben — ein Umstand, der ihn wol beunruhigen, wol seinen Verdacht erwecken konnte. Thatsächlich trafen Befürchtungen der Art ja nicht zu: vielmehr war das Testament vom 26. Januar 1686 auch von dem Standpunkt des Kurprinzen aus betrachtet noch weniger anstössig als das frühere, insofern es die damals den jüngeren

---

¹) d. 19. Januar 1686. Von den Braunschweigischen Ministern „l'un et l'autre désavouent les engagemens, dans lesquels ils sont entrés avec le Prince Electoral. Cependant — rien n'est plus certain, que sur cela, qu'ils ont tousjours dit, que ce qui ne se faisoit par pour lors, se pouroit faire plus aisément à l'avenir.

²) Vgl. oben S. 185.

Söhnen zugewiesene Versorgung zwar unverändert liess, aber die ohnehin schon knapp bemessenen politischen Befugnisse derselben noch enger begrenzte und sie eigentlich nur als Nutzniesser der Ein- und Aufkünfte der betreffenden Gebiete einsetzte, die Staatseinheit aber und die Fürstengewalt des künftigen Kurfürsten stark betonte und vorbehaltlos anerkannte[1]. Selbst die geringen Zugeständnisse, die der Kurfürst in dem Testament von 1681 an die Selbständigkeit der Theilgebiete gemacht hatte, erschienen ihm jetzt zu gross und gefährlich für die Erhaltung der Macht seines Hauses[2]).

Wenige Tage nach der Unterzeichnung des Testaments, am 31. Januar 1686, starb der Knabe[3]), dem Sophie Charlotte am 9. Oktober 1685 das Leben gegeben hatte. Seine Geburt war des Vaters höchste Freude gewesen und auch der Kurfürst selbst hatte solche geäussert[4]). In den folgenden Wochen vollzog sich der entscheidende Umschlag in der brandenburgischen Politik: am 10. März (28. Februar st. v.) unterzeichnete der Kurprinz den mit v. Fridag vereinbarten geheimen Revers betreffend die Rückgabe von Schwiebus, und am 22. März erfolgte der Abschluss des Geheimtraktats mit dem Kaiser. Mit der seit sechs Jahren verfolgten Politik war gebrochen: niemand hätte mehr Grund gehabt sich dessen zu freuen als der Kurprinz, und von einem politischen Gegensatz zwischen ihm und dem Vater konnte damals weniger denn je gesprochen werden.

Und dennoch wurde beider Verhältnis gerade in der nächsten Zeit ein recht übles. Das offenbarte sich nach Rébenacs Berichten namentlich aus Anlass der Reise, die der Kurfürst im Sommer 1686 nach Kleve unternahm, um durch ein persönliches Zusam-

---

[1]) Vgl. Droysen IV, 4, S. 158—59.
[2]) Vgl. Burnets Bericht über seine Aeusserungen darüber ebendas. S. 159 bis 160.
[3]) Urkunden und Aktenstücke XIV, S. 1261 — durch gar zu häufig empfangene Nahrung, wodurch es gar zu geschwinde zugenommen und übermässige Feiste gesetzt hat. — Bericht Rébenacs vom 5. Februar 1686.
[4]) Rébenac vom 9. October 1685. La Princesse El. est aucouchée ce matin d'un fils, qui comble de joye le Prince El. et Mr. Electeur mesme, qui en a tesmoigné beaucoup.

mentreffen mit Wilhelm von Oranien die angebahnte Verständigung mit den Niederlanden weiterzuführen und für die herannahende grosse Entscheidung die nöthige Abrede zu treffen. Welch epochemachende Bedeutung jene Begegnung erlangt hat, ist bekannt: aber es scheint doch, als ob weder während ihrer Vorbereitung noch in ihrem ersten Beginn ein so befriedigender Ausgang zu erwarten gestanden hätte, als ob vielmehr auch hier allerhand Friktionen eingewirkt hätten, die, dem politischen Gebiete fremd, in den das kurfürstliche Haus spaltenden Gegensätzen ihren Ursprung hatten, vor allem in dem unüberwindlichen Mistrauen, welches die beiden Söhne erster Ehe nach wie vor gegen die Stiefmutter erfüllte und dieser alle Zeit das Uebelste zutrauen liess. Andererseits aber fehlt es doch auch nicht an beachtenswerthen Anhaltspunkten dafür, dass diese, nachdem in Sachen des Testamentes ihre Mutterliebe nicht zum Ziele gekommen war, auf einem anderen Gebiete ihren Söhnen die gewünschte reichlichere Versorgung zu gewinnen trachtete [1]).

Die französische Diplomatie sah auf die in Kleve geplante Zusammenkunft des Kurfürsten mit dem Prinzen von Oranien mit begreiflichem Mistrauen. Rébenac wurde angewiesen sich dorthin zu begeben, obgleich die mit Hannover schwebenden Verhandlungen ihn augenblicklich kaum abkömmlich erscheinen liessen, und Friedrich Wilhelm nicht aus den Augen zu lassen, um ihn wenigstens nicht schon jetzt offen zu den Gegnern übertreten zu sehen [2]). Dass es sich bei der Reise neben den grossen politischen Fragen um friedliche Angelegenheiten handelte, liessen schon die Streitigkeiten erkennen, deren Gegenstand sie bereits vor dem Antritt wurde. Die beiden Söhne erster Ehe sollten, so bestimmte der

---

[1]) Droysen a. a. O. III, 3, S. 535 u. IV, 4, S. 158, der die Rébenacschen Berichte nur theilweise und in nicht genauer Fassung kennt, stellt diese Unterströmungen gänzlich in Abrede und sieht in den angeblichen Bemühungen Dorotheas um die oranische Nachfolge in der Republik für ihren Sohn Philipp unbegründetes Gerede: wie mir scheint mit Unrecht. Der Erfolg der Reise nach Kleve, den er schon vor ihrem Antritt ganz gesichert sein lässt, war doch nicht zum voraus so verbürgt, erst ihr günstiger Ausgang wurde politisch entscheidend.

[2]) Instruktion d. d. Versailles d. 18. Juli 1686.

Kurfürst, daran nicht theilnehmen, obgleich sie dazu doch besonders berufen und berechtigt schienen, ja der Kurprinz als Statthalter von Kleve amtlich berechtigt und verpflichtet war dort an der Seite des Vaters und Landesherrn zu erscheinen. Beide machten aus ihrem Unmuth kein Hehl, und es kam darüber zu um so lebhafteren Auseinandersetzungen mit dem Vater[1]), als auch diese kränkende Bestimmung auf den Einfluss der Stiefmutter zurückgeführt wurde, die nach Rébenacs Urtheil ihrer Antipathie gegen die Prinzen allzusehr nachgab. Auch zwischen ihr und dem Kurprinzen gab es deshalb unerquickliche Erörterungen: doch erklärten, so hiess es, die Eltern die Reise lieber ganz aufgeben zu wollen als die Söhne daran theilnehmen zu lassen. Politische Gründe dafür konnten nicht vorliegen: so wurde die Annahme bestärkt, es handele sich dabei um Angelegenheiten, die gegen das Interesse der Söhne erster Ehe liefen. Dorothea, so hiess es, wünsche den Markgrafen Philipp zum Nachfolger Oraniens in seinen niederländischen Aemtern und Würden bestimmt zu sehen[2]). So „chimärisch" dieser Gedanke zunächst erscheinen mag: wenn er überhaupt jemals verwirklicht werden konnte, so war die Möglichkeit dazu eben damals vielleicht am ehesten gegeben, wo die bevorstehende engere Allianz zwischen Brandenburg und der Republik auch von deren Seite einiges Entgegenkommen hoffen liess, zumal der Zeitpunkt nicht fern schien, wo Oranien die englische Krone gewinnen musste.

In Folge dieser Streitigkeiten wurde die Reise angeblich aufgegeben, von Neuem in Aussicht genommen und so der Gegenstand mehrfach jäh wechselnder Entschlüsse, wie sie am Berliner Hofe mehr als anderwärts üblich waren. Schliesslich aber blieben die weiteren Vorstellungen sowol des Kurprinzen bei der Stiefmutter wie der Kurprinzessin bei ihrem Schwiegervater[3]) doch ohne den gehofften Eindruck. Wol aber wurde ein für die Verhältnisse höchst charakteristischer förmlicher Kompromiss geschlossen, der

---

[1]) Beilage XIV, 2.
[2]) Ebendas. 4.
[3]) Ebendas.

freilich einem nur nothdürftig verhüllten Bruch ähnlicher war als einer friedlichen Verständigung. Die beiden älteren Prinzen verzichteten auf die Theilnahme an der Reise nach Kleve; dafür erhielt der Kurprinz, der inzwischen den Vater als Regent vertreten sollte, schon jetzt die Erlaubnis nach der Eltern Rückkehr nach Hannover und Holland zu gehn, während Markgraf Ludwig sich zu seinem Vetter, dem Landgrafen von Hessen, nach Kassel sollte zurückziehn dürfen[1]). Es wurde also — was im Hinblick auf spätere Vorgänge sehr beachtenswerth ist — bereits im Sommer 1686 eine längere Entfernung der beiden Prinzen von dem väterlichen Hof in Aussicht genommen. Konnte der tiefe Zwiespalt, der durch das ganze kurfürstliche Haus ging, deutlicher vor aller Welt zum Ausdruck gebracht werden?

Mitte Juli traf der Hof in Wesel ein. Rébenac, der über Celle dorthin geeilt war, fand den Kurfürsten von der Reise angegriffen und verstimmt darüber, dass er nicht schon bei der Ankunft oranische und staatische Gesandte zu seiner Begrüssung vorgefunden hatte: am liebsten, meinte er, würde er nach einigen Tagen der Ruhe wieder heimkehren, wenn er sich nicht durch die Oranien gegebene Zusage gebunden fühlte, der Heerschau auf der Mooker Haide beizuwohnen[2]), und Fuchs, der als der eigentliche Träger der neuen politischen Richtung die Reise besonders eifrig betrieben, hinterher aber, wol um Frankreichs Verdacht abzulenken und zu beschwichtigen, auch des ursprünglich von der Theilnahme ausgeschlossenen Meinders Begleitung durchgesetzt hatte, bekam von ihm manchen Vorwurf zu hören[3]). Obgleich dann Amerongen und Graf Solms im Namen des Prinzen und der Generalstaaten zur Begrüssung erschienen und der Kurfürst doch noch nach Kleve ging, fand Oranien, als er am 4. August dort eintraf, einen ziemlich kühlen Empfang. Der Kurfürst ging ihm nicht, wie es sonst üblich, entgegen, sondern liess ihn nur durch Prinz Philipp willkommen heissen: noch nagte an seinem Herzen der Groll über die

---

[1]) Beilage XIV, 4.
[2]) Ebendas. 8.
[3]) Ebendas. 7. 10.

Behandlung, die er 1678—79 von der Republik erfahren zu haben meinte. Erst eine lange, drei Stunden dauernde Unterredung unter vier Augen brach das Eis. Schon das nun heitere Aussehn des bisher erregt und trübe blickenden Kurfürsten liess auch den Uneingeweihten erkennen[1], dass eine grosse Sorge von ihm genommen und eine Verständigung angebahnt sei, welche ihn die Befreiung von den bisher getragenen Fesseln und namentlich die Sicherung der immer schwerer bedrohten Religion erhoffen liess. In welcher Weise damals die Entwürfe zur Sprache gekommen sind, mit denen die Kurfürstin sich für Prinz Philipp trug, wissen wir nicht; gewiss aber sind sie abgewiesen, mag auch die Ablehnung möglichst schonend unter beschönigenden Vorwänden erfolgt worden sein. Dennoch wurde die Sache ruchbar, und Rébenac erzählt, der Prinz von Nassau-Oranien, der in den Niederlanden als Nachfolger Wilhelms galt, habe unter der dadurch erzeugten üblen Laune des Kurfürsten zu leiden gehabt, indem ihm nicht nur die erbetene Audienz, sondern auch der beanspruchte Rang verweigert wurde: weil er da dem Prinzen Philipp nachstehn sollte, verzichtete er schliesslich lieber ganz auf den Empfang bei Hof, erging sich aber in bittern Klagen über die ihm widerfahrene Behandlung und lehnte die ihm gemachten Vergleichsvorschläge ab[2]. Wenn aber erzählt wurde, Oranien habe dem kurfürstlichen Paare die Abweisung ihrer Wünsche für Philipp dadurch minder empfindlich zu machen gesucht, dass er vorschlug, man möchte den Prinzen zum Regenten von Kleve mit vollem landesherrlichen Rechte machen und mit den dortigen Domänen versorgen, ausserdem aber Spanien bestimmen, ihn mit den von Brandenburg schon mehrfach umworbenen Geldern[3] auszustatten[4], so wird man darin wol nur die luftigen Spekulationen kombinationslustiger Diplomaten erblicken dürfen, die realer Grundlagen entbehren. Und wenn andererseits einige Wochen nach der Klever Zusammenkunft und nach der Revue auf der Mooker Haide, welcher der Kurfürst in

---

[1] Beilage XIV, 11.
[2] Ebendas. 12.
[3] S. oben S. 54.
[4] Beilage XIV, 9.

Begleitung seiner Gemahlin beiwohnte, sehr befriedigt von dem trefflichen Zustand der ihm vorgeführten Truppen, Wilhelm von Oranien an den Oheim ein herzliches Schreiben richtete, worin er er den Wunsch aussprach, Gott möge denselben noch lange erhalten zum Besten seines Hauses sowie der gesammten Christenheit, ihm dankte für die Beweise der Freundschaft und des Vertrauens und das Versprechen hinzufügte, stets bemüht zu sein sich dessen würdig zu machen, so schliesst das doch keineswegs, wie man gemeint hat, die Annahme aus, es seien jene — um mit Rébenac zu reden — chimärischen Pläne Dorotheas überhaupt zur Sprache gekommen[1]), sondern lehrt höchstens, dass Oranien annahm, die Ablehnung des Eingehens darauf sei von dem Kurfürsten nicht weiter übel aufgenommen worden. Ebenso wenig spricht gegen das Vorhandensein solcher Absichten bei der Kurfürstin und ihre versuchsweise Andeutung in Kleve ein Brief, den Oranien gleich nach der Zusammenkunft an den Kurprinzen richtete, um ihm seine Freude über das Wiedersehn mit dem Vater und zugleich sein Bedauern darüber auszusprechen, dass nicht auch er hatte dabei sein können. Im Gegentheil könnte man dieses Schreibn eher dahin deuten, dass Oranien, natürlich nicht ohne Kenntnis der Spannung zwischen Vater und Sohn, Werth darauf legte, den letztern an seiner dadurch nicht beeinflussten freundlichen Gesinnung ja nicht zweifeln zu lassen. Jedenfalls hatte er nicht das geringste Interesse daran den leidigen Familienhader noch zu schüren, indem er den Kurprinzen von den Andeutungen unterrichtete, die man ihm in Kleve wegen der gewünschten Versorgung Philipps in den Niederlanden gemacht hatte.

Von einem politischen Gegensatz zwischen Vater und Sohn ist also gerade in dieser entscheidenden Zeit weniger als je zu spüren. Höchstens im Hinblick auf die schlechte Gesundheit des alten Herrn und die Möglichkeit eines baldigen Thronwechsels, von dem sich unter den gegebenen Umständen eine Aenderung der brandenburgischen Politik kaum erwarten liess, konnte es Rébenac bedauern, dass der Kurprinz kaiserlich und niederländisch

---

[1]) Droysen a. a. O. IV, 4, S. 158.

war. Denn seit brandenburgische Truppen in Ungarn Schulter an Schulter mit den Kaiserlichen gegen die Türken fochten und der Klever Tag die Versöhnung mit der Republik und ihrem Haupte besiegelt hatte, konnte eine Differenz zwischen Vater und Sohn daraus nicht mehr entspringen. Zum Kriege gegen Frankreich aber sah damals der Eine so wenig wie der Andere die Zeit bereits gekommen. Im Herbst 1686 machte Friedrich Wilhelm zudem wieder einen schweren Krankheitsfall durch. Erst Mitte November war er ausser Gefahr[1]) und kamen die in Stillstand gerathenen Geschäfte wieder in Gang[2]). Am 10. Dezember meldet Rébenac, er sei vollständig genesen[3]). Um dieselbe Zeit — Ende November, Anfang Dezember — erkrankte auch der Kurprinz schwer. Furchtbare Hustenanfälle bedrohten ihn mit dem Erstickungstode: einmal glaubte seine Umgebung bei einem solchen bereits, es sei alles vorbei, als man unverhofft noch Spuren des Lebens in ihm entdeckte[4]). Und als die augenblickliche Gefahr glücklich beseitigt war, blieb sein Zustand doch so elend, dass man ihn langsamem Siechthum verfallen glaubte[5]). In dieser Zeit war es, dass er am 27. November sein Testament aufsetzte: mit herzlichen Worten des Dankes an den Vater und die Stiefmutter vermachte er jenem seine Medaillen, dieser zwölf Gemälde, die sie sich in seinen Schlössern zu Köpenick und Wusterhausen aussuchen sollte[6]). Natürlich war man auch bei diesem Krankheitsfall sofort wieder mit dem Verdacht der Giftmischerei bei der Hand: französische Aussendlinge sollten dem Prinzen ein Pulver beigebracht haben —

---

[1]) Bericht Rébenacs vom 2. November 1686. Mr. l'Electeur de B. a esté dangereusement malade trois jours d'une goutte remontée, qui s'estoit jettée sur la poitrine et ostoit presque la respiration. Il se portoit hier beaucoup mieux et on n'appréhende plus pour luy.

[2]) 16. November: L'estat ou la santé de Mr. l'El. est depuis quelque temps, a sursis touttes les affaires.

[3]) La santé de Mr. l'El. est entièrement rétablie.

[4]) Urkunden u. Aktenstücke XIV, S. 1336.

[5]) Rébenac d. 17. December 1686: Mr. le Prince El. aura bien de la peine à revenir de sa maladie. Il s'affoiblit beaucoup et l'on craint, qu'il ne tombe dans l'éthisie.

[6]) Droysen IV, 4, S. 165.

eine Anklage, der Friedrich selbst Glauben geschenkt zu haben scheint[1]), obgleich in so thörichtem Gerede doch höchstens die Erkenntnis zum Ausdruck kam, dass Brandenburg sich Frankreich immer mehr entzog und dessen Gegnern verband, zweifellos ganz nach dem Wunsche des Kurprinzen. Auch damit war derselbe durchaus einverstanden, dass der Vater den Gedanken an eine Umwandelung des 20 jährigen Stillstands in einen endgiltigen Frieden lebhaft aufgriff und nach beiden Seiten hin eifrig vertrat[2]). Und dass das nicht ausschliesslich zum Vortheil Frankreichs geschehen würde, zeigte die Abberufung des allzu französenfreundlichen kurfürstlichen Gesandten in Regensburg, Gotfried v. Jena, die in Paris als ein ausserordentlich bedenkliches Symptom empfunden wurde.

Eine Differenz politischer Natur bestand demnach zwischen Vater und Sohn damals höchstens in Bezug auf die Stellung zu dem Hause Braunschweig. Denn die alte unüberwindliche Antipathie des Kurfürsten gegen dieses[3]) wurde von Neuem gereizt durch den Fortgang des Haders über die Quartiere im Mecklenburgischen[4]) und durch die Art, wie Frankreich sich der Welfen gegen ihn zu bedienen suchte, während der Kurprinz da natürlich unter dem Einfluss seiner Gemahlin anders dachte. Doch legte er auch Werth darauf in Paris wissen zu lassen, dass er keineswegs ein Franzosenfeind sei, vielmehr des Vaters friedlich vermittelnde Politik gegebenen Falls weiter zu führen gedenke. Er rechnete also bereits mit der Möglichkeit eines nahen Thronwechsels. War doch der Vater bereits im Februar 1687 wieder schwer krank: die Beschwerden der beginnenden Wassersucht nahmen zu[5]), wäh-

---

[1]) Urkunden und Aktenstücke XIV, S. 1337.
[2]) Rébenac, d. 25. Februar 1687: Mr. le Prince El. me dit hier, qu'il approuve extrèmement le party que Mr. son père avoit pris dans cette rencontre et m'asseura, qu'il contribuera de tout son pouvoir à la maintenir.
[3]) Bericht Rébenacs vom 25. November 1686.
[4]) Desgleichen vom 7. Januar 1687.
[5]) 11. Februar 1687. On a eu de l'inquiétude depuis quelques jours de la santé de Mr. l'El. Ses jambes et ses cuisses se sont enflées et on a veu tous les signes d'une goutte remontée. D'ailleurs cette enflure est la fin ordinaire des princes de Brandebourg.

reud der Sohn die Folgen des letzten Anfalls wider Erwarten glücklich überwunden hatte und jedenfalls den Vater zu überleben versprach, der selbst von seinem baldigen Ende zu sprechen begann¹). Damals regte der französische Gesandte denn auch den Gedanken an, der König möge den Kurprinzen durch Gewährung einer reichlich bemessenen Pension mehr an sich fesseln²). Hatte derselbe doch bei einem neuen Anfall, den Friedrich Wilhelm nicht überstehen zu können schien, Rébenac zu sich entboten, ihm die Hand gereicht und erklärt, er werde das ihm mehrfach gegebene Wort getreulich halten: er möge den König seiner Dienstwilligkeit und Achtung versichern und bitten die dem Vater erwiesene Güte auch auf ihn zu übertragen, da er ihn in der Erfüllung aller eingegangenen Verpflichtungen zuverlässig finden werde³).

Selbst wenn man annehmen müsste, der Kurprinz habe bei alledem nur eine wolberechnete Rolle gespielt, um seine wahre, Frankreich viel feindlichere Gesinnung und seine eigentlichen Absichten zu verbergen, so war doch jedenfalls äusserlich von einem politischen Gegensatz zwischen ihm und seinem Vater damals nicht die Rede, waltete vielmehr zwischen ihnen in Bezug auf alle zur Zeit schwebenden Fragen volle Uebereinstimmung. Und dennoch wird glaubwürdig bezeugt, dass das Misverhältnis zwischen ihnen im Frühjahr 1687 wiederum mehr zu Tage trat. Friedrich beschwerte sich laut über seine schlechte Behandlung durch den Vater⁴). Die gleiche Klage erhob sein Bruder Ludwig: ja, beweglicheren Geistes und lebhafter in der Aeusserung seiner Gefühle, meinte dieser sogar ein Gegenstand des Hasses für den Vater zu sein und schien darüber melancholisch zu werden⁵), und gelegentlich überkam den begabten Jüngling, der sich den unerquicklichen

---

¹) 15. Februar: Il a luy mesme mauvaise opinion de sa santé, et dans la dernière conservation que j'ay eu l'honneur d'avoir avec luy, il m'a répété plusieurs fois, qu'il mourroit bientost et qu'il estoit desjà enflé jusques au milieu de la cuisse.

²) Vgl. oben S. 142—43.

³) Bericht Rébenacs vom 15. Februar 1687.

⁴) Beilage XVI, 1.

⁵) Ebendas. 4.

Verhältnissen des väterlichen Hofes gern durch die Theilnahme an dem Türkenkrieg entzogen hätte¹), in seinem unmuthigen Kummer die Ahnung eines frühen Todes²), obgleich er jedem als ein Bild der Gesundheit und Frische erschien³). Denn die Folgen einer langen, schweren Krankheit, die ihn zu Beginn des Jahres 1685 an den Rand des Grabes gebracht hatte⁴), schienen längst überwunden. Der Spannung mit den beiden Söhnen erster Ehe weitere Nahrung zu entziehn, scheint man nun damals das Abkommen haben ausführen zu wollen, das zur Zeit des Streites um die Klever Reise getroffen worden war⁵), die Entfernung der Prinzen nach dem Haag und nach Kassel. Den Kurprinzen, dem man die zu einem solchen Schritte nöthige Energie nicht zutraute, soll namentlich seine Gemahlin dazu gedrängt haben⁶).

Und in diese mit Mistrauen und Argwohn, Groll und Feindschaft gleichsam geladene Atmosphäre schlug nun wie ein Blitz der plötzliche Tod des Markgrafen Ludwig am 7. April 1687, der, an sich schon erschütternd, durch die begleitenden Umstände etwas geradezu Tragisches bekam und skandalsüchtigen Leuten die des Kurfürsten Hof und Haus erfüllenden Streitigkeiten in einem furchtbaren Licht erscheinen liess. Ein Fleckfieber (fièvre pourprée) raffte den Prinzen, dessen reiche Anlagen nach Rébenacs Urtheil in Folge einer schlechten Erziehung nicht recht entwickelt waren, in wenigen Tagen dahin. Die Aerzte erkannten die Krankheit nicht und meinten, Ludwig bilde sich nur ein krank zu sein. Als dieser daher im Gefühl des nahen Todes den Vater zu sich bitten liess, um ihm noch einmal die Hand zu küssen, wurde er von diesem wegen thörichter Todesfurcht getadelt: in der Meinung, durch eine solche Abschiedsscene den eingebildeten Krankheitszustand des Sohnes zu verschlimmern, lehnte Friedrich Wilhelm die Bitte ab. Ging doch ein neuer Bericht der Aerzte dahin, der

---

¹) Urkunden u. Aktenstücke XIV, S. 1153.
²) Beilage XVI, 4.
³) Ebendas. 3.
⁴) Urkunden u. Aktenstücke XIV, S. 1153.
⁵) Vgl. oben S. 202 ff.
⁶) Beilage XVI, 1.

Prinz sei nur selbst daran schuld, wenn er nicht bereits persönlich vor dem Vater erschiene. Eine Stunde später that Ludwig, einige wenige Zimmer von dem des Vaters entfernt, den letzten Athemzug. Alles war zu Ende, als der bestürzte Vater herbeieilte, um so tiefer erschüttert, je mehr er sich vorwerfen musste, so ganz wider das natürliche Gefühl gehandelt zu haben[1]).

Gegenüber der Zuversicht der Aerzte schien dieser Ausgang auf unnatürliche Ursachen zurückgeführt werden zu müssen. Der Kurfürst, der Kurprinz, die Minister — alle waren von einem Giftmord überzeugt, obgleich unbefangene Prüfung bei niemandem irgend ein Motiv dazu zu entdecken vermochte und man eine völlig unerklärliche That der verabscheuungswürdigsten Bosheit darin sehen musste. Es ist charakteristisch für die erschreckende Ungesundheit der Luft an diesem Hofe, dass dennoch alle Welt von einem Giftmord überzeugt war und sich von da aus in den leichtfertigsten Kombinationen erging. Niemand, so berichtet Rébenac, hatte einen Feind, den er nicht damit in Zusammenhang gebracht hätte und von dem er nicht auch seinerseits deshalb verdächtigt worden wäre[2]). Im Volke aber, dessen Glaubenseifer durch die Vorgänge in Frankreich mächtig erregt war, schrieb man die Schandthat, wie damals alles, was irgend Böses geschah, ohne dass man den Schuldigen ausfindig machte, den Jesuiten zu, die unter allen möglichen Verkleidungen, als Musikanten, als Tanzmeister, als angebliche Refugiés, als Friseure u. a. m. herumziehen und von denen auch schon etliche am Hofe entdeckt und ausgewiesen sein sollten[3]).

All diesem Gerede wäre ja nun leicht ein Ende zu machen gewesen: aber die Aerzte bezeichneten auf Grund des Sektionsbefunds, den sie ohne Zuziehung anderer competenter Beurtheiler feststellten, ein ihnen unbekanntes Gift als Todesursache[4]) — angeblich, um die von ihnen am Bett des Kranken bewiesene strafbare Unkenntnis und Leichtfertigkeit zu beschönigen, wozu sie sogar einen dem thatsächlichen Befund nicht entsprechenden Bericht

---

[1]) Beilage XVI, 4.
[2]) Ebendas. 3.
[3]) Ebendas. 3.
[4]) Ebendas. 5. Urkunden u. Aktenstücke XIV, S. 1367.

erstattet haben sollen¹). War es da zu verwundern, wenn der einmal rege gewordene entsetzliche Verdacht fester wurzelte und sich an die dem Verstorbenen zunächst stehenden, aber, wie man wusste, verfeindeten Personen heftete? Dass dabei niemand auf den Gedanken verfiel, Frankreich habe die Hand im Spiele gehabt, könnte man beinahe als einen weitern Beweis dafür ansehn, dass dem innerhalb des kurfürstlichen Hauses entstandenen Konflikte politische Momente fremd waren und dass namentlich bei dem Kurprinzen, der sich alsbald von dem angeblich seinem Bruder bereiteten Schicksal bedroht wähnte, im Gegensatz zum Vater eine besonders feindselige Stimmung gegen Frankreich nicht vorhanden war. Es war noch nicht das Schlimmste, wenn man einen der Umgebung des Verstorbenen angehörigen polnischen Edelmann, den der polnische Gesandte v. Bielinski dazu angestiftet haben sollte²), in Verdacht brachte. Auch anderen Personen geschah das: aber die Zeugenverhöre, welche eine vom Kurfürsten ernannte besondere Kommission, der neben von dem Knesebeck und v. Grumbkow bezeichnender Weise als Vertreter des Kurprinzen Eberhard v. Dankelmann angehörte, im April vornahm, ergab gegen niemand auch nur einen Schatten von Beweis³). Und so heftete sich denn, wie es in solchen Fällen zu geschehen pflegt, der Verdacht schliesslich an die Person, welche ihn ihrerseits zuerst auf eine bestimmte Fährte — eben jenen Polen — zu lenken versucht haben sollte, die am Hofe lebende Nichte der Kurfürstin, Luise Charlotte von Schleswig-Holstein-Augustenburg⁴), und meinte gegen sie Indizien zu finden, die sie als die allein mögliche Schuldige erscheinen liessen, wenn man nämlich überhaupt durchaus an einen Giftmord glauben wollte. Hiess es doch u. A., die Prinzessin, 1685 mit dem Herzog Friedrich Ludwig von Holstein-Beck vermählt, sei dem Verstorbenen dereinst zur Gattin bestimmt gewesen, von ihm aber

---

¹) Beilage XVI, n. 7.
²) Ebendas. 5. 37.
³) Droysen IV, 4, 166.
⁴) Rébenac nennt keinen bestimmten Namen und scheint sie mit der oben S. 137 erwähnten Herzogin zu identificiren. Den Namen giebt v. Pöllnitz in seinen übel berufenen Memoiren; vgl. Droysen IV, 4, S. 166.

verschmäht worden — augenscheinlich ein ganz grundloses Gerede, wenn man erwägt, dass Ludwig bei seinem Tode erst 21 Jahre alt und seit 1681 mit Luise Radziwill verheirathet war. Weiterhin aber baute man auf die Thatsache des üblen Verhältnisses zwischen Dorothea und ihren Stiefsöhnen alsbald die Kombination, es werde hinter der Prinzessin wol noch jemand anders gestanden haben, und kam so dazu die Kurfürstin selbst mit dem vermeintlichen Verbrechen in Verbindung zu bringen.

Vor den Kurfürsten freilich wagten sich solche niederträchtigen Reden nicht: ihm hielt man solche Vermuthungen ängstlich verborgen[1]). Das Schlimmste aber war, dass der Kurprinz ihnen Glauben schenkte. Als er nun gar selbst in jenen Tagen unter bedenklichen Symptomen erkrankte, war er natürlich sofort überzeugt, jetzt habe man auch ihm Gift beigebracht, während es sich wol um einen der Zufälle handelte, die ihn gelegentlich heimsuchten oder aber um Wirkungen der Pulver und Mixturen, die er aus Furcht vor Gift zu nehmen pflegte, um sich zum Voraus gegen dessen Wirkungen zu schützen. Anfang Juni wurde dann die Kurfürstin von einem Schlaganfall getroffen. Zunächst war man in Sorge um ihr Leben, fürchtete dann als Folge eine Paralyse und blieb, als sie sich wider Erwarten erholte, in steter Furcht vor einem schlimmern Rückfall, zumal sie schon vier Jahre früher ähnlich erkrankt war[2]). Bestürzung und Verwirrung wie nie zuvor herrschten am Hof.

Inzwischen hatte sich das kurprinzliche Paar nach Karlsbad begeben, wo es im Auftrage des Kaisers mit besonderer Auszeichnung aufgenommen und wie überall in Oesterreich als Gast des Wiener Hofes gehalten wurde[3]). Ende Juni erwartete man seine Rückkehr nach Berlin: da traf die überraschende Meldung ein, der Kurprinz begebe sich vielmehr auf seine Güter und bitte um die Erlaubnis sich nach Kleve zurückziehen zu dürfen, indem er dabei durchblicken liess, er werde sein Vorhaben auch ohne des

---

[1]) Beilage XVI, 36.
[2]) Ebendas. 6. 7.
[3]) Ebendas. 10.

Vaters Zustimmung auszuführen, da er die schlechten Dienste nicht länger über sich ergehen zu lassen gewillt sei, die man ihm Tag aus Tag ein bei jenem leiste[1]). Ohne Zweifel ging das in erster Linie gegen die Prinzessin von Schleswig-Holstein-Augustenburg, mittelbar aber gegen die Kurfürstin selbst. Erstere galt für schuld am Tode des Prinzen Ludwig und sollte, Dorothea aufhetzend, auch die Urheberin all der Klagen und Beschuldigungen sein, die den Hof erfüllten[2]). Und obgleich für jene furchtbare Verdächtigung jede Spur von Begründung fehlte, gab der Kurprinz sich dennoch den Anschein — Rébenac gebraucht geflissentlich diesen besonders bezeichnenden Ausdruck[3]) — als ob er davon überzeugt sei, weil er dadurch mittelbar die Stiefmutter traf, indem er von dem Glauben erfüllt zu sein schien, ihm solle von dieser Seite ein ähnliches Schicksal bereitet werden, wie es seinen Bruder angeblich getroffen hatte.

Ohne Frage beging der Kurprinz damit ein schweres Unrecht, das auf seinen Charakter ein überaus nachtheiliges Licht wirft. Auch Rébenac macht kein Hehl aus der Entrüstung, welche die Anwendung solch vergifteter Waffen in dem leidigen Familienhader in ihm erregte. Dagegen war in einer anderen, nicht minder peinlichen Angelegenheit nach seinem Urtheil der Kurprinz nur insofern im Unrecht, als er der ihm doch hinreichend bekannten Launenhaftigkeit und galligen Derbheit des Vaters nicht genug Rechnung trug, während er sachlich wol allen Grund hatte sich schwer gekränkt zu fühlen. Erst von diesem Gesichtspunkt aus werden die extremen Schritte, die er weiterhin that, recht begreiflich. Auf seinen nicht allzu starken Geist und sein seit Jahren verbittertes Gemüth stürmten Eindrücke ein, denen er nicht gewachsen war. Unbegründete, eingebildete Furcht für sein Leben, die er geflissentlich zur Schau trug, weil er dadurch die Stiefmutter zu discreditiren glaubte, und sachlich berechtigter, aber nicht zur Aussprache gebrachter Zorn über ein böses, aber viel-

---

[1]) Beilage XVI, 11.
[2]) Ebendas. 12.
[3]) — le Prince Electoral feint d'en estre persuadé. — Ebendas. 4.

leicht nicht ganz so tragisch zu nehmendes Wort, durch das der Vater ihn in der Person seiner Gattin allerdings schwer beleidigt hatte, wirkten zusammen auf ihn und trieben ihn zu einer Reihe von Schritten, die mit seinen Pflichten als Thronerbe ebenso unvereinbar waren wie mit denen als Sohn und Haus und Staat um so verhängnisvoller zu werden drohten, als er sich durch all das in der ihn bereits erfüllenden Meinung bestärkt glaubte, auch dem Vater sei es doch nur erwünscht, nunmehr Dorotheas Erstgeborenen dem Throne so nahe zu sehen, dass er ihm kaum noch entgehn zu können schien, und er werde durch ein diese Hoffnung vereitelndes frohes Ereignis im kurprinzlichen Hause unangenehm enttäuscht. Denn eine solche Deutung lag doch nahe, wenn Friedrich Wilhelm die erfreute Mittheilung des beglückten Kurprinzen, Sophie Charlotte, deren erstes Söhnlein im Alter von vier Monaten gestorben war[1]), sei wiederum guter Hoffnung[2]), nicht nur ohne jede freudige Bewegung entgegennahm, sondern in seiner bitterbösen Verstimmung durch eine Aeusserung beantwortete, welche die Tugend und die eheliche Treue seiner Schwiegertochter in Zweifel zog und die Legitimität des erhofften Kindes in Frage stellte. Ja, wie es seine Art war sich in eine vorgefasste Meinung, auch die allerunbegründetste, mit einer gewissen Verbissenheit hineinzureden und hineinzudenken, so brachte er weiterhin sogar eine bestimmte Persönlichkeit mit diesem schmutzigen Verdacht in Verbindung[3]).

Obgleich er sicherlich nicht über der leichtfertigen Denkweise stand, welche die Gesellschaftskreise, denen er angehörte, damals gerade in solchen Dingen beherrschte, giebt Rébenac doch seiner Entrüstung über eine derartige Beschimpfung einer Frau, die auch nicht der Schatten eines Vorwurfs traf, ungeheuchelt lebhaften Ausdruck. Er ergeht sich dabei in begeistertem Lob von Sophie Charlottens Schönheit, Geist und Tugend, bezeugt auch, dass sie

---

[1]) Vgl. oben S. 201.
[2]) Beilage XVI, 13.
[3]) Bericht Rébenacs vom 28. Juni 1687 Beilage XVI, 13, in dem entscheidenden Punkt bestätigt durch Hops Bemerkung zu Wilhelm v. Oranien Urkunden u. Aktenstücke III, S. 789 ff.

ihren Schwiegereltern alle Zeit die schuldige Ehrerbietung erwiesen habe, obgleich sie niemals ihren Beifall gefunden und immer schlecht behandelt worden sei. Es erscheint ihm jenes böse Wort des Kurfürsten um so unbegreiflicher, als es bei dem makellosen Ruf der Kurprinzessin doch bei keinem Menschen Glauben finden werde[1]). Fast schlimmer aber noch als die Aeusserung selbst, die zu des alten Kurfürsten derber und galliger Art gepasst haben wird, war es, dass sich an diesem von Geklätsch aller Art erfüllten Hof natürlich alsbald dienstefrige Zeugen fanden, die sie dem kurprinzlichen Paare zutrugen. Und da ist es denn von dem Standpunkte der tödtlich beleidigten Frau aus wol begreiflich und kann Sophie Charlotte kaum verdacht werden, wenn sie erklärte den Berliner Hof nicht wiedersehn zu wollen und die Absicht aussprach, jedenfalls, so lange ihr Schwiegervater lebte, nicht dorthin zurückzukehren.

Hier lag nach Rébenacs sachkundigem und durchaus sachlichem Bericht, der sich zudem durch seine Unparteilichkeit und sein massvolles Urtheil empfiehlt, der eigentlich Ausschlag gebende Anlass für des Kurprinzen Weigerung nach Berlin zurückzukehren. Dem Kurfürsten gegenüber scheint man ihn freilich nicht ausgesprochen, sondern nur die in dunklen Andeutungen geäusserte Furcht vor Gift als Grund des Fernbleibens geltend gemacht zu haben. Die öffentliche Meinung aber, die sich natürlich bald lebhaft mit diesem neuen Hader im kurfürstlichen Hause beschäftigte, suchte man zu beschwichtigen, indem man aussprengte, es handele sich nur um unwesentliche Differenzen über Kleinodien, die aus dem Nachlass Luisens von Oranien an Prinz Ludwig gekommen wären und die der Kurfürst nun unter sämmtliche Kinder vertheilt sehen, der Kurprinz aber allein haben wollte[2]). Es mag ja sein, dass auch ein Streit dieser Art damals schwebte: jedenfalls war er ganz untergeordnet und nebensächlich im Vergleich mit dem viel tiefer begründeten und verbitterten Gegensatz, um den es sich thatsächlich zwischen Vater und Sohn handelte und der

---

[1]) Beilage XVI, 13.
[2]) Ebendas. XVI, 15.

Hof und Diplomatie lebhaft bewegte. Die Meinungen waren natürlich getheilt: aber auch wer des Kurfürsten böse Reden nicht entschuldigen zu können erklärte, sah doch in der Weigerung des Sohns an den Hof zurückzukehren einen Mangel an der Achtung und dem Gehorsam, wozu er dem Vater gegenüber unter allen Umständen verpflichtet blieb[1]). Jedenfalls tadelte man sein Verfahren als äusserst unklug: denn nun werde der Kurfürst in seinem Zorn nicht blos über die bewegliche Habe, die sehr beträchtlich war, sondern auch über Land und Leute zu Gunsten der Söhne zweiter Ehe verfügen. Freilich sei das gegen Haus- und Reichsrecht: aber niemand werde Einsprache erheben, vielmehr alle seine Nachbarn es um ihres eignen Vortheil willen mit Freuden begrüssen[2]). Grundlos waren, wie der Fortgang des leidigen Handels lehrte, solche Befürchtungen keineswegs.

Des Kurprinzen Antwort auf des Vaters Befehl zu sofortiger Heimkehr lautete ausweichend: der Brief betonte des Schreibers Ehrfurcht vor dem Vater und seine Sehnsucht sie ihm möglichst bald in eigener Person zu bethätigen, sprach aber zugleich die Hoffnung auf Gutheissung einer Reise aus, die für seine Gesundheit nöthig und schon zur Hälfte gemacht sei, zudem möglichst abgekürzt werden solle[3]). Aber mehr als diese Weigerung kränkte den Kurfürsten, dass der Prinz nach Hannover ging, weil seiner Gemahlin Zustand, durch die Reise geschädigt, besondere Ruhe und Schonung erforderte. Dass derselbe sich auf einige Zeit nach Kleve zurückzöge, erklärte der Kurfürst, würde er wol gestattet haben, den Aufenthalt in Hannover aber werde er ihm niemals verzeihen[4]). Des alten Herrn Hass gegen das Haus Braunschweig blieb eben unversöhnlich: lag er doch obenein gerade jetzt mit Hannover über die Herrschaft Gartow in einem Streit, der einem Krieg nicht unähnlich sah, und wusste, wie übel man auf ihn zu sprechen war, weil er die jüngeren Söhne Ernst Augusts in dem Widerstand gegen die geplante Einführung des Erstgeburtsrechts

---

[1]) Beilage XVI, 16. 17. Vgl. 27.
[2]) Ebendas. 16.
[3]) Ebendas. 17.
[4]) Ebendas. ext.

unterstützte¹). Eine neue, strengere Mahnung beantwortete auch der Kurprinz bereits deutlicher: gern würde er dem Ruf des Vaters in schuldigem Gehorsam Folge leisten, hinderte ihn nicht die Furcht dem seinem Bruder Ludwig bereiteten Schicksal zu verfallen. Wen er damit treffen wollte, war klar: der Kurfürst aber empfand diese, wenn auch nur mittelbare Beschuldigung seiner Gemahlin um so tiefer, als er annehmen zu können meinte, sie komme nicht von dem Briefschreiber selbst, sondern sei ihm von seinen hannoverschen Verwandten eingeblasen²). Bei seinem Zorn gebot er nun dem Prinzen sofort zurückzukehren und befahl die Einbehaltung seiner Bezüge. Ja, für den Fall fernerem Ungehorsams äusserte er bereits die Absicht die Nachfolge in dem Herzogthum Preussen dem Prinzen Philipp zuzuwenden — was denn freilich, wie Rébenac, richtig bemerkt, zusammen mit den den jüngeren Söhnen bereits ausgesetzten reichen Apanagen thatsächlich eine Zerstückelung des Staates bedeutet haben würde³). In Verbindung damit nahm er die Vermählung Philipps mit Ludwigs Witwe, Luise Radziwill, in Aussicht und beauftragte die Hoftheologen bereits im Geheimen mit Abfassung eines Gutachtens über die Zulässigkeit dieser Schwägerehe: nur zeigte die Fürstin selbst keine Neigung so über sich verfügen zu lassen, obgleich der Kurfürst erklärte, namentlich im Hinblick auf diese Ehe wolle er Philipp zum Herzog von Preussen machen⁴).

So verschärfte sich der Konflikt. Ursprünglich rein persönlicher Natur, erhielt er eine gefährliche politische Bedeutung. Denn der Kurprinz verharrte in seiner Weigerung zurückzukehren, so lange nicht diejenigen bestraft wären, die seinen Bruder ermordet und ihn selbst durch Gift zu beseitigen versucht hätten. Also auch für das Attentat, das gegen ihn selbst verübt sein sollte, machte er indirekt die Stiefmutter verantwortlich! Wie nahe musste das dem Kurfürsten gehn! In der Einsamkeit seines Sommer-

---

¹) Urkunden u. Aktenstücke III, S. 790.
²) Beilage XVI, 19.
³) Ebendas. 20. 21.
⁴) Ebendas. 21.

sitzes zu Freienwalde wurde er über all dies häusliche Leid ordentlich melancholisch¹), zumal der Sohn nicht anstand diese unerquicklichen Vorgänge über den nächst betheiligten Kreis hinauszutragen. Schrieb er doch, dass er vor der Bestrafung jener Mörder nicht zurückkehren wolle, würde von den angesehensten Fürsten des Reichs gutgeheissen, und knüpfte daran die Mahnung, der Vater möge sich um das Leben des Sohnes doch nicht weniger besorgt zeigen als jene! Natürlich wird der schwer beleidigte Kurfürst auch dahinter wieder welfische Intriguen gewittert haben. Doch noch anderwärts rieb man sich schadenfroh die Hände über einen Konflikt, an dem der brandenburgisch-preussische Staat ohne jedes Zuthun von aussenher in Stücke zu gehn schien. Ludwig XIV. dagegen wies Rébenac an sich in die Sache in keiner Art einzumischen²), liess ihn aber durch Vermittelung des Marschalls Schomberg dem Kurfürsten seine aufrichtige Antheilnahme an dem ihm bereiteten Kummer bezeugen. Von dem Prinzen von Oranien dagegen hiess es, er billige des Kurprinzen Haltung³).

Eine erste Aussicht auf einen Vergleich erschloss sich, als der Kurprinz dem erneuten Befehl des Vaters wenigstens insoweit nachgab, dass er von Hannover an den verwandten Hof von Kassel ging. Die Rückkehr nach Hannover wurde ihm auf das Bestimmteste verboten: wenn er darin dem Vater nachgäbe, meinten die um eine Verständigung bemühten Personen diesen beschwichtigen und eine Versöhnung anbahnen zu können. Namentlich der ehrwürdige Marschall Schomberg war eifrigst in dieser Richtung thätig⁴). Als der Kurprinz aber dennoch wieder nach Hannover ging⁵), glaubte freilich auch er am Erfolg verzweifeln zu müssen: der Kurfürst verbot ihm von der Sache überhaupt noch zu sprechen. So gross war seine Erbitterung, dass man es damals nicht für gerathen hielt, wenn der Kurprinz heimkehrte: wie ihm erst die Einkünfte gesperrt waren, so schien jetzt seine persönliche Freiheit

---

¹) Beilage XVI, 22.
²) Ebendas. 18.
³) Ebendas. 22 ext.
⁴) Ebendas. 23. 28.
⁵) Droysen IV, 4, S. 167.

nicht ungefährdet¹). So musste er denn in Hannover bleiben, nicht eben zur Freude seines finanziell stets bedrängten Schwiegervaters. Als Grund dafür aber gab er unter erneuter Betheuerung seiner kindlichen Ergebenheit nach wie vor die noch dauernde Straflosigkeit des Mörder seines Bruders an und dass ihm selbst die erbetene Sicherheit vor dem gleichen Geschick noch immer nicht verbürgt worden sei. Was dahinter steckte, war nur allzu klar: machte doch Sophie Charlotte kein Hehl daraus, dass sie, so lange die Kurfürstin lebte, nicht nach Berlin zurückkehren würde²), und ihr Gemahl sprach es seiner Umgebung gegenüber offen aus, auf wen jene dunklen Redensarten eigentlich abzielten. Von Seiten des Vaters aber eine Erklärung von ihm darüber zu verlangen ging doch nicht an, weil er dann jede Zurückhaltung fallen gelassen und die Kurfürstin direkt bezichtigt haben würde, die Sache damit also erst recht zu einem unheilbaren Bruch getrieben worden wäre³).

So war man denn schliesslich auf einem Punkte angelangt, wo jede Aussicht auf Verständigung zu schwinden schien, und schon meinten manche, des Kurfürsten augenscheinlich knapp gemessenen Lebenstage würden zu Ende gehn, ohne dass er sich mit dem Sohne verglichen hätte. Man wusste, dass Sophie Charlotte, was bei ihrer tiefen Empörung über die ihr zugefügte Beleidigung ja begreiflich war, rundheraus erklärt hatte bei Lebzeiten ihres Schwiegervaters nicht nach Berlin zurückkehren zu wollen⁴); auch zweifelte man nicht, dass sie ihren Willen bei ihrem Gemahl durchsetzen würde. Dennoch verhandelte man weiter, Vater und Sohn wie Macht zu Macht. Da aber der letztere, so ehrerbietig seine Sprache sonst war, bei der Forderung verblieb die Sicherheit seines Lebens verbürgt zu erhalten, der Kurfürst aber seine Verwunderung über ein derartiges Verlangen unverholen stark zum Ausdruck brachte⁵), kam man sich natürlich nicht näher. Aber angesichts der unab-

---

¹) Beilage XVI, 24.
²) Ebendas. 25.
³) Ebendas. 24.
⁴) Urkunden u. Aktenstücke XIV, S. 1368.
⁵) Beilage XVI, 29.

sehbaren Konsequenzen, die sich aus diesem Familienzwist zu ergeben drohten, verdoppelten nun auch die verwandten und befreundeten Höfe ihre Anstrengungen zu seiner endlichen Beilegung. Ein Anerbieten der Art, das von Kopenhagen aus gemacht wurde, nahm der Kurfürst an [1]. Aber auch der Kasseler Hof nahm sich der Sache mit steigendem Eifer an. Von den Einzelheiten der so in Gang gebrachten Unterhandlungen haben wir keine Kenntnis. Doch liess der Kurfürst noch im September den Sohn wissen, er nehme ihn völlig zu Gnaden an und werde ihn, wenn er nach Berlin käme, empfangen, wie es sich gebühre. Die der Kurprinzessin zugefügte Beleidigung freilich blieb (so scheint es) unerwähnt [2]. Man nahm daher an, diese würde nicht mit zurückkehren, sondern in Hannover bleiben, zumal sie dieses, wie man wusste, Berlin unendlich vorzog. Aber auch der Kurprinz gab sich nicht so schnell und soll Schomberg geradezu gebeten haben nichts mehr zur Beschleunigung seiner Heimkehr zu thun. Ja, er machte selbst sein besuchsweises Erscheinen in Berlin von der Bewilligung bestimmter Bedingungen abhängig. Durch einen Bevollmächtigten, der am 12. Oktober in Berlin eintraf, suchte der Landgraf von Hessen für ihn die Erlaubnis nach, gleich nach der Unterwerfung, zu der er an den Hof kommen würde, sich an einen Ort zurückziehn zu dürfen, wo er die noch immer verlangte Sicherheit des Lebens zu finden erwarten dürfte, und das ausdrückliche Versprechen, dass man ihn ungehindert werde gehn lassen [3]. Der Kurfürst lehnte das ab, verweigerte überhaupt jedes Zugeständnis, das seine Autorität als Vater und als Herr hätte herabsetzen können [4].

Aber das Eis war doch gebrochen. Schon dass Friedrich Wilhelm die hessische Vermittlung annahm, liess erkennen, wie sehr ihm um endlichen Frieden zu thun war. Klingen doch selbst

---

[1] Urkunden u. Aktenstücke III, S. 797.
[2] Beilage XVI, 30.
[3] Ebendas. 32.
[4] Ebendas. 33.

aus den kurzen Worten, mit denen der neue niederländische Gesandte, Hop, der Mittheilungen gedenkt, die der Kurfürst selbst ihm über die leidige Angelegenheit machte[1]), noch deutlich genug der tiefe Herzenskummer, den er empfand, und die erschütternde Gemüthsbewegung, die ihm dieser Streit bereitete. Dem milden Ernst gegenüber, den er jetzt zeigte, verzichtete der hessische Bevollmächtigte auf die anfangsbegehrte förmliche Zusicherung freien Geleits. Welches die Gründe gewesen sein mögen, die, wie Rébenac wissen wollte, den Kurprinzen doch binnen kurzem genöthigt haben würden nach Berlin zu kommen und ihn daher ebenfalls nachgiebiger stimmten, wissen wir nicht[2]) — möglich, dass es finanzielle Schwierigkeiten waren. Am 28. October meldet Rébenac: die Sache ist beigelegt, und Ende der Woche wird der Kurprinz ankommen, mit ihm seine Gemahlin, nachdem sie unterwegs allein noch einen kurzen Besuch in Hannover gemacht. Was Sophie Charlotte schliesslich bestimmt haben mag die ihr zugefügte Beleidigung gänzlich fallen zu lassen, ist freilich nicht ersichtlich[3]).

In den ersten Novembertagen kam das kurprinzliche Paar nach Potsdam. Dass die erste Begegnung mit dem Vater nicht gerade herzlich war, begreift sich; doch wurde durchaus die Form gewahrt[4]). Es konnte zunächst nur eine rein äusserliche Versöhnung sein, die dort vollzogen wurde: so tiefe Entfremdung und so alt eingewurzelter Groll liessen sich nicht mit Einem Male bannen. Nur die Länge der Zeit konnte da heilend und ausgleichend wirken. Bei der ersten gründlicheren Aussprache, die der Kurprinz mit dem Vater hatte, brachte er endlich auch den Verdacht wirklich vor, den er und mit ihm viele anlässlich des Todes des Markgrafen Ludwig auf die Prinzessin von Schleswig-Holstein geworfen hatten. Er war Friedrich Wilhelm ganz neu

---

[1]) Urkunden u. Aktenstücke III, S. 797.
[2]) Beilage XVI, 34.
[3]) Ebendas. 35.
[4]) Ebendas. 36. Urkunden u. Aktenstücke XIV, 1388—89. 1390.

und erregte ihn mächtig. Er soll ihn selbst seiner Gemahlin gegenüber zur Sprache gebracht haben, die sich darüber natürlich auf das Bitterste beklagte, weil sie dadurch eigentlich selbst verdächtigt wurde[1]). Doch schien auch da die endliche Aussprache die Spannung gemildert und eine ruhige Erörterung eine Verständigung angebahnt zu haben: beide Theile, hiess es, seien befriedigt, und man hoffte nun endlich auf Erhaltung des Friedens im kurfürstlichen Hause.

[1]) Beilage XVI, 36.

IX. In französischer Dienstbarkeit 1680—84.

Als François de Rébenac in den ersten Tagen des Jahrs 1680 seinen Posten in Berlin antrat[1]), sollte er nach der ihm am 1. December 1679 ertheilten Instruktion[2]) zunächst den Brandenburg aufgezwungenen Frieden möglichst schnell zur Durchführung bringen, dann aber auf Grund des Geheimvertrags vom 25. Oktober 1679 den Kurfürsten dem politischem System Frankreichs vollends dienstbar machen. Unter den gegebenen Verhältnissen war namentlich das Letztere nicht allzu schwer. Der leidenschaftliche Unmuth über die Behandlung, die er von seinen Verbündeten erfahren hatte, und der brennende Wunsch Genugthuung dafür und Schadenersatz zu erzwingen, machten Friedrich Wilhelm nur allzu geneigt den lockenden Anträgen des Franzosen nachzugeben. Selbst gegen die Niederlande schien er mit dem König vorzugehn geneigt[3]): wie gegen alle Welt sei er auch gegen sie dessen Diener[4]). Nicht viel anders dachten die einflussreichsten Personen seines

---

[1]) Er kam am 12. Januar an; sein erster Bericht datirt vom 16. ejusd.

[2]) Paris, Archives du Ministère des affaires étrangères: Prusse XIV, fol. 182.

[3]) Bericht Rébenacs vom 16. Januar 1680: il estoit tellement disposé à entrer aveuglement en tout ce que V. M. pourroit desirer, qu'il prendroit avec moy de l'heure présente touttes les mesures qu'Elle souhaiteroit contre les Hollandois.

[4]) 20. Januar: Friedrich Wilhelm erklärte, qu'il estoit serviteur de V. M. contre eux et contre le reste du monde.

Rathes und Hofes: der Plan in Paris eine märkische Adelscompagnie errichten zu lassen[1]) und die Anknüpfung mit Köln und Münster zu gemeinsamer Vertretung der französischen Interessen im Reich[2]) bewiesen zur Genüge, wo man allein noch das Heil zu finden hoffte. Dass der Kurfürst gerade jetzt die Jägerndorfer Sache in Wien von Neuem zur Sprache bringen liess, Spanien mit Massnahmen zur Erzwingung der rückständigen Hülfsgelder bedrohte und sich über die Treulosigkeit der Vereinigten Niederlande in beleidigend bitteren Reden erging, gab dem französischen Gesandten Aussicht auf einen vollen Erfolg und liess dem Abt Otto von Banz, dem kaiserlichen Bevollmächtigten, der Ende des Jahres 1679 von Dresden nach Berlin geeilt war, kaum die Möglichkeit eindrucksvollen Gegenwirkens[3]).

Dagegen ergaben sich bei der Friedensexekution allerhand Anstände. Der Streit zwar, der zwischen Brandenburg und Braunschweig, die aus Verbündeten schnell zu erbitterten Gegnern wurden, über die Quartiere im Mecklenburgischen entstanden war und beinahe zu einem gewaffneten Zusammenstoss geführt hätte[4]), wurde durch Rébenacs Vermittelung schnell beglichen. Stettin aber erklärte der Kurfürst nicht eher räumen zu wollen, als bis ihm Wesel zurückgegeben wäre: dass man ihm das überhaupt zumuthe, zeige, wie der König kein Vertrauen zu ihm habe, und das eben sei sein Unglück, und zwar unverdienter Weise, da er sich in allem fügsam gezeigt habe[5]). Dann aber hatte der Kurfürst auch nach Ratifikation des Friedens die ausgeschriebene Kontribution von 30000 Thalern monatlich in Pommern einheben lassen: dafür, hatte Rébenac zu erklären, müsse Frankreich sich entweder in des Kurfürsten Landen — also in dem schon so schwer heimgesuchten Kleve — schadlos halten oder durch entsprechende Ab-

---

[1]) Vgl. S. 84.
[2]) Vgl. S. 83.
[3]) Urkunden u. Aktenstücke XIV, S. 907. 911 ff.
[4]) Schon von Stralsund meinte der Kurfürst zu Rébenac: Ces Lunebourgois sont des princes, qui se sont trop retirés, et je vous diray —, que j'ay esté sur le point de faire charger leurs trouppes.
[5]) Bericht Rébenacs vom 16. Januar 1680.

züge von den zugesagten Hülfsgeldern Ersatz schaffen. Vergeblich wurde dagegen geltend gemacht, die kurfürstlichen Truppen seien doch nur deshalb so lange im Lande zu bleiben genöthigt gewesen, weil die Schweden bisher noch immer nicht erschienen seien um davon wieder Besitz zu nehmen, woran sie doch niemand gehindert habe [1]). Auch liess es dafür Schweden seinerseits nicht an Chikanen fehlen. Gewiss, erklärten seine Bevollmächtigten, als es sich um die Ziehung der neuen Grenze in Pommern handelte, solle der Kurfürst dem Wortlaut des Friedens gemäss alles Land rechts von der Oder erhalten, so weit der Fluss eben Oder heisse: das von seinem Dievenow genannten Mündungsarm rechts befindliche dagegen habe schwedisch zu verbleiben [2]). Und als dann diese Schwierigkeit glücklich gehoben war, erklärte Ludwig XIV. dennoch die Rückgabe Wesels noch aufschieben zu müssen, bis von den 64 Kanonen, welche die Franzosen einst dort deponirt, die Kurfürstlichen aber irriger Weise mit weggeführt hatten, 32 zurückgeliefert wären, nachdem er durch den Verzicht auf die anfänglich geforderte Rückgabe aller dem dadurch tief gekränkten Kurfürsten einen Beweis besonderer Freundschaft gegeben zu haben glaubte [3]).

Hauptsächlich auf diesen Handel über Wesel gründete sich der Versuch des kaiserlichen Hofs den Kurfürsten wieder zu versöhnen und für einen Bund zu gewinnen, der weiterer Misachtung des Nimwegener Friedens durch Frankreich entgegentreten sollte [4]). Graf Johann Philipp von Lamberg, der Sprössling eines der ältesten österreichischen Adelsgeschlechter und einer der vornehmsten Kavaliere des Reichs, der später Kardinal und Fürsterzbischof von

---

[1]) Bericht vom 20. Januar.

[2]) Ebendas. Que les ministres de Suède disent, que Mr. l'Electeur de Br. doit avoir sans contestation tout ce qui est audelà de l'Oder, mais que cette rivière prenant le nom Dievenau, les terres qui se trouvent le long de la rivière dans l'endroit où elle change de nom, leur doivent demeurer.

[3]) Vgl. des Kurfürsten Brief an den König Urkunden u. Aktenstücke II, S. 535. 536. Pufendorf XVII, 83ff. (p. 1364). Vgl. oben S. 82.

[4]) Er proponirte nach Rébenac (2. April 1680) „une bonne ligue pour la conservation de l'Empire et empescher d'un commun consentement, qu'une puissance estrangère continuast de le désoler tous les jours par des entreprises nouvelles".

IX. In französischer Dienstbarkeit 1680—84.

Passau wurde¹), erschien dazu wenige Wochen nach Rébenac, im März 1680, in Berlin, dem Hofe sehr zur Unzeit, der eben ein grosses Fest zu Ehren des französischen Gesandten vorbereitete²). Auch äusserlich traten beide Männer einander sofort schroff als Nebenbuhler gegenüber: wollte Rébenac es sich doch nicht gefallen lassen, dass die beiden kaiserlichen Bevollmächtigten bei dem ihnen zu Ehren gegebenen Mahl, zu dem auch er geladen war, an der Tafel obenan sassen³). Das hinderte jedoch nicht, dass man ihnen die Aussichtslosigkeit ihres Werbens zu verstehn gab, ja, dass v. Jena sie durch das offene Bekenntnis erschreckte, am besten thue sein Herr, wenn er es mit Frankreich hielte, um seines Schadens sich wieder zu erholen, auch einen Theil der spanischen Niederlande oder Hollands mitwegnehmen zu helfen⁴). Da konnte dann freilich die Aussicht auf das Kommando der gegen Frankreich aufzubietenden Armee so wenig wie die auf die Hand einer Erzherzogin für einen seiner jüngeren Söhne⁵) grossen Eindruck auf den Kurfürsten machen. Natürlich aber versäumte derselbe nicht Rébenac von den Anerbietungen des kaiserlichen Hofs Mittheilung zu machen, um dadurch eine entsprechende Steigerung der französischen Anträge zu bewirken. Ohne Ahnung von dem geheimen Vertrage, der Brandenburg bereits mit Frankreich verband, schmeichelten sich die kaiserlichen Bevollmächtigten mit dem Glauben, auch ihr Gegner habe in Berlin nichts erreicht, und legten den allgemeinen Betheuerungen seiner Reichstreue und Hülfsbereitschaft, mit denen Friedrich Wilhelm sie entliess⁶), viel grösseres Gewicht bei als ihnen irgend zukam, besonders bei dem mehrfachen Hinweis auf die Ohnmacht Spaniens, die Unlust der knauserigen Holländer⁷) und die Unzuverlässigkeit Englands⁸).

---

¹) Urkunden u. Aktenstücke XIV, S. 908; über seine Thätigkeit S. 921 ff.
²) v. Buch, Tagebuch II, S. 211.
³) Ebendas.; vgl. Urkunden u. Aktenstücke XIV, S. 921 Note.
⁴) Urkunden u. Aktenstücke XIV, S. 921 Anm.
⁵) Rébenac d. 13. April 1681.
⁶) Urkunden u. Aktenstücke XIV, S. 922 N.
⁷) Urkunden u. Aktenstücke III, S. 569.
⁸) Ebendas. XIV, S. 922.

228   IX. In französischer Dienstbarkeit 1680—84.

Von einem Besuche des Reichsfürstentags, den der Kaiser in Regensburg zu halten wünschte, war für Friedrich Wilhelm vollends nicht die Rede¹). Aehnlich enttäuscht trat auch der englische Gesandte Southwell die Heimreise an²). Rébenac sagte offenbar nicht zu viel, wenn er damals nach Paris berichtete, so gut ständen zur Zeit die Sachen Frankreichs in Berlin, dass nur eine vollkommene Umwälzung daran etwas ändern könnte³).

Da kam die Nachricht von dem Beginn der Reunionen. Sie machte auf Friedrich Wilhelm um so mehr Eindruck, als er dadurch viele Evangelische in ihrem Glauben gefährdet sah⁴). In dieser Stimmung traf ihn Markgraf Hermann von Baden, der, im Auftrag des Kaisers an den deutschen Höfen werbend, auch in Berlin erschien. Es galt eine dauernde Waffnung des Reichs zur Aufrechterhaltung des immer wieder gefährdeten westfälischen Friedens und dann im Hinblick auf den 1683 bevorstehenden Ablauf des zwanzigjährigen Stillstandes mit den Türken. Natürlich richtete sich die Spitze auch dieses Plans gegen Frankreich. Aber der Markgraf, den man, weil er aus einer von der Pest heimgesuchten Gegend kam, am liebsten ganz fern gehalten hätte und dessen, mit Umgehung der vorgesehenen Quarantäne erfolgendes plötzliches Erscheinen das kurfürstliche Paar schon aus Gesundheitsrücksichten sehr unangenehm überraschte⁵), hatte, wie es hiess, carte blanche, d. h. Vollmacht zu bewilligen, was Brandenburg als Preis für seinen Beitritt fordern würde⁶). Das scheint denn auch

---

¹) Urkunden u. Aktenstücke XIV S. 934. 837 Anmkg.
²) Rébenac, d. 16. Mai 1680: vgl. O. Klopp, Der Fall des Hauses Stuart II, S. 251—52. 472.
³) 1. Juni: Les affaires de V. M. me paroissent estre cy affermies dans cette cour, qu'à moins un bouleversement entier je ne crois pas, qu'il y puisse arriver de changement.
⁴) Rébenac d. 15. Juni. Vgl. Urkunden u. Aktenstücke XIV, S. 940.
⁵) Rébenac, d. 18. Juni; d. 22.: Monsieur l'Electeur et Mad. l'El. ne se rassurent point sur la crainte qu'ils ont, que Mr. le Prince de Bade ne leur apporte la peste. Ils se tiennent le plus qu'ils peuvent esloignés de luy dans les conversations et s'en trouvent embarrassés à table à cause de l'odeur forte de parfum, dont on l'oblige de se servir.
⁶) Derselbe 18. Juni: Il s'explique par dire, qu'il offre la carte blanche sur toutes choses. Vgl. Urkunden u. Aktenstücke XIV, S. 943.

IX. In französischer Dienstbarkeit 1680—84.

nicht ohne Eindruck geblieben zu sein, und man möchte vermuthen, von den kurfürstlichen Räthen habe schon damals Paul Fuchs empfohlen diesen günstigen Moment zu einer Schwenkung, einer Lockerung des Bundes mit Frankreich zu benutzen, wenn Rébenac in Bezug gerade auf ihn damals äusserte, diesen Mann müsse man entweder um jeden Preis für sich gewinnen oder vernichten[1]). Natürlich haben nicht die 4000 Livres den Ausschlag für die Ablehnung der neuen kaiserlichen Werbung gegeben, die Ludwig XIV. daraufhin an Fuchs zu zahlen befahl[2]), sondern die in der kritischen Lage Brandenburgs gegebenen sachlichen Momente: der Markgraf wurde mit einer ausweichenden Antwort entlassen.

Dabei fühlte sich aber auch Ludwig XIV. des Kufürsten noch keineswegs sicher, verlangte vielmehr von ihm noch andere Beweise der Ergebenheit und muthete ihm noch strafferc Dienstbarkeit zu. Möglichst theuer wollte er ihn die Vortheile seines gewaltigen Schutzes bezahlen lassen, ohne ihm fürs Erste volle Gewissheit desselben zu gewähren. Hatte Friedrich Wilhelm für den ihm verwandten Pfälzer Kurfürsten, der durch die Reunionen geschädigt war, Fürsprache eingelegt, so sollte er sich desselben hinfort nicht mehr annehmen, da dieser durch sein beleidigendes Vorgehn dem König gegenüber jedes Recht auf Gnade verwirkt hätte[3]). Mit seinem Danke für die Mittheilung über des Kaisers böse Absichten, denen sie durch gemeinsame Massnahmen für ihre Sicherheit und zum Schutz des Reichsfriedens begegnen wollten, verband er das Ersuchen um nähere Auskunft über die Stimmung der einzelnen Reichsfürsten, damit er wisse, wessen er sich von ihnen zu versehn habe, und Angaben darüber, was sie zu leisten vermöchten, sowie über das, was der Kurfürst selbst mit seinen Bundesgenossen gegebenen Falls an Hülfe aufbringen könnte. Er verlangte ferner den Abschluss eines Bündnisses mit Celle und

---

[1]) S. oben S. 132, Anmkg. 7.
[2]) Bleistiftnotiz des Königs: „4000 l. à Fuchs, sy Mr. de Rébenac juge, qu'il luy faut donner cette somme".
[3]) Rébenac, d. 14. August 1680. S. Beilage XIII, 1.

Wolfenbüttel und ehrliche Versöhnung mit Hannover[1]). Geschah ihm damit aber nicht eigentlich nur das, wozu Friedrich Wilhelm sich bereits im Herbst 1678 bei den zwischen Meinders und d'Espense geführten Verhandlungen bereit erklärt[2]), was er in denselben Tagen bei ihrer ersten Begegnung im Lager vor Stralsund Rébenac gegenüber in Aussicht gestellt hatte[3])?

Demgemäss war er denn auch bereit auf solche Pläne einzugehen. Sah er sich doch schon im Geiste als Alliirten Frankreichs zur Eroberung Pommerns ausziehen! Denn inzwischen bereitete sich der Bruch zwischen Schweden und Frankreich vor, und die wesentlichste von den Bedingungen ging ihrer Erfüllung entgegen, ohne welche die bei seinem Parteiwechsel verfolgten Ziele unerreichbar bleiben mussten. Erbittert über den ihm von Frankreich aufgedrungenen verlustvollen und ruhmlosen Krieg und herausgefordert durch die mit den Reunionen begonnene Bedrohung des Herzogthums Zweibrücken mit französischer Lehnshoheit hatte Karl XI., zumal ihn auch im Innern ernste Schwierigkeiten bedrängten, beschlossen, die ihm zur Last gewordene Allianz mit Frankreich zu lösen und auf die Politik der Tripelallianz zurückzugreifen. Im Geheimen hatte er bereits die Verbindung mit den Niederlanden angeknüpft, welche im September 1681 den Grund zu der schnell wachsenden „Assoziation" legte, zum Schutz ihrer Glieder gegen Ludwig XIV. unersättlich scheinende Raubgier[4]). Kaum wurden die ersten Anzeichen dieses Wandels erkennbar, als der Kurfürst im August 1680 bei Rébenac ein neues, engeres Bündnis mit Frankreich anregte, das, gegen des Kaisers Umtriebe gerichtet, ihm nicht blos Sicherheit, sondern auch reiche Subsidien gewähren sollte[5]). Dachte er doch ernstlich an einen Angriff auf Spanien, um es zur endlichen Zahlung der rückständigen Hülfsgelder zu nöthigen. Der Anfang dazu war bereits mit dem doch kaum als Krieg zu bezeichnenden Seeraub im Grossen gemacht, den er gegen

---

[1]) Beilage XIII, 3.
[2]) Vgl. oben S. 67.
[3]) Vgl. S. 6—7.
[4]) Pufendorf XVIII, 23 (S. 1405—6).
[5]) Beilage VIII, 4.

die spanische Marine hatte eröffnen lassen und der nicht blos in Spanien einen Sturm des Unwillens entfesselt hatte. Wäre den Spaniern ein Vorwurf daraus zu machen gewesen, wenn sie darauf mit einem Einfall ins Klevische geantwortet hätten? Erwünschteres freilich hätte dem Kurfürsten kaum geschehen können: sofort dachte er sich dann Gelderns zu bemächtigen. Am Berliner Hofe sprach man denn auch von diesem Kriege als nahe bevorstehend, und die Offiziere waren, obgleich der Befehl dazu noch nicht ergangen war, eifrigst mit ihrer Equipirung beschäftigt[1]). Vielleicht war aber das ein Grund mehr für Ludwig XIV., dem Antrag auf ein neues, engeres Bündnis nicht allzu eifrig entgegenzukommen, und auch des Kurfürsten Minister mögen demselben deshalb nicht sofort ernstlich nahe getreten sein[2]). Zudem liessen es der Kaiser, England und Ernst August von Hannover nicht an erneuter Gegenwirkung fehlen, namentlich um den gefährlichen Konflikt mit Spanien zu beseitigen. Auch Wilhelm von Oranien sprach auf der Heimreise von Hannover in Potsdam vor[3]). Von dem Kurfürsten glänzend empfangen, hatte er jedoch politisch keinen Erfolg, obgleich er dem Kurfürsten, wie dieser selbst hinterher Rébenac erzählte, die erfreuliche Mittheilung machte, er beabsichtige dessen jüngsten Sohn erster Ehe zu seinem Erben und Nachfolger in seinen Aemtern zu machen[4]).

Erst im November wurde durch v. Jena, Meinders und Fuchs mit Rébenac ernstlich über die neue Allianz unterhandelt, nicht ohne dass auch dabei die alte Gegnerschaft unter des Kurfürsten Räthen sich störend geltend machte. Die Hauptschwierigkeit aber lag in den übermässigen finanziellen Ansprüchen, welche Brandenburg erhob. Erst als Rébenac erklärte, wenn man darin nicht nachgäbe, die Verhandlungen abbrechen und das dem König melden zu wollen, damit dieser sich wieder mit Schweden verstän-

---

[1]) S. Beilage VIII, 5.
[2]) Ebendas. 6. 7.
[3]) Urkunden u. Aktenstücke III, S. 588 N.
[4]) Rébenac, d. 26. Oktober 1680: Il veut instituer le prince Louis son hairitier universel. Il a fait confidence à Mr. l'Electeur, qui me l'a dit luymesme. Urkunden u. Aktenstücke XIV, S. 965. III, S. 600.

digen könnte, kam alles in der denkbar kürzesten Zeit zum Abschluss. Denn durch die Drohung mit der französisch-schwedischen Allianz, meinte Rébenac treffend, könne man von Brandenburg erreichen, was man wolle[1]). Bereits am 20. November ging ein Kourier mit dem Vertragsentwurf nach Paris ab[2]). Denn der Kurfürst wünschte den Abschluss möglichst zu beschleunigen, um bei dem Angriff auf Spanien, zu dem bereits Truppen gegen Geldern unterwegs waren, einen sichern Rückhalt zu haben[3]), während der König den Werth der neuen Allianz allein darin sah, dass er in der Geltendmachung seiner „legitimen Rechte" in Elsass nun wenigstens vom Kurfürsten nicht weiter gehindert werden würde[4]). Denn schon war damals auch das Stadtgebiet von Strassburg mit französischen Truppen besetzt und die Stadt aufgefordert der Krone Frankreich den Treueid zu leisten[5]).

Sah Friedrich Wilhelm wirklich nicht, worauf das alles hinaus wollte? Oder hatten ihn Groll und Zorn so völlig befangen, dass er es nicht sehen wollte, sondern seine eigene Genugthuung der Integrität des Reichs und der Behauptung des Schlüssels der oberrheinischen Lande voraussetzte und überordnete? Hätte ihn an der Ehrlichkeit der Absichten Frankreichs doch schon der Uebereifer irre machen müssen, mit dem Rébenac ihn gegen Schweden versöhnlich zu stimmen suchte. Brandenburg und Schweden, bekam er zu hören, hätten einen gemeinsamen Feind, den Kaiser. Auf dessen Kosten müsse ersteres seine Vergrösserung in Schlesien und Mähren suchen, — also nicht in Pommern und auch nicht in Geldern. Daher schliesse auch Frankreichs Allianz mit Brandenburg die mit Schweden nicht aus[6]). Solche Reden fielen auf nur zu guten Boden, zumal es damals hiess, der Kaiser wolle 20000 Mann, die gegen die Türken bestimmt wären, im Reiche in Quartier legen. So möge, rieth der Kurfürst, der französische König

---

[1]) Beilage VIII, 8.
[2]) Ebendas. 9.
[3]) Ebendas. 10.
[4]) Ebendas. 11.
[5]) Droysen III, 3, S. 476.
[6]) Beilage VIII, 11.

ein Gleiches verlangen, da er ja an dem Türkenkrieg kein geringeres Interesse habe[1]. So wurde Friedrich Wilhelm immer weiter in die Netze Frankreichs getrieben und ersehnte einen sein Losschlagen rechtfertigenden Friedensbruch Spaniens so leidenschaftlich, dass er nach Rébenac demjenigen 10000 Thaler zu zahlen versprach, der ihm den Einfall von ein paar hundert spanischen Reitern in Kleve melden würde[2]. Auch war inzwischen — ganz der von Frankreich gegebenen Anweisung gemäss —[3] das Bündnis mit Münster und Braunschweig in Angriff genommen. Es verhiess Ludwig XIV. vollends zum Herrn der Situation zu machen[4]. Ein Glied fügte sich an und in das andere um die Kette zu vollenden, die Brandenburg an Frankreich fesseln und dessen ebenso selbstsüchtiger wie gewaltthätiger Politik dienstbar machen sollte.

Eine besondere Schwierigkeit aber für den endlichen Abschluss entsprang aus des Kurfürsten Stellung zum Nimwegener Frieden. Er hatte gegen ihn protestirt, sollte ihn jetzt aber als Basis für weitere Abmachungen annehmen, während ihn nachträglich ausdrücklich anzuerkennen moralisch für ihn doch unmöglich war. Die Vorschläge, die er zur Umgehung dieser Schwierigkeit machen liess, drangen nicht durch. Von zwei französischerseits zur Wahl gestellten Entwürfen wurde der eine nach einigen Aenderungen des Ausdrucks von seinen Bevollmächtigten acceptirt: am 11. Januar 1685 erfolgte die Unterzeichnung[5], in den ersten Februartagen die Ratifikation.

Der Vertrag, der ohne ihn zu nennen auf dem nach wie vor von dem strengsten Geheimnis umgebenen Traktat von St. Germain vom 25. Oktober 1679 beruhte und ebenfalls so geheim gehalten werden sollte, dass selbst Ezechiel von Spanheim, des Kurfürsten Gesandter in Paris, nur diejenigen Artikel mitgetheilt werden sollten, von denen ihm Kenntnis zu geben der König erlauben würde,

---

[1] Beilage XIII, 12.
[2] Ebendas. 13.
[3] S. oben S. 224.
[4] Beilage VIII, 14.
[5] Ebendas. 15. v. Mörner a. a. O. S. 709.

traf unter dem unschuldigen Namen einer Defensivallianz auf zehn Jahre Bestimmungen, die Frankreich den Weg zu weiteren Uebergriffen in Europa öffneten, indem sie alle, die seinem Machtstreben entgegentreten würden, zum Voraus als Friedensstörer brandmarkten, Brandenburg aber jede Gemeinschaft mit ihnen untersagten und dafür die Freiheit gaben in gewissen Dingen zu seinem Vortheil unter französischem Schutz ähnliche Willkür zu üben und in anderen, dem Kurfürsten am Herzen liegenden Fragen von untergeordneter Bedeutung einige für Frankreich gleichgiltige Zugeständnisse gewährten. Unter Erneuerung alles dessen, was sie zum Zwecke guten Einvernehmens früher vereinbart hatten, und unter Bezugnahme auf den Westfälischen Frieden und die Verträge von Bromberg und Oliva sowie auch auf den Nimwegener Frieden, den der Kurfürst unbeschadet seines früheren Protestes Frankreich gegenüber garantirte, so dass er demselben im Nothfall mit Waffengewalt zur Durchsetzung aller ihm darin verheissenen Vortheile zu helfen hatte[1]), jedoch ohne darum seine eigenen Ansprüche an das Reich und seine früheren Verbündeten aufzugeben, versprachen beide Theile gegen jede Art von Störung ihres Besitzes, von wem immer sie auch ausgehen möge, einander Hülfe, die auf Ersuchen binnen längstens zwei Monaten von Frankreich mit 4000 Reitern, 1200 Dragonern und 8000 Mann zu Fuss nebst Geschützen u. s. w., von Brandenburg mit der Hälfte davon geleistet werden sollte[2]), im Bedarfsfalle auch mit mehr. Charakteristisch aber für die eigentliche Tendenz dieser Defensivallianz war die Bestimmung, durch die angeblich jeder Streit ausgeschlossen werden sollte, ob die Verpflichtung zu der vorgesehenen Hilfeleistung vorläge oder nicht, während sie thatsächlich vielmehr Brandenburg zur Unterstützung der beliebten völkerrechtlichen Theorie Ludwig XIV. verpflichtete und dessen künftigen Eroberungsplänen dienstbar machte. Es sollte nämlich[3]) nicht untersucht werden, ob der die Hülfe heischende Theil seinem Widersacher gegenüber im Recht sei oder

---

[1]) Art. 3.
[2]) Art. 4. 6.
[3]) Art. 5. — il a esté convenu et accordé, que sans examiner le droit ou le tort, que pouvroit avoir l'allié requérant, ny rechercher, s'il est l'autheur

nicht, ob er etwa zu dem gegen ihn unternommenen Angriff seinerseits den Anlass gegeben hätte, vielmehr sollte es genügen, dass er thatsächlich in seinen Landen, Rechten oder Ansprüchen beunruhigt würde, um den andern Theil zur vollen Leistung der in dem Vertrage vorgesehenen Hülfe zu verpflichten. Man kennt ja die absonderlichen Grundsätze, zu denen die französische Diplomatie sich da bekannte: hatte sie doch dereinst gerade dem Kurfürsten gegenüber erklärt, Angreifer sei nicht, wer zuerst losschlage, sondern wer den Andern zum Losschlagen reize[1]). Demnach war es offenbar, dass mit diesem Artikel Ludwig XIV. sich den Kurfürsten unter allen Umständen und gegen jedermann zur Heeresfolge verpflichten wollte und zu verpflichten glaubte. Daran ändert auch der 15. Artikel nichts, wonach der auf Erfordern die Hülfe leistende Theil darum doch nicht gehalten sein sollte mit der Macht, gegen die er sie leistete, nun unter allen Umständen auch im Uebrigen zu brechen, sondern die Freiheit behielt, nach Kräften auf Herstellung des Friedens hinzuwirken. Auch sollte es dem Hülfe fordernden Theil unbenommen bleiben sich, selbst wenn die Hülfe bereits in Aktion getreten, mit dem Angreifer gütlich zu verständigen, ausgenommen den Fall, dass sein Verbündeter um seinetwillen mit jenem bereits ebenfalls gebrochen hätte: dann war nur ein gemeinsamer, beiden gebührende Genugthuung gewährender Frieden zulässig[2]).

Obenein war das Bündnis keineswegs ein gleiches. Denn während durch die Folgerungen, welche sich bei der Macht und der Willkür Ludwigs XIV. aus jenem so bedenklich dehnbaren Artikel 5 ergeben konnten und auch bald genug wirklich ergaben, der Kurfürst jeden Augenblick gewärtig sein musste in einen durch französische Uebergriffe provozirten Krieg verwickelt zu werden, wurde ihm selbst eine entsprechende Gegenleistung nur für den einen Fall zugesichert, dass Spanien oder sonst eine Macht die Mass-

---

et la cause du différant ou non, suffira qu'il soit actuellement troublé ou inquiété dans ces terres — pour le secourir et assister de fait.

[1]) Vgl. oben S. 24.
[2]) Art. 16.

regeln, durch die er sich für die rückständigen Hülfsgelder schadlos zu halten begonnen hatte, durch Waffengewalt erwidere[1]). Viel deutlicher wurden des Königs Absichten natürlich in den geheimen Artikeln des Vertrags. Ihrem Bemühen um Erhaltung des Friedens den Erfolg zu sichern sollten beide Theile die benachbarten Fürsten und Reichsstände möglichst zum Anschluss zu gewinnen suchen, insbesondere die Kurfürsten von Baiern und Sachsen und die Häuser Sachsen und Braunschweig[2]). Die bösen Absichten der Friedenstörer zu vereiteln sollte der Kurfürst niemandem unter irgend welchem Vorwand in seinen Landen Aushebungen, Kontributionen, Quartiere, Märsche u. s. w. gestatten, — also auch dem Reiche nicht, — und in diesem Sinn sowol auf den Reichstag wie auf die Kreistage einwirken[3]). Des Weiteren wurde der Beitritt Dänemarks in Aussicht genommen, den der Kurfürst schon früher gewünscht und angeregt hatte, da er Schweden vollends zu binden geeignet war[4]). Auf die Dinge in Polen wollten die Verbündeten ein wachsames Auge haben, der König namentlich um die Hindernisse beseitigen zu helfen, welche der von dem Kurfürsten betriebenen Vermählung des Prinzen Ludwig mit Luise Radziwill bereitet wurden[5]). Ebenso sagte der König zu, des Kurfürsten Söhnen erster Ehe dereinst zur Geltendmachung ihrer Rechte auf die oranische Erbschaft zu helfen[6]). Endlich verpflichtete er sich dem Kurfürsten zum Zeichen seiner Freundschaft und als Beitrag zu den nun nöthigen ausserordentlichen Rüstungen vom 30. September 1681 ab jährlich 100 000 Thaler in vierteljährlichen Raten in Paris zahlen zu lassen, so jedoch, dass die durch den Vertrag vom 25. Oktober 1679 zugesagten 100000 Livres dabei eingerechnet, aber bis zum 1. Juli 1681 gezahlt würden[7]).

Die Motive, die ihn auf einen solchen Vertrag einzugehen

---

[1]) Art. 20.
[2]) Secretart. 2.
[3]) Ebendas. 3.
[4]) Art. 4.
[5]) Art. 5. 6.
[6]) Art. 7.
[7]) Secretart. 8.

bestimmten, hat der Kurfürst noch einige Wochen nach dem Abschluss Rébenac ausführlich dargelegt[1]). Ohne des Königs Hülfe fürchtete er um die Güter der Prinzessin Radziwill — die inzwischen Mitte Januar in aller Heimlichkeit zu Königsberg mit Prinz Ludwig vermählt worden war, obgleich sie erst 14, der Gatte erst 15 Jahre alt war —[2]) schliesslich doch noch gebracht zu werden: es handelte sich dabei angeblich um eine Rente von 2—3 Millionen Thaler, von der Polen den Prinzen durch Verweigerung des Indigenatrechts auszuschliessen dachte[3]). Mitte März empfing der Kurfürst das junge Paar in Frankfurt a. O., wohin er sich zur Eröffnung der ihm besonders am Herzen liegenden Messe begeben hatte[4]). Am 28. März zogen die Neuvermählten in Berlin feierlich ein, Ludwig XIV. aber sprach in einem besonderen Schreiben seine Glückwünsche aus, in dem er die gute Freundschaft zwischen Brandenburg und Frankreich bedeutungsvoll betonte[5]). Der Prinz, dessen Geist Rébenac rühmt, obgleich er in Folge schlechter Erziehung nicht zu voller Entwicklung gediehen sei, sollte demnächst nach den Niederlanden reisen und dann auch in Paris einen Besuch abstatten[6]). Dann war es namentlich sein Unternehmen gegen Spanien, zu dem Friedrich Wilhelm die Freundschaft Frankreichs nicht entbehren zu können meinte: da er schon sechs Fregatten in See hatte, drei weitere aber zum Auslaufen bereit lagen, versprach er sich Rébenac gegenüber für die nächste Campagne eine Beute von mehr als einer Million. Vor allem jedoch glaubte er mit Frankreich gut stehen zu müssen, weil dieses allein Schweden von Neuem gegen ihn waffnen konnte. Auch sonst traute er keinem seiner Nachbarn, weil selbst der kleinste

---

[1]) Beilage VIII, 17.
[2]) Pufendorf XVIII, 27. 28 (S. 1410 ff.).
[3]) Ebendas. 30.
[4]) Bericht Rébenacs vom 7. März 1681: Mr. l'Electeur est party aujourdhuy pour aller à Frankfort sur l'Oder. Sa passion est d'establir le commerce dans ses estats et il fait ce voyage pour donner de réputation à une foire qui se tienne dans cette ville.
[5]) Urkunden u. Aktenstücke XIV, S. 991.
[6]) 7. März 1685: C'est un jeune prince, qui a autant d'esprit et de mérite, qu'on en peut avoir dans la méschante éducation qu'il a eue.

mit Frankreichs Hülfe eine Armee aufbringen konnte so stark wie die seine. Endlich wies er auf den Hass hin, den der Kaiser gegen ihn hegte: so lange er mit Frankreich befreundet sei, fürchte ihn dieser, während er ihn ohne dies zwar ebenso sehr hasse, obenein aber verachte[1]).

Die leitenden Gesichtspunkte der kurfürstlichen Politik waren demnach das Streben nach den Radziwill'schen Gütern, nach der oranischen Erbschaft und nach Ersatz für die spanischen Restgelder, materielle Interessen also, die mit den grossen politischen Problemen, über welche die nächste Zukunft entscheiden musste, eigentlich nichts gemein hatten. Vielmehr hatte Brandenburg auf diesem Gebiet fürs Erste auf jede Initiative und Selbständigkeit verzichtet und sich vorbehaltlos der Leitung Frankreichs überantwortet, von dem es sich wie einen Stein auf dem Schachbrett hin und her schieben liess, je nachdem es hier jemanden zu bedrohen oder dort jemanden zu decken galt. Wurde doch bereits gleichzeitig mit der neuen Defensivallianz mit Frankreich die ebenfalls von diesem geforderte mit Ernst August, dem Bischof von Osnabrück und Herzog von Hannover, unterhandelt und bereits am 21. Januar 1681 abgeschlossen[2]). Sie wiederholte in Bezug auf die besonderen Verhältnisse Brandenburgs und Braunschweigs die in dem Traktat vom 11. Januar 1681 getroffenen Bestimmungen, wich aber in einem Punkte bedeutungsvoll davon ab, insofern ein im März vereinbarter Zusatzartikel ausdrücklich erklärte, eine Verpflichtung zur Leistung der festgesetzten Hülfe liege nicht vor, wenn der sie fordernde Theil die über ihn gekommene Vergewaltigung seinerseits durch einen Angriff provocirt habe[3]). Am 18. April wurde denn auch der ebenfalls von Frankreich gewollte Vertrag mit Kursachsen unterzeichnet[4]).

Die französische Politik war also im besten Zuge mit Hülfe Brandenburgs eine Konföderation zu bilden, die, aus Brandenburg, Kursachsen und Hannover bestehend, nach Anschluss der übrigen

---

[1]) Beilage VIII, 17.
[2]) v. Mörner, S. 422 (Nr. 244a).
[3]) Ebendas. S. 424 (Nr. 244b).
[4]) Ebendas. S. 424—25 (Nr. 246). Vgl. Pufendorf XVIII, 26 (S. 1409).

Fürsten des sächsischen und des braunschweigischen Hauses den Kaiser im Reiche jeder Zeit matt setzen und so zunächst die ungehinderte Ausführung der Reunionen sichern konnte. Denn so sehr er den Braunschweigern grollte und zu grollen Grund hatte, auch ihnen gegenüber stand der Kurfürst doch nicht an die Frankreich gegebene Zusage zu erfüllen und eine Versöhnung anzubahnen, die ein Zusammenwirken mit ihnen ermöglichte, freilich ängstlich bemüht, dabei ja nicht als der Werbende zu erscheinen, sondern seinen höhern Rang und seine grössere Macht gerade ihnen gegenüber recht zur Geltung zu bringen. Dazu bot eine Art von Fürsten- und Familienkongress Gelegenheit, der im Sommer 1681 in Pyrmont zusammenkam, wohin auch Friedrich Wilhelm sammt dem kurprinzlichen Paare seine leidende Gemahlin begleitete. Ausserdem aber weilten dort zum Kurgebrauch die herzoglichen Paare von Hannover und von Celle und mit ihnen die verwitwete Königin und Prinz Georg von Dänemark sowie die Kurfürstinnen von Sachsen und von der Pfalz, Töchter des Dänenkönigs Friedrichs III.[1]) Auch die Diplomaten der verschiedenen Höfe waren zahlreich herbeigeeilt, unter ihnen Rébenac, der aber, durch eine Verrenkung des Fusses längere Zeit ans Lager gefesselt und dann mühsam am Stock einherhumpelnd, genaue Beobachtungen über die sich dort abspielenden Vorgänge zu seinem Leidwesen nicht anstellen konnte[2]).

Mit besonderem Vertrauen kam der Kurfürst nicht dorthin, wenn anders, wie Graf Lamberg berichtet, nach einer zu diesem gethanen Aeusserung der Hauptzweck seiner Reise wirklich nur die „Penetrirung der geheimen Rathschläge der Krone Dänemark und des Hauses Braunschweig" gewesen sein sollte[3]). Auch versprach es oben nicht viel für den Fortgang dieser Anknüpfung, dass elende Ceremonienstreitigkeiten das erste Zusammentreffen der so zahlreich herbeigekommenen Fürstlichkeiten und damit die beabsichtigten vertraulichen politischen Besprechungen lange hinaus-

---

[1]) Urkunden u. Aktenstücke XIV, S. 996.
[2]) Gallois, Lettres inéd. des Fouquières V, S. 238.
[3]) Urkunden u. Aktenstücke XIV, S. 996.

zögerten. Denn der Kurfürst, der als der zuerst angekommene dem Brauche gemäss den übrigen Herrschaften auch die erste Visite zu machen gehabt hätte, weigerte sich dessen hartnäckig. Darüber sich ereifernd wollten die Damen des andern Theils natürlich erst recht keine Zugeständnisse machen, und so blieb es zunächst bei zufälligen Begegnungen am Brunnen oder auf der Promenade. Endlich aber brachte die verwitwete Königin von Dänemark durch den Hinweis auf den leidenden Zustand des Kurfürsten, den die Gicht an den Lehnstuhl fesselte, es doch dahin, dass alle Fürstlichkeiten von seiner Gemahlin eine Einladung zur Tafel annahmen und sich zu heiterer Geselligkeit in dem Quartiere der brandenburgischen Herrschaften vereinigten[1]). So freundlich Friedrich Wilhelm aber mit Ernst August von Hannover verkehrte, mit Herzog Georg Wilhelm von Celle, dem Gatten der schönen Französin Eleonore d'Olbreuse, kam er sich offenbar nicht näher, und die Allianz mit dem braunschweigischen Gesammthause war in um so weiterem Felde, als es in diesem erlauchten Kreise auch nicht an heftigen Feinden Frankreichs fehlte, die gegen dasselbe hetzten und zum Kriege trieben, zu ihrem Bedauern ohne Erfolg[2]): man wird dabei namentlich an pfälzische Anregungen zu denken haben.

Freilich sah auch Friedrich Wilhelm den Fortgang der Reunionen mit wachsender Sorge, und im vertrauten Kreise äusserte er wol. der König möge wenigstens gleich klar und bestimmt sagen, was er noch verlangen müsse, selbst wenn es sich um ein rechtsrheinisches Gebiet handeln sollte, damit man sich darüber verständigen könne, denn bei dem unaufhörlichen Auftauchen immer neuer Forderungen sei man ja nicht sicher eines Tages Magdeburg oder gar Berlin bedroht zu sehn[3]). Auch liess er durch Meinders und v. Jena Vorstellungen deswegen machen, freilich in sehr respektvollem Tone[4]), aber doch auch nicht ganz selbstlos, insofern er neben Luxemburg namentlich die Grafschaft Spanheim geschont sehen wollte, weil sie als oranischer Besitz zu dem künftigen Erbe

---

[1]) S. Der Freihafen I, 3, S. 113 ff.
[2]) Gallois a. a. O. V, S. 238—39.
[3]) Beilage X, 1.
[4]) Gallois a. a. O. V, S. 248.

seiner Söhne gehörte, in dem Frankreich diese zu schützen versprochen hatte[1]). Dennoch bekam er auf die schüchterne Andeutung, des Königs Vorgehn enthalte doch eigentlich einen Bruch der Verträge, von Rébenac die entrüstete Frage zu hören, mit welchem Rechte er denn die Grafschaft Mansfeld zur Huldigung genöthigt oder einen Seekrieg gegen Spanien unternommen habe. Dem König irgendwie handelnd entgegenzutreten hatte er ja auch keine Möglichkeit: höchstens für einen Monat hätten seine Mittel zum Kriege ausgereicht. Aber seine fieberhafte Unruhe liess erkennen, wie tief er die peinliche Zweideutigkeit seiner Lage empfand. Eine unliebsame Aussprache zu vermeiden ging Rébenac ihm eine Zeit lang vorsichtig aus dem Wege, Ludwig XIV. aber liess ihn wissen, er versehe sich von ihm der pünktlichen Erfüllung der durch die Verträge übernommenen Verpflichtungen, erwarte also, wenn er der Reunionen wegen angegriffen werden sollte, dass Brandenburg die nach dem Pakt vom 11. Januar 1681 ausbedungene Hülfe wirklich leiste. Der Kurfürst konnte nicht anders als zustimmend antworten: unter dem Vorbehalt freilich, dass nicht noch weitere willkürliche Aenderungen erfolgten, versprach er sogar seine Bundestreue bei erster Gelegenheit durch die That zu beweisen[2]).

Bald genug sollte er beim Worte genommen werden. Auch der Stadt Strassburg bemächtigten sich die Franzosen. Sein Verhalten dieser Gewaltthat gegenüber sollte nach Ludwig XIV. die Probe sein, an der er Brandenburgs Zuverlässigkeit erkennen und von deren Ausfall er sein Verhältnis zu ihm abhängig machen wollte. Der Kurfürst verbarg nicht seine schmerzliche Ueberraschung: aber es sprach aus ihm doch weniger der Zorn über den Verlust der herrlichen Stadt als die Sorge über die gesteigerte Schwierigkeit seiner eigenen Stellung. Sein Unglück sei, klagte er, dass er den Kaiser zum Feinde, den König aber doch auch nicht wahrhaft zum Freunde habe. Als ob er erst mit sich selbst einig werden müsste, vermied er längere Zeit mit Rébenac von

---

[1]) Beilage X, 2.
[2]) Ebendas. 3. 5.

diesem neuen Zwischenfall zu sprechen. Dann empfing er den Gesandten gehaltener als sonst, sprach mit ihm von weit abliegenden gleichgültigen Dingen, machte sein Spiel und bat ihn erst, als alle anderen sich zurückzogen, in sein Kabinet[1]). Unter vier Augen machte er da seinem gepressten Herzen Luft. Der König habe einen verhängnisvollen Schritt gethan, führte er aus: da dieser Bruch des westfälischen Friedens das ganze Reich ihm entgegenzutreten nöthige, habe er dadurch die Macht des Kaisers wirksamer gefördert, als wenn er mehrere Schlachten gegen ihn verloren hätte, zumal ein neuer Türkenkrieg bevorstehe. Das werde nicht blos des Reichs, sondern auch Brandenburgs Verderben sein. Deshalb beklage er es, dass der König in einer Sache von solcher Tragweite ihn nicht seines Vertrauens gewürdigt habe, was doch um den Preis eines Aufschubs von einigen wenigen Tagen hätte geschehen können. Er sehe eben nur von Neuem, wie wenig sich der König aus ihm mache. Durch Rébenacs Gegenvorstellungen scheinbar ein wenig beruhigt, gab er dann dem Gespräch eine überraschende Wendung — wenig glücklich wie immer, wo er sich selbst als Diplomat versuchte — indem er, ähnlich wie vor zwei Jahren bei ihrem Zusammentreffen vor Stralsund — in unbedachter Offenherzigkeit dem Franzosen seine geheimsten Wünsche übereilt kund that und so selbst den Weg zeigte, um ihn auch in dieser Krisis seinem König dienstbar zu erhalten, hinterher aber wiederum unbelohnt bei Seite zu schieben. Als nämlich Rébenac seinen nicht missverständlichen Hinweis auf Schwedens Frankreich feindliche Haltung — am 30. September war der schwedisch-niederländische Vertrag, der Grundstein der geplanten Association, unterzeichnet[2]) — mit der ihrem Sinn nach ebenfalls nur allzu deutlichen Bemerkung beantwortete, erwünschter als der drohende Bruch zwischen Frankreich und Schweden könne ihm doch nichts sein, „da warf er sich auf Pommern und eroberte es in Gedanken ebenso leicht, wie er das mit Frankreichs Hülfe thatsächlich können

---

[1]) Ebendas. 7.
[2]) Carlson, Geschichte Schwedens V, S. 574.

würde"¹). Ja, sofort wollte er auf die damit bezeichneten Grundlagen hin Unterhandlungen angeknüpft haben. Dass ihm auch jetzt noch, trotz der Wegnahme Strassburgs, die Erhaltung des Friedens das Liebste war, zweifelte Rébenac freilich nicht²): aber er kannte nun ganz genau den Preis, um den der Kurfürst, wenn es, wie man annehmen musste, zum Kriege kam, von energischem Eintreten für Kaiser und Reich zurückzuhalten, ja vielleicht zu mehr noch als einer Frankreich günstigen Neutralität zu gewinnen sein würde. Welchen Eindruck musste es unter den damals obwaltenden Umständen bei Freund und Feind machen, wenn der Kurfürst eben in jenen Tagen allgemeinster patriotischer Erregung und Beängstigung dem französischen Gesandten einen mit Diamanten besetzten Degen überreichen liess, um, wie er sagte, auch in untergeordneten Dingen zu zeigen, wie durch Strassburgs Wegnahme seine Gesinnung gegen Ludwig XIV. und seine Freundschaft für dessen Gesandten nicht geändert sei³). Das war offenbar keine leere Phrase. Ueberzeugt von der Unfähigkeit des Kaisers sich zu schützen und voll Sorge vor dem unvermeidlichen unheilvollen Ausgang eines Krieges, sah er für seinen von allen Seiten schwer bedrohten Staat Rettung und Sicherheit nur im Anschluss an Frankreich und wünschte diese Politik im Fall seines Todes auch von seinem Erben verfolgt zu sehn. Damals geschah es, dass er auf Rébenacs Zweifel an der Gesinnung des Kurprinzen demselben eine Stelle aus der „Väterlichen Vermahnung" von 1667 vorlas, in der er Oesterreich als den schlimmsten Feind Brandenburgs hinstellte und als den einzigen zuverlässigen Schutz dagegen das ihm seine Grösse neidlos gönnende Frankreich empfahl⁴).

Die Aussicht den bevorstehenden Bruch zwischen Frankreich und Schweden zur Eroberung Pommerns benutzen zu können hatte für den Kurfürsten geradezu etwas Bestrickendes. Tag und Nacht hing er diesem Gedanken nach⁵). Seine Ausführung zu ermög-

---

¹) Beilage X, 8.
²) Ebendas. 9.
³) Ebendas. 10.
⁴) Beilage VII. Vgl. oben S. 114.
⁵) Beilage XI, 3.

16*

lichen bemühte er sich nun erst recht um Erhaltung des Friedens zwischen Deutschland und Frankreich trotz der Reunionen und trat dem Kriegstreiben des kaiserlichen Hofs vollends entschieden entgegen[1]). Damit aber wurde Ludwig XIV. erst recht Herr der Lage: unter dem Schein selbstverleugnender Mässigung konnte er sich seiner Beute versichern, ohne dass sie ihm ernstlich streitig gemacht wurde. Zur Festsetzung der deutsch-französischen Grenze schlug er einen Kongress in Frankfurt a. M. vor: mit Ausnahme Strassburgs wollte er dann herausgeben, was er nach dem 1. August 1681 in Besitz genommen hatte. Besonders eifrig empfahl diesen Gedanken wiederum der Kurfürst[2]), liess auch durch Sendungen nach Mainz, Heidelberg, Trier, Köln und München sowie nach Kopenhagen dafür wirken[3]). Inzwischen aber versäumte der König natürlich nicht den Vortheil auszunutzen, den ihm der Kurfürst in die Hand gegeben hatte, indem er seines Herzens geheimste Wünsche aussprach. Am 4. December wies er Rébenac an wegen eines neuen Bündnisses mit Brandenburg zu unterhandeln. Denn er beabsichtigte, so wurde das begründet, im Hinblick auf des undankbaren Schweden feindliche Haltung[4]) sich mit den „wolgesinnten" Fürsten enger zu vereinigen zur Aufrechterhaltung des Friedens und um alle Beitretenden von jeder Sorge von seinen Absichten zu befreien. Dafür wollte er sich ausdrücklich verpflichten über das, was er zur Zeit der Abreise seiner Gesandten nach Frankfurt a. M. inne gehabt, hinaus nichts als Strassburg zu fordern, unter der Bedingung freilich, dass seine Verbündeten sich ihrerseits verpflichteten ihn in dessen Behauptung im Nothfall mit Waffengewalt zu unterstützen, wie er selbst jedem von ihnen, der in seinem Besitz bedroht würde, mit Geld und Mannschaften helfen und gebührenden Schadenersatz erzwingen werde. Insbesondere wollte er dabei von jeder Bestimmung zu Gunsten Schwedens absehn, d. h. dasselbe seinem siegreichen Gegner ungeschützt preisgeben. Auf die ihm dabei gewährte Freiheit des Handelns gegen

---

[1]) Beilage X, 9.
[2]) Ebendas. 11. Vgl. Pufendorf XVIII, 33. (S. 1416).
[3]) Pufendorf ib. 34 (S. 1417 ff.).
[4]) Beilage XI, 2.

Schweden soll der Gesandte den Kurfürsten als auf einen besonderen Gewinn nachdrücklich hinweisen, wie er auch Spanien gegenüber auf den König rechnen könne. Hülfsgelder wurde er bis zur Höhe von 150000 Livres jährlich anzubieten bevollmächtigt, so dass Brandenburg einschliesslich der ihm durch den Vertrag vom 11. Januar 1681 gewährten 300000 Livres das Jahr auf 450000 Livres rechnen konnte; ja, im Nothfall durfte Rébenac bis zu 600000, ja sogar 900000 Livres jährlich gehn, den kurfürstlichen Ministern aber für den Fall des Abschlusses Gratifikationen im Gesammtbetrag von 50000 Thalern zusichern[1]).

Bereits am 22. Januar 1682 wurde der Vertrag unterzeichnet, der in allen wesentlichen Punkten die von Rébenac gemachten Vorschläge zu Grunde legte, auch in seinen allgemeinen Wendungen genau die ihm ertheilte Instruktion wiederholte[2]). Als Zweck war demgemäss die Erhaltung des Friedens bezeichnet, den „Uebelgesinnte" — die Glieder der um Schweden und die Niederlande sich sammelnden „Association" — zu stören dächten. Obgleich er noch viel weitergehende Ansprüche rechtlich zu begründen vermöchte, wollte der König sich doch mit den genannten Gebieten begnügen, falls auch die Gegenseite endgültig darauf verzichtete, ihn auf etwa neu aufgefundene Rechtstitel hin in ihrem Besitze zu gefährden. Die Zahl der Truppen, mit denen man auf Grund der gegenseitigen Garantie des Besitzstandes einander gegebenen Falls unterstützen wollte, wurde etwas höher bemessen, die Summe der französischen Subsidien im Ganzen auf 400000 Livres jährlich festgesetzt. Endlich versicherte der König den Kurfürsten seiner Beihülfe auch zur Durchsetzung seiner Forderungen an Spanien und andere und in Bezug auf die neu errichtete Guineacompagnie. Nicht in der Erhöhung der Subsidien, so dringend er ihrer für die unvermeidliche Wehrhaftmachung bedurfte, und auch nicht in der Verstärkung der ihm im Nothfall von Frankreich zu gewährenden

---

[1]) Beilage XI, 5: sans rien stipuler de plus particulier sur ce point qui puisse regarder la couronne de Suède.

[2]) Ebendas. und Lambergs Bericht vom 22. December 1681. Urkunden u. Aktenstücke XIV, S. 1015.

[3]) v. Mörner a. a. O. S. 426 (M. 247); Wortlaut S. 715.

Truppenhülfe lag für den Kurfürsten der Werth dieses neuen Bündnisses: er hielt sich augenscheinlich am meisten an den Schluss des 2. Artikels, wonach der Zweck desselben auch sein sollte, diejenigen, die den Frieden störten, dafür gebührenden Verlust und Schaden leiden zu lassen [1]). Er meinte damit die ersehnte Aktionsfreiheit gegen Schweden gewonnen zu haben, falls, wie zu erwarten, dessen Associationspolitik zum Bruch mit Frankreich führte.

An Gegenbemühungen hatte es augenscheinlich nicht gefehlt. Gerade in den Tagen der Entscheidung, Mitte Januar 1682, war Ernst August von Hannover als Gast am Hofe erschienen[2]), um nochmals den Versuch zu machen, den Kurfürsten auf die Seite der Association hinüberzuziehn[3]), was dem Grafen von Lamberg trotz alles Bemühens und trotz der geheimen Hülfe des Fürsten von Anhalt bisher nicht hatte gelingen wollen. Aber auch er erhielt die Antwort, Brandenburg könne nicht von Frankreich lassen, da es den Frieden wolle und der allein durch Frankreich zu erhalten sei — ja, Friedrich Wilhelm soll sogar den Versuch gemacht haben, den Herzog, wie es in dem Vertrag vom 11. Januar 1681 vorgesehen war, ebenfalls zu Frankreich herüberzuziehen, indem er ihm als Preis seine und auch Ludwigs XIV. Beihülfe zur Erlangung der Kurwürde in Aussicht stellte. Eine Sinnesänderung war unter solchen Umständen von dem Kurfürsten freilich nicht zu hoffen. Nachdem daher sein erneuter Antrag auf Mitwirkung zur Uebernahme der Garantie des Westfälischen Friedens durch die Reichsstände insgesammt von demselben ebenfalls abgelehnt

---

[1]) — pour faire supporter à ceux, qui voudront la troubler, les pertes et les dommages de leurs infractions.

[2]) v. Buch, Tagebuch II, S. 219—20.

[3]) Urkunden u. Aktenstücke XIV, S. 1014. 1019.

[4]) Bericht Rébenacs vom 1. Februar 1682: — il a ajousté un motif pour le mouvoir, qui a produit de grands effets sur le champ. C'est qu'il luy a promis et donné par escrit, qu'en cas qu'il voulust entrer dans ses sentimens, qui n'estoient autres que ceux de V. M., pour lors il l'appueroit de tout son crédit pour estre Electeur et le feroit appuyer de tout de celuy de V. M. Il a esté sensible à cette amorce.

war und er sogar auf die von ihm ausgesprochene Erwartung, der Kurfürst werde das ihn treffende Kontingent zum Reichsheer auch künftig zu stellen bereit sein, eine bedenklich ausweichende Antwort erhalten hatte, verliess Lamberg im März Berlin unverrichteter Sache: auch noch in der Abschiedsaudienz vermied der Kurfürst jede Wendung des Gesprächs auf das politische Gebiet[1]).

Wol hatte demnach Ludwig XIV. Grund zufrieden zu sein und dem auch durch ein Geschenk an die Kurfürstin und reichliche Gratifikationen an die Minister Ausdruck zu geben[2]). Offener als je zuvor war Friedrich Wilhelm jetzt in seinem Interesse thätig und schien es bereits selbst auf einen Konflikt mit dem Kaiser ankommen lassen zu wollen, der natürlich durch diese Wendung der Dinge ebenso erbittert wie beunruhigt war. Nicht genug, dass seine Bevollmächtigten auf dem Kongress in Frankfurt lebhaft für die Annahme der französischen Anträge eintraten: den Kurfürsten von Sachsen, welcher die entgegengesetzte Richtung verfolgte, liess man wissen, Brandenburg sei — was Lamberg gegenüber eben noch auf das Entschiedenste in Abrede gestellt worden war[3]) — mit Frankreich eng verbündet und müsse jeden, der dieses angreife, seinerseits mit Krieg überziehen[4]). Schon hatten etliche preussische Regimenter Marschbefehl erhalten und standen an der Grenze des Königreichs Polen zum Aufbruch nach der Mark bereit[5]). Im Mai waren für zwei in der Stärke von 2000 Mann im Magdeburgischen und im Saalkreise nach der thüringischen Grenze hin Quartiere angesagt[6]). Meinte man doch — so hoch war die Spannung gestiegen — sich vom Kaiser eines Gewaltstreichs versehen zu müssen[7]), während dieser seinerseits Brandenburg in Verbindung mit Dänemark das Uebelste zutraute[8]). Deshalb verlangte

---

[1]) Urkunden u. Aktenstücke XIV, S. 1021.
[2]) S. oben S. 148—49.
[3]) Urkunden u. Aktenstücke XIV, S. 1021.
[4]) Bericht Rébenacs vom 12. April 1682.
[5]) Ebendas.; d. 1. Juli meldet Rébenac ihre Ankunft in der Mark.
[6]) Urkunden u. Aktenstücke XIV, S. 1036.
[7]) Rébenac d. 12. April.
[8]) Urkunden u. Aktenstücke a. a. O.

der Kurfürst von Frankreich, dass es ihm die für den Fall des Krieges vorgesehenen höheren Subsidien bereits jetzt zahlen sollte, damit er seine Rüstungen schleunigst vollenden könnte[1]). Rébenac empfahl dringend sie zu bewilligen, da sonst die Gegenpartei leicht Mittel und Wege finden könnte, den Kurfürsten an dem französischen Bündnis irre zu machen[2]).

Denn ihr fehlte es nicht an eifrigen Vertretern in der Umgebung des Kurfürsten. Von seinen Räthen scheint bereits mancher vor dem Ergebniss zurückgeschreckt zu sein, zu dem die consequente Weiterverfolgung des jetzt gegangenen Weges führen musste. Fuchs soll sich zu Eröffnungen der Art dem Fürsten von Anhalt gegenüber gedrungen gefühlt haben[3]), und v. Jena wurde abfälliger Bemerkungen über die französische Allianz beschuldigt[4]). Nur der Kurfürst selbst liess Bedenken der Art nicht gelten. Mit seinem Zorn drohte er denjenigen von seinen Räthen, die dem Bündnis mit Frankreich, das durch sein Interesse geboten sei, entgegenzuarbeiten wagten. Er erinnerte sie daran, dass sie alles, was er in dieser Hinsicht gethan, ausdrücklich gut geheissen hätten, und fragte, ob dieser Gesinnungswechsel vielleicht die Wirkung kaiserlichen Geldes sei. Das zielte, meinte man, namentlich auf v. Jena[5]). Trotz alledem aber zweifelte Rébenac ernstlich daran, ob Brandenburg den übernommenen militärischen Verpflichtungen nachzukommen im Stande sein würde. Von voller Kriegsbereitschaft war es jedenfalls noch weit entfernt. Auch nur ein Regiment marschfähig zu machen fehlten ihm die Mittel, sollte der General-Kriegskommissar v. Grumbkow erklärt haben. Einem Einbruch der Kaiserlichen hätte man erfolgreichen Widerstand damals

---

[1]) Rébenac d. 26. April.
[2]) Rébenac 26. April.
[3]) Urkunden und Aktenstücke XIV, S. 1037.
[4]) Rébenac d. 2. Mai 1682.
[5]) Il a pris comme une atteinte à sa gloire la liberté que ses ministres se donnoient de parler contre son alliance avec V. M. et a déclaré aujourdhuy dans le conseil, que, si quelquns d'eux estoient assez hardys pour y contredire, qu'il les feroit punir exemplairement, puisque sa parole et son interests l'obligeoit à s'y devouer, qu'il n'avoit rien fait en cela sans leur participation u. s. w.

kaum entgegensetzen können, und Rébenac sah es daher für ein Glück an, dass wenigstens auch Kursachsen so wenig Truppen beisammen hatte, dass es bei seiner Furcht vor einem brandenburgischen Angriff auch nicht einen Mann zur Unterstützung des Kaisers nach dem Rhein marschiren lassen konnte[1]).

Um so consequenter — oder gehorsamer? — verfolgte Friedrich Wilhelm in seiner auswärtigen Politik den Weg, den ihm der Vertrag vom 11. Januar 1681 im Dienste Frankreichs vorschrieb. Am 31. Januar 1682 erneuerte er die Defensivallianz mit Dänemark vom 23. Dezember 1676, namentlich zum Zweck gemeinsamer Durchsetzung ihrer Subsidienforderungen an Spanien und die Niederlande[2]). Anfang Juni traf er dann in Itzehoe mit Christian V. persönlich zusammen: durch Vorlegung eines fingirten brandenburgisch-französischen Vertrags, angeblich vom 3. April 1682, den man aus denjenigen Artikeln der Traktate vom 11. Januar 1681 und vom 21. Januar 1682 zurecht gemacht hatte, die man Dänemark ohne Gefahr mittheilen zu können glaubte[3]), bestimmte er den König zur Unterzeichnung (8. Juni) und sofortigen Ratifikation (9. Juni) eines Vergleichs[4]), nach dem beide Fürsten sich gemeinsam um friedliche Beilegung der deutsch-französischen Streitigkeiten bemühn und dazu namentlich auf den Kaiser, die Niederlande und das Haus Braunschweig, den Kern also der gegen Frankreich gerichteten Association, einwirken, auch die mit Frankreich getroffenen Verabredungen gemeinsam erfüllen wollten. Da sie aber durch die zu diesem Zweck vereinbarte Aufbringung von 10000 Mann doch auch Frankreich nützten, indem entweder der von diesem gebotene Friede angenommen oder aber die Last des Krieges ihm wesentlich erleichtert würde, wollten sie sich als Entgelt dafür von ihm gemeinsam Subsidien auswirken, und zwar so, dass die erst mit Beginn der Feindseligkeiten fälligen Summen alsbald gezahlt würden. Ausserdem aber wollten sie, um die Nie-

---

[1]) Bericht vom 20. Mai 1682.
[2]) v. Mörner a. a. O. S. 428 (No. 248).
[3]) Ebendas. S. 431. (No. 251).
[4]) Ebendas. S. 432 (N. 252) u. S. 718 ff. Pufendorf verschweigt den Vertrag.

derlande an der Unterstützung ihrer Gegner zu hindern, in Gemeinschaft mit Frankreich ein Heer am Niederrhein aufstellen.

Unverkennbar also beabsichtigten der Dänenkönig und der Kurfürst die durch die Reunionen geschaffene Lage zu benutzen, um sich auf Kosten Schwedens zu bereichern, d. h. sie übernahmen es im Interesse Frankreichs das Reich zur Annahme der von diesem gemachten Vergleichsvorschläge zu bestimmen und erhielten dagegen von Frankreich nicht blos Freiheit des Handelns, sondern auch Subsidien gegen Schweden. Bereits auf dem Frankfurter Kongress war dergleichen verlautbart¹). In Stockholm herrschte lebhafte Beunruhigung. Denn schon im Herbst 1681 hatte man dort aus Paris die Meldung erhalten, Brandenburg habe sich erboten, dem französischen König für den Fall eines Krieges mit den Niederlanden Wesel und andere feste Plätze einzuräumen, wenn ihm dafür der Angriff auf Pommern ungehindert zugelassen würde²) — eine Nachricht, die in dieser Fassung zwar unrichtig war, aber eines gewissen thatsächlichen Rückhalts doch nicht entbehrte³). Im Frühjahr stieg Schwedens Besorgnis, zunächst vor einem Angriff Dänemarks, dem es sich bei der Wehrlosigkeit seiner deutschen Provinzen und dem drückenden Geldmangel nicht gewachsen fühlte. Es warb um Hülfe bei dem Hause Braunschweig und Kursachsen und drang in den Kaiser eine Armee in Schlesien aufzustellen⁴). Das galt natürlich Brandenburg, von dem es — nach der Itzehoer Zusammenkunft wahrlich nicht mit Unrecht — hiess, es sei mit Dänemark über einen Anschlag auf Pommern und Bremen einig geworden⁵). Aber was an Kaiserlichen in Schlesien stand, reichte nicht aus, dem Kurfürsten in den Arm zu fallen, seit Ende Juni die Regimenter aus Preussen angekommen waren. Erschienen nun auch die vereinbarten 10000 Dänen im Felde, so

---

¹) Bericht Rébenacs vom 3. Juni 1682.
²) Carlson, Geschichte Schwedens V, S. 178. 79.
³) Vgl. die oben S. 224 angeführte Angabe Rébenacs vom 20. Januar 1680: F. W. habe auf die Frage, de quelle manière il recevroit la proposition, si on luy en faisoit, touchant Wesel et ses autres places du Rhin, geantwortet, que V. M. en pouvoit disposer comme des siennes propres.
⁴) Carlson V, S. 182.
⁵) Ebendas. 185

waren die Parteigänger Frankreichs gegen jede unliebsame Ueberraschung gesichert[1]), d. h. Kaiser und Reich mussten, wenn sie sich nicht unberechenbaren Gefahren aussetzen wollten, Ludwigs XIV. Vergleichsvorschläge annehmen.

In diesem Sinn auf den sich noch immer sträubenden Kaiser einzuwirken, wie zu Itzehoe mit Christian V. verabredet war, ging v. Crockow von Neuem nach Wien, während Ludwig XIV., angeblich in Ausführung eines vom Kurfürsten bei ihm angeregten Gedankens, in Regensburg einen stärkeren Druck ausübte durch die Erklärung, an seine bisherigen Vorschläge binde er sich nur bis zum 1. Dezember und werde nach Ablauf dieses Termins ganz andere Bedingungen stellen müssen. Die Denkschrift, durch welche das geschah, legte Rébenac dem Kurfürsten vor, dem er dazu wiederum auf einen seiner langen einsamen Jagdausflüge nacheilte[2]). Was er da zu hören bekam, liess keinen Zweifel darüber, dass Friedrich Wilhelm für die Beihülfe, die er mit Dänemark gemeinschaftlich dem König zur Durchsetzung seines Willens leistete, doch noch anders als bisher belohnt zu werden erwartete. Hätte erst, so meinte er, der Kaiser mit den Türken Frieden geschlossen, so sei er dessen dann ungetheilter Macht bei der Kleinheit seiner Mittel nicht gewachsen, sobald der König seinen Alliirten beizuspringen irgendwie verhindert würde. Des Gesandten erneute Mahnung aber, gemeinsam mit Dänemark treu zu Ludwig XIV. zu stehn und alles zur Erhaltung des Friedens zu thun, beantwortete er mit der emphatischen Erklärung, dass er demselben ohne Vorbehalt zu Diensten sei, nicht blos aus Neigung, sondern weil ihm sein Interesse das zur Pflicht mache, das für ihn jede Freundschaft mit dem Kaiser ausschliesse. Auch betheuerte er, was der König ihm irgend an Unterstützung gewähre, werde er immer nur zu dessen Vortheil verwenden: das steigere freilich die Feindschaft seiner Nachbarn und seine Gefährdung durch sie, aber er könne dagegen ja leicht gesichert werden, wenn der König ihm nur ein klein Wenig mehr gewähren wolle. Auch ordnete er so-

---

[1]) Bericht Rébenacs vom 1. Juli 1682.
[2]) Beilage X, 14.

fort eine neue Sendung nach Frankfurt an, um dort noch einmal auf schleunige Annahme der französischen Anträge zu dringen.

Es muss dahingestellt bleiben, ob er mit solchen beweglichen Reden nur auf seine finanziellen Verlegenheiten anspielte, die eben damals wieder besonders drückend sein sollten[1]), oder ob er von aller Rücksichtnahme auf Schweden befreit sein wollte. In dieser Hinsicht unliebsamst gebunden zu werden hatte er freilich zu fürchten, wenn der Vorschlag angenommen wurde, mit dem damals die Generalstaaten überraschender Weise hervortraten, es möge ein allgemeiner Kongress berufen werden, um alle zwischen den verschiedenen Fürsten schwebenden Streitigkeiten gütlich zu begleichen. Auf das Lebhafteste liess er denselben daher bei den befreundeten Höfen bekämpfen, indem er auf die beleidigende Zumuthung hinwies, die darin enthalten war, insofern sich die Niederlande damit doch eigentlich eine Art von schiedsrichterlicher Stellung in Europa anmassten[2]). Thatsächlich richtete sich denn auch die Defensivallianz, welche der Kurfürst und der Dänenkönig am 14. September 1682 mit Bischof Ferdinand II. von Münster und Paderborn unterzeichnen liessen[3]), zum guten Theil gegen die Republik, wie denn damit ja wiederum nur ein weiterer Punkt des mit Frankreich vereinbarten politischen Programms erfüllt und demgemäss auch dem König davon Mittheilung gemacht und seine Hülfe und Garantie dafür nachgesucht wurde[4]). Es galt die westlich der Elbe gelegenen brandenburgischen Lande sowie Dänemark in Holstein, Oldenburg und Delmenhorst für den Fall eines Krieges — also auch eines solchen gegen Schweden — mit Hülfe des Bischofs vor den Niederlanden sowol wie vor dem Hause Braunschweig zu sichern. Ihren Abschluss fand diese ganze politische Aktion einige Monate später durch den am 27. Februar 1683 erfolgten Zutritt Kölns zu dem brandenburgisch-dänisch-münsterschen Bündnis, durch das im Nordwesten eine kompakte Macht gebildet wurde, die je

---

[1]) Bericht Rébenacs vom 16. September 1682.
[2]) Beilage X, 13.
[3]) v. Mörner a. a. O. S. 433 (Nr. 253a).
[4]) Geheimer Nebenrecess ebendas. S. 435, 3.

nachdem das Reich oder wenigstens einen Theil davon zur Unterwerfung unter Frankreichs Willen nöthigen, die dazu nicht bestimmbaren aber an der Verallgemeinerung des Krieges hindern, vor allem aber während des Kampfes von Brandenburg und Dänemark gegen Schweden dessen Unterstützung unmöglich machen konnte.

Unter solchen Umständen hatten alle Bemühungen den Kurfürsten auf die Seite die Association herüberzuziehn natürlich keinen Erfolg. Selbst die von Wien her erbetene Befürwortung einer Verlängerung der Frist, die Ludwig XIV. für die Annahme seiner Bedingungen gestellt hatte, lehnte Friedrich Wilhelm ab: ja, er empfahl in Paris im Gegentheil rücksichtsloses Vorgehn, weil unter dessen Eindruck ausser Brandenburg und Dänemark auch die rheinischen Kurfürsten und überhaupt alle sei es aus Ueberzeugung, sei es aus Furcht „Wolgesinnten" die gemachten Vorschläge annehmen würden, so dass die königlichen Truppen, die gleich danach im Felde erscheinen müssten, den Widerstand der übrigen leicht bewältigen würden[1]). Er gab dem König sogar anheim, ob er nicht unter Ablehnung der erbetenen Fristerstreckung die Reunionen wiederaufnehmen oder erobernd auftreten wollte, um, wenn er sich in den Besitz von noch etlichen Plätzen gesetzt hätte, die alten Propositionen zu erneuen, aber sich auch da nur bis zu einem bestimmten Termin für gebunden zu erklären[2]). Wie sehr musste er sich für solche Beflissenheit mit Undank belohnt fühlen, wenn Ludwig XIV. bei der Befolgung so guten Raths auch auf seine eigenen Ansprüche nicht die geringste Rücksicht nahm, sondern Ende 1682 auch das Fürstenthum Orange occupirte und damit der kurfürstlichen Kinder Erbrecht in Frage stellte[3]). Und dabei sah sich Friedrich Wilhelm eben durch eine Cooperation Schwedens und des Kaisers ernstlicher als bisher bedroht. Denn nur ihm konnte es gelten, wenn Schweden in dem Bündnis vom 12. Oktober 1682[4]) vom Kaiser für seine Truppen Durchzug durch

---

[1]) Beilage X, 15.
[2]) Ebendas. 17.
[3]) Ebendas. 18. 19.
[4]) Carlson V, S. 187. 260.

das Reich zugesagt erhielt. Obenein ging die Rede, in Livland werde zu einem neuen Einfall nach Preussen gerüstet[1]). Gelegentlich überkam den Kurfürsten da doch die Sorge, er könnte von Frankreich hinters Licht geführt und im Stich gelassen werden, sobald Schweden sich hinreichend erholt und Ansehn genug gewonnen haben würde, um Ludwig XIV. wieder bündnissfähig zu erscheinen. Es ist bezeichnend, dass Rébenac ihm darin nicht ganz Unrecht gegeben zu haben scheint: er misbilligte die üble Behandlung, die der König Brandenburg angedeihen liess, denn er sah dadurch alles gefährdet, was er in dreijähriger diplomatischer Vielgeschäftigkeit am Berliner Hof für Frankreich erreicht hatte. Daraus machte er auch dem König gegenüber kein Hehl: die Situation am Berliner Hofe, meldete er nach Paris, sei durch den Zwischenfall mit Orange so schwierig geworden, dass er sich ihr nicht mehr gewachsen fühle und einen fähigeren Mann dorthin wünschen müsse[2]), d. h. er forderte eigentlich seine Entlassung.

Darauf lenkte der König allerdings ein, indem er Vergleichsvorschläge machte. Die in Orange erbberechtigten Kinder des Kurfürsten sollten von dem, der das Fürstenthum erhalten würde, durch Geld entschädigt werden, dieses aber zurückzahlen, falls Wilhelm von Oranien noch Nachkommenschaft hätte[3]). Das aber war für den Kurfürsten schon deshalb unannehmbar, weil er dem Prinzen damit das Recht gegeben hätte seinen brandenburgischen Neffen überhaupt jedes Erbrecht abzusprechen, weil sie sich mit dem Räuber seines Eigenthums vertragsmässig geeinigt hätten[4]). Rébenac wurde seitdem die Sorge nicht los, dass der Kurfürst durch diese Kränkung schliesslich doch noch auf die Seite der Gegner Frankreichs gedrängt werden würde, trotz seines aufrichtigen Wunsches mit demselben in gutem Einvernehmen zu bleiben. So gestaltete sich Brandenburgs Lage mit dem Beginn des Jahrs 1683 nur noch kritischer.

[1]) Beilage X, 21. 22.
[2]) Ebendas. 23.
[3]) Ebendas. 20.
[4]) Ebendas. 24.

Der Frankfurter Kongress hatte sich ohne Ergebnis aufgelöst. Nur auf dem Wege von Einzelverhandlungen liess sich der Friede vielleicht noch erhalten. Mitte Januar 1683 wurde dazu Schwerin nach Wien geschickt[1]), von wo unter Hinweis auf den drohenden Türkenkrieg an den Kurfürsten die Einladung zu einer persönlichen Begegnung mit dem Kaiser ergangen war. Seine Instruktion, die man Rébenac mittheilte, wies ihn an nochmals auf schleunige Annahme der französischen Vorschläge zu dringen, da ohne dies das Reich rettungslos verloren sei[2]). Ausserdem aber sollte er die brandenburgischen Ansprüche sowol auf Jägerndorf[3]) wie auf Liegnitz, Brieg und Wohlau vorbringen[4]), also eine neue Frage von grösster Tragweite anregen, was den Kaiser gerade in dieser Zeit steigender Bedrängnis zwischen Türken und Franzosen auf das Peinlichste überraschen musste. Nach Rébenacs Bericht war nämlich der Erbvertrag von 1534, den man in Berlin bisher vergeblich gesucht hatte, dem Kurfürsten erst unlängst durch die am Hof lebende Herzogin von Holstein, die Schwester des 1675 verstorbenen letzten Herzogs Brieg[5]), übermittelt worden[6]). Der Eindruck eines solchen Vergehns gerade in diesem Augenblick wurde dadurch doch nur wenig abgeschwächt, dass Schwerin dem Kaiser ein Corps von 10000 Mann für den bevorstehenden Türkenkrieg anzubieten hatte. Dass man unter solchen Umständen in Wien schliesslich nachgeben würde, hielt der Kurfürst schon nicht mehr für zweifelhaft. Aber bevor der schwerfällige und langsam arbeitende Reichstagsapparat alle die umständlichen Formalitäten glücklich erledigt hatte, unter denen es die Unterwerfung unter Frankreichs Willen zu vollziehen galt, musste immer noch einige Zeit vergehn. Deshalb empfahl der Kurfürst jetzt dem König die erbetene Fristverlängerung oder doch wenigstens Einstellung der weiteren Exekutionen auf Grund von Sprüchen der Reunionskammern: bliebe dem König doch immer noch volle

---

[1]) Urkunden u. Aktenstücke XIV, S, 1052 ff.
[2]) Bericht Rébenacs vom 13. Januar 1683.
[3]) Urkunden u. Aktenstücke XIV, S. 1056.
[4]) 13. Januar 1682.
[5]) Droysen IV, 4, S. 153, 156. Anmerk. 2.
[6]) Bericht Rébenacs vom 30. December 1682. Vgl. oben S. 137.

Freiheit des Handelns, falls man seine Geduld misbrauchen würde, wie auch er selbst nach wie vor bereit sei mit ihm gemeinsam alle zweckdienlichen Massregeln zu ergreifen [1]).

Nun wurde aber durch die neue Gruppirung der europäischen Mächte, die im Frühjahr 1683 mit der Ratifikation der Schweden mit dem Kaiser, Spanien und den Niederlanden einigenden Verträge ihren Abschluss fand [2]), die Kriegsgefahr zunächst gesteigert, zumal Dänemark, dass sich erst gegen den Herzog von Holstein gewandt hatte [3]), seine Begierde nach endlicher Abrechnung mit dem Erbfeind zu zügeln immer weniger Neigung zeigte, und dabei unter den nun gegebenen Verhältnissen von Frankreich ungehindert zu bleiben erwarten durfte. Wie sehr der Kurfürst darauf brannte da mitzuthun, ist bekannt: aber er verschloss sich doch nicht den schweren Gefahren, die ein jetzt begonnener Krieg mit sich brachte. Sie machten auf ihn um so mehr Eindruck, als er um eben jene Zeit, durch verschiedene schmerzhafte Krankheitsanfälle geschwächt, weder körperlich noch geistig ganz Herr seiner Kräfte war. Auch seine Räthe rechneten mit der Möglichkeit eines nahen Thronwechsels und hüteten sich durch eine kriegerische Politik das Misfallen des Thronfolgers zu erregen, der, wie sie wussten, den Frieden erhalten zu sehn wünschte [4]). Im Hinblick aber auf den starken Rückhalt, den die Association dem Kaiser zu geben verhiess, und die dadurch gesteigerte Gefahr seine Friedensvorschläge schliesslich doch abgelehnt zu sehn hielt Ludwig XIV. eine mehr kriegerische Haltung seiner Alliirten gerade jetzt für angezeigt. Sie zu veranlassen brauchte er sich blos den Anschein zu geben, als ob er Brandenburg und Dänemark nun gegen Schweden freie Hand lassen wollte, um die Kräfte der Association zu theilen und das Reich in Sachen der Reunionen zur Fügsamkeit zu nöthigen. Nun erst nahm er, wie es schien, den Gedanken recht ernstlich auf, den ihm Friedrich Wilhelm selbst unter dem ersten Eindruck der Reunionen übereifrig an die

---

[1]) Beilage X, 25. 26.
[2]) Carlson V, S. 363.
[3]) Ebendas. S. 185.
[4]) Bericht Rébenacs vom 21. Februar 1683.

Hand gegeben hatte. Bereits Ende Februar 1683 liess Rébenac
in Berlin wissen, der König habe nichts dagegen, wenn der Kurfürst den vom Kaiser erlaubten Durchmarsch schwedischer Truppen
nach Pommern mit Gewalt hindere, wolle sogar von dem Tage
ab, wo die Brandenburger und die Dänen sich dazu in Bewegung
setzten, erhöhte Subsidien zahlen[1]). Ende Februar schlug er dann
ein neues Bündnis vor[2]), durch das der kranke, hinfällige, der
Ruhe bedürftige und daher trotz aller Begierde nach Erwerbung
Pommerns den Frieden ersehnende Kurfürst vermocht werden
sollte, durch eine kriegerische Demonstration im Norden Frankreich im Westen und Süden zum Ziel zu helfen. Entging diesem
ganz die Ironie, die doch eigentlich darin lag, wenn der Gesandte
seine neuen Anträge mit der Versicherung begleitete, der König
ziehe zwar den Frieden allen anderen Möglichkeiten vor, und wenn
er jetzt eine Unternehmung gegen Schweden vorschlage, so geschehe das nur, um die Wünsche seiner guten und getreuen Verbündeten ganz zu erfüllen[3]). Zudem war zu einer solchen Aktion
augenblicklich um so weniger Grund, als der schwedische Durchmarsch nicht mehr zu befürchten stand[4]). Deshalb sollte Rébenac
die Verhandlungen auch nicht besonders beschleunigen: denn der
König wollte Brandenburg und Dänemark für seine Zwecke mobil
machen, aber in der Hand behalten und am Losbrechen hindern,
sobald er durch sie den gewünschten Erfolg erreicht hätte. Ging
es damit aber nicht nach Wunsch, so sollten sie zunächst nicht
etwa Schweden bewältigen, sondern die ihm besonders unbequeme
Macht des Hauses Braunschweig niederwerfen, das aufs eifrigste
für den Kaiser und den Krieg gegen Frankreich eintrat. Der
Schwedenkrieg war das Lockmittel, durch das Brandenburg und
Dänemark gewonnen werden sollten die Reichsstände zu entwaffnen,
welche dem Frieden mit Frankreich am lebhaftesten widerstrebten.
Dabei scheint der König weniger an einen eigentlichen, regulären
Krieg gedacht zu haben als eine Ueberrumpelung oder einen ähn-

---

[1]) Bericht Rébenacs vom 17. Februar 1683.
[2]) Beilage XI, 7.
[3]) Ebendas. — afin de combler les désirs de ses bons et fidèles alliés.
[4]) Ebendas. 8.

lichen, hinter irgend welchem Vorwand zu versteckenden Gewaltstreich. Denn nur für den Fall eines ordentlichen Krieges sollte Rébenac entsprechende Hülfsgelder zusagen, mit ein paar Zusammenstössen aber und etlichen gewechselten Schüssen sei es nicht abgethan: es müsse vielmehr zu ernstlichen Feindseligkeiten und einem förmlichen Bruch kommen[1]).

Die Absichten beider Theile waren also gleich beim Eintritt in die neuen Verhandlungen wesentlich verschieden. Für Brandenburg und Dänemark lag der Schwerpunkt in der Beraubung Schwedens, für Frankreich in der Entwaffnung der Braunschweiger, die für jene nur insofern in Betracht kam, als sie fürchten mussten möglicher Weise von dorther in der Aktion gegen Schweden gestört zu werden[2]). Rébenac freilich scheint auch in diesem Falle mit seines Hofes Haltung nicht einverstanden, vielmehr auf Grund seiner besseren Kenntniss der brandenburgischen und der deutschen Verhältnisse von grösserem Wohlwollen gegen den Kurfürsten erfüllt und daher der Ansicht gewesen zu sein, man müsse demselben zunächst gegen Schweden wirklich freie Hand lassen, weil er ihn nur so trotz seiner Krankheit und der ihn erfüllenden Bedenken zu der im Interesse Frankreichs gewünschten Aktion bewegen zu können glaubte. Da aber die beiden Verbündeten für den Nothfall gegen die Braunschweiger durch ein französisches Heer gedeckt sein wollten, hätte er die Sache am liebsten so geführt gesehen, dass Dänemark durch demonstrative Rüstungen zur See die Niederlande und Schweden in Athem erhielt, der Kurfürst aber sich inzwischen rasch Pommerns bemächtigte: dann werde Braunschweig, falls es überhaupt noch etwas zu unternehmen wagte, von beiden gemeinsam leicht bewältigt werden.

Um so lästiger empfand der ungeduldige Diplomat den Stillstand, den des Kurfürsten neue Erkrankung in den Verhandlungen herbeiführte und den ein möglicher Weise eintretender Thronwechsel noch zu verlängern drohte[3]). Da erholte sich

---

[1]) Ebendas. 8 ext.
[2]) Ebendas. 9.
[3]) Ebendas. 10.

Friedrich Wilhelm, den manche schon verloren gegeben hatten, Mitte März 1683 wider Erwarten schnell, und Rébenac sah sich mit einem Male am Ziel, obgleich er dem eben Genesenen die Thatkraft zu einem besondern Wagnis kaum zutrauen mochte [1]). Am 30. April bereits zeichnete er zwei Verträge. Durch den einen [2]) erneuten Brandenburg und Frankreich ihre früheren Verabredungen zur Erhaltung des Reichsfriedens und einigten sich dazu ferner dahin, dass ersteres einen Durchmarsch oder Werbungen der Schweden im Reich gemeinsam mit Dänemark gewaltsam hindern, eine weitere Ausbreitung des Krieges aber die drei Mächte durch noch zu vereinbarende Massnahmen verhindern sollten. Sobald eine von ihnen durch eine der Association angehörige Macht oder einen Reichsstand, sei es innerhalb, sei es ausserhalb Deutschlands, angegriffen würde, sollten die beiden anderen ihm Hülfe leisten. Als besonderes Zugeständnis hatten die kurfürstlichen Unterhändler Meinders und Fuchs ausgewirkt, dass die eigentlich erst im Fall eines Angriffs auf Brandenburg fälligen Subsidien ihm schon jetzt und zwar vom 1. Mai ab — d. h. einen Monat früher noch als Dänemark sie erhielt, von Frankreich gezahlt werden sollten [3]).

Der zweite Vertrag vom 30. April 1683, der zu weiteren Schwierigkeiten Anlass gab, stellte sich dar als ein „Konzert" [4]) über die von Brandenburg in Gemeinschaft mit Dänemark und Frankreich durchzuführende Aktion. Nur war die Einigung mehr scheinbar als wirklich, da jede der drei Mächte ihre besonderen Ziele im Auge hatte [5]). Denn Ludwig XIV. wollte nach wie vor durch die Waffnung der beiden Verbündeten gegen Schweden die Association lahm legen und dadurch den Kaiser angesichts des siegreich um sich greifenden Aufstands in Ungarn und des neuen Türkenkrieges nöthigen ihm die reunirten Gebiete in dem geforderten Umfang zu überlassen, während jene, gedeckt durch den

---

[1]) Ebendas. 11.
[2]) v. Mörner S. 439 (No. 257).
[3]) Ebendas. S. 440. Anmkg. Vgl. Beilage XI, 17.
[4]) v. Mörner a. a. O. S. 440. (No. 258.)
[5]) Beilage XI, 17.

dem Reiche aufgedrungenen Frieden, ihren alten Streit mit Schweden endlich nach Wunsch zum Austrag bringen wollten. Auch hatte Rébenac dem bei den beiden Fürsten vorwaltenden Drang nach Eroberung mehr nachgeben müssen, als mit seines Königs Absichten recht vereinbar war, durch Zulassung der Bestimmung, man wolle, sobald nur Schwedens Absicht zum Truppentransport oder zu Werbungen erwiesen sei, noch ehe die Ausführung begonnen, alsbald zuvorkommen, indem der Kurfürst gleich nach Ratifikation des Vertrages und erfolgtem Angriff Dänemarks auf Schweden mit aller Macht Pommern angriffe, während Frankreich beiden alles Versprochene leisten sollte, als ob der schwedische Truppentransport bereits geschehen wäre[1]). Jede Hinderung von dieser Seite abzuwenden sollten Dänemark und Brandenburg die Verhandlungen mit den Braunschweiger Herzögen weiterführen, um wenigstens Celle und Wolfenbüttel zum Angriff auf Bremen und Verden, Hannover aber zur Neutralität zu gewinnen[2]). Unter dieser Voraussetzung versprach Ludwig XIV. sich während der Wirren im Norden weiterer Reunionen sowol wie jedes Angriffs auf das Reich zu enthalten. Versagten sich die Braunschweiger dagegen diesem Werben, so sollte auch des Königs Freiheit zu handeln unbeschränkt sein, Brandenburg und Dänemark aber gleich nach der Ratifikation dieses Vertrages durch den König ihre Truppen die Elbe überschreiten lassen und Braunschweig angreifen, während eine französische Armee von der anderen Seite her in Aktion treten sollte[3]). Besondere Anstände hatten sich charakteristischer Weise bei der Vertheilung der gehofften Beute ergeben: man stritt eben auch hier über das Fell des Bären, ehe er erlegt war. Dänemark nämlich forderte zunächst die Garantie für die Erwerbung Schonens und, falls dieses nicht zu haben, Rügens, wogegen natürlich Brandenburg Einsprache erhob, während Rébenac seinen König überhaupt nicht durch eine derartige Garantie binden, sondern sich auf die allgemeine Zusage be-

---

[1]) v. Mörner S. 441 Art. 2, 2.
[2]) Ebendas. 4.
[3]) Ebendas. Art. 8.

schränken wollte, ohne vollkommene Satisfaktion aller Verbündeten solle überhaupt kein Friede geschlossen werden dürfen — eine Wendung, die neuen französischen Forderungen Thür und Thor öffnete und wol auch in der Absicht einer künftigen Deutung in diesem Sinn gebraucht wurde. Wenigstens lehnte es Ludwig XIV. ab ihr den gefürchteten üblen Nebensinn dadurch ausdrücklich zu nehmen, dass er sich verpflichtete, während der bevorstehenden nordischen Unruhen keine neuen Reunionen vorzunehmen und auch kein Glied des Reichs anzugreifen[1]). In Betreff der gehofften Beute einigten sich Brandenburg und Dänemark schliesslich dahin, dass letzteres das Herzogthum Bremen mit Ausnahme der Stadt Bremen, Verden, Wismar und das Ländchen Poel, ersteres Vorpommern mit Stralsund und Rügen bekommen sollte. Thaten Braunschweig und Münster mit, so sollte Dänemark ihnen einen entsprechenden Theil des ihm zugedachten Gebiets überlassen[2]). Auch für den Fall einer Ausdehnung des Krieges auf den Kaiser, Polen und Kursachsen traf man gleich jetzt die nöthigen Verabredungen. Vor dem Beginn der Aktion aber sollte Frankreich in Regensburg seine früheren Friedensvorschläge nochmals wiederholen, mit dem Bemerken, jeden als Feind betrachten zu müssen, der dagegen sein würde[3]).

Als Meisterstücke der französischen Diplomatie erscheinen der Vertrag vom 30. April 1683 und das auf ihn basirte „Konzert". Sie gaben dem König die Möglichkeit das Reich durch Entfesselung eines Krieges im Norden lahm zu legen und gleichzeitig sich selbst auf seine Kosten noch weiter zu bereichern, liessen ihm aber zugleich doch auch die Freiheit davon erst im letzten Augenblick Gebrauch zu machen, erst dann, wenn das Reich wirklich wider alles Erwarten seinem Angebot die Annahme verweigerte und es unter den denkbar ungünstigsten Umständen auf einen Krieg ankommen lassen wollte, dessen unglücklicher Ausgang angesichts der immer drohenderen Türkengefahr kaum zweifelhaft sein konnte.

---

[1]) Beilage XI, 15.
[2]) v. Mörner a. a. O. Art. 13.
[3]) Art. 18.

Dagegen ist es kaum recht verständlich, wie der Kurfürst durch diese Verträge, selbst wenn sie ratificirt wurden, die ersehnte Aktionsfreiheit gegen Pommern erhalten zu haben glauben konnte. Er hatte aus den bisher mit Frankreich gemachten Erfahrungen offenbar wenig gelernt. Glaubte er wirklich, der König würde sich, wenn alles nach Wunsch ging, an den Schluss des 6. Artikel binden, wonach er etwa auf Kosten des Reichs gemachte neue Eroberungen nicht zu behalten, sondern im Frieden zurückzugeben versprach[1]? Hatte doch bereits Rébenac selbst seinem Herrn den Ausweg gezeigt, auf dem sich auch diese Zusage, ohne die man niemals mit ihm abgeschlossen haben würde, umgehn liess: er könne ja für die dem Reich in diesem Kriege neu entrissenen Gebiete Glied des Reichs werden oder sie etlichen seiner deutschen Verbündeten überlassen[2]. Und welche vortreffliche Handhabe bot ihm der 13. Artikel, der die Vertheilung der Beute unbestimmt liess und durch die möglicher Weise gebotene Berücksichtigung auch Münsters und der Braunschweiger nach gethauer Arbeit die Verbündeten gründlich zu vereinigen erlaubte? Vor allem war es dem König mit der Vertreibung der Schweden aus Pommern, die dem Kurfürsten zumeist am Herzen lag, ebenso wenig wirklich Ernst wie mit der Beraubung der Braunschweiger, auf die Christian V. es allein abgesehen hatte. Gewissermassen verblendet durch die vermeintlich sichere Aussicht auf die ersehnte Beute begann der Kurfürst mit Eifer zu rüsten und machte möglichst viel Geld dazu flüssig. Rébenac sah ihn am 11. Mai in Potsdam den Vertrag über eine Anleihe von 100000 Thalern unterzeichnen, wovon 90000 zur Beschaffung von Artilleriepferden und zur Anlegung von Magazinen an der Grenze gegen Braunschweig bestimmt wurden, nachdem bereits 30000 Thaler für ähnliche Zwecke ausgegeben waren[3]. Von diesem kriegerischen Treiben war freilich der König selbst viel weniger erbaut als sein Gesandter, den des Kurfürsten Thatenlust um so mehr mit sich fortriss, als er ihm die Gewinnung Pommerns gönnte und

---

[1] v. Mörner a. a. O. S. 441.
[2] Beilage XI, 18.
[3] Ebendas. 20.

wünschte: bot derselbe ihm obenein doch damals ein Reiterregiment an, da in dem bevorstehenden Kriege seine Truppen ja eigentlich alle im Dienst des Königs stehen würden[1]),

Ludwig XIV. Absichten aber waren ganz andere. Deshalb lehnte er die wiederholt erbetene Entsendung eines Heeres nach den Weserlanden entschieden ab: wenn er 40000 Mann am Oberrhein aufstellte, habe er für die Sicherheit seiner Bundesgenossen genug gethan[2]). Ja, während er dem Kurfürsten aufgegeben hatte sich um eine Verständigung mit Hannover zu bemühen und dieses womöglich zur Theilnahme an dem Angriff auf Schweden zu gewinnen, wies er Rébenac an, dem entgegenzuarbeiten und jedes Abkommen Brandenburgs und Dänemarks mit demselben zu verwerfen, durch das der Herzog sich nicht verpflichtete sich den „wolgesinnten" Kurfürsten anzuschliessen, die dem Reiche gestellten Bedingungen anzunehmen und gemeinsam mit den beiden anderen Mächten gegen alle diesen Frieden bekämpfenden einzuschreiten[3]). Damit drang Meinders in Hannover aber nicht durch. Friedrich Wilhelm wurde bedenklich: ihn beschlich die Sorge, über das Hin- und Herverhandeln könne er am Ende überhaupt zu dem gar nicht kommen, was ihm die Hauptsache war und woran er schon so beträchtliche Mittel gesetzt hatte. Deshalb erneute er Ende Mai den Vorschlag Pommern sofort anzugreifen, während Frankreich und Dänemark das Haus Braunschweig in Schach hielten[4]). Denn nachdem man soweit gegangen war, hielt er eine Umkehr für unmöglich[5]), obgleich er im Hinblick auf die Lage seines Landes und unter dem Eindruck der ihn bestimmenden, einander entgegengesetzten Einflüsse der Sorge um den Ausgang

---

[1]) Bericht vom 22. Mai 1683: Der Kurfürst hat Rébenac durch v. Grumbkow und Fuchs sagen lassen, qu'il se feroit une joye de me donner un régiment de cavalerie dans un temps, où toutes ses troupes n'estoient destinées qu'au service de V. M.
[2]) Beilage XI, 22.
[3]) Ebendas. 23.
[4]) Ebendas. 24 ext.
[5]) Rébenac d. 29. Mai: Mr. l'Electeur croit, qu'on ne doit plus rien mesnager avec cette maison.

nicht recht Herr werden konnte, während sein dänischer Alliirter mit ungeduldiger Thatenlust vorwärts stürmte[1]).

Es musste doch ernste Zweifel in ihm erregen, dass kein anderer als der alte Derfflinger, den er so hoch verehrte und noch immer für unentbehrlich hielt, sich seinem Vorhaben mit geradezu leidenschaftlicher Erbitterung entgegenstellte und es unbedingt ablehnte zu dem Angriff auf das Haus Braunschweig die Hand zu bieten:[2]) eher wolle er sich in Stücke hauen lassen, erklärte er „als die kurfürstliche Armee gegen die K. D. Ehre und Gewissen, auch Ihre und des Reiches Wolfahrt zu kommandieren." Mit französischem Gelde war da natürlich vollends nichts auszurichten[3]). Den alten Helden zu ersetzen aber hielt der Kurfürst keinen seiner Generale für fähig. So wurde damals zuerst der Gedanke erörtert, den Marschall Schomberg aus dem französischen Dienst an die Spitze der brandenburgischen Armee zu berufen, den Bekenntnis, Herkunft und Ruhm gleich sehr dafür empfahlen[4]). Im französischen Interesse schien freilich nichts Erwünschteres geschehen zu können. Wären dadurch doch die Art und die Natur des Verhältnisses zwischen Brandenburg und Frankreich vor aller Welt recht charakteristisch zum Ausdruck gebracht worden, zumal wenn neben einem französischen Marschall als Oberbefehlshaber des kurfürstlichen Heeres der französische Gesandte am Berliner Hof ein Regiment desselben geführt hätte! Auch der Kronprinz und die Minister hielten Derfflingers Entfernung für geboten[5]). Friedrich Wilhelm aber konnte sich nicht dazu entschliessen. Vielleicht hing es damit zusammen, dass er immer von Neuem in den französischen König drang ihm statt des verlangten Angriffes auf die Braun-

---

[1]) Beilage XI, 25.
[2]) Rébenac d. 22. Mai: le maréchal Dorflin est un obstacle continuel à cette affaire et — Mr. l'Electeur s'est épuisé en caresses, présents et promesses sans pouvoir le résoudre à rien.
[3]) Urkunden u. Aktenstücke XIV, S. 1071.
[4]) Rébenac 22. Mai: — on ne sçait, qui mettre à sa place. L'inclination seroit fort grande pour Mr. le maréchal de Schomberg u. s. w.
[5]) Ebendas. Mr. le Prince Electoral, tous les ministres et les généraux le souhaittent avec passion u. s. w.

schweiger vielmehr gleich den auf Pommern zu gestatten. Da mitzuthun würde wol auch Derfflinger sich nicht geweigert haben. Inzwischen aber schwand die Aussicht darauf vollends.

In Hamburg conferirten brandenburgische und dänische Bevollmächtigte mit dem hannoverschen Minister v. Grote, um Frankreichs Verlangen gemäss Hannover von den übrigen Braunschweigern zu trennen und wenigstens zur Neutralität zu vermögen. Davon aber, erklärte v. Grote, könne nicht eher die Rede sein, als sich Frankreich unter Gewährung der nöthigen Sicherheit verpflichtet hätte, nichts gegen das Reich zu unternehmen; wäre das geschehn, seien noch andere Hindernisse aus dem Wege zu räumen, und auch wenn das gelungen sei, würde man doch erst noch sehen, ob man überhaupt unterhandeln solle[1]). Als der Kurfürst aber dennoch zu einer Verständigung zu gelangen suchte, weil ohne sie das pommersche Unternehmen unmöglich war, wurde ihm von französischer Seite vorgeworfen, offenbar hätten er und der Dänenkönig keine Lust zum Angriff auf Braunschweig, und dann folgte die Erklärung, der König habe inzwischen in Erfahrung gebracht, dass ein schwedischer Truppentransport in einer seine Alliirten zu beunruhigen geeigneten Stärke dieses Jahr nicht mehr zu erwarten stehe; daher genüge es zur Zeit, wenn er die zugesagte Unterstützung auf Geld und die Verstärkung der dänischen Flotte durch ein französisches Geschwader beschränke und abwarte, bis die Haltung der Feinde ihn mehr zu thun nöthigen würde. Unter diesen Umständen könne er das „Konzert" vom 30. April nicht bestätigen, wie denn auch der demselben zu Grunde liegende Vertrag mit Brandenburg von dem gleichen Tage nun gegenstandlos geworden sei[2]).

Obgleich diese Wendung nach dem, was vorangegangen war, sie kaum überraschen konnte, erbitterte sie den Kurfürsten und seinen dänischen Verbündeten doch aufs Aeusserste. Beide hatten auf die Rüstungen bereits bedeutende Mittel verwandt, aber den Kampf allein zu unternehmen waren sie doch nicht im Stande.

---

[1]) Rébenac d. 11. Juni aus Hamburg Beilage XI, 27.
[2]) Beilage XI, 26. 28.

Schon als Ludwig XIV. die Entsendung eines Heeres nach dem Niederrhein abgelehnt hatte, hatten sie unmuthig gefragt, was das französische Bündnis für sie dann überhaupt noch für einen Werth haben könnte: denn wenn der König in einem so wichtigen Augenblick nicht einmal dies zu leisten vermöchte, würde er doch wol auch dann nicht zu mehr im Stande sein, wenn sie von Schweden und Braunschweig zugleich angegriffen würden[1]). Zudem habe es sich ja Braunschweig gegenüber gar nicht um einen eigentlichen, möglicher Weise lange andauernden Krieg gehandelt, sondern nur um einen neben dem gegen Schweden hergehenden, durch dessen schnelle Beendigung der König seine Ansprüche an das Reich, sie aber die ihrigen an Schweden durchgesetzt haben würden: hätte es nicht Schweden gegolten, würden sie sich überhaupt niemals darauf eingelassen haben. Dass Frankreich die Sache nun mit einem Male durchkreuze, sei für sie um so übler, als sie bereits grosse Anstrengungen gemacht und 30000 Mann aufgebracht hätten, ohne von den verheissenen Subsidien etwas zu sehen zu bekommen; wären diese ihnen gezahlt worden, so würden sie schon stark genug sein es allein mit ihren Feinden aufzunehmen[2]). Demgemäss zeigten denn auch beide nicht die geringste Lust, sich dem eigennützigen Friedensgebote Frankreichs zu fügen: Dänemark wollte trotzdem losschlagen, und der Kurfürst meinte unter den obwaltenden Umständen sich von ihm nicht trennen zu können.

Ungelegener hätte Ludwig XIV. allerdings nichts kommen können: ein selbständiges kriegerisches Vorgehn Brandenburgs und Dänemarks drohte seine feingesponnenen Netze zu zerreissen. All seine Beredtsamkeit sollte Rébenac daher aufbieten, um den empörten Kurfürsten zu beschwichtigen. Leicht war das freilich nicht. Seine Feinde, so bekam Rébenac von Friedrich Wilhelm zu hören, seien der Kaiser, das Haus Braunschweig, Schweden, Sachsen und Polen, alle mächtig, gefährlich, erbittert und rachsüchtig; nun habe man ihm das einzige Mittel genommen, um sich und Frankreich zugleich zu helfen, indem man ihn an der Ausführung eines Ver-

---

[1]) Ebendas. 29.
[2]) Ebendas. 29.

trages hindere, der doch nur Nothwendiges festgesetzt habe. Besonders erbittert habe ihn dabei einmal, dass Frankreich, statt das Haus Braunschweig wirklich unschädlich zu machen, vielmehr doch nur einen Krieg zu entflammen trachte, in dem sich beide Theile zu seinem Vortheil aufrieben, dann aber, dass der König die erbetene Garantie der auf Kosten Schwedens zu machenden Eroberungen abgelehnt habe, während er doch allein um ihretwillen zu den Waffen greife, und endlich, dass, nachdem er erst selbst vorgeschlagen zunächst Schweden anzugreifen, er jetzt vielmehr warten wolle, bis etwa die dänische Flotte die schwedische geschlagen haben würde. Obgleich damit der Moment, für den das Bündnis eigentlich geschlossen worden, ungenutzt vorübergehe, sei er — der Kurfürst — dennoch genöthigt sich gerüstet zu halten. Natürlich wollte Rébenac das nicht gelten lassen. Auch hatte er doch nicht so ganz Unrecht, wenn er daran erinnerte, wie der Kurfürst und der Dänenkönig alle Zeit bestrebt gewesen seien, es zum Bruch zwischen Schweden und Frankreich zu treiben, indem sie den Marsch schwedischer Verstärkungen nach Pommern durch das Reich als des letztern Interessen schädlich darstellten. Deshalb habe der König einen eben darauf gerichteten Bund vorgeschlagen und im Hinblick auf Braunschweigs feindliche Haltung ein die gemeinsame Aktion regelndes Konzert angeregt. Dieses sei getroffen und ihm zur Kenntnisnahme vorgelegt: von einem Vertrage aber zu gemeinsamer Aktion gegen Schweden sei nicht die Rede, zumal Rébenac den betreffenden Konferenzen ohne Vollmacht und ohne Instruktion beigewohnt und mit den von ihm geäusserten Bedenken keine Beachtung gefunden habe. Ein Heer in die Weserlande zu schicken sei schon deshalb unmöglich, weil er dadurch ja allen, die irgend Lust dazu hätten, ein Recht geben würde die Waffen gegen ihn zu ergreifen[1]).

Nun wurde ja aber diese ganze Zeit hindurch auch mit dem nach Berlin zurückgekehrten kaiserlichen Gesandten Grafen Lamberg unterhandelt, namentlich durch Fuchs und Anhalt. Unter dem Druck der wachsenden Türkennoth, die bereits die Hauptstadt

---

[1]) Ebendas. 30.

gefährdet erscheinen liess, kam der Wiener Hof dabei zwar etwas mehr entgegen, blieb aber immer noch weit hinter des Kurfürsten niedrigsten Forderungen zurück. Von dem Gang der Verhandlungen und dem Inhalt der ihm gemachten Erbietungen gab dieser selbst Rébenac Kunde [1]), indem er dieselben freilich günstiger darstellte, als sie thatsächlich lauteten: der Kaiser wolle ihn für Jägerndorf entschädigen, ihm 200000 Thaler zahlen und über Liegnitz, Brieg und Wohlau einen Vergleich eingehn, verlange dafür aber Hülfe gegen die Türken. Von der durch Lamberg in Aussicht gestellten Entschädigung von Seiten Spaniens, erklärte er dabei, wolle er nichts wissen, sondern verlange das ihm gebührende Geld bei Heller und Pfennig in Baar; von Türkenhülfe sei keine Rede ohne Frieden des Reichs mit Frankreich; sich für Jägerndorf mit Geld abfinden zu lassen habe er schon längst verweigert, da er Land brauche und nicht Geld, während er in Betreff der drei schlesischen Fürstenthümer billige Vorschläge entgegenzunehmen bereit sei [2]). Lamberg gegenüber betonte er auch den Ausfall, der ihn bei Leistung der Türkenhülfe durch die Einbehaltung der französischen Subsidien treffen würde, und verlangte dafür Ersatz [3]). Immerhin war damit die Möglichkeit einer Verständigung zwischen dem Kurfürsten und dem Kaiser gegeben. Sie zu hindern musste das nächste Ziel der französischen Politik sein. Deshalb erklärte Ludwig XIV. sich jetzt bereit, den Vertrag vom 30. April 1683, der ohne das ihn erläuternde „Konzert" freilich keinen Werth hatte, zu ratificiren, um den Kurfürsten durch die Zahlung der ihm darin verheissenen Gelder mittelbar für die nutzlos gemachten Aufwendungen zu entschädigen. Dieser lehnte jedoch die Annahme des Vertrages ohne das zugehörige Konzert ab, weil es schimpflich sei sich dafür bezahlen zu lassen, dass man unthätig bleibe. Zu einer anderweitig geregelten engeren Verbindung mit Frankreich dagegen erklärte er sich bereit, machte auch kein Hehl

---

[1]) Bericht vom 23. Juni: Mr. l'Electeur — me raconte luy mesme l'estat, auquel se trouvoient ses affaires dans la négociation du comte Lamberg.
[2]) Ebendas.
[3]) Klopp, Das Jahr 1683. S. 267 Anmkg.

daraus, dass ihm eine Gratifikation als Ersatz für die vergeblich aufgewandten Mittel nicht unwillkommen sein werde[1]). Ohne Mitwirkung Frankreichs dachte er also nicht an den Angriff auf Schweden, während Christian V. ihn dennoch wagen wollte und in ihn drang, eine so günstige Gelegenheit sich doch ja nicht entgehn zu lassen. Natürlich that Rébenac alles ihn daran zu hindern[2]). Unter diesen Umständen erlangte auch der Tod der Kurprinzessin, der Schwester der Dänenkönigin (7. Juli 1683), politische Bedeutung, weil er die ohnehin schon erschütterte Verbindung zwischen dem Berliner und dem Kopenhagener Hofe durch den Wegfall eines persönlichen Moments weiter lockerte, zumal der unruhige Thatendrang Christians dem Kurfürsten bereits lästig zu werden anfing[3]). Obenein warf diesen ein neuer heftiger Anfall seines Gichtleidens auf das Lager, so dass von einem Feldzuge nicht die Rede sein konnte.

Um so mehr aber fühlte sich Friedrich Wilhelm gedrückt durch die Unklarheit und Zweideutigkeit seiner Stellung. Denn auch Frankreich beargwöhnte ihn bereits. Durch Rébenac liess er Ludwig XIV. beschwören, ihm sein Vertrauen zu bewahren ohne einen neuen Beweis der Treue von ihm zu fordern. Ebenso sprachen Meinders und Fuchs, indem sie ihre gut französische Gesinnung auch dadurch bethätigten, dass sie die ihnen unlängst vergeblich angebotenen 3000 Thaler nun annahmen[4]). Rébenac, welcher wusste, dass die ihn umdrängenden Schwierigkeiten dem Kurfürsten das Verbleiben in der französischen Allianz aufzwangen, setzte in solche Erklärungen keinen Zweifel: so lange er lebe

---

[1]) Rébenac d. 13. Juli: on représente en mesme tems, qu'on auroit une obligation bien grande à V. M., si elle vouloit entrer par quelque gratiffication dans une partie des dépenses qu'on avoit faites.

[2]) Urkunden u. Aktenstücke III, S. 739.

[3]) Rébenac d. 14. Juli: l'alliance du Dannemark — quelque estroitte qu'elle soit luy deviendra à charge par l'ambition du Roy, et la mort de Madame la Princesse Electorale romp un lien, qui attachoit le prince, son mary, au Roy de Dannemark, son beau-frère.

[4]) Ebendas. — une preuve bien convaincante, qu'ils me dirent y vouloient joindre, est qu'il recevoient chacun les trois mille escus, que je leur avois offert il y a quelque temps.

— und das könne trotz seiner Leiden noch Jahre dauern — werde, so urtheilte er, der Kurfürst auf das Reich im Interesse Frankreichs einwirken, und dieses werde sich seiner immer mit Vortheil bedienen können, wenn es ihn nur in dieser Stimmung erhielte. Dazu aber bedürfe es nicht einer Vermehrung, sondern nur der pünktlichen Zahlung der zugesagten Subsidien. Um dem Kurfürsten aber gerade jetzt, wo er nach der erlittenen Enttäuschung dafür besonders empfänglich sein würde, eine Freude zu machen, brachte er die Zuwendung einer grösseren Summe in Vorschlag, die ohne jeden Bezug auf anderweitige Zahlungsverpflichtungen des Königs und auch ohne Bezug auf die eben durch die vergeblichen Rüstungen veranlassten Ausgaben, ihm persönlich zur Verfügung gestellt werden sollte, um den Schwankungen ein Ende zu machen, in die ihn die dringenden kaiserlichen Werbungen und die zu ungeahnter Furchtbarkeit anwachsende Türkengefahr geworfen hatten. Wie sehr Friedrich Wilhelm mit sich rang und an der bisher verfolgten Richtung irre wurde, lehrte das widerspruchsvolle Hin und Her der gefassten, aufgegebenen und wieder gefassten Beschlüsse, das die Nachricht von der Bedrohung Wiens — von wo der Kaiser bereits am 7. Juli geflohen war — veranlasste. Am 18. sagte er, wie Rébenac berichtet[1]), dem Kaiser 12000 Mann unter Derfflinger zu, widerrief es den 19. und kehrte am 20. zu seinem Vorsatz zurück, schloss auch am 22. das Bündnis, durch das er der Republik Polen 1000 Mann zu Fuss und 200 Dragoner zum Kampfe gegen die Türken überliess[2]).

Die Unterstützung des Kaisers gegen die Türken, bei der es freilich nach mancher Leute Meinung dem Kurfürsten nur um die guten Winterquartiere für seine Truppen in Mähren und Schlesien zu thun war[3]), hatte natürlich nicht den Beifall des französischen Königs, obgleich derselbe erklärte, alles, was gegen den gemeinsamen Feind der Christenheit unternommen würde, zu billigen und womöglich auf Grund eines Bundes aller christlichen Fürsten för-

---

[1]) D. 21. Juli.
[2]) v. Mörner a. a. O. S. 447 (No. 260).
[3]) Vgl. Rébenacs Brief an Fuchs bei Klopp, Das Jahr 1683 S. 548.

dern zu wollen¹). Aber auch in seiner nächsten Umgebung stiess Friedrich Wilhelm mit dieser Wendung seiner Politik auf Widerstand, und der Kampf der Parteien am Hof und im Rath entbrannte mit erneuter Heftigkeit. Der Kurfürst glaubte den Zeitpunkt gekommen, wo der Kaiser den Frieden mit Frankreich um jeden Preis annehmen musste, aber auch Frankreich gegenüber glaubte er im Hinblick auf die allgemeine Gefahr der ganzen Christenheit eine dringendere Sprache führen zu dürfen. Während Strassburg demselben endgültig überlassen bleiben sollte, sollte in Betreff der übrigen Streitfragen durch ihn und die vier rheinischen Kurfürsten ein Vergleich vermittelt werden²). Das wollte Rébenac natürlich nicht als Vermittlung gelten lassen, sondern sah darin eine Unterordnung seines Königs unter den Spruch einer Partei. Nach Wien aber ging der dort besonders beliebte Fürst von Anhalt³) — schon ein Zeichen dafür, wie viel dem Kurfürsten an einer Verständigung lag. Sah er doch im Falle weiterer siegreicher Ausbreitung der Türken bereits sein eigenes Land gefährdet⁴). Fuhr er doch Fuchs, als er Bedenken dagegen vorbrachte, zornig als Verräther an. Auch die Kurfürstin, der man ihre französischen Sympathien vergeblich zu verleiden suchte, bot ihren Einfluss dagegen auf. Meinders wollte ebenfalls nichts davon wissen, und Grumbkow behandelte das Ganze als eine Chimäre. Meinders und Fuchs veranlassten sogar Rébenac alle gegen die Gewährung der Türkenhülfe an den Kaiser sprechenden Gründe nochmals ausführlich darzulegen⁵). Wenn der Kurfürst, so argumentirte dieser, im ersten Schreck über die Türkennoth zwölf Regimenter nach Ungarn zu schicken beschlossen habe, so sei das für ihn zwar sehr viel, bedeute aber einem solchen Feinde gegenüber sehr wenig. Es sei

---

¹) Rébenacs Bericht vom 21. Juli.
²) Ebendas. — qu'il avoit fait proposer à l'Empereur de faire offrir Strasbourg à S. M. et que pour le reste on devoit envoyer des pouvoirs à luy et aux quatre Electeurs du Rhin afin de s'accommoder avec V. M.
³) Urkunden u. Aktenstücke XIV, S. 1025 ff.
⁴) Rébenac a. a. O. — la situation des affaires de Hongrie — jette l'épouvante jusques en ces pays-cy.
⁵) Rébenacs Schreiben bei Klopp, a. a. O. S. 547 ff.

gefährlich, das eigene Land so zu entblössen: wer würde die Schweden nun an dem geplanten Marsche nach Pommern hindern? Hätte der Kurfürst nur gewollt, er hätte jetzt den Frieden in vierzehn Tagen herbeiführen können: statt dessen habe er ihn durch die dem Kaiser verheissene Unterstützung vielmehr selbst vereitelt. Die Gewährung derselben vor Begleichung des Streites mit Frankreich über die rheinischen Territorien könne den sofortigen Ausbruch des Krieges zur Folge haben[1]).

Diese Darlegung machte auf den Kurfürsten doch Eindruck. Ihrem Gewicht, so schien es, konnte sich auch der kaiserliche Hof nicht verschliessen. In dieser Berechnung theilte, so möchte man zu seiner Ehre annehmen, Fuchs den Brief Rébenacs abschriftlich dem Grafen Lamberg mit, freilich indem er bei ihm zugleich um den Adelstitel bat, angeblich weil er sonst seinem Gegner Meinders auf die Dauer nicht gewachsen sein würde[2]). Des Kurfürsten Antwort auf Rébenacs Darlegung war eigentlich ein vollständiger Rückzug. Er betheuerte, seine Gesinnung gegen Frankreich sei in nichts geändert; auch habe ja die Türkenhülfe mit den ihn und Frankreich verbindenden Verträgen nichts zu thun; er erfülle nur seine Pflicht gegen das Reich als Christ und als Fürst, der den Feind vor seinen eigenen Thoren sehe. Auch sei der König viel zu edelmüthig, um die verzweifelte Nothlage des Reichs auszubeuten[3]). Dennoch blieb die Instruktion Anhalts unverändert, und sie durfte das, insofern die Bewilligung der im Princip in Aussicht gestellten Türkenhülfe davon abhängig blieb, dass zuvor der Friede mit Frankreich geschlossen würde[4]). Dass das nur auf die von Frankreich gestellten Bedingungen geschehen konnte, verstand sich von selbst. Darüber hat Friedrich Wilhelm dem Herzog von Sachsen-Lauenburg, der noch im Juli im Auftrag Karls von Lothringen nach Potsdam kam, um mündlich über die verzweifelte Lage der

---

[1]) Urkunden u. Aktenstücke III, S. 740.
[2]) Klopp a. a. O. S. 271.
[3]) Rébenac d. 24. Juli. Vgl. Klopp, a. a. O. S. 271. 549.
[4]) Derselbe d. 28. Juli: il offre véritablement un secours considérable, mais après qu'on sera convenu des conditions pour la subsistance et que la paix du Rhin sera faite.

IX. In französischer Dienstbarkeit 1680—84.

Hauptstadt zu berichten, so wenig einen Zweifel gelassen wie dem Kurfürsten Johann Georg von Sachsen, der sich mit ähnlichen Vorstellungen brieflich an ihn wandte: er wisse, schrieb er diesem, absolut kein anderes Mittel, als dass man sich Frankreichs wie auch immer versichere und es durch einen endgültigen Vergleich von allen Thätlichkeiten gegen das Reich abhalte; an solchen habe er den König bisher glücklich verhindert: in dieser verzweifelten Lage bleibe eben nichts anderes übrig als mit dem Reiche nach der Art des Arztes zu verfahren, der im Nothfall ein Glied abschneidet und dahinten lässt, um den Leib im Uebrigen zu retten [1].

Nun liess sich aber Johann Georg von Anhalt, wie er sich überhaupt mehr als Minister des Kaisers denn seines kurfürstlichen Schwagers fühlte [2], von seinem Eifer dem Hause Habsburg zu helfen zu einer argen Ueberschreitung seiner Vollmacht verleiten, indem er einen Vertrag annahm und in Berlin zur Annahme zu bringen versprach, der einer Kriegserklärung an Frankreich gleichgekommen wäre [3]. Er fand denn auch heimkehrend eine überaus ungnädige Aufnahme und wurde völlig desavouirt [4]. Dass man sich in Linz der furchtbar kritischen Lage wiederum gar nicht gewachsen zeigte und verblendet um des allein betonten habsburgischen Interesses willen das Reich militärisch und politisch einer furchtbaren Krisis aussetzte, erregte des Kurfürsten stürmischen Unmuth, den des Kaisers Unzugänglichkeit für seine eigenen Forderungen nur steigern konnte. Da die Kurfürsten, fuhr er einmal in Rébenacs und anderer Gegenwart heraus, dem Kaiser die Krone gegeben hätten, müssten sie sie ihm auch nehmen, wenn er sich unfähig zeige sie zu tragen: bleibe ihm dann die Grafschaft Habsburg, so sei das reichlich genug für ihn [5]. Dass er aber unter den ge-

---

[1] Klopp a. a. O. S. 271—72.
[2] Rébenac sagt von ihm d. 22. Februar 1683: il agit dans toutes les occasions comme ministre de la cour impériale.
[3] Urkunden u. Aktenstücke XIV, S. 1029.
[4] L'accueil qu'il a receu de Mr. l'Electeur, a esté des plus fâcheux, schreibt Rébenac d. 23. October.
[5] Bericht vom 28. Juli.

gebonen Umständen Brandenburg doch nicht an jeder Unterstützung des Reichs hindern könne, ohne sich bloszustellen und seine letzten Absichten allzusehr erkennen zu lassen, entging Ludwig XIV. nicht. Zwar sei das Reich, liess er sich vernehmen[1]), ja leicht völlig sicher zu stellen, sobald der Kaiser nur den zwanzigjährigen Stillstand annehme, den er inzwischen in Regensburg vorgeschlagen habe; in jedem Fall aber müsse der Kurfürst, was er dem Reiche leiste, in das richtige Verhältnis zu dem bringen, was seine eigene Sicherheit erheische, d. h. so viel Truppen zurückbehalten, als Braunschweig und Schweden gegen ihn aufbringen könnten; die dem Kaiser zu sendende Armee, für die man bereits 14—15000 Mann an der schlesischen Grenze sammelte, müsse demnach auf die Hälfte oder ein Drittel davon reducirt werden.

Obgleich er wiederholt zu erklären hatte, ehe man sich nicht mit Frankreich verständigt hätte, würde auch nicht ein Mann marschiren[2]), fand Anhalt in Linz nach wie vor kein Entgegenkommen. Man blieb dort vielmehr dabei, Brandenburg müsse allen dem Westfälischen und dem Nimwegener Frieden zuwiderlaufenden Allianzen entsagen und die Reunionen ausdrücklich misbilligen und auf eigene Kosten 12000 Mann stellen, die allen Bedarf zu bezahlen und Winterquartiere nicht zu beanspruchen hätten, während der Kaiser vierteljährlich 25000 Thaler zahlen und 200000 Thaler auf die ihm zu bewilligenden Römermonate anweisen wollte, ausserdem Spanien bestimmen, dass es von den zur Ablösung der brandenburgischen Forderungen bereits früher angebotenen 300000 Thalern 200000 Thaler baar und 100000 Thaler in Salzlieferungen erlegte und darauf 80000 Thaler zum Voraus als Geschenk für die die Kurfürstin zahlte. Für Jägerndorf bot er 200000 Thaler, lehnte dagegen jede Unterhandlung wegen der drei anderen schlesischen Herzogthümer ab. Solche Vorschläge erklärte Friedrich Wilhelm seinerseits für undiskutirbar und wies Anhalt zur Heimkehr

---

[1]) Ludwig XIV. an Rébenac d. d. Fontainebleau, d. 5. August: Beilage XII, 1.

[2]) Rébenac d. 11. August: Mr. l'Electeur on offre un considérable (sc. secours) au cas que la paix soit faite avec V. M., sans quoy on a de nouveau envoyé ordre à M. le prince d'Anhalt de déclarer nettement, qu'il ne marcheroit pas un seul homme.

an, so tief ihn das Scheitern des ersehnten Friedens niederdrückte, auch deshalb, weil die öffentliche Meinung wieder mächtig erregt war und die Franzosen als Bundesgenossen der Türken brandmarkte, er selbst aber als deren Gefolgsmann ähnlich beurtheilt zu werden fürchtete [1]. Und dabei suchte Ludwig XIV. ihn noch fester an sich zu ketten, indem er in eben jenen Tagen ihm von Neuem vorschlug mit Dänemark gemeinsam Braunschweig anzugreifen, gegen das ein leichter Erfolg sicher sei, seit die kursächsischen und hessischen Truppen zur Rettung Wiens abgezogen seien, zumal das erledigte Bisthum Münster eben an Maximilian Heinrich von Köln gekommen war, also auch ganz zur Verfügung Frankreichs stand. Dass ihm allerdings nichts Erwünschteres begegnen könne, gab der Kurfürst zu, liess auch durch Fuchs alsbald bei dem braunschweigischen Gesandten v. Grote anfragen, ob seine Herren gewillt seien sich seinen und des Dänenkönigs Massnahmen zum Schutz des Reichsfriedens anzuschliessen. Er verlangte Antwort mit Ja oder Nein: mit Ausflüchten könne er sich nicht begnügen, da er sonst mit Christian V. Zwangsmassregeln gegen sie erwägen müsse. So energisch das aussah, Rébenac glaubte doch nicht an einen entsprechenden Fortgang, schon wegen der andauernden körperlichen Hinfälligkeit des Kurfürsten, versprach sich aber eben deshalb von der früher vorgeschlagenen Gratifikation gerade jetzt besonders guten Erfolg [2].

Da kam die Nachricht vom Entsatz Wiens. Der Kurfürst war gerade wieder auf einem Jagdausflug abwesend. Rébenac eilte ihm nach, die veränderte Lage rasch für Frankreich auszunutzen. Friedrich Wilhelm athmete erleichtert auf — nun war er wenigstens die gefürchtete türkische Nachbarschaft los —, bedauerte aber auch an dem dort gewonnenen Kriegsruhm nicht theil zu haben [3]. Doch beunruhigte ihn nun die Steigerung der kaiserlichen und der polnischen Macht: er fürchtete, man könnte ihn seine Parteinahme

---

[1] Rébenac d. 21. August: u. A. il ne pouvoit plus résister au mépris, qu'on faisoit de luy à cause de son alliance avec V. M., qui luy attiroit la haine du party opposé.
[2] Beilage XIII, 2.
[3] Ebendas. n. 3.

für Frankreich jetzt von dieser Seite entgelten lassen. Deshalb schien ihm die Unternehmung gegen die Braunschweiger vollends angezeigt, obgleich er sich bei seinem Alter und seiner Hinfälligkeit ihre Durchführung selbst kaum recht zutraute. Um so mehr suchte Rébenac ihn dabei festzuhalten, da Ludwig XIV. vor allem verhindern wollte, dass die tüchtigen braunschweigischen Truppen den Niederlanden oder Spanien zu Hülfe geschickt würden, mit denen er um Luxemburg eben vor dem Kriege stand. So wurde denn wiederum ein brandenburgisch-französisches Bündnis unterhandelt und der Entwurf dazu bereits am 25. Oktober 1683 unterzeichnet. Unter Erneuerung der früheren Verträge wurde darin dem Kurfürsten weiterhin die Verpflichtung auferlegt, falls das Haus Braunschweig Truppen nach den spanischen Niederlanden oder sonst wohin zur Unterstützung der Gegner Frankreichs zu senden vorhabe, sollte er es daran zu hindern versuchen und, wenn das nicht gelänge, angreifen. Dennoch bestätigte Ludwig XIV. den Vertrag nicht. Neue Verhandlungen wurden angeknüpft und zogen sich hin bis Mitte Januar 1684. Da erst wurde eine Einigung erzielt, der neue Vertrag aber auf den 25. Oktober 1683 zurückdatirt, wie auch die Ende Januar 1684 erfolgende Ratifikation das Datum des 28. November erhielt[1]). Sie legte dem Kurfürsten die weitergehende Verpflichtung auf, dass er Braunschweig anzugreifen hätte, auch wenn es sich gegen einen der deutschen Verbündeten Frankreichs wenden sollte, unter denen der Dänenkönig ausdrücklich mitbegriffen wurde, den Frankreich dann bestimmen sollte ebenfalls gegen Braunschweig aufzutreten. Eine fernere Abänderung des ersten Entwurfs kam dem Reiche zu gut. Ursprünglich nämlich hatte der 4. Artikel dahin gelautet, dass der König von Frankreich sich von Neuem bereit erklärte mit dem Reich in Frieden und Freundschaft zu leben und seinerseits durch Beobachtung der billiger Weise von ihm zu erwartenden Mässigung alles dazu zu thun: jetzt wurde er dahin ergänzt, dass der König sich bis Ende 1684 bereit erklärte, auf die früher von ihm gestellten Bedingungen mit dem Reich einen Waffenstillstand auf

---

[1]) v. Mörner a. a. O. S. 731 ff. Beilage XIII, 8.

dreissig, fünfundzwanzig, ja im Nothfall auf zwanzig Jahre einzugehn. In dem 5. Artikel endlich hatte der Kurfürst ursprünglich die Verpflichtung übernommen, mit allen Mitteln auf einen den König befriedigenden Ausgleich zwischen diesem und dem Reich hinzuwirken und, wenn das nicht gelänge, mit den übrigen wolgesinnten Kurfürsten und Fürsten entsprechende Massnahmen zu vereinbaren, wogegen der König versprach, von der Ratifikation dieses Vertrages an ein Jahr lang nichts gegen das Reich zu unternehmen[1]): er war jetzt dahin geändert, dass der Kurfürst auf die Annahme der von Verjus gemachten Vorschläge durch den Reichstag hinwirken und namentlich keinen einstimmigen Beschluss zum Reichskrieg gegen Frankreich zu Stande kommen lassen würde. Die in vierteljährlichen Raten zahlbaren französischen Subsidien wurden von 400 000 Livres auf 500 000 erhöht, deren Zahlung mit dem Tage der Unterzeichnung des Vertrags ihren Anfang nehmen sollte. Und dabei hatte Rébenac wenige Tage vor dem, an welchem diese angeblich erfolgt sein sollte, dem Kurfürsten persönlich in schönen, vollwichtigen, blanken Goldstücken jene Gratifikation von 100000 Livres überreicht, durch die er seine schwankende Neigung zu Frankreich wieder zu befestigen dachte[2]).

Ludwig XIV. hatte gewonnenes Spiel. Denn wer hätte, da es nun den weichenden Türken weiter zu folgen galt, Spanien gegen eine französische Invasion in den Niederlanden schützen sollen, wenn die allein dazu gerüsteten Braunschweiger, sobald sie es versuchten, Brandenburg und vermuthlich auch Dänemark auf dem Halse hatten? Nochmals hatte die französische Diplomatie Brandenburg an sich zu fesseln gewusst, nochmals die eigensinnige und beschränkte Staatskunst Oesterreichs gründlich überwunden. Denn bei dem von dem Kurfürsten so energisch vertretenen Vorschlag eines zwanzigjährigen Stillstandes auf Grund der dermaligen Besitzverhältnisse war aller Vortheil auf Seiten Frankreichs. Liess sich wirklich annehmen, das Reich werde nach zwei Jahrzehnten stark genug sein, um die Reunionen gewaltsam

---

[1]) v. Mörner a. a. O. S. 733.
[2]) S. oben S. 153.

zurückzufordern? Zudem beanspruchte der König dafür noch den Ruhm besonderer Mässigung, da er ja eigentlich sehr viel mehr zu fordern berechtigt sei wegen des ausserordentlichen Aufwandes, durch Verstärkung seiner Armee und neue Allianzen, wozu ihn Oesterreichs Haltung genöthigt hätte: um der allgemeinen Wolfahrt willen verzichte er auf den Gewinn, der ihm im Kriege sicher zufallen würde. Daher, meinte er, könne auch das Haus Braunschweig ruhig die Waffen niederlegen und so den allgemeinen Frieden herbeiführen helfen, den der Kaiser allein annehmen zu können erklärt hätte.

Nun ging es aber in diesem Falle ganz ähnlich wie einst mit dem geplanten Angriff auf Schweden. In Berlin gewann zunächst wieder einmal die Eroberungslust die Oberhand. Denn noch liess die ablehnende Haltung Spaniens und des Kaisers gegenüber den französischen Vorschlägen den allgemeinen Frieden kaum recht hoffen. Kam es aber zum Krieg, so wollte der Kurfürst für die Gefahren und Opfer desselben wenigstens reichlich belohnt werden. Das lehren die Aeusserungen, in denen er und seine Räthe im Frühjahr 1684 sich gegen Rébenac ergingen, und das kriegerische Treiben, das den Hof erfüllte, stimmte vollkommen dazu, sehr zum Kummer des Kurprinzen, der die schöne Sophie Charlotte möglichst bald heimführen wollte[1]). Der König möge, so wurde Rébenac in Berlin gerathen, von vornherein zu wissen thun, nach Ablauf einer bestimmten Frist werde er für Unterhandlungen nicht mehr zu haben sein; wer die von ihm gestellten Bedinguugen anzunehmen bereit sei, brauche das nur zu sagen, um gegen jede ihn bedrohende Gewaltthat seines Schutzes gewiss zu sein; alle aber, die sich dem vorgeschlagenen Vergleich widersetzten, werde er als Friedensstörer ansehn und als mitschuldig an der Bedrohung der Christenheit durch die Türken. Allerdings würden, liess man sich weiter vernehmen, seine deutschen Verbündeten von dem König die Zusage verlangen, keine Reunionen weiter vorzunehmen und das Reich in seinem Besitz nicht ferner zu schädigen, ihn jedoch nicht hindern, über die gemachten Eroberungen und die

---

[1]) Vgl. oben S. 188 ff.

sonst durch den Krieg gewonnenen Vortheile zu ihren Gunsten zu verfügen, d. h. sie würden mit seiner Hülfe die Ansprüche durchsetzen, die sie gegen ihre Nachbarn hätten, also dem seiner Zeit verworfenen „Konzert" vom April 1683 gemäss verfahren, unter Abänderung allerdings einiger auf die gegenwärtige Lage nicht mehr passender Artikel. Brandenburg und Dänemark kamen damit auf die Entwürfe zurück, deren Ausführung der König damals durchkreuzt hatte, und verlangten von ihm obenein die Verstärkung der kölnischen Armee auf 20000 Mann, da sie ohne diese Mitwirkung als rechtlose Friedensbrecher erscheinen würden, so aber sich damit entschuldigen könnten, dass sie sich Frankreich hätten anschliessen müssen, um nicht von ihm erdrückt zu werden[1]. Den Braunschweigern stellte der Kurfürst bereits ein Ultimatum: binnen drei Wochen sollten sie sich erklären[2]. Doch stiess er auch diesmal in seiner nächsten Umgebung auf Widerstand, namentlich wiederum von Seiten Derfflingers, was seines Eindrucks natürlich nicht verfehlte[3]. Dazu kam seine schwankende Gesundheit, und so blieb alles so widerspruchsvoll und unentschieden, dass nicht blos der mit diesen Verhältnissen so vertraute Rébenac, sondern auch der thatenlustige Dänenkönig an seinem ernsten Willen je länger je mehr zweifelte. Dazu schien freilich kaum Grund vorhanden zu sein, wenn der Kurfürst damals mit Köln, das ihm schon gegen Braunschweig und Schweden alliirt war[4], nun auch wegen eines gemeinsamen Vorgehens gegen die Niederlande unterhandelte, mit denen er über seine Niederlassung in Guinea in einen ärgerlichen Streit gerathen war[5]. Zugleich warb er um Frankreichs Zustimmung zu der von ihm geplanten Errichtung einer Faktorei auf der caraibischen Insel St. Vincent. Rébenac empfahl um so mehr ihm darin zu willfahren, als mit seinem Tode doch alle diese colonialen Versuche aufgegeben werden würden.

---

[1] Beilage XII, 9.
[2] Ebendas. 10.
[3] Rébenac d. 29. Februar 1684 — toutes les résolutions de Mr. l'Electeur sont traversées par son général. Beilage XII, 12. 16.
[4] v. Mörner S. 453.
[5] Beilage XII, 11.

So schien die Aktionspartei damals ihrer Sache gewiss. Anfang April 1684 fanden bereits Konferenzen zwischen Bevollmächtigten Brandenburgs, Dänemarks und Kurkölns statt wegen des gemeinsamen Vorgehens gegen die Braunschweiger[1]). Dabei war Rébenac angewiesen, jede Belastung Kölns abzuwenden, welche ihm die Erfüllung der Pflichten erschweren könnte, die es in Bezug auf die Niederlande Frankreich gegenüber auf sich genommen hatte. Auch verlangte ein Gesandter Wilhelm von Fürstenbergs für die kölner Armee eine Stellung, in der sie auch gleich die Niederlande bedrohte[2]). Aber auch mit Braunschweig wurde noch weiter unterhandelt, und namentlich Fuchs, der Förderer der Werbung des Kurprinzen um Sophie Charlotte von Hannover, bemühte sich um einen Vergleich, wol im Hinblick auf die Möglichkeit eines nahen Thronwechsels. Doch drang er damit noch nicht durch. Vielmehr wurde die Nothwendigkeit gewaffneten Einschreitens gegen die Braunschweiger allgemein anerkannt, und selbst der Kurprinz erklärte, nichts mehr dagegen sagen zu können[3]). Schon waren brandenburgische und dänische Truppen in Mecklenburg eingerückt, um rückständige Kontributionen einzutreiben und zum Angriff auf Braunschweig Stellung zu nehmen[4]), und wenn zwischen ihnen auch alsbald Streitigkeiten ausbrachen[5]), so konnte Ludwig XIV. sich doch am Ziele glauben[6]). Den Kurfürsten in dieser Richtung festzuhalten liess er ihm noch eine neue ausserordentliche Geldzahlung verheissen, die nach Beginn der Aktion erfolgen sollte, ja, er liess ihm wieder die lockende Aussicht auf Pommern und sogar die auf das spanische Geldern eröffnen, das er schon früher einmal als Beute ins Auge gefasst hatte[7]).

So stand man im Frühjahr 1684 unmittelbar vor dem Ausbruch eines Krieges in Norddeutschsand, der das Konzert von 1683

---

[1]) Beilage XII, 15.
[2]) Ebendas. 18.
[3]) Ebendas. 18.
[4]) Ebendas. 14.
[5]) Rébenac, d. 2. Mai 1684.
[6]) Beilage XII, 17.
[7]) Ebendas. 19.

doch noch ausführen sollte[1]), d. h. durch Bewältigung Braunschweigs, seines besten Helfers im Reich, den Kaiser zur Annahme des französischen Friedenserbietens zwingen, dem Reiche den Frieden durch einen neuen Krieg aufnöthigen. Der Hauptantheil daran sollte Brandenburg zufallen, das von lautem kriegerischen Treiben erfüllt war. Die preussischen Regimenter waren von der Weichsel her im Anmarsch, die pommerschen und die neumärkischen standen kampfbereit, die westfälischen waren im Begriff an Rhein und Weser Stellung zu nehmen. Man verfügte über eine treffliche Artillerie. In Lippstadt, Minden u. s. w. waren Magazine errichtet[2]). Noch weitere ungewöhnliche Aufwendungen wurden gemacht: des Kurfürsten vertrauter Kammerdiener Kornmesser kaufte aus den Mitteln des geheimen Fonds Pferde auf[3]). Angeblich wurden wöchentlich 50000 Thaler für dergleichen aufgewandt. Woher solche Summen auf die Dauer genommen werden sollten, blieb freilich eine offene Frage, da die erhöhten französischen Subsidien erst mit dem wirklichen Beginn des Krieges fällig wurden[4]); nur eine Vierteljahrsrate war von den gewöhnlichen vorausbezahlt[5]). Schon griff die Besorgnis vor Brandenburgs Friedensbruch weiter um sich: selbst der hessische Hof wollte Braunschweig 6—7000 Mann zu Hülfe schicken[6]). Die Hannoveraner standen bereits an der Weser[7]). Warnend erhob der sächsische Kurfürst seine Stimme und wies auf die verhängnisvollen Folgen hin, die ein solcher Krieg haben könnte. Friedrich Wilhelm blieb dabei, dass es sich nur um den Frieden handele, nicht um Eroberung und nicht um eine Revolution im Reich[8]).

Konnte man dem aber Glauben schenken, nachdem inzwischen das Brandenburg verbündete Frankreich thatsächlich von Neuem

---

[1]) Beilage XII, 20.
[2]) Ebendas. 20.
[3]) Ebendas. 20.
[4]) Ebendas. 22.
[5]) Bericht Rébenacs d. 2. Mai.
[6]) Beilage XII, 22.
[7]) Ebendas. 20.
[8]) Ebendas. 22.

die Waffen ergriffen, Oudenarde beschossen und Luxemburg zu belagern begonnen hatte? Dieses galt es zu retten, drang der Kurfürst von Sachsen von Neuem an, erhielt aber nach Rébenacs Bericht die trockene Antwort: gewiss sei der Verlust dieses Platzes, der am 4. Juni bereits fiel, zu beklagen und nachtheilig auch für das Reich, doch treffe die Verantwortung dafür diejenigen, die Spanien in seiner üblen Haltung bestärkt und eine Partei begünstigt hätten, die immer nur den Krieg gesucht habe, ohne im Stande zu sein ihn zu führen; auch würde Luxemburgs Fall den noch anderer Plätze nach sich ziehen, wenn man sich nicht schnell entschlösse Frieden oder Stillstand zu machen. Schon standen 9000 Mann zu Fuss, 2300 Reiter und 1200 Dragoner mit 38 Kanonen bereit, um zur dänischen Armee zu stossen[1]). Die Abreise des braunschweigischen Gesandten v. Grote liess den Bruch als unabwendbar erscheinen, und es war daher dem Kurfürsten sowol wie Rébenac sehr unlieb, dass Christian V. es ablehnte, den Oberbefehlshaber seiner Armee, Grafen de Roy, zu einer Besprechung nach Berlin zu senden.

Ludwig XIV. aber wollte auch diesmal diesen Krieg nicht. Nach der Einnahme von Luxemburg hatte er die früheren Anerbietungen im Haag erneut: binnen einer knapp bemessenen Frist war er auch jetzt noch bereit auf sie den Stillstand zu gewähren. Am 27. Juni erklärten die Generalstaaten ihre Bereitwilligkeit, und auch Spanien blieb nun kein anderer Ausweg. Dass das Reich ihn ebenfalls einschlagen musste, war damit entschieden. Denn im Elsass stand Schomberg mit 20000 Reitern zum Einbruch in Deutschland bereit. Sollte der Kaiser sich dennoch sträuben, so genügte sicher der gleichzeitige Beginn der brandenburgisch-dänischen Aktion, um ihn unter Frankreichs Willen zu beugen. Frankreichs norddeutsche Verbündete konnten voraussichtlich die eben ergriffenen Waffen gleich wieder niederlegen, — eine Aussicht, die nach des Königs Meinung dem Kurfürsten sehr angenehm sein musste, weil er auf diese Art wesentlich zum Frieden beitrug ohne sich irgend welcher Gefahr auszusetzen.

---

[1]) Beilage XII, 23.

Ob sich Friedrich Wilhelm aber ohne Weiteres zu einer solchen Rolle verurtheilen liess? Es war ihm mit dem Krieg gegen Braunschweig doch mehr Ernst als seinem selbstsüchtigen Beschützer, ganz ähnlich wie einst mit dem gegen Schweden. Auch scheint Rébenac für die eigenthümliche Lage des Kurfürsten und seine daraus entspringenden Wünsche mehr Verständnis gehabt zu haben als sein Herr. Er drang in Paris auf möglichste Freigiebigkeit: denn es galt durch ein wenig Geld dem Kurfürsten den Weg zu Erfolgen zu ebnen, welche Frankreichs Macht Deutschland gegenüber auf den Gipfel zu erheben verhiessen[1]). Mit Befriedigung sah er, wie immer mehr französische Offiziere in die brandenburgische Armee aufgenommen wurden, auch katholische, und wie sein reformirter Landsmann, Herr v. Briquemault, das wichtige und reich dotirte Gouvernement von Lippstadt erhielt. Denn er sah darin eine Bürgschaft für die pünktliche Vollstreckung der Befehle, die zur Ausführung des mit Frankreich Vereinbarten ergehn würden, und einen Beweis dafür, dass der ihm anstössige Einfluss Derfflingers im Schwinden begriffen war. Aber es war sicherlich nicht blos, wie er annahm, die Sorge, den Anstrengungen eines Feldzuges nicht mehr gewachsen zu sein und daher seine bisherige Autorität einzubüssen, was den alten Helden auch diesmal zu einer ablehnenden Haltung bestimmte, sondern die Ueberzeugung, dass der geplante Krieg ungerecht sei und dass er deshalb um nichts in der Welt die Hand dazu bieten dürfe[2]). Um so ärgerlicher war der Kurfürst über den durch Dänemark verschuldeten Aufschub des Beginnes der Aktion: wäre Graf de Roy rechtzeitig in Berlin erschienen, so, meinte er, könnte man jetzt schon an der Elbe sein. Auch Rébenac sah darin einen Fehler, der nicht gut zu machen sei. Auch dass Köln — vielleicht auf Anstiften des französischen Königs — das Konzert vom 30. Mai nicht ratificirte und dadurch weiteren Aufschub veranlasste, empfand der Kurfürst als ärgerliche Enttäuschung[3]). Rébenac fürchtete ebenfalls eine vorzeitige Wendung zum Frieden: als Kenner der Men-

---
[1]) Beilage XII, 25.
[2]) Ebendas. 16.
[3]) Ebendas. 26.

schen und der Verhältnisse mistraute er der welfischen Politik und hielt die Braunschweiger für gefährlicher, wenn sie sich fügten, als wenn sie ihrem Uebermuth die Zügel schiessen liessen[1]).

Und was er gefürchtet hatte, geschah wirklich, allerdings nicht durch einen der ihm wolbekannten jähen Umschläge der unberechenbaren brandenburgischen Politik, sondern durch seinen König selbst, der von dem bisher so eifrig betriebenen Angriff auf Braunschweig in dem Augenblick nichts mehr wissen wollte, wo er der allgemeinen Annahme des von ihm gebotenen Stillstandes gewiss war. Die Sache konnte eigentlich schon für entschieden gelten, als v. Grote nach Berlin zurückkehrte und den französischen Gesandten wissen liess, er sei angewiesen allem zuzustimmen, was der König im Interesse des Stillstandes wünsche[2]). Denn nun that dieser seinem Gesandten plötzlich (6. Juli) kund, es sei mit seiner Absicht, Europa des Friedens zu versichern, nicht vereinbar, dass seine Verbündeten gegen das Haus Oesterreich in Aktion träten. Brandenburg war zum zweiten Male von Frankreich zur Förderung seiner besonderen Zwecke gebraucht worden, um dann unbelohnt und unentschädigt beiseite geschoben zu werden. Und dafür gab das fast ironisch klingende Lob doch keinen Ersatz, der Kurfürst habe durch das treue Festhalten an den getroffenen Vereinbarungen wesentlich zu dem erfreulichen Stande beigetragen, in dem die Angelegenheiten Europas sich nunmehr befänden, ebenso wenig die nach dem eben Erlebten nicht allzu werthvolle Versicherung, was auch geschehn möge, seine Interessen würden dem König alle Zeit gleich sehr am Herzen liegen. Noch aber war nicht alles erreicht. Deshalb sollte Rébenac Brandenburg und Dänemark fürs Erste weiter in Waffen halten, auf der anderen Seite aber auch alles vermeiden, wodurch der Kurfürst zur Versöhnung mit Braunschweig bestimmt werden könnte, um etwa mit ihm gemeinsam die Vertreibung der Schweden aus Pommern zu versuchen. Recht nachdrücklich sollte er dazu die Schwierigkeiten betonen und, wenn nöthig, geflissentlich übertreiben, die sich der Aus-

---

[1]) Beilage XII, 19.
[2]) Ebendas. 26.

führung dieses ihm ursprünglich vorgespiegelten Planes entgegenstellten ¹).

Sehr zu Unrecht erging sich daher Rébenac in einer Art von sittlicher Entrüstung über die Misachtung, deren sich Brandenburg und Dänemark seinem Könige gegenüber schuldig machten, indem sie nun — nur ihren eigenen Vortheil verfolgend — mit dem zur Fügsamkeit entschlossenen Hause Braunschweig alsbald in Unterhandlung traten und damit ein Unternehmen endgültig aufgaben, das Frankreich angeblich so sehr am Herzen gelegen hatte, ohne diesem und dem Kölner Kurfürsten davon sofort Mittheilung zu machen ²). Die doppelzüngige französische Politik war gleichsam in ihrer eigenen Schlinge gefangen, und wol durften die verbündeten Fürsten dem Könige vorhalten: nachdem Braunschweig sich gefügt habe und damit die Bedingung erfüllt sei, von der er früher ihren gemeinsamen Angriff auf Schweden abhängig gemacht habe, seien sie entschlossen und berechtigt denselben auszuführen und verlangten die vertragsmässigen Subsidien dazu ³). Ludwig XIV. lehnte das nicht einfach ab, liess vielmehr ein Eingehn darauf als möglich hinstellen, gab jedoch dem Kurfürsten zu bedenken, wie er dadurch den Schein des Friedensbruchs auf sich laden und wieder hinfällig machen würde, was er erst selbst für den Frieden im Reiche gethan hatte ⁴). Auch liess er Rébenac den Besprechungen beiwohnen, die über die Theilung der deutschen Lande Schwedens zwischen Brandenburg, Dänemark und Braunschweig stattfanden, natürlich nur um einer Einigung entgegenzuwirken ⁵),

---

¹) Beilage XII, 27.

²) Rébenac, d. 4. Juli: — vos alliés avoient en un seul jour rompu de sy grandes mesures et pour comble d'un procédé sy peu usité, on les voyoit dans une négociation ouverte avec ceux, qu'ils avoient encor sujet de croire vos ennemis, tout cela sans en donner la moindre part à V. M., non plus qu'à l'Electeur de Cologne, ce qui ne peut donner que de grands soupçons.

³) Ludwig XIV. an Rébenac d. d. Versailles, 20. August 1684.

⁴) Der König will sich nicht vorwerfen lassen, qu'à peine ay-je conclu une trève générale avec toute l'Europe, que j'excite mes alliés à la rompre par une nouvelle guerre, — und dem Kurfürsten vorgehalten wissen, qu'elle a de vouloir destruire à présent tout ce qu'elle a contribué depuis deux ans à l'affermissement de la paix de l'Empire.

⁵) Rébenac d. 22. Juli.

zugleich aber auch um den Brand im Norden noch immer entflammen zu können, falls der Stillstand im letzten Augenblick wider Erwarten doch noch auf Schwierigkeiten stossen sollte.

Mit gesteigerter Heftigkeit erneute sich in dieser überraschenden Krisis der Kampf der Parteien am Berliner Hofe. Die kaiserliche hoffte nun auch die ihr besonders anstössigen französischen Offiziere aus dem Heere zu verdrängen, namentlich d'Espense und du Hamel, welch letzterer als Katholik besonders angefeindet wurde[1]. Dennoch dürfte der Defensivbund, der am 2. August 1684 zwischen Brandenburg und dem Hause Braunschweig unterzeichnet wurde[2], noch keineswegs die völlige Abwendung des ersteren von Frankreich bedeutet haben. Zwar verpflichteten sich beide unter Erneuerung des Vertrages vom 21. Januar 1681 gleichmässig auf möglichst schnellen Abschluss des Friedens zwischen dem Reich und Frankreich hinzuwirken, in dem letzterem die am 1. August 1681 reunirten Gebiete nebst Strassburg verbleiben sollten, garantirten einander ihren Besitzstand und auch das durch den letzten Frieden (von Celle und St. Germain) Erworbene und verhiessen sich zum Schutze darin im Nothfall Waffenhilfe, wollten auch weitere Schädigung Deutschlands, namentlich am Rhein, nicht zulassen und sogar gemeinsam hindern: aber dass sie ihre Absicht zur Verjagung der Schweden[3] im Widerstreit mit Frankreich und ohne dessen mindestens wolwollende Neutralität nicht verwirklichen konnten, war ihnen doch hinreichend klar. Jedoch selbst auf die letztere war nicht mehr zu rechnen, als der zwanzigjährige Stillstand Mitte August wirklich zum Abschluss kam und Ludwig XIV. alles erreicht hatte, was er durch sein Kriegstreiben hatte erreichen wollen. Nun sei es, erklärte er, zu spät, da er den Stillstand unverbrüchlich zu halten gedenke, ein Angriff auf das darin einbegriffene Schweden aber diesem Hülfe zu leisten alle diejenigen veranlassen würde, denen die Bewahrung der glücklich hergestell-

---

[1] Rébenac, d. 22. Juli. — Vgl. Erman, Mém. pour servir à l'histoire des réfugiés françois IV, S. 145.
[2] v. Mörner a. a. O. S. 460 ff. (N. 272.)
[3] Ebendas. S. 462 Entwurf.

ten Ruhe am Herzen läge; diesen entgegenzutreten sei er unter den obwaltenden Umständen nicht in der Lage, obgleich er Grund habe mit Schweden unzufrieden zu sein[1]).

Doch war man in Berlin sowol wie in Kopenhagen zunächst wenig geneigt sich dem zu fügen. Vielmehr meinte der Kurfürst unter dem erwünschten Schutz des zwanzigjährigen Stillstandes doch noch zum Ziel kommen zu können, weil derselbe doch, wie Fuchs Rébenac darthun musste, die Glieder des Reichs nicht hindern könne, innerhalb desselben die unter ihnen schwebenden Streitigkeiten auszufechten[2]). Hatte Brandenburg das ihm bisher feindliche Haus Braunschweig nun doch zum Verbündeten: die Wendung, die Ludwig XIV. ihm noch unlängst als vielleicht erreichbar hatte vorspiegeln lassen[3]), um ihn noch weiter in Waffen zu erhalten, war nun eingetreten, und die Versöhnung zwischen Hohenzollern und Welfen zu besiegeln sollte der Kurprinz endlich Sophie Charlotte heimführen. Grumbkow ging als Brautwerber nach Hannover[4]). Der Empfang des jungen Paares wurde zu einem grossen Friedens- und Versöhnungsfest, dessen politische Bedeutung das militärische Gepränge eigenthümlich beleuchtete, mit dem es durch die Ausammlung einer grossen Truppenmenge umgeben wurde: 11000 Mann waren in einem Lager vereinigt, die der kundige Rébenac für die schönsten Truppen erklärte, die er je in Deutschland gesehen hätte[5]). Dabei ging die Rede, es gelte einem sofortigen Angriff auf Stettin, das sich in Folge ungewöhnlicher Trockenheit seiner besten Vertheidigungsmittel beraubt sah[6]). Ging alles nach Wunsch, so sollte, wie es hiess, eine gründliche Revision der deutschen Karte vorgenommen werden durch Auftheilung des deutschen Besitzes von Schweden. Pommern war natürlich Bran-

---

[1]) Ludwig XIV. an Rébenac d. d. Versailles, d. 31. August 1684.
[2]) Rébenacs Bericht vom 9. September.
[3]) Vgl. oben S. 260.
[4]) Bericht Rébenacs vom 29. August. Vgl. oben S. 192.
[5]) Derselbe den 14. November: — il avoit fait assembler un corps d'onze mille hommes de ses troupes, qui sont plus belles que toutes celles, que j'ay veu dans l'Allemagne.
[6]) d. 2. September.

denburg, Bremen Braunschweig bestimmt, Dänemark sollte Holstein
erhalten, dieses durch Oldenburg und Delmenhorst entschädigt,
Kurköln, wenn es mitthat, durch das Bisthum Verden belohnt, das
gemeinsam zu erobernde Wismar aber entfestigt und Mecklenburg
gegeben werden, das dafür entsprechende Abtretungen an Holstein-
Gottorp zu machen hätte [1]).

Von allen diesen schönen Entwürfen wurde schliesslich gar
nichts verwirklicht: ihrer Ausführung setzte der französiche König
ein entschiedenes Veto entgegen, da inzwischen die Ratifikation
des zwanzigjährigen Stillstandes erfolgt war [2]).

[1]) Rébenac, d. 9. September.
[2]) Ludwig XIV. an Rébenac d. d. Versailles, 27. September 1684.

X. Die Lösung von Frankreich 1685—88.

Zum zweiten Male hatte Friedrich Wilhelm auf eine Eroberung verzichten müssen, durch die er unter Frankreichs Schutz die Enttäuschung des Jahres 1679 auszugleichen gedacht hatte. Nur grollend fügte er sich den Gründen, die Ludwig XIV. gegen den Angriff auf Schweden geltend machen liess: nach seiner Ansicht war der König allein an dem Mislingen schuld[1]). Aber nur für den Augenblick verzichtete er. Mit der seiner Politik alle Zeit eigenen Beweglichkeit, die das eben verfehlte Ziel alsbald von der entgegengesetzten Seite her zu erreichen versuchte, nahm er das mislungene Vorhaben in anderer Form sofort wieder auf. Liess sich doch, was ihm trotz Frankreichs Zustimmung im Widerstreit mit dem Hause Braunschweig nicht möglich gewesen war, vielleicht im Einverständnis mit letzterem trotz Frankreich durchsetzen, da dieses, durch den Stillstand dem Reiche gegenüber gebunden, ihm ohne Bruch desselben doch nicht in den Arm fallen zu können schien. Die durch des Kurprinzen Vermählung angebahnte Verbindung mit dem Hause Braunschweig gestaltete sich zudem anfangs vielverheissend. Dazu trug namentlich die gewandte und gewinnende Persönlichkeit des klugen Ernst August von Hannover bei, der nicht blos auf seinen Schwiegersohn schnell bestimmenden Einfluss erlangte, sondern auch den Kurfürsten von dem tief eingewurzelten

---

[1]) Rébenac d. 19. September 1684: — il ajoûtoit que c'estoit elle (V. M.) seule qui rompoit l'entreprise.

Mistrauen gegen den Eigennutz und den Ehrgeiz der Welfen bekehrt zu haben schien¹). Schon Ende des Jahres waren vertrauliche Unterhandlungen im Gange, die ein enges Bündnis Brandenburgs mit dem Hause Braunschweig und beider mit Frankreich zum Ziele hatten²).

Um den zwanzigjährigen Stillstand zu schützen, zugleich aber auch die Interessen Frankreichs zu vertreten wollte man eine Partei bilden, deren Glieder jeder Gemeinschaft mit dem Kaiser und dem Hause Habsburg entsagten. Gegen das Versprechen, nichts gegen das Reich zu unternehmen, wollte man Ludwig XIV. im Uebrigen völlig freie Hand lassen, d. h. in Bezug auf die spanischen Niederlande, Italien und Spanien sowie überhaupt in allen dereinst durch den Tod des Königs von Spanien aufgeworfenen Fragen. Gemeinsam wollte man in diesem Sinne auf dem Reichstage für Frankreich eintreten, welches dafür gleich jetzt zu vereinbarende Subsidien zahlen sollte. Eigentlich wurde damit das Haus Braunschweig in die brandenburgisch-französische Allianz vom 25. Oktober 1679 aufgenommen. Dafür sollte Frankreich nicht nur jedem Bündnis mit Schweden entsagen, das der Kurfürst und die Herzöge für ihren natürlichen Feind erachteten, sondern auch ihrem Vorgehn gegen dasselbe Vorschub leisten, wogegen sie sich den Verhältnissen anzupassen und ohne seine Zustimmung nicht zu handeln versprechen wollten. Denn, so meinten sie, wenn der König von ihnen in seinen grossen Unternehmungen gefördert werden wollte, könne er nichts dagegen haben, dass sie dabei ihrerseits endlich Schweden gegenüber zu ihrem Rechte zu kommen suchten. Dem mit Frankreich verbündeten Dänemark, das in diese neue Allianz am liebsten eingeschlossen worden wäre, wollten sie gegen Holstein-Gottorp freie Hand lassen und auch auf Kurköln billige Rücksicht nehmen³). Auf dieser Grundlage zugleich im

---

¹) C'est la maison de Brunsvic dans la personne du duc de Hannover, qui a présentement tout le crédit dans cette cour-cy, que Mr. l'Electeur est absolument changé à son égard, meldet Rébenac d. 16. December.

²) Ebendas. Les deux maisons ont pris la résolution de s'unir et de se lier d'intérests — — — de proposer à V. M. une alliance commune étroite et solide.

³) Ausführliche Darlegung Rébenacs in seinem Bericht vom 16. December 1684.

Namen Frankreichs mit dem Gesammthause Braunschweig zu verhandeln wünschte der Kurfürst autorisirt zu werden, indem er sich für die Redlichkeit der Absichten Ernst Augusts verbürgen wollte. Dieser forderte von Frankreich vor allem Hülfe zur Gewinnung der Kur, sobald nach dem bevorstehenden Erlöschen der Pfälzer durch die Succession des Neuburgers ein dem Hause Habsburg eng verbundener Katholik in das Kurfürstenkollegium träte. Die Evangelischen seien entschlossen, alsdann das konfessionelle Gleichgewicht durch die Aufnahme eines der Ihrigen herstellen zu lassen. Dagegen wollte das Haus Braunschweig dieselben Verpflichtungen eingehn, die Brandenburg durch die Artikel 10 bis 15 des Geheimtraktats vom 25. Oktober 1679 übernommen hatte, d. h. bei der Wahl eines römischen Königs, die womöglich überhaupt verhindert werden sollte, unter keinen Umständen die Erhebung eines Kindes zulassen, sondern seine Stimme in erster Linie dem König, dann dem Dauphin und, wenn beider Wahl unmöglich wäre, einem mit Frankreich vereinbarten, diesem genehmen Kandidaten geben und auch auf die anderen Kurfürsten in diesem Sinne einwirken, sowie auch bei der nach Leopolds I. Tod bevorstehenden Kaiserwahl die gleiche Haltung beobachten.

Die Gefahr eines brandenburgisch-schwedischen Krieges, den dieses Bündnis von Neuem in Aussicht stellte, wuchs noch, als Ende 1684 die Kommissare beider Staaten sich in heller Zwietracht trennten, die auf Grund des Friedens von St. Germain die neue Grenze in Pommern hatten festsetzen sollen: die Schweden verlangten Einsetzung eines Schiedsgerichts, von dem natürlich in absehbarer Zeit ein Spruch nicht zu erwarten gewesen wäre, während der Kurfürst die Entscheidung Ludwigs XIV. angerufen sehen wollte[1]. Die Werbungen der Braunschweiger einfach abzuweisen widerrieth Rébenac: sie würden sich sonst sofort auf des Kaisers Seite schlagen[2], auch würde man es dadurch mit dem Kurfürsten,

---

[1] Rébenac d. 26. December: La conférence entre les commissaires de Suède et de Brandebourg sur les limites de Poméranie s'est encore rompue, sans convenir de rien.

[2] Derselbe d. 4. Januar 1685.

seinem Nachfolger und seinen Ministern verderben¹). An den Bestand des Einvernehmens zwischen Brandenburg und Braunschweig freilich glaubte er nicht recht. Hiess es auch, sie hätten sich zur Vermeidung so ärgerlicher Streitigkeiten, wie sie früher zwischen ihnen entbrannt waren und fast einen Zusammenstoss herbeigeführt hatten, über die Vertheilung der benachbarten Quartiere unter ihre Truppen bereits geeinigt²), so war doch das geheime Abkommen Friedrich Wilhelms mit Gustav Adolph von Mecklenburg-Schwerin vom 23. Januar 1685, wonach das kurfürstliche Leibregiment scheinbar ohne des Herzogs Zustimmung in sein Land gelegt wurde³), nur zum Theil gegen Dänemark gerichtet, sondern ebenso sehr bestimmt den Braunschweigern dort zuvorzukommen. Wie tief das Mistrauen gegen diese bei ihm wurzelte, bewies der Kurfürst zudem, als er im März 1685 den 12000 Mann, die jene unter Ernst Augusts Erstgeborenem, Herzog Ludwig, dem Kaiser zu Hülfe nach Ungarn schickten, im Widerspruch mit früher für derartige Fälle getroffenen Vereinbarungen⁴), den Durchmarsch zwar nicht ganz verweigerte, aber doch zunächst nur einem Drittel gestatten wollte⁵). Oder war seine Absicht dabei, dem Kaiser eine so beträchtliche Verstärkung fernzuhalten, um den Werth der bei ihm nachgesuchten Hülfe zu steigern und entsprechend hohe Gegenleistungen für sie auszuwirken?

Denn eben um jene Zeit erschien Baron Fridag von Goedens als Gesandter des Kaisers in Berlin — ein ausserordentlich gewandter Diplomat, in dem auch Rébenac endlich einen ebenbürtigen Gegner erhielt⁶). Bald standen sich beide schroff gegenüber. Gleich den feierlichen Empfang, der Fridag zu Theil wurde, machte

¹) 26. December 1684.
²) 4. Januar 1685.
³) v. Mörner a. a. O. S. 465 (No. 276). Vgl. S. 468 (No. 279) u. S. 475 (No. 282). Nach Ludwigs XIV. Schreiben an Rébenac vom 1. März 1685 geschah die Verlegung ohne der Minister Rath und gegen des Kurprinzen Ansicht, „qui craint, qu'elle ne trouble la bonne intelligence — avec la maison de Brunsvic."
⁴) v. Mörner a. a. O. S. 424 (No. 245).
⁵) Rébenac d. 20. März 1685.
⁶) Vgl. oben S. 128.

der reizbare Franzose zum Gegenstand einer Beschwerde[1]). Der beginnende Wandel der politischen Lage änderte allmählich auch Rébenacs Verhältnis zum Kurfürsten. Bald hatte Fridag zu berichten, seine Widersacher haben Meinders eine umfängliche Klageschrift überreicht, zumeist persönliche Angelegenheiten betreffend; der Kurfürst sei über sein Benehmen entrüstet und habe sich im Unmuth unlängst die Drohung entfahren lassen, man möge den Franzosen zum Fenster hinauswerfen[2]).

Unter solchen Umständen geriethen auch die mit so viel Eifer begonnenen Unterhandlungen über Brandenburgs und Braunschweigs Bündnis mit Frankreich bald wieder ins Stocken. Zwar kam über den Durchmarsch der braunschweigischen Truppen schliesslich ein Vergleich zu Stande — die Infanterie durfte einen Tag im Brandenburgischen verweilen, die Reiterei aber musste ohne Aufenthalt durchziehen[3]): von der engeren Allianz jedoch wollte der Kurfürst schon nichts mehr wissen, ja, er sollte die ihm auf seinen Wunsch überlassene Unterhandlung darüber benutzen, den Abschluss zu hintertreiben. Er scheint besorgt zu haben, es könnte in Folge der durch ihn vermittelten Anknüpfung über seinen Kopf hinweg und auf seine Kosten ein Einvernehmen Braunschweigs mit Frankreich zu Stande kommen. Freilich hatte Ludwig XIV., ehe er den welfischen Werbungen näher trat, genau wissen wollen, was man an Geld von ihm verlangte: das müsse feststehn, bevor die übrigen Bedingungen erörtert würden. Nach Rébenac wünschten die Braunschweiger insgesammt 400000 Thaler, würden sich aber schliesslich wol mit 100000 zufrieden geben[4]) Auch dem König lag nicht viel an dem ihm angetragenen Bündnis: denn eine ehrliche Verständigung und dauernde Befreundung Brandenburgs und Braunschweigs hätte seinen Einfluss in Deutschland schwer bedroht, während nach des Kurfürsten Ansicht eine enge Allianz mit den Welfen dem König in Deutschland vollends gewonnenes Spiel gegeben, seine eigene Bedeutung aber gemindert haben

[1]) Urkunden u. Aktenstücke XIV, S. 1152.
[2]) Ebendas. S. 1166.
[3]) Rébenac d. 20. März 1685.
[4]) Bericht vom 26. Juni 1685.

würde¹). So liess Friedrich Wilhelm den erst mit so viel Eifer ergriffenen Gedanken rasch wieder fallen — mit gutem Grund: denn schon standen die Braunschweiger hinter seinem Rücken mit Frankreich unmittelbar in Unterhandlung²), und Rébenac empfahl den Abschluss, weil ohne ihn weder Brandenburgs noch Dänemarks Freundschaft etwas werth wäre³). Demgemäss erhielt er denn auch bereits im September 1685 den Befehl, wenn der Herzog von Hannover bei der Heimkehr von seiner italienischen Reise nach Berlin käme, die Sache mit ihm und Georg Wilhelm von Celle zu Ende zu führen, da der Abfall Brandenburgs so am wirksamsten verhindert werden würde⁴).

Mit der Möglichkeit eines solchen rechnete der scharfsichtige Diplomat also schon damals, und zwar nicht ohne Grund. Der Kurfürst war an der Richtigkeit des seit fünf Jahren verfolgten Weges bereits ernstlich irre geworden. Hatte er doch von allem, was er auf demselben zu erreichen gedacht hatte, thatsächlich nichts erreicht. Zu der Verjagung der Schweden aus Pommern hatte ihm sein Beschützer an der Seine ebenso wenig die Erlaubnis gegeben wie nachher zu der Beraubung Braunschweigs: er hatte ihm Halt geboten, sobald die kriegerisch drohende Haltung Brandenburgs, dessen Besitz und Macht er gar nicht vermehrt zu sehen wünschte, durch Theilung oder Bindung der Frankreich feindlichen Kräfte seinen eigenen Ansprüchen Erfüllung erzwungen hatte. Der zwanzigjährige Stillstand aber, den Friedrich Wilhelm auf eben diese Art dem Reiche hatte aufnöthigen helfen, mochte er für seine Person auch von der Aussichtslosigkeit eines Kampfes um die Reunionen überzeugt sein, wurde doch keineswegs allgemein als ein Glück für das Reich aufgefasst, und nicht überall fühlte man sich seinem Urheber zu Dank verpflichtet, sondern erging sich über

---

¹) Rébenac d. 3. Juli: — ce Prince considère, que l'alliance de Brunsvic met V. M. dans une sureté sy grande sur les affaires de l'Empire, qu'elle n'y doit appréhender aucune sorte de traverse, et cette grande sureté fait craindre à la cour où je suis, qu'on n'ayt plus de sy grandes considérations pour elle.

²) Derselbe d. 3. Juli.

³) 4. September.

⁴) Instruktion Ludwigs XIV. d. d. Chambord, 19. September 1685.

ihn zum Theil in recht abfälligen Urtheilen. Namentlich in Wien empfand man den Vertrag vom 15. August 1684 als eine Schmach, und während der Kurfürst nach des französischen Königs zweifelhaftem Lob auf die Dienste stolz sein konnte, die er Deutschland und dem allgemeinen Frieden geleistet hatte, war man dort voll Groll und Unmuth und vergass es ihm nicht, dass man wesentlich durch ihn zur Annahme so unrühmlicher Bedingungen genöthigt worden war, und versäumte keine Gelegenheit ihn das entgelten zu lassen[1]). Trotzdem aber irrte Rébenac, wenn er meinte, von dieser Seite sei für die Erhaltung Brandenburgs im französischen Bündnis nichts zu fürchten, und den Abfall desselben für ausgeschlossen hielt, als er hörte, Fridag sei mit seinen Anträgen zunächst abgewiesen worden[2]).

Denn an einer anderen Stelle war der Umschlag bereits thatsächlich eingeleitet: erst wenn er dort vollzogen war, konnte auch in des Kurfürsten Verhältnis zum Kaiser eine entsprechende Wandlung eintreten. Die endliche Versöhnung mit den Niederlanden hatte der Kurfürst im Herbst 1684 von sich aus durch eine erste vertrauliche Mittheilung nach dem Haag angebahnt. Obgleich sie keine besonders warme Aufnahme gefunden hatte[3]), war sie doch nicht ohne nützliche Folgen geblieben. Im Frühjahr 1685 ging darauf Fuchs nach Amsterdam und dem Haag. Von seiner Instruktion gab man Rébenac demonstrativ Kenntnis, legte ihm auch seine Berichte vor. Aber obgleich zu deren Geheimhaltung besondere Vorsichtsmassregeln getroffen waren, so dass selbst Meinders sie nicht zu sehen bekommen sollte[4]), fand der Franzose auch ohne dies Mittel und Wege, sie noch von einer anderen Seite her mitgetheilt zu erhalten, und konnte sich von der Echtheit der ihm vorgelegten und auch davon überzeugen, dass nichts gegen Frankreich darin enthalten war[5]). Denn der ostensible Zweck von Fuchs' Reise war die endliche Beilegung des leidigen Streites um

---

[1]) Droysen, Gesch. d. preuss. Politik III, 3. S. 519.
[2]) Bericht vom 1. und 8. Mai 1685.
[3]) Droysen a. a. O. S. 520.
[4]) Urkunden u. Aktenstücke XIV, S. 1165.
[5]) Bericht vom 26. Juni.

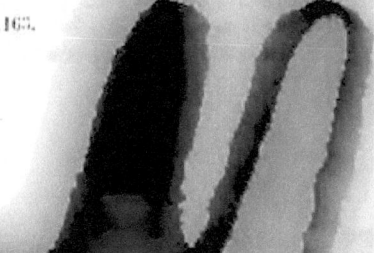

die rückständigen Subsidien und die Wegnahme eines brandenburgischen Guineafahrers durch die Holländer. Ausserdem aber sollte er, wie es hiess, die künftige Nachfolge in den Würden Oraniens statt des dafür eigentlich bestimmten Markgrafen Ludwig für den Markgrafen Philipp zu gewinnen suchen [1]. Wichtiger aber für die Zukunft war es, ob es ihm gelang die alte Gegnerschaft zwischen Oranien und Amsterdam zu begleichen und dann im Hinblick auf die seit dem Thronwechsel in England steigende Gefährdung der politischen und religiösen Freiheit durch Frankreich die Generalstaaten zu gemeinsamem Eintreten für die Rettung beider zu gewinnen.

So wenig man nun dort in gewissen Kreisen auch jetzt geneigt war dem Ernst der Lage muthig ins Gesicht zu sehen, und so sehr man im Interesse ungestörten materiellen Gedeihens sich über die drohenden Gefahren hinwegzutäuschen liebte: man konnte sich den ernsten Befürchtungen doch nicht ganz verschliessen, welche die wachsende Uebermacht Frankreichs erweckte. Schien sich doch eine ähnliche Krisis vorzubereiten, wie sie fast ein Jahrhundert früher Europa in spanische Knechtschaft zu stürzen gedroht hatte, nur dass jetzt an die Stelle Spaniens das mächtigere, leistungsfähigere und verwegenere Frankreich getreten war und mit weniger blindem Fanatismus, aber mit mehr Folgerichtigkeit und daher auch mit mehr Aussicht auf Erfolg Europa der katholischen Kirche und seinem Principate zu beugen unternahm. Und dabei sass jetzt in England ein katholischer König auf dem Thron! Im Reich hatte der Tod des letzten pfälzer Kurfürsten aus dem Hause Simmern eine weitere Verschiebung zu Gunsten der Katholiken bewirkt. In Versailles trug man sich angeblich bereits mit dem Gedanken, die deutsche Krone durch Waffengewalt für den Dauphin zu gewinnen, und was in Frankreich gegen die Reformirten geschah, konnte kaum noch einen Zweifel darüber lassen, dass es sich um eine einheitlich angelegte und einheitlich geleitete Aktion

---

[1] Ebendas. Le seul secret de son voyage a esté la pensée, dont Mad. l'Electrice s'est vainement flattée de faire substituer le prince Philippe, son fils, aux charges de Mr. le prince d'Orange à l'exclusion de Mr. son frère, le margraff, qui est héritier naturel et tendrement aymé de ce prince. Vgl. oben S. 203.

handelte, deren letztes Ziel nur die Erdrückung des Evangeliums sein konnte. Auch Ludwig XIV. dachte in der Universalkirche die wirksamste Stütze für seine Universalmonarchie zu finden.

Damit aber sah auch Friedrich Wilhelm sein Höchstes und Heiligstes bedroht, in Bezug auf das jedes Handeln und Markten unmöglich, jede Unklarheit und Zweideutigkeit ausgeschlossen, jeder Kompromiss verboten war. Dieser Gefahr gegenüber besann sich seine Politik sozusagen auf sich selbst, sprengte die Bande der kleinlichen Rücksichten und der blos dynastischen Interessen, die sie bisher nur allzu sehr befangen gehalten hatten, und erhob sich gleichsam über sich selbst zu einer ihr sonst fremden principiellen Klarheit und ihrer selbst gewissen Folgerichtigkeit. Und indem er nun für die höchsten Güter, die er im Ringen mit den von allen Seiten auf ihn eindringenden Schwierigkeiten nicht selten aus dem Auge verloren oder verleugnet hatte, mit opfermuthiger Entschlossenheit eintrat, machte er manches von dem wieder gut, worin er inmitten des verwirrenden heissen Kampfes um das Dasein gefehlt hatte.

Aber nur von dem schliesslichen Ergebnis des damit eingeleiteten radikalen Wandels in der brandenburgischen Politik kann man so urtheilen: unter dem Druck der Gefahren, die sie bis dahin noch zu überwinden hatte, blieb ihr in der Methode und daher auch in der äusseren Bethätigung der Charakter des Springenden und Widerspruchsvollen, des Unberechenbaren und Unzuverlässigen zunächst noch um so mehr anhaften, als alle die Schwierigkeiten ungemindert fortdauerten, ja zum Theil zunächst noch gesteigert wurden, die sich der Durchführung des einmal Gewollten von seiten der Einfluss übenden oder zur Mitwirkung berufenen höfischen und amtlichen Persönlichkeiten entgegenstellten. Auch wollte man Frankreich doch nicht zu früh erkennen lassen, worauf man zuletzt wollte, und es galt vor dem Kaiser gegenüber ihm zu einem Hinhalten mit dem letzten Wort, das von aus Zweifel halten liess, die Bewilligung einer möglichst bald für ihn zu leistende Hilfe zuzusichern, zu der er auch jetzt noch um ein gewisses Gegensatz zu Frankreich bereits den anderen Gedanken, und der Art seiner Vertretung, die in ihrer Halbheit und Kleinlichkeit den Glauben daran oft zu erschüttern geeignet scheint. Auch hier finden wir wenig von dem grossen, kühnen, wagemuthigen Wesen, das dessen Handeln zu kennzeichnen pflegt, der in der Ueberzeugung von seinem Recht und dem daraus entspringenden Glauben an seinen Erfolg muthig vorwärts eilt. Der Zweifel an sich selbst, die nagende Sorge um den schliesslichen Ausgang, ja eine gewisse trübe Resignation, die zum Voraus auf ein Mislingen als das Wahrscheinliche gefasst ist, — die Züge, die für den Grossen Kurfürsten überhaupt besonders charakteristisch sind, kommen gerade in den sorgenvollen letzten drei Jahren seiner Regierung, die für das Gesammtergebnis seiner Lebensarbeit und damit für die Zukunft seines Staates den Ausschlag gegeben haben, besonders stark zum Ausdruck, und zwar um so mehr, als nicht blos zunehmendes körperliches Leiden, sondern auch häuslicher Kummer und Aerger aller Art seine durch das Alter bereits gebrochene Kraft an der vollen Entfaltung des ihr noch gebliebenen Vermögens behinderte.

Die stark legendarisch gefärbte Tradition betont diesen Zug in seinem Wesen lange nicht nachdrücklich genug, und doch ist gerade er ganz besonders bestimmend für sein historisches Bild, das nur in einzelnen Momenten besonderen Aufschwungs den auf das Grosse gerichteten heldenhaften Zug aufweist, den die landläufige Ueberlieferung als den vorherrschenden und eigentlich bestimmenden erscheinen lässt. Und wahrlich: nicht leicht ist ihm am Ende seines thatenreichen Lebens diese Erhebung über sich selbst geworden. Hatte er im Ringen mit scheinbar unüberwindlichen Schwierigkeiten und nach der allgemeinen Art des Fürstenthums jener Zeit in Verfolgung ausschliesslich dynastischer Gesichtspunkte in begreiflichem Groll über die Behandlung, die ihm von seinen Alliirten widerfahren war, mit seiner auswärtigen Politik Jahre lang Bahnen verfolgt, die auch der unpatriotischen Denkweise jener Zeit, der doch viel für erlaubt galt, zum mindesten bedenklich erscheinen mussten, da sie ihn als Vertreter französischer Interessen neben Maximilian Heinrich von Köln und Christoph Bernhard von Münster stellten und manchem wol gar als einen

Gesinnungsgenossen der Fürstenberge erscheinen liessen: so hat er, was er von einem höhern Standpunkte aus damit etwa gefehlt, wahrlich hart genug gebüsst in dem mühseligen und an Demüthigungen reichen Kampf um die endliche Lösung der einst selbst gewählten Fesseln. Indem er sie schliesslich abstreifte und seinen Staat in die Bahnen zurücklenkte, auf die er durch die grössten Momente seiner Vergangenheit hingewiesen war, hat er alle dem erst Bestand und weiteres Gedeihen gesichert, was er im Laufe von beinahe einem halben Jahrhundert für denselben Grosses geleistet hatte.

Angebahnt wurde die Lösung von Frankreich, dem gegenüber er aus der Stellung eines geachteten Verbündeten je länger je mehr in die eines dienstpflichtigen Vasallen herabgedrückt war, ohne den gehofften und verheissenen Lohn zu empfangen, durch den von Fuchs zu Stande gebrachten Vertrag mit den Niederlanden vom 23. August 1685[1]). Er schaffte endlich den Subsidienstreit aus der Welt, indem der Kurfürst gegen Zahlung von 400000 Thalern alle auf jenen Rechtstitel erhobenen Ansprüche aufgab. Die Entschädigung war freilich knapp genug gemessen gegenüber einer im Ganzen auf 1400000 Thaler berechneten Forderung[2]). Aber was wollte das bedeuten im Hinblick auf die Thatsache, dass die durch die allgemeine Lage so dringend gebotene Annäherung der beiden auf einander angewiesenen Staaten nun endlich möglich wurde. Der 3. Artikel des Vertrages erneute die Defensivallianz vom 8. März 1678, die in Folge der gleich nach ihrem Abschluss entbrannten Differenzen bisher ein werthloses Blatt Papier geblieben war, und verlängerte sie zugleich bis zum 8. März 1700, unter gleichzeitiger Aufnahme einer sehr allgemein gefassten und daher, wie es schien, praktisch wenig bedeutenden Erklärung als Artikel 4, nach der im Fall einer Störung des gegenwärtig in Europa herrschenden Friedenszustandes beide Mächte rechtzeitig gemeinsam erwägen wollten, wie eine solche abzuwenden und wie am besten für ihre „Wolfahrt und Conservation" zu sorgen sei.

---

[1]) v. Mörner a. a. O. S. 469.
[2]) Urkunden u. Aktenstücke III, S. 778.

In dieser höchst unverfänglich klingenden Verabredung lag die epochemachende Bedeutung des Vertrages vom 23. August 1685. Sie war geflissentlich so unbestimmt gefasst, um nicht Frankreich vorzeitig die Handhabe zu Reclamationen und neuen Zettelungen zu bieten. Rébenac entging das natürlich nicht: auch an dieser so unschuldig klingenden Formel nahm er Anstoss. Er traute dem Berliner Hofe nun vollends nicht mehr[1]. Wusste er doch, dass auch mit v. Fridag weiter unterhandelt wurde, nachdem dieser — entgegen der darin bisher starr ablehnenden Haltung seines Hofes — sich auf eine Erörterung der brandenburgischen Ansprüche auf Schlesien eingelassen und sogar den Kreis Schwiebus mit einem Jahresertrag von 30—40000 Thalern als Entschädigung angeboten. Solche Zugeständnisse, meinte er, werde der Kaiser niemals machen ohne entsprechend grosse Gegenleistungen[2]. Seine Besorgnis steigerte des Kurfürsten überraschend versöhnliche Haltung in dem gefährlichen Streit Hamburgs mit Georg Wilhelm von Celle[3], obgleich er mit diesem als dem Obersten des niedersächsischen Kreises noch immer über die Quartiere im Mecklenburgischen erbittert haderte[4]. Dazu kam endlich die ungewöhnlich entschlossene Haltung des Kurfürsten in der pfälzer Erbschaftsangelegenheit, an der er als Testamentsvollstrecker des Kurfürsten Karl freilich nahe genug betheiligt war. Es machte auf die ohnehin schon mächtig erregte öffentliche Meinung doch einen tiefen Eindruck, dass sein Gesandter in Paris, Ezechiel von Spanheim, eine die orleanischen Ansprüche widerlegende Denkschrift nicht nur allen deutschen

---

[1] d. 4. September 1685 schreibt er: J'entre avec un esprit de beaucoup de deffiance dans tout ce que cette cour a fait et pourra faire d'icy à quelque temps.

[2] Ebendas. Je sçais que Mr. l'Electeur de Brandebourg est en négociation avec Mr. le baron de Freytag, qu'on y traitte des prétentions sur les quatre duchés de la Silésie et que bien que la cour de Zell (lies: Vienne) ayt toujours regardé cette prétention comme une chimère, en discussion de laquelle elle ne devoit jamais entrer, elle ne laisse pas néantmoins à faire des offres et propose mesme un quartier du pays qu'on appelle le Zueibusch, qu'elle estime trente à quarante mille escus de rente.

[3] Ebendas.

[4] Droysen a. a. O. S. 522.

Höfen mittheilte, sondern auch durch den Druck veröffentlichte. Auch die Art verstimmte in Paris, wie für die Wegnahme eines brandenburgischen Schiffes an der Küste Guineas Genugthuung verlangt wurde¹). Suchte Ludwig XIV. den Kurfürsten deshalb zu beschwichtigen, indem er die Rückgabe des Schiffes als ein Zeichen seiner Freundschaft zugestand, und zugleich wieder näher an sich zu ziehen, indem er von Neuem die Eroberung Pommerns in Aussicht stellte, höhere Subsidien dazu versprach und das angeblich eben darauf gerichtete Bündnis mit Dänemark und Hannover durch Rébenac mit demonstrativem Eifer betreiben liess²), so meinte er doch zugleich sich des Kurfürsten auch noch auf andere Weise versichern zu müssen und setzte dazu zum Theil recht plumpe Mittel in Wirksamkeit.

Auf einem Jagdausflug in der Nähe von Berlin — Anfang Oktober — machte Rébenac³) dem Kurfürsten Vorstellungen über die Unvereinbarkeit des niederländischen Bündnisses mit den Verpflichtungen, die er gegen Frankreich eingegangen war. Das erklärte jener für eine Verleumdung: gegen die Verträge mit Frankreich habe er nichts gethan und werde er nichts thun. Sollte er, so meinte der Gesandte darauf ironisch, die Allianz mit dem König doch einmal lösen, so wünsche sich dieser keine andere Vergeltung als ihn recht eng an den Kaiser gefesselt zu sehen, damit er des Unterschieds zwischen dieser und jener Freundschaft recht inne würde. Nicht lange danach aber verlangte er in Folge der ihm ertheilten Weisung⁴) förmlich Aufklärung über den Vertrag mit der Republik und die Verhandlungen mit dem Kaiser: denn was dessen Macht steigere, sei dem Bunde mit Frankreich zuwider⁵). Der Kurfürst wollte ausweichen, indem er die ihm durch v. Friday gemachten Offerten als ungenügend bezeichnete. Doch war die Sache damit nicht abgethan. Denn wenn Ludwig XIV. auch zu-

---

¹) Ludwig XIV. an Rébenac: Fontainebleau d. 4. October 1685. Droysen a. a. O. S. 526—27.
²) Rébenac d. 1. October 1685.
³) Bericht vom 6. October.
⁴) d. d. Fontainebleau 4. October.
⁵) Rébenac d. 13. October.

gab, der 4. Artikel des Vertrags vom 23. August 1685 könne in einem für Frankreich unanstössigen Sinn gedeutet werden, so verlangte er doch Bürgschaft dafür, dass eine andere Deutung überhaupt ausgeschlossen sei. Der Kurfürst sollte sich daher durch eine schriftliche Erklärung verpflichten, nicht nur alles, was er in den durch Rébenac geschlossenen Verträgen zugesagt hatte, zu erfüllen ohne Rücksicht auf alle anderen Verpflichtungen, die er späterhin durch neu geschlossene oder erneuerte Verträge übernommen hätte, sondern in Zukunft irgend welche Verträge überhaupt nicht einzugehn ohne des Königs Theilnahme und Zustimmung. Mit allgemeinen Wendungen sollte Rébenac sich in keinem Fall abfinden lassen, denn nach allem, was geschehn, könnten die entstandenen Zweifel nur durch eine formelle Erklärung über Brandenburgs Verpflichtung gegen Frankreich gehoben werden. Bis sie erfolgt sei, befahl der König die Subsidienzahlungen zu sistiren[1]).

In fast wörtlichem Anschluss an diese Aeusserungen des Königs wurde am 22. Oktober 1685 in einer Konferenz Rébenacs mit Meinders und Fuchs eine Erklärung der Art entworfen[2]), deren Schluss den Kurfürsten verpflichtete, hinfort mit niemandem Massregeln zu vereinbaren, welche den mit Frankreich geschlossenen Verträgen entgegen oder auch nur deren Wirkungen zu beeinträchtigen geeignet wären, ohne dem König zuvor davon Mittheilung gemacht und seine Zustimmung eingeholt zu haben. Die beiden Minister versprachen ihren Herrn zur Unterschrift zu bewegen[3]). Doch gelang ihnen das nicht. Vielmehr liess der Kurfürst in Paris durch Spanheim eindringliche Vorstellungen gegen ein solches Ansinnen erheben: sich für die Zukunft so abhängig von Frankreich zu machen sei unvereinbar mit seiner Würde; in abgeschwächter und dadurch annehmbarer Fassung sachlich auf

---

[1]) Instruktion für Rébenac vom 4. October.
[2]) Bericht Rébenacs vom 22. October.
[3]) Nous déclarons par cet escrit, que notre intention a toujours esté et est encore d'observer inviolablement tous les engagemens sans exception, ... de ne prendre à l'avenir avec qui que ce soit aucunes mesures, qui puissent affaiblir la force des traittés, que nous avons conclus avec S. M., ny qui y sont directement ou indirectement contraires, sans en avoir donné communication et receu le consentement de S. M.

dasselbe hinauslaufende Zusagen abzugeben sei er bereit, in dem Sinn, dass die später geschlossenen Verträge den mit Frankreich eingegangenen in keiner Weise präjudiciren sollten [1]. Auch der König wollte sich damit begnügen: doch meinte der Kurfürst hinterher, nach den bisher in dieser Sache gewechselten Erklärungen sei eine schriftliche Deklaration der Art überhaupt überflüssig und würde dem Vertrauen Hohn sprechen, das der König bisher zu ihm gehabt habe [2].

Rébenac hatte gewiss Recht, wenn er diesen Wandel in des Kurfürsten Haltung in erster Linie auf den Eindruck zurückführte, den die Verfolgung seiner Glaubensgenossen in Frankreich auf ihn machte [3]. Seit Monaten erregten die Nachrichten darüber Friedrich Wilhelm in steigendem Masse: kein Tag verging, ohne dass er seinem Mitleid und seinem Zorn mit der ihm eigenen Heftigkeit Ausdruck gab [4]. Wie musste da nun vollends die Nachricht von der Aufhebung des Edikts von Nantes (22. Oktober 1685) auf ihn wirken! Rébenac war gerade in Hannover und Celle von Neuem um die geplante Allianz bemüht, aber wiederum vergeblich, weil der König weder Aktionsfreiheit gegen Schweden noch Subsidien bewilligen wollte [5]. Als er nach Berlin zurückkam, fand er die Lage völlig verändert. Am 29. Oktober/8. November war das Potsdamer Edikt erschienen — eine Antwort auf des Königs Gewaltstreich, wie sie deutlicher nicht gegeben werden konnte. Bald folgten, aus begreiflicher Empörung entsprungen, Repressalien gegen die eigenen katholischen Unterthanen: ihnen wurde die in Rébenacs Hauskapelle gehaltene Messe zu besuchen, ja schliesslich sogar das

---

[1] Ludwig XIV. an Rébenac aus Fontainebleau d. 1. November.

[2] Rébenac d. 1. November: — toute autre déclaration — ne seroit pas seulement superflue, mais aussy outrageuse en quelque manière et pas conforme à la confiance que le Roy a pris jusque icy avec tant de raison en S. A.

[3] Am 4. Mai 1686 sagt er zurückblickend: Il se trouve tellement préoccupé par le chagrin, qu'entretient en luy sur les affaires de la Religion etc.

[4] Ebendas. Il y a peu de jours, qu'on ne le porte à un excès de compassion ou de colère.

[5] Sein Bericht vom 3. November.

Betreten seines Hauses verboten[1]). Rébenac selbst bekam von dem aufs Tiefste erregten Kurfürsten harte Worte zu hören. Um so mehr meinte man nun aber französischerseits auf jener Deklaration bestehn zu müssen, obgleich Fuchs erklärte, er wolle lieber den Tod leiden als seinem Herrn zu einer solchen Feigheit rathen. Nur Meinders blieb auch jetzt noch der feine Vermittler und hoffte den drohenden Bruch, von dem er nur Unheil erwartete, noch abwenden zu können, wurde dafür nun aber erst recht von allen Seiten angefeindet[2]).

Der Kurfürst befand sich augenscheinlich in arger Verlegenheit. Nicht blos sein Ehrgefühl sträubte sich gegen die Abgabe der Deklaration: auch politisch musste ihm eine solche höchst gefährlich erscheinen. Aber sie rundweg zu verweigern war bedenklich. Es konnte den Bruch mit Frankreich unmittelbar zur Folge haben, den er zur Zeit noch vermieden zu sehen wünschte. Daraus entsprangen wiederum jähe Schwankungen zwischen entgegengesetzten Beschlüssen. Denn als Rébenac in den ersten Decembertagen das Verlangen nach der Deklaration erneute[3]), wenn auch mit Weglassung alles anstössig Erscheinenden, da sprang der Kurfürst heftig auf und stürmte trotz seiner Gicht im Zimmer auf und nieder, gerieth auch in eine lebhafte Auseinandersetzung mit dem Gesandten, der, bei aller Höflichkeit in der Form, in der Sache seines Königs Standpunkt vertrat. Unbedeutend an sich, so führte er aus, habe die Deklaration erst dadurch Bedeutung erlangt, dass sie verweigert worden sei; nun könne der König nicht mehr darauf verzichten, da nach allem, was vorgefallen, auf des Kurfürsten Bundestreue nicht mehr zu rechnen sei. Friedrich Wilhelm dagegen blieb dabei, dass er durch sie der Freundschaft des Königs, die er sich zu erhalten wünsche, unwürdig werden würde, weil er sich dadurch selbst entehrte: er könne die Deklaration niemals

---

[1]) d. 13. November: Elle a fait publier des deffenses sous peine de punition corporelle de venir à la messe chez l'envoyé de l'Empereur et chez moy. d. 17. Nov. Vgl. oben S. 175.

[2]) Bericht Rébenacs vom 1. December. Vgl. Urkunden und Aktenstücke XIV, S. 1221.

[3]) Bericht vom 8. December 1685.

bewilligen und wolle lieber das Aeusserste über sich ergehen lassen[1]). Andern Tags freilich, als sein Zorn verflogen war, entschuldigte er sich bei Rébenac wegen etlicher heftiger Ausdrücke, bat den König seiner unwandelbaren Ergebenheit zu versichern und befahl den Entwurf zu einem die Deklaration zu ersetzen bestimmten Schreiben an den König anzufertigen. Dreimal also wurden innerhalb zweier Tage, so hebt Rébenac hervor, die Entschlüsse in dieser Angelegenheit geändert[2]). In dem Schreiben, das am 5. Dezember 1685 demgemäss an den König gerichtet wurde[3]), erklärte der Kurfürst unter Bezugnahme auf die letzten Irrungen, nichts wünsche er dringender als der Freundschaft des Königs würdig zu bleiben, und betheuerte nochmals, dass er bei Erneuerung der zwischen seinem Hause und den Niederlanden seit Anfang des Jahrhunderts bestandenen Allianz nichts dem Vertrage mit Frankreich Zuwiderlaufendes gethan oder zu thun gedacht habe, sondern allen Frankreich gegenüber eingegangenen Verpflichtungen auf das Pünktlichste nachzukommen entschlossen sei und daher hoffe, der König werde nicht noch besondere Beweise der Vertragstreue von einem Verbündeten verlangen, der zu ehrliebend sei, um jemals den Vorwurf des Vertragsbruchs auf sich zu laden.

Die geforderte Deklaration war das streng genommen ja nicht: aber dass das Schreiben von ihr wesentlich verschieden gewesen wäre, lässt sich auch nicht behaupten. In der Sache lief es eigentlich auf dasselbe hinaus, und Rébenac hatte nicht Unrecht, wenn er den Brief als unterwürfig bezeichnete und kurzweg von der „Unterwerfung des Berliner Hofs" sprach[4]). Auch der König fasste ihn so auf und gab seiner Befriedigung darüber in einem Schreiben an den Kurfürsten Ausdruck. Diesem selbst war damit eine schwere Sorge vom Herzen genommen. Das sprach er auch öffentlich aus und liess den übrigen Höfen von der glücklichen

---

[1]) Bericht Rébenacs vom 8. December 1685.
[2]) Ebendas. Voilà, Sire, la troisième résolution, qui est arrivée dans cette affaire depuis deux jours.
[3]) Urkunden u. Aktenstücke II, S. 541.
[4]) 15. December 1685: — une lettre aussy soumise comme la sienne; ebendas. „la soumission de cette cour."

Beilegung der mit Frankreich entstandenen Differenzen durch seine Gesandten Mittheilung machen¹). Nicht minder zufrieden aber war damit auch der König. Er wies alsbald 10000 Thaler an zur Vertheilung unter die an diesem Ausgang besonders betheiligten kurfürstlichen Räthe. Als solche bezeichnete Rébenac v. Grumbkow, Meinders und Fuchs²). Denn noch sah Ludwig XIV. von den Voraussetzungen, unter denen allein er ohne Schaden mit Brandenburg hätte brechen können, keine erfüllt. Die Verhandlungen mit Celle und Hannover hatte des Kurfürsten energische und geschickte Gegenwirkung auch diesmal zum Scheitern gebracht. Immer entschiedener kehrte dieser zu der alten welfenfeindlichen Politik zurück. Den aus Ungarn heimkehrenden braunschweigischen Truppen hatte er den Durchmarsch einfach verweigert, und auch durch die seinem Schutz befohlenen Gebiete wie Mecklenburg-Güstrow wollte er sie nicht passiren lassen³). Von der anderen Seite drohte man darauf mit Gewalt, die abzuwehren Rébenac den Kurfürsten nicht für stark genug hielt⁴). Zudem war Hamburg durch Georg Wilhelm von Celle von Neuem gefährdet, und gemeinsam mit dem Dänenkönig bot der Kurfürst der Stadt den Schutz seiner Truppen an, wenn es auch zweifelhaft blieb, ob den Worten entsprechende Thaten folgen würden⁵).

Aber so sehr Friedrich Wilhelm im Hinblick auf die Gefahren, die ein zu frühes Offenbarwerden seiner Absichten heraufbeschwören konnte, bestrebt war, den eingeleiteten Parteiwechsel noch geheim zu halten, bis er ohne Schaden damit hervortreten konnte: die sich häufenden Uebergriffe Frankreichs, das den zwanzigjährigen Stillstand nach allen Seiten hin verletzte, stellten seine Geduld immer von Neuem auf eine harte Probe und reizten ihn immer mehr seinem gerechten Zorn die Zügel schiessen zu lassen. Tiefer noch als die Occupation des Fürstenthums Orange, die seines Hauses Erbrecht gefährdete, empfand er die Verletzung der feierlichen Zu-

---

¹) Rébenac d. 12. Januar 1686.
²) 29. Januar 1686.
³) v. Mörner S. 475. 486. Vgl. oben S. 202.
⁴) 8. December 1685.
⁵) Rébenac d. 23. Februar und 16. März 1686.

X. Die Lösung von Frankreich 1685—88.

sagen, die dem Bekenntnisstand in den reunirten Landen ungestörte Erhaltung verheissen hatten¹). Natürlich wurde diese Stimmung von Seiten der kaiserlichen Partei am Hof und im Rath nach Kräften genährt. Der als Franzosenfreund bekannte Meinders sollte vollends um seinen Einfluss gebracht werden²). Auch gewisse persönliche Momente trugen dazu bei den Kurfürsten gegen Ludwig XIV. zu erbittern. Als der Duc de Feuillades damals auf der Place des Victoires zu Paris ein Reiterstandbild des Königs errichten liess, lief das Gerücht um, es solle daran unter den von Frankreich besiegten Fürsten auch der Kurfürst im Bilde angebracht werden. Auch von schwedischer und dänischer Seite erfolgten daraufhin Reklamationen: war doch schon die Tripelallianz an dem Bildwerk in Gestalt des Cerberus veranschaulicht, und dass Oder und Elbe als kriegsgefangene Frauen das Denkmal zieren sollten, empfand der Kurfürst als unliebsame Verewigung der Erinnerung an den Verlust des so glorreich eroberten Pommern³). In Zeiten hochgradiger Spannung erlangen auch solche Vorgänge politische Bedeutung, und noch an der Jahreswende gewann v. Fridag einen ersten grossen Erfolg. Am 25. December 1685/4. Januar 1686 wurde mit ihm ein Vertrag unterzeichnet, wonach der Kurfürst dem Kaiser von seiner Forderung an Spanien 300000 Thaler abtrat und gegen baare Zahlung von 150000 Thalern ein Corps von 7000 Mann gegen die Türken nach Ungarn zu Hülfe schickte⁴). Das Kommando erhielt der ehrgeizige v. Schöning, mit dem Rébenac die zu Stralsund gemachte Bekanntschaft⁵) erneut und klug gepflegt hatte, theils um sich seines bedeutenden Einflusses beim

---

¹) Rébenac d. 30. März 1686; d. 19. September schreibt er, der Kurfürst fürchte, que V. M. se déclarant ainsy ennemye de la religion calviniste — il ne doit se regarder que comme estant par là incompatible avec l'alliance de V. M.

²) Ebendas. Le grand nombre s'est uny contre le S. Meinders comme contre le plus puissant et s'efforce à le rendre suspect par son inclination pour les intérests de V. M.

³) Rébenac d. 20. April 1686; Ludwig XIV. antwortet d. 3. Mai; vgl. Recueil des instructions des ambassadeurs etc. Suède p. LXXII—III.

⁴) v. Mörner S. 476 ff. Vgl. Droysen a. a. O. S. 533.

⁵) Vgl. oben S. 4.

Kurprinzen zu versichern, theils um gegen entsprechende Erkenntlichkeit in gutem französischen Golde auch während des bevorstehenden Feldzugs durch geheime Berichte auf dem Laufenden erhalten zu werden[1]).

Durch diesen Vertrag vom 4. Januar 1686 war endlich die Bahn der Verständigung mit dem Kaiser geöffnet. Ein Punkt aber blieb, an dem sie auch jetzt noch zu scheitern drohte: des Kurfürsten Anspruch auf die schlesischen Fürstenthümer. Es ist bekannt, wie da schliesslich der Kurprinz „das Eis brach" und durch Unterzeichnung des Reverses vom 28. Februar 1686, der die künftige Rückgabe von Schwiebus zusagte, heimlich das Hinderuis beseitigte, das den Abschluss zu vereiteln drohte. So kam am 22. März 1686 das geheime Defensivbündnis auf zwanzig Jahre zu Stande[2]), das Brandenburg aus dem System der französischen Politik löste, dem es sich 1679 zu St. Germain ergeben hatte. Es bedeutete zunächst den vollen Verzicht auf die Ziele, die Friedrich Wilhelm seitdem verfolgt hatte, verfolgt in zuweilen widerwilligem Niederkämpfen der sich in ihm regenden deutschen Gesinnung und in der nothgedrungenen Hinnahme von Demüthigungen, die seinem hohenzollernschen Fürstenstolz schwer ankamen und in demselben Masse unerträglicher wurden, wie er sich in den Hoffnungen getäuscht sah, die er um diesen Preis erfüllt zu sehn gedacht hatte, und immer mehr zu der ernüchternden Erkentnis kam, dass er sich in den Dienst einer Macht gestellt habe, die schliesslich nichts Anderes wollte als die Unterdrückung des Evangeliums, in dem nicht blos er selbst seinem ganzen Denken und Können nach wurzelte, sondern auch den geistigen und sittlichen Hort seines Staates und die sicherste Bürgschaft für dessen Zukunft erkannt hatte und mit unerschütterlicher Ueberzeugungstreue umfasst hielt.

Als vornehmsten Zweck des Vertrages vom 4. Januar 1686 bezeichnete sein 13. Artikel die Knüpfung eines Bundes unauflöslicher Freundschaft zwischen den beiden Fürsten und ihren Nachkommen: sie sollten hinfort „für einen Mann stehn und Wol und

---

[1]) S. oben S. 140.
[2]) v. Mörner S. 481 ff.; der Wortlaut S. 750 ff.

Wehe mit einander theilen" und daher alle die trennenden Streitpunkte beglichen werden. Gegen Ueberlassung des Kreises Schwiebus und der fürstlich Liechtensteinschen Schuldforderung, die ihm den Weg zu der zunächst pfandweisen Erwerbung Ostfrieslands bahnen und so seine colonialen und maritimen Pläne fördern sollte, erklärte der Kurfürst sich bereit, den Ansprüchen auf Schlesien zu entsagen; der Kaiser aber versprach auf Spanien einzuwirken, damit es entweder die rückständigen Subsidien zahlte oder dem Kurfürsten ein „convenables Stück Landes" auf billige Bedingungen als Pfand überlasse. Man wird dabei wol zunächst an Geldern zu denken haben, dessen Erwerbung Friedrich Wilhelm gleich in der ersten Zeit der Allianz mit Frankreich ins Auge gefasst hatte[1]), und von dem auch in der Folge noch in Verbindung mit der beabsichtigten Ausstattung des Markgrafen Philipp die Rede ist[2]). Was die Vergangenheit an Keimen der Zwietracht enthielt, wurde damit unschädlich gemacht. Im Hinblick aber auf die gegenwärtige Krisis verband man sich, auf Grund des Regensburger Stillstands gegen jede Störung der durch ihn geschaffenen Besitzverhältnisse gemeinsam vorzugehn, namentlich falls auf Grund des angeblichen Erbrechts der Herzogin von Orleans Pfalz oder Jülich angegriffen werden sollte. Nicht minder vollständig aber war die Einigung, die rücksichtlich der grossen Fragen der Zukunft getroffen wurde. Am 25. Oktober 1679 hatte Friedrich Wilhelm sich verpflichtet, im Fall einer neuen Kaiserwahl seine Stimme dem König von Frankreich oder dem Dauphin oder einem sonst von Frankreich bezeichneten Candidaten zu geben: jetzt stellte er sie vorbehaltlos dem Hause Habsburg zur Verfügung. Damals hatte er Frankreich zur Eroberung der spanischen Niederlande zu helfen versprochen, um zum Lohne Geldern oder andere territoriale Vergrösserung zu gewinnen: jetzt verpflichtete er sich mit dem Kaiser und der Republik gemeinsam Spanien im Besitz

---

[1]) Vgl. S. 54. 205.
[2]) Rébenac d. 18. Juli aus Wesel: „entre les pensées, dont on flatte Mr. l'Electeur, on y fait entrer l'espérance, que l'Espagne cédera la Gueldre au prince Philippe pour y estre en qualité de souverain et gouverneur perpétuel du pays de Clèves. Vgl. oben S. 205.

jener Provinzen zu schützen. Damals hatte er sich Ludwig XIV. zur Durchsetzung seiner Erbansprüche auf die spanische Monarchie verbunden; jetzt übernahm er die Vertretung der kaiserlichen Anrechte, wenn auch die Art der im Fall einer solchen „revolutio generalis" zu leistenden Hülfe noch näherer Vereinbarung vorbehalten blieb. Zur Deckung des Aufwandes, der ihm aus der rechtzeitigen Vorbereitung auf diese Eventualitäten erwachsen musste, sollte er vom Kaiser im Frieden 100000 Gulden, während des Krieges 100000 Thaler jährlich erhalten.

Gründlicher und vollständiger konnte ein Systemwechsel nicht sein als der hier vollzogene. So radikal war die Wendung der brandenburgischen Politik, dass sie in allen wichtigen Fragen der Gegenwart und Zukunft eine Richtung einschlug, die der bisher verfolgten geradezu entgegengesetzt war. Aber dem entsprechend auch wirklich zu handeln war der Augenblick doch noch nicht gekommen. Noch dauerte der Türkenkrieg fort. Noch waren daher des Kaisers Kräfte nicht frei, um sich ungetheilt nach Westen zu wenden. Bis dahin galt es das Geheimnis dieses Vertrages, der in der deutschen und der europäischen Politik einen Umschwung herbeizuführen bestimmt schien, streng zu wahren und daher zunächst die Uebergabe von Schwiebus und die Ueberlassung der Liechtensteinschen Ansprüche vor der Welt zu erklären durch einen sie anderweitig motivirenden Scheinvertrag: ausdrücklich wurde daher der Abschluss eines solchen vereinbart.

Die nach Ungarn bestimmten Regimenter zu besichtigen ging der Kurfürst im April in deren Lager bei Krossen. Auch Rébenac wohnte der Revue bei. Die Infanterie fand er bewundernswerth, die Reiterei weniger gut[1]). Ebendort sollten auch die Ratifikationen des Geheimvertrags ausgewechselt werden. Doch ergab sich dabei, dass die vom 8. April datirte kaiserliche im Text des Vertrages von dem Original mehrfach abwich. Sie wurde zurückgewiesen und eine andere Ausfertigung erbeten, trotzdem aber die kurfürstliche vom 16./26. April ausgehändigt. Doch bedurfte

---

[1]) 4. Mai 1686. J'ai vu, Sire, la revue des trouppes, que Mr. l'Electeur envoye en Hongrie: elles sont composées de plus de sept mille hommes: l'infanterie est admirablement belle, la cavalerie l'est moins.

es erneuter Mahnung, ehe man von Wien aus das Versäumte nachholte. Bald danach erfolgte dann auch der Abschluss der in dem Geheimvertrag vorgesehenen weiteren Verträge. Vom 7. Mai datirt der „Satisfactionsvertrag", in dem der Kurfürst gegen die bedungene Entschädigung auf Schlesien verzichtet[1]); von dem gleichen Tage der auf Täuschung der argwöhnischen Gegner berechnete Scheinvertrag[2]), den der Kaiser dann endlich am 8. Juni noch ausdrücklich für in jeder Hinsicht kraftlos und unverbindlich erklärte, so dass einzig und allein der Geheimvertrag nebst dem auf ihm beruhenden Satisfaktionsvertrag Geltung haben sollte[3]).

Um den Preis des Verzichts auf Schlesien, der ihm sicher nicht leicht geworden war, hatte der Kurfürst seinen Frieden mit dem Hause Osterreich gemacht. So sehr er nach wie vor davon durchdrungen blieb, das Brandenburg von diesem offene und ehrliche Förderung seines Gedeihens niemals zu erwarten habe, so lebte er doch des Glaubens, dasselbe werde, wie er selbst nach trüben Erfahrungen und schweren Enttäuschungen dahin gekommen war, ebenfalls gelernt haben seinen Sondervortheil der allgemeinen Wolfahrt unterzuordnen und daher den guten Willen haben mit ihm hinfort wirklich „wie ein Mann zu stehn". Er ahnte nicht, welcher Betrug inzwischen in Gemeinschaft mit seinem künftigen Nachfolger und auf Kosten seines Staats gegen ihn geübt worden war. Vielmehr gab er dem Systemwechsel, den er im vollen Bewusstsein seiner Folgenschwere vollzogen hatte, auch dadurch Ausdruck, dass er sein Testament, wie er es damals — durchaus im Sinne möglichster Bewahrung der Staatseinheit — neu aufgesetzt hatte[4]), der Obhut des Kaisers befahl. Er athmete förmlich auf, der nach gerade unerträglich gewordenen Fesseln entledigt zu sein, die er sich einst selbst angelegt, die er getragen und fester angezogen hatte, in der Hoffnung, dadurch irgend welchen territorialen Gewinn zu machen, der ihn eines so drückenden Beschützers entrathen zu können befähigte: er hatte ihn nicht gemacht, und war

---

[1]) v. Mörner S. 489 (No. 289).
[2]) Ebendas. S. 490, 91.
[3]) Ebendas. S. 492.
[4]) Vgl. oben S. 200.

in den Augen nicht blos des Kaisers, sondern auch des deutschen Volkes als Vasall Frankreichs erschienen und von der öffentlichen Meinung wenigstens dafür mitverantwortlich gemacht, dass man 1684 den Raub der Reunionen ohne Schwertstreich Frankreich überlassen hatte. Das Bewusstsein davon hatte ihn ähnlich wie nach dem Frieden von Vossem bedrückt. Jetzt wusste er sich wieder einig mit dem deutschen Volke, das Krieg gegen Frankreich begehrte[1]). Dieser gründliche Umschlag entging auch Rébenac nicht, während v. Fridag, der auf seinen Erfolg wol stolz sein durfte, um die Gegner zu täuschen, sich den Anschein gab, als ob die Verhandlungen ein ihm sehr unerwünschtes Ende genommen hätten: die Abtretung von Schwiebus erklärte er für einen ganz üblen Einfall und seine Gesandtschaft dadurch geradezu für entehrt, zumal er überzeugt zu sein vorgab, der Kaiser werde vom Kurfürsten doch betrogen werden[2]).

Inzwischen aber war der Wechsel des politischen Systems, den das grosse Interesse der Religion nothwendig machte, auch noch nach einer anderen Seite hin vollzogen. Am 10./20. Februar 1686 war in Berlin ein Offensivbund auf 10 Jahre mit Schweden unterzeichnet worden[3]), dem Staat, gegen den der Kurfürst noch wenige Monate zuvor mit Frankreichs Hülfe seinen Hass durch die Eroberung Pommerns zu bethätigen gedacht hatte. Dieser sehr unbeabsichtigte Erfolg der französischen Politik bezeichnet besser als alles Andere ihren wahren Charakter. Durch Frankreich seit Jahren zur erbittertsten Gegnerschaft verhetzt, stellten beide Staaten um ihrer gemeinsamen Sicherheit und Wolfahrt willen das einst zwischen ihnen bestandene freundschaftliche Einvernehmen wieder her, um unter Lösung der damit unvereinbaren Bündnisse zusammen für Aufrechterhaltung der Friedensschlüsse von Münster

---

[1]) Während der Reise nach Kleve berichtet Rébenac d. 18. Juli 1686 aus Wesel: J'ay trouvé tous les pays, par lesquels j'ay passé, persuadés, que Mr. l'Electeur de Br. alloit déclarer la guerre à V. M., ce qui marque que le public l'est du changement de ce prince, et ces bruits tout vagues et tout contraires qu'ils sont à la réputation et à la prudence de Mr. l'Electeur, ne laissent pas d'avoir quelque chose d'agréable pour luy.

[2]) Ebendas.

[3]) v. Mörner S. 478.

und St. Germain und des zwanzigjährigen Stillstandes einzutreten. Das Haus Braunschweig sollte zum Anschluss eingeladen, der dänisch-holsteinische Streit beglichen werden. Als eigentlich treibend und entscheidend trat aber auch hier das religiöse Moment zu Tage. Angesichts der steigenden Gefährdung des evangelischen Wesens wollten nach dem ersten Geheimartikel beide Mächte bei Kaiser und Reich dahin wirken, dass solchen verderblichen Machinationen rechtzeitig Einhalt gethan und den Reichsständen die durch den westfälischen Frieden gewährte Religions- und Gewissensfreiheit auch wirklich ungemindert erhalten werde. Auch ein neues Band mit den Niederlanden wurde durch Vermittelung Schwedens geknüpft, indem am 27. April 1686 Bevollmächtigte Schwedens und der Republik im Haag einen Traktat unterzeichneten, durch den Brandenburg in den zwischen beiden Mächten am 2./22. Februar 1686 vereinbarten Vertrag eingeschlossen wurde [1], — was der französische König natürlich mit den gegen ihn eingegangenen Verpflichtungen wiederum nicht recht vereinbar fand [2].

Uebrigens mag die Heimlichkeit, mit der diese grosse Aktion nothgedrungen vollzogen werden musste, so dass auch die dem Kurfürsten nahe stehenden in ihre Motive und Ziele keinen Einblick gewannen, wenigstens zum Theil die Ursache davon gewesen sein, dass sich auch über sie die leidigen Parteiungen im Rath und am Hofe erneuten. Meinders und Grumbkow machten kein Hehl aus ihrem Kummer über die beginnende Lösung von Frankreich und suchten Rébenac zu beschwichtigen, um den Bruch noch möglichst hintanzuhalten [3]. Auf der anderen Seite machte sich namentlich Fuchs, der eigentliche Träger des neuen Systems und auch sonst der „kommende Mann" [4], gelegentlich mit derber Deutlichkeit zum

---
[1] v. Mörner S. 486 ff.
[2] Rébenac d. 26. April: C'est une affaire qu'on a commencé par la vouloir finir et présentement, qu'elle est faite, on cherche toutes sortes de moyens pour l'excuser.
[3] d. 1. Juni 1686: Meinders et Cromkau, qui sont sages et bien intentionnés pour le service de leur maistre, voyent avec douleur l'effet du mauvais conseil des autres ministres.
[4] Rébenac d. 22. Juni: Fuchs sera dans petit maistre de touttes les affaires.

Dolmetscher für den steigenden Groll seines Herrn gegen Frankreich. Als Rébenac eines Tages meinte, die Massnahmen zur Sicherung des Reichs bedeuteten doch eigentlich einen Friedensbruch von Seiten des Kaisers, da entfuhr ihm das starke, aber doch nicht unzutreffende Wort, nicht wie einem Verbündeten, sondern wie einem Sklaven werde seinem Herrn begegnet: von den geringsten seiner Handlungen solle er Rechenschaft ablegen, und dabei gebe es für einen Reichsfürsten doch nichts Natürlicheres als auf seines Landes Sicherheit zu denken; wäre das rechtzeitig geschehen, so hätte man sich von Frankreich nicht so harte Bedingungen auflegen zu lassen brauchen und nicht nöthig gehabt alle Verletzungen des Stillstands ruhig hinzunehmen; dass die französischen Gesandten die zum Schutz des Reichs bestimmten Massnahmen zu hindern suchten, zeige nur, wie nothwendig sie seien. Darauf bedankte sich Rébenac bei dem Minister dafür, dass er ihn nun doch eine von den Reden habe hören lassen, durch die er neuerdings im Geheimen Rathe so grosse Wirkung hervorgebracht haben solle[1]. Auch des Gesandten Verkehr mit dem Kurfürsten wurde nun ein anderer. Dem Unmuth über das Schicksal seiner Glaubensgenossen in Frankreich gab dieser gelegentlich in so heftigen Reden Ausdruck, dass Rébenac sie um seines Königs willen nicht anhören zu können erklärte und sich stillschweigend zurückzog[2]. Gelegentlich kam es aber auch zwischen ihnen zu lebhaften Auseinandersetzungen. Behauptete der Franzose doch eines Tages, die dem Kurfürsten zugegangenen Berichte seien unwahr. Auf des Kurfürsten entrüstete Frage aber, er hielte seine Beamten also wohl für Lügner, bemerkte er — einen wunden Punkt berührend — spitz: wären sie wie die seines Königs, so würde der Kurfürst ja wohl nicht nöthig haben so viel über Verrath und

---

[1] Ebendas.
[2] 25. Mai: Mr. l'Electeur de Br. est de tout temps le prince du monde, qui garde le moins de modération dans ses discours publics. Jamais je ne parois devant luy sans qu'il se mette sur les affaires de la Religion. Il modère sy peu ses expressions, que je ne vois pas pour moyen plus grand inconvenient que celuy de les entendre. Je me suis mis en possession de tourner le dos sur le champ et de m'en aller. Je le fais toujours.

Bestechlichkeit zu klagen. Zornig auffahrend verlangte Friedrich Wilhelm, er möge es ihm schriftlich geben, dass seine Beamten Lügner seien. Gern wolle er das, lautete die unverfrorene Antwort, in Betreff derjenigen thun, die ihm so unrichtige Berichte zukommen liessen¹). Und wieder redete sich der Kurfürst darauf nach seiner Art so in Zorn, dass Rébenacs das Zimmer verliess. Hinterher aber, als er sich beruhigt hatte, liess er den Gesandten wegen seiner Heftigkeit um Entschuldigung bitten²).

Selbst ohne Kenntnis des Geheimvertrags vom 22. März 1686 durfte Ludwig XIV. kaum noch hoffen Brandenburg länger in der Dienstbarkeit zu erhalten, mochte Rébenac sich auch den Anschein geben, als ob das mit den bisher angewandten kleinen Mitteln der Subsidien und Gratifikationen erreicht werden könnte³). Vielmehr kam es dem König nun nur noch darauf an, den wirklichen Abfall Brandenburgs so lange hinaus zu zögern, bis er sich gegen seine nächsten üblen Folgen einigermassen gesichert hatte, indem er der schwedisch-brandenburgischen Allianz seine eigene mit dem Hause Braunschweig entgegenstellte⁴). Inzwischen sollte Rébenac den Kurfürsten nicht aus den Augen lassen: er musste ihm auch nach Kleve folgen, als jener nach langen Erwägungen, gefassten und widerrufenen und dann wieder gefassten Entschlüssen und unerquicklichen Familienstreitigkeiten zu der folgenreichen Unterredung mit Oranien sich dorthin begab⁵). Unterwegs sprach Rébenac in Münster⁶) und Celle⁷) vor, kundschaftete im Haag⁸) und conferirte

---

¹) Bericht Rébenacs vom 29. Juni 1686.
²) Ebendas. Comme je sortis assez brusquement de sa chambre, il fit réflexion à plusieurs injures et expressions rudes, dont il s'estoit servi sur ma personne, il me fist des excuses, qui furent capables de dissiper le chagrin, que j'en devois ressentir.
³) d. 19. September: — V. M. — pourra le ramener aisément, lorsqu'Elle voudra luy payer une partie de ses arrérages de subside . . .
⁴) Instruktion für Rébenac d. d. Versailles, d. 18. Juli 1686.
⁵) S. oben S. 202 ff.
⁶) Urkunden u. Aktenstücke XIV, S. 1307.
⁷) Bericht von dort vom 8. Juli.
⁸) Desgl. 24. August.

nach der Rückreise über Harburg[1]) und Hamburg[2]) in dem Jagdschloss Winzen noch einmal mit Georg Wilhelm von Celle und später mit Ernst August von Hannover in der Göhrde. Schienen doch die Verwickelungen dort im Norden Frankreichs Bemühen um eine neue Friedensstörung im Reich Erfolg zu verheissen. Der Streit Celles mit Hamburg, Hamburgs mit Dänemark und wieder Dänemarks mit Holstein-Gottorp liess sich wol zu einem Brande anfachen, der die Rheinlande den terroristischen Uebergriffen Frankreichs schutzlos preisgab.

Wenn diese Berechnung schliesslich nicht ganz zutraf, so bewirkte das wesentlich die Selbstbeherrschung und Mässigung Friedrich Wilhelms, der, in richtiger Erkenntnis der Absichten des Königs, auch seinerseits die Zeit noch nicht gekommen sah, wo er die Maske fallen lassen und mit Kaiser und Reich gemeinsam in die grosse Aktion eintreten konnte, die mit dem bedrohten Evangelium zugleich die Freiheit Europas vor Frankreich retten sollte. Wol war ein erster, immerhin bedeutender Schritt in dieser Richtung gethan durch den Zusammentritt des Augsburger Bundes im Sommer 1686, der die anlässlich der orleans'schen Erbansprüche auf die Pfalz geplante Beraubung Deutschlands hindern sollte und dem auch Brandenburg beitrat. Da aber Ludwig XIV. darin nun wiederum eine Bedrohung des Regensburger Stillstands sah und dieser durch einen Angriff zuvorkommen zu müssen erklärte, so wiederholte sich genau das Spiel von 1683/84. Denn auf Grund desselben Rechtstitels, auf den hin er damals dem Reich den Stillstand abgedrungen hatte, der ihn für die nächsten zwei Jahrzehnte im Besitz seines Raubes liess, meinte er dasselbe jetzt, noch ehe es sich zu voller Kampfbereitschaft gesammelt hatte, dahin bringen zu können, dass es durch Verwandlung des Stillstands in einen Frieden auf jeden Versuch zur Wiedergewinnung des vorläufig Hingegebenen endgiltig verzichtete. Es war die Folge der französischen Dienstbarkeit, die er bisher auf sich genommen hatte, und der dadurch geschaffenen schwierigen Verhältnisse, dass Friedrich Wilhelm

---

[1]) Bericht Rébenacs vom 9. September.
[2]) Desgl. vom 16. September.

auch jetzt zunächst den Schein nicht vermeiden konnte, als ob er von dieser Abhängigkeit noch immer nicht loszukommen vermöchte. Das aber war um so mehr der Fall, als bei der Heimlichkeit der Geschäftsführung, der nothgedrungenen Scheu vor offener Parteinahme, bei der Abhängigkeit des Kurfürsten selbst von den wechselnden Eindrücken des Tages und bei dem Mangel von Einigkeit in seinem Rathe seine Politik gerade in solchen Krisen nicht blos scheinbar der Einheit und Folgerichtigkeit entbehrte, so dass selbst an ihr mitzuarbeiten und sie mitzuvertreten berufene Beamte den eigentlich gewollten Zug verkannten und irre geleitet wurden. All das aber waren doch Momente, welche die Erreichung des erstrebten Ziels nicht blos erschwerten, sondern geradezu in Frage stellen konnten.

Die einst so unerwartet eingegangene Freundschaft mit dem Hause Braunschweig hatte schnell wieder bitterer Verstimmung Platz gemacht[1]. Durch Frankreichs eifriges Werben um die Allianz desselben fühlte sich der Kurfürst schwer bedroht: nicht dringend genug konnte er den König vor der Unzuverlässigkeit der Welfen warnen[2]. Ein solches Bündnis war nach seiner Ansicht unvereinbar mit der Allianz Frankreichs mit ihm selbst[3], und Rébenac hat sicher eines gewissen Eindruckes nicht verfehlt, wenn er nach dem Scheitern der Verhandlungen mit Celle und Hannover so that, als ob der König blos mit Rücksicht auf Brandenburg auf diese Verbindung verzichtet hätte[4]. Dazu kam die Lockerung der Allianz mit Dänemark, die auf dem gemeinsamen Gegensatz zu Schweden beruht hatte. Gegen Christians V. Absicht Hamburg im Nothfall durch ein Bombardement zur Huldigung zu zwingen, nahm sich der Kurfürst der be-

---

[1] Rébenac d. 17. December 1686: Mr. l'Electeur est tellement esloigné de la maison de Brunswik, qu'il y a peu de choses qu'on ne puisse luy faire entreprendre contre elle.

[2] Derselbe d. 25. November: — la maison de Brunswik ne pouvoit jamais prendre d'engagemens sincères avec Elle.

[3] d. 10. Juni 1687: Il est animé de tant de haine contre Mssrs. les ducs de Brunswik, qu'il croit, que V. M. doit juger comme luy, que les intérêts de Brandebourg et de Brunswik sont incompatibles.

[4] d. 14. December 1686.

drängten Stadt an: einen Angriff auf sie erklärte er einem solchen auf Berlin gleichstellen zu müssen, schickte auch schleunigst Truppen dorthin und legte zwei Regimenter in die Stadt, während Schwerin in seinem Auftrage zu vermitteln suchte[1]). Von der Möglichkeit eines Bruchs zwischen Brandenburg und Dänemark aber dachte alsbald Schweden zu profitiren, das sich ohnehin schon der ebenfalls von Dänemark bedrohten Souveränetät Holstein-Gottorps schützend angenommen hatte: als Preis der brandenburgischen Cooperation stellte es Ende 1686 gar die Erwerbung Stettins in Aussicht, vorausgesetzt freilich, dass es selbst in den Besitz Drontheims gelangte[2]). So lockend ein solcher Antrag erscheinen mochte, der Kurfürst wies ihn von der Hand, nicht blos weil er um der im Westen drohenden Gefahren willen den Frieden im Norden zu erhalten wünschte, sondern auch weil die Möglichkeit zur Erwerbung Stettins ihm sich damals auf einem ganz anderen Wege zu eröffnen schien. Auch hatte sich das Verhältnis zum Kaiser nicht nach Wunsch entwickelt, und die Enttäuschung, die seiner da wartete, schien denjenigen Recht zu geben, die den Vertrag vom 22. März 1686 bekämpft hatten und noch jetzt die Rückkehr zu engem Anschluss an Frankreich empfahlen.

Den Kurfürsten verstimmte die Behandlung seiner Truppen in Ungarn. Bei der Belagerung Ofens erlitten sie furchtbare Verluste. Bei Sprengung einer Mine, vor der man sie nicht rechtzeitig gewarnt hatte, waren sämmtliche höheren Offiziere getödtet oder verwundet worden, darunter des Kurfürsten zärtlich geliebter Neffe, der Prinz von Kurland, und zwei Grafen Dohna, die letzten von acht Brüdern. Ueberhaupt waren in den dortigen Kämpfen von 130 Offizieren 32 gefallen und 65 verwundet, während von 5000 Mann kaum noch die Hälfte am Leben sein sollte. In dem Kurfürsten stieg der Verdacht auf, man richte seine Truppen geflissentlich zu Grunde[3]). Dann kostete der Sturm auf Ofen schwere

---

[1]) Rébenac d. 2. September 1686.

[2]) Vgl. Haake, Brandenburgische Politik und Kriegführung 1688—89 (Kassel 1896) S. 17—18.

[3]) Bericht Rébenacs vom 10. August. Vgl. Dohna, Mémoires S. 41.

Opfer, zumal die Brandenburger einen hervorragenden Antheil an dem Erfolge gewannen. Krankheiten thaten ein Uebriges: das brandenburgische Corps sollte schliesslich ziemlich aufgerieben sein[1]). Andererseits schien sein Kommandant Hans Adam v. Schöning es förmlich darauf abgesehen zu haben einen Bruch mit den Kaiserlichen herbeizuführen, und die Art, wie der Kurfürst sein geradezu beleidigendes Auftreten gegen den Kaiser, dem er das ihm wie allen anderen Befehlshabern der Hülfscontingente gebotene Geldgeschenk so zu sagen vor die Füsse warf, nachträglich gut hiess[2]), konnte die Verstimmung nur verschlimmern. Obenein liess der Kaiser von der fälligen Subsidienrate 10000 Thaler abziehen als Ersatz für den dem Corps in Ungarn gelieferten Proviant und verlangte, dass die Truppen auf dem Rückmarsch statt durch Mähren und Schlesien den mühsamen und beschwerlichen Weg über den Jablunkapass einschlügen[3]). Es hätte demnach der planmässigen Hetzereien Schönings gar nicht mehr bedurft, um den Kurfürsten gegen den Kaiser einzunehmen und ihm die neue Bundesgenossenschaft zu verleiden. Auch in seinen geheimen Mittheilungen an Rébenac war Schöning auf den Uebermuth der Kaiserlichen übel zu sprechen, der nach der Einnahme auch Szegedins vollends unerträglich wurde[4]). Zu alledem kamen dann endlich die Schwierigkeiten, die sich der vertragsmässigen Auslieferung der auf die Liechtenstein'sche Schuldforderung bezüglichen Urkunden und Akten entgegenstellten, und dass man dem Kurfürsten statt ihrer lieber die betreffende Summe zahlen wollte[5]), womit seine Absichten auf Ostfriesland vereitelt worden wären.

So wuchs des Kurfürsten Misstimmung gegen den kaiserlichen Hof bedenklich, und v. Fridag hatte alle Hände voll zu thun, um zu vermitteln und auszugleichen, zu beschwichtigen und zu versöhnen, that das aber mit ebenso viel Geschick wie Erfolg, wirksam unterstützt von seinem Schwager, dem damals einflussreichen

---

[1]) Rébenac d. 13. September.
[2]) Vgl. oben S. 140—41.
[3]) Urkunden u. Aktenstücke XIV, S. 1324-25.
[4]) Rébenac d. 2. November 1686.
[5]) Urkunden u. Aktenstücke XIV, S. 1325-26.

Geheimrath v. Lutzburg¹), dann namentlich von dem Fürsten von Anhalt und etlichen anderen Räthen, deren guten Willen und Diensteifer er durch rechtzeitige Freigebigkeit rege erhielt und anfeuerte²). Rébenac verlor immer mehr Terrrain: deshalb und im Hinblick auf die Möglichkeit eines baldigen Thronwechsels regte er damals die Aussetzung einer französischen Pension für den Kurprinzen an³). Denn auch der König wünschte den Bruch noch zu vermeiden und sich des Einflusses, den der Kurfürst im Reiche besass, zu seinem Vortheil zu bedienen, um bei demselben die Anerkennung der bei Ausführung des zwanzigjährigen Stillstandes begonnenen vertragswidrigen Gewaltakte durchzusetzen. Er erklärte sich bereit, sich seinem Schiedsspruch zu fügen, unter der Voraussetzung natürlich, dass er zu seinen Gunsten ausfiele. Dies schien er allerdings erwarten zu können nach der Haltung des brandenburgischen Gesandten in Regensburg, Gotfried v. Jena, der in Folge dessen Urheber und zugleich Opfer eines Konflikts wurde, der für die kurfürstliche Politik sowohl wie für ihre Träger höchst charakteristisch ist.

Ebenso sehr im Interesse des Katholizismus wie Frankreichs war von Rom aus der Gedanke angeregt worden, den Stillstand in einen Frieden zu verwandeln. Von einer Erörterung der Streitpunkte, welche Frankreichs neue Uebergriffe veranlasst hatten, sollte freilich abgesehn, vielmehr der augenblickliche Besitzstand unverändert beibehalten und für alle Zukunft bestätigt werden. Aber nur bis zum April 1687 wollte der König an diesen Vorschlag gebunden sein. So sehr nun der Kurfürst den Frieden wünschte, ihn in dieser Form und auf diese Bedingungen hin anzunehmen erschien doch auch ihm unmöglich, da das nicht mehr verhan-

---

¹) Rébenac d. 28. Januar 1681: Fridag — prévient par sa bonne conduite touttes les plaintes, qu'on pourroit former contre son maistre. Le ministre joint à beaucoup de prudence et de sagesse une grande connoissance de tout ce qui se passe, par le moyen de Mr. de Luzbourg, qui est conseiller privé en faveur, chez qui il loge et qui est son beau-frère. D. 19. April 1687 nennt er L. unter den für Frankreich gefährlichen.

²) d. 28. Januar 1687: L'envoyé de l'Empereur joint encore à cela des libéralités considérables — — il a semé près de cinquante mille escus.

³) Vgl. oben S. 142.

deln, sondern das Reich einem Gebote unterwerfen hiess. Zudem besorgte er, es könnten unter Vermittelung der Kurie die beiden katholischen Grossmächte sich verständigen, die Kosten aber, ohne irgend gefragt zu werden, das Reich zu tragen haben. Wie hätte dann der katholischen Reaktion Einhalt gethan werden sollen? Ohne Mitwirkung und Zustimmung des Reiches als solchen durfte deshalb nach seiner Ansicht von diesem Frieden nicht die Rede sein. Ehe aber die entsprechende Weisung nach Regensburg gelangt war, hatte dort der kurmainzische Gesandte den Vorschlag gemacht, der Reichstag solle sofort in die Verhandlung über den definitiven Frieden mit Frankreich eintreten und diesem alsbald die Versicherung geben, dass bis zum Abschluss aus Anlass der zur Zeit schwebenden Differenzen Feindseligkeiten nicht unternommen werden würden: ja, als Unterpfand dafür sollten dem König etliche feste Plätze innerhalb des Reiches überantwortet werden[1]. Das hatte selbst der Franzose nicht gewagt dem Reiche zuzumuthen: er wollte sich an der Zusage genügen lassen, dass man nicht feindlich vorgehn würde, ja schon mit der Verlängerung des Stillstands um fernere zehn Jahre zufrieden sein[2]. Eine solche Erklärung war auch dem Kurfürsten recht, wenn der König seinerseits die Zusage gäbe, einer freundschaftlichen Erörterung der streitigen Punkte nicht entgegen zu sein, in keinem Falle aber irgend welche weiteren Neuerungen vorzunehmen[3]. Da kam v. Jenas Bericht über den Mainzer Vorschlag und die Mittheilung, dass er ihn gut geheissen habe. Natürlich erhob die kaiserliche Partei darüber gewaltigen Lärm, zumal der Wiener Hof schon längst auf v. Jenas Abberufung gedrungen hatte, den er als Franzosenfreund hasste[4]. Jetzt endlich kam er zum Ziel.

Der Vorgang machte ungeheures Aufsehn. Die Anhänger Frankreichs meinten, v. Jena werde bestraft für seine ihrem König bewiesene Neigung und Treue und deshalb dem Kaiser geopfert[5].

---

[1] Bericht Rébenacs d. 1. März 1687. Vgl. Droysen a. a. O. S. 551-52.
[2] Beilage XV, 1.
[3] Ebendas. 2.
[4] Urkunden u. Aktenstücke XIV, 1356. Vgl. oben S. 132.
[5] Beilage XV, 3.

Obenein stellte sich hinterher heraus, dass v. Jena gar nicht so weit gegangen war, wie man angenommen hatte, indem von der ihm schuld gegebenen nachdrücklichen Befürwortung des Mainzer Vorschlags nicht die Rede sein konnte. Zudem sah sich der Kurfürst in peinlichster Verlegenheit um einen Ersatz: niemand wollte den unter solchen Umständen gefährlichen Posten annehmen, nachdem sein langjähriger bewährter Inhaber in so verletzender Weise beseitigt worden war. Dieser selbst erklärte unter keinen Umständen in Regensburg bleiben zu wollen[1]), musste aber schliesslich, da ein Nachfolger sich augenblicklich nicht fand. fürs Erste wol oder übel dort aushalten.

Gebessert wurde des Kurfürsten Stellung durch diesen Zwischenfall weder Frankreich noch dem Kaiser gegenüber. Ersterem hatte er seine wahre Gesinnung unzweifelhaft deutlich zu erkennen gegeben; letzterer entnahm aus des Gesandten thatsächlichem Verbleiben in Regensburg einen Grund mehr zur Unzufriedenheit und zum Misstrauen. Das Uebelste aber war, dass der Reichstag und so das Reich und in Folge dessen auch der Kurfürst von jeder weiteren Theilnahme an den Verhandlungen über die zwischen dem Kaiser und dem König zu wechselnden Friedensversicherungen thatsächlich ausgeschlossen blieben und der fragwürdige „Stillstand des Stillstandes" ohne ihr Zuthun vereinbart wurde. Die Erklärung, die der Kaiser durch seinen Gesandten in Paris abgeben liess, ging dahin, dass er auch nach Beendigung des Türkenkrieges den Stillstand gewissenhaft beobachten und ebenso wie das Reich von dem dawider Geschehenen nichts als Vorwand zum Bruch benutzen, vielmehr Abhülfe nur von des Königs Gerechtigkeit und Billigkeit erwarten wolle. Was Ludwig XIV. nach allerhand Weiterungen als Gegenleistung ergehn liess, entsprach der klaren und bestimmten kaiserlichen Zusage eigentlich in keinem Punkte, enthielt vielmehr nur Vorbehalte zu Gunsten seiner letzten Uebergriffe und machte deren ferneres Zulassen kurzweg zur Bedingung für die Verbindlichkeit des Versprechens, mit Kaiser und Reich nicht blos während des Stillstands, sondern auch danach noch so lange

---

[1]) Beilage XV., 5.

in Frieden zu leben, als diese ebenfalls Frieden halten würden. Damit war also die direkte Verständigung zwischen den beiden katholischen Grossmächten doch erfolgt, die der Kurfürst aus politischen Gründen so gut wie aus religiösen gern vermieden gesehn hätte, und eine Voraussetzung mehr geschaffen für den Beginn und auch für den Erfolg der katholischen Reaktion, die er seit 1685 mit wachsender Besorgnis heraufsteigen sah.

Wessen er sich hinfort von Frankreich zu versehen hatte, liess dessen feindseligere Haltung bereits zur Genüge erkennen. Während er durch den Einschluss Dänemarks in das zwischen ihm und Schweden bestehende Defensivbündnis eine nordische Tripelallianz zu errichten dachte, „wider Frankreich und alle diejenigen, so die evangelische Religion und deutsche Freiheit anfechten würden"[1]), wurde von jener Seite wieder das Haus Braunschweig gegen ihn aufgeboten, mit dem er in immer neue Händel gerieth. Sich für den Fall kriegerischer Verwicklungen über die Vertheilung der benachbarten Quartiere mit demselben zum Voraus zu verständigen hatte der Kurfürst abgelehnt; auf die Mahnung um endliche Begleichung eines braunschweigischen Guthabens hatte er jede Zahlungspflicht geleugnet, und als Georg Wilhelm von Celle die mecklenburgischen Stände um Quartiere für einen Theil seines Heeres anging, diesen gedroht, auf jeden braunschweigischen Soldaten, den sie aufnähmen, ihnen zehn von den seinigen auf den Hals zu schicken[2]). Das französisch-braunschweigische Bündnis sollte ihn jetzt ebenso bedrohen und durch Bedrohung im Rücken und der Flanke unschädlich machen wie früher das schwedisch-französische. Wenn damals des Kurprinzen Schwiegervater in Aachen mit dem gewandten französischen Diplomaten Gourville zusammentraf und aus diesem Anlass wol gar die Rede ging, es sei dabei die Conversion des Hauses Hannover ins Auge gefasst worden[3]), so musste das in Berlin um so mehr Besorgnis erregen, als auch von dieser Seite her die siegreiche französische Propaganda

---

[1]) Haake a. a. O. S. 15 Anmkg.
[2]) Rébenacs Bericht vom 7. Januar 1687.
[3]) Droysen a. a. O. S. 555.

drohte und man mit Hannover eben in einem Streit lag, der den Ausbruch von Thätlichkeiten unmittelbar zur Folge zu haben schien, über die Herrschaft Gartow an der Elbe, die jenes als Lehen, der Kurfürst aber als Dependenz des Sonnenburger Johanniterheermeisterthums in Anspruch nahm. Die von letzterem dorthin gelegte Besatzung und ein Kriegsschiff auf der Elbe waren angewiesen sein Recht gewaltsam zu behaupten. Auch Hannovers erneute Intimität mit Kursachsen erregte Besorgnis. Und noch waren auch die übrigen nordischen Händel nicht beglichen, mochte auch der eine Zeit lang drohende Kampf um Hamburg vorläufig abgewandt und der Zusammentritt eines Kongresses in Altona zur Beruhigung des Nordens in Aussicht genommen sein.

Von allen Seiten also drängte neue Kriegsgefahr an. Und wenn der zündende Funke einmal gefallen war, — wer wollte dann absehn, wie weit der Brand um sich griff? Es galt also, sich in jedem Falle gerüstet zu halten. Nach der letzten ihm aufgenöthigten friedlichen Wendung hatte der Kurfürst 2500 Mann entlassen; jetzt beschloss er die Aufstellung von fünf neuen Regimentern. Die Stämme dazu schaffte er durch Reduction der bisher 125 Mann zählenden Compagnien auf 100 Mann. So konnte er zugleich eine grössere Zahl von französischen Reformirten als Offiziere unterbringen. Damit war es ihm nämlich bisher keineswegs nach Wunsch gelungen: die deutschen Obersten hatten die Aufnahme von Franzosen in ihre Regimenter abgelehnt und daher solche bei der Infanterie blos in den Regimentern Briquemault und Varenne und in dem Bataillon Cornuaud Platz gefunden. Und nun brachte das Frühjahr 1687 den jähen Tod des Markgrafen Ludwig, mit einem Nachspiel, dessen unheimliches Dunkel auf dem von politischen Sorgen gedrückten und von schmerzhaften körperlichen Leiden geplagten Kurfürsten mit peinlicher Schwere lasten musste. Dann folgten die langen Monate des Konflikts mit dem Kurprinzen und seiner Gemahlin, an sich nicht politischen Ursprungs, aber unter den damals gegebenen Verhältnissen nur allzu geeignet eine verhängnisvolle politische Bedeutung zu erlangen und für die Zukunft seines Hauses bange Befürchtungen zu erwecken. Offenbarte sich darin doch ein seit langen Jahren in der Stille weiter um sich fressender Zwiespalt, der zwischen denen, die durch die Bande des Bluts und das Interesse von Haus und Land zunächst auf einander angewiesen waren, einen Abgrund von Hass und Misstrauen sich aufthun liess, in den der Kurfürst am Abend seines Lebens nicht ohne ein gewisses Entsetzen einen Blick thun konnte. Wie musste der Boden dieses Hauses und Hofes unterwühlt sein, wenn der dem schwer verschuldeten Sohne verzeihende Vater aus dessen Mund den furchtbaren Verdacht vernehmen musste, der seit Monaten im Dunkeln gegen die eigene Gattin umgegangen war! Wahrlich, wenn dem Kurfürsten einst eine namenlos schwere und sorgenvolle Jugend beschieden gewesen war, deren trübe Nachwirkungen ganz zu überwinden er niemals vermocht hat — fast schwerer noch und sorgenvoller schien sich der Abend seines Lebens gestalten zu sollen!

Und hatte er denn mit der grossen Wendung seiner Politik, welche das Bündnis vom 22. März 1686 bezeichnete, den gehofften Erfolg erreicht? Selbst angesichts des unerwartet günstigen Ganges, den die Dinge weiterhin thatsächlich nahmen, wird sich das kaum behaupten lassen, wie er denn auch selbst ein Gefühl der Sicherheit nicht gehabt zu haben scheint. Das Verhältniss zum Wiener Hof gestaltete sich wahrlich nicht so, dass man hätte sagen können, derselbe habe wie ein Mann mit Brandenburg gestanden. Die Auslieferung der Papiere über die Liechtensteinsche Schuldforderung an Ostfriesland stiess immer von Neuem auf Schwierigkeiten; schliesslich wurde sie angeblich von dem fürstlichen Hause selbst überhaupt verweigert und sollte durch die Zahlung von 240000 Thalern ersetzt werden[1]. Ueberhaupt schien der Kaiser Brandenburgs bald nicht mehr zu bedürfen und dieses fürchten zu müssen von ihm beiseite geschoben zu werden, wie es ihm schon von Frankreich geschehen war. Denn nach den glänzenden Erfolgen, welche die kaiserlichen Waffen in Ungarn davontrugen, hatte man in Wien kaum noch ein besonderes Interesse an der Wiedergewinnung der durch die Reunionen an Frankreich verlorenen westlichen Lande und bezeigte demgemäss auch nur ge-

---

[1] Droysen, a. a. O. S. 559—60.

ringe Lust inmitten eines so viel verheissenden Siegeslaufs an der
Donau anzuhalten, um das Wagnis eines Kriegs am Rhein auf sich
zu nehmen, von dem auch im günstigsten Falle das Haus Oesterreich selbst kaum nennenswerthen Territorialgewinn haben konnte.
Stärker noch als bisher kam die katholische Tendenz zur Geltung,
welche den päpstlichen Bemühungen um Verwandelung des Stillstands in einen Frieden zu Grunde gelegen hatte. Warum sollte
das Haus Habsburg unter den nun gegebenen Verhältnissen sich
nicht mit dem allerchristlichsten König verständigen, um im gemeinsamen Dienst der alleinseligmachenden Kirche jene dauernde
Befreundung zu gewinnen, welche die Welt endlich von der evangelischen Ketzerei befreien und damit zugleich dem aller Freiheit
feindlichen Absolutismus die Herrschaft in Europa für die Zukunft
sichern musste? Schon wurde in dem besiegten Ungarn der Anfang gemacht mit einer bluttriefenden kirchlichen und zugleich
politischen Reaktion, welche dem zum mindesten gleichkam, was
in Frankreich gegen die Reformirten geschehen war. Vergeblich
hatte der Kurfürst schon früher dagegen in Wien Vorstellungen
machen lassen und sich für seine Glaubensgenossen verwendet.
Derselbe unausgleichbare Gegensatz, an dem sein aus politischen
Erwägungen eingegangenes Bündnis mit Frankreich, so sehr er
es aufrecht zu erhalten wünschte, eben gescheitert war, drohte
jetzt auch die unter ganz anderen Voraussetzungen eingegangene
Allianz mit dem Kaiser zu zerreissen, noch bevor sie recht in
Wirksamkeit getreten war. Und dabei konnte man dem bedroh-
lichen Wachsthum der österreichischen Macht in Folge der türki-
schen Eroberungen, das ihn selbst und das Reich schliesslich gefährden musste, doch nur mit Hülfe Frankreichs erfolgreich entgegentreten. Der Anlehnung an dieses konnte er jetzt also erst
recht nicht entbehren und sah sich dadurch immer wieder zum
Zusammenwirken mit ihm und damit zu einer gewissen Abhängigkeit von ihm genöthigt. Trotz des Pakts vom 22. März 1686 trug
er daher ernste Bedenken die vom Kaiser betriebene Wahl des
neuen Ungarnkönigs zum römischen König zuzulassen oder gar zu
befördern, und noch weniger hätte es seinem Interesse entsprochen,
wenn des Kaisers Schwager, Herzog Karl von Lothringen, mit sei-

ner Bewerbung um die polnische Krone durchgedrungen wäre[1]). Von diesem Standpunkte aus hatte er selbst gegen die Wahl Wilhelms von Fürstenberg zum Coadjutor Maximilian Heinrichs von Köln nichts einzuwenden[2]), obgleich damit dessen künftige Erhebung auf den erzbischöflichen Stuhle selbst sehr wahrscheinlich wurde. Dafür unterstützte aber auch Ludwig XIV. durch seinen Gesandten in Regensburg des Kurfürsten Drängen auf Ersatz der ihm aus dem letzten Kriege erwachsenen Kosten durch das Reich[3]).

Es waren augenscheinlich trübe, sorgenvolle Tage, welche der Berliner Hof damals durchlebte. Im Februar 1688 brachte ein neuer Krankheitsanfall die Kurfürstin an den Rand des Grabes; aber noch einmal erholte sie sich[4]). Ende März wurde dann des Kurfürsten jugendlicher Schwiegersohn, der Erbprinz von Mecklenburg, innerhalb weniger Tage an den Blattern dahingerafft, eine siebzehnjährige kinderlose Witwe hinterlassend[5]). Friedrich Wilhelm selbst plagten die Gicht und die unaufhaltsam fortschreitende Wassersucht. Schon als Rébenac, der nach seines Vaters Tod (d. 6. März 1688) als dessen Nachfolger auf den Madrider Gesandtschaftsposten berufen wurde[6]) — der beste Beweis dafür, wie sehr er sich in der schwierigen und verantwortlichen Stellung in Berlin bewährt hatte — am 5. April die erbetene Abschiedsaudienz hatte, fand er den Zustand des hohen Herrn hoffnungslos und hörte von den Aerzten, dass das Ende nahe bevorstehe[7]). Die Anschwel-

---

[1]) Rébenac bestätigt d. 23. December, dass S. M. sei „satisfaite des sentimens de Mr. l'Electeur de Br. sur les desseins, que la maison d'Autriche a de faire eslire le nouveau roy de Hongrie roy des Romains et mettre la couronne de Pologne sur la teste d'un prince, qui dépende absolument d'elle. On considère icy les prospérités de l'Empereur comme une chose, dont on doit appréhender des suittes très-fascheuses."

[2]) Rébenac d. 28. Januar 1688: On s'est accommodé icy de l'élection de Mr. le cardinal de Furstenberg, lorsqu'on a sceu, qu'elle estoit faite.

[3]) Derselbe d. 27. Januar 1688. Vgl. Urkunden und Aktenstücke XIV, S. 1398.

[4]) Rébenac d. 10. Februar 1688.

[5]) d. 30. März.

[6]) Ludwig XIV. Erlass d. d. Versailles, d. 16. März 1688.

[7]) Beilage XIX, 2.

lung der Beine schritt rasch fort, und selbst von dem Beginn der besseren Jahreszeit und der dann ermöglichten regelmässigeren Bewegung wagte man kaum einen günstigen Einfluss zu hoffen. Dennoch hielt der alte Herr sich energisch aufrecht, zeigte sich auch noch nach seiner Art in der Oeffentlichkeit. Doch hatte auch das bald ein Ende[1]). Er selbst war sich klar über die Nähe des Endes, und liess sich so wenig wie seine Umgebung darüber täuschen, als noch einmal Momente der Erleichterung und der scheinbaren Besserung eintraten: jeden Augenblick musste man seines Todes gewärtig sein [2]).

Inzwischen warf der nahe Thronwechsel bereits seine Schatten voraus. Auch hier fehlte es nicht an solchen, die sich der aufgehenden Sonne des neuen Herrn zuzuwenden eilten. Das gab den Parteiungen und persönlichen Gegensätzen, die an diesem Hofe so reichlich vorhanden waren, alsbald noch grössere Schärfe. Nicht ohne Besorgnis sah man in dem von dem Kurprinzen besonders begünstigten General v. Schöning den Mann aufsteigen, der hinfort voraussichtlich den grössten Einfluss ausüben würde. Man kannte seinen Ehrgeiz und seine Intriguantennatur hinreichend, um sich von ihm allerseits der grössten Rücksichtslosigkeit in der Ausnützung einer solchen Stellung zu versehn[3]). Auf der anderen Seite durfte namentlich Paul v. Fuchs hoffen, die lange erstrebte Stellung eines eigentlich leitenden Ministers nun endlich zu erlangen: er war von dem Altonaer Kongress heimgeeilt und wurde von dem Kurfürsten, der ihn nicht entbehren zu können erklärte, nach Potsdam berufen[4]). Durch all das fühlte sich der greise Marschall v. Schomberg schwer bedroht in der militärischen und politischen Vertrauensstellung, deren ihn der Kurfürst von dem Tage des Eintritts it. seine Dienste gewürdigt hatte. So sammelten sich schon jetzt um ihn als ihr Haupt alle diejenigen, die von dem Thronwechsel Nachtheiliges für sich fürchteten[5]). Auch die Kurprinzessin Sophie

---

[1]) Beilage XIX, 2.
[2]) Ebendas. 3.
[3]) Ebendas. 4.
[4]) Ebendas. 3.
[5]) Ebendas. 4.

Charlotte wurde in diese Streitigkeiten hineingezogen. Von Schöning auf den Einfluss aufmerksam gemacht, den er seiner der Politik scheinbar fremd gebliebenen Gattin thatsächlich unvermerkt eingeräumt hatte, meinte Friedrich sich desselben hinfort um so mehr erwehren zu müssen, als er Brandenburg durch den inzwischen erfolgten Abschluss des Bündnisses zwischen Frankreich und Hannover bedroht sah. Im Gegensatz zu v. Schöning, der freilich schon eine Stellung zu vertheidigen hatte, scheint des Kurprinzen ehemaliger Erzieher und vornehmster Rath, Eberhard v. Dankelmann, sich damals noch vorsichtig zurückgehalten zu haben[1]).

Den Kurfürsten selbst aber erhob der vorschauende Ausblick in eine lichtere Zukunft über die Unerquicklichkeit der ihn umgebenden Verhältnisse: dieselbe verlor an Bedeutung und Gefährlichkeit durch die Thatsache, dass es ihm noch vergönnt gewesen war, das vielfach und oft recht widerspruchsvoll umgetriebene Schiff seines Staates durch eine allmählich und vorsichtig, aber zielbewusst und mit starker Hand ausgeführte Wendung in ein klippenfreieres und frisch vorwärts strömendes Fahrwasser zu steuern. Wol blieb auch in diesem letzten Stadium seiner Politik der Zug einer gewissen unruhigen Begehrlichkeit eigen und verleitete ihn zur Verfolgung von Plänen, die man im Hinblick auf die gegebenen Verhältnisse beinahe chimärisch nennen möchte. Aber man begreift das, da es sich auch diesmal wieder um das nie verwundene Pommern handelte. Merkwürdiger Weise tritt dabei seine Cousine, die Schwedenkönigin Christina, noch einmal in den Kreis seiner weit ausgreifenden Combinationen.

Seit Jahren haderte diese mit der schwedischen Regierung um die regelmässige Zahlung der Einkünfte, die sie sich bei der Abdankung hatte zusichern lassen[2]). Ihre ausstehenden Forderungen waren schon zu bedeutender Höhe angewachsen, die Aussicht auf endliche Befriedigung hatte sich aber von Jahr zu Jahr gemindert. So war bei Christina, deren übertriebenes Selbstgefühl den Reiz

---

[1]) Bericht Poussins v. 4. Mai 1688.
[2]) Haake a. a. O. S. 11 ff., S. 20 ff.

wirklich königlichen Herrschens auf die Dauer nur schwer entbehrte, der Gedanke aufgestiegen, sich für ihre Ansprüche an den schwedischen Staat durch Ueberlassung des Herzogthums Bremen entschädigen zu lassen und dieses als Souveränin zu regieren. Im Hinblick auf die dauernde Unsicherheit der Zustände in Schweden, wo Karl XI. mit der Reduktion der Domänen eine energische Reaktion zu Gunsten der Monarchie eingeleitet hatte, aber von einem endgültigen Siege noch weit entfernt war, tauchte der Gedanke dann später in etwas veränderter Form wieder auf, angeregt, wie es scheint, von dem Generalstatthalter der Domänen Christinens, Johann Olivenkrantz, und von dem brandenburgischen Gesandten in Stockholm, Falaiseau, mit Lebhaftigkeit ergriffen. Danach sollte Brandenburg die Zahlung der Summen übernehmen, die Schweden seiner ehemaligen Königin schuldete, und dafür seiner Zeit, wenn Schweden auch weiterhin nicht zahlen könnte, von diesem durch eine entsprechende Landabtretung, Pommern oder wenigstens Stettin, entschädigt werden. Auch Friedrich Wilhelm ging eifrig auf die Sache ein, für deren Gelingen die andauernde feindliche Spannung zwischen Schweden und Dänemark eine der wesentlichsten Bedingungen erfüllte. Die Angelegenheit bei Christinen selbst zu betreiben hatte er bereits Ende 1687 den Hof- und Kriegsrath Dobrzensky mit kostbaren Geschenken und einem verbindlichen Schreiben zu ihr nach Rom geschickt: er sollte sie bestimmen, dass sie gegen Gewährung einer ihren finanziellen Verlegenheiten abhelfenden Jahrespension den Kurfürsten zum Erben einsetzte, damit er auf Grund ihrer so auf ihn übergehenden Forderungen an Schweden dereinst Pommern ohne Schwertstreich an sich bringen könnte. Wie weit der Handel zunächst gedieh, ist nicht klar ersichtlich. Wenn die Königin den ihr hier gebotenen Weg auch etwas zu umständlich gefunden zu haben scheint und deshalb die Verhandlungen über eine Befriedigung ihrer Ansprüche durch Ueberlassung Bremens in Stockholm weiter führen liess, so hat sie doch bei der augenfälligen Unsicherheit des Erfolges auch den Antrag des Kurfürsten nicht von der Hand gewiesen. Aber erst nach des Grossen Kurfürsten Tod trat die Angelegenheit in ein Stadium, das ihr grösseren praktischen Werth verlieh.

Immerhin bleibt es doch merkwürdig, dass auch noch in den letzten Wochen seines Lebens die pommersche Frage mit der vornehmste Gegenstand für Friedrich Wilhelms Denken und Sorgen gewesen ist. Es enthält das gleichsam ein Stück seines politischen Testaments. Wesentlicher noch aber war ein Anderes. Mit wachsender Sorge hatte er den Gang der Dinge in England verfolgt. Kam Jacob II. dort zum Ziel, erlag in dem Inselreiche das schwer bedrohte Evangelium der papistischen und die bürgerliche Freiheit der absolutistischen Reaktion, so war ernstlich zu fürchten, dass Europa der katholisch-absolutistischen Tripelallianz dienstbar wurde, zu der die Häuser der Bourbonen, der Habsburger und der Stuarts zusammentraten. In dem kirchlichen und politischen System aber, das damit zur Herrschaft zu kommen drohte, wäre für einen Staat weitherziger Toleranz und stolzen Selbstbestimmungsrechts, wie er ihn in Brandenburg-Preussen zu schaffen begonnen hatte, unter den reformirten Hohenzollern kaum noch ein Platz geblieben.

Aber der sterbende Kurfürst wusste, dass die Stunde der Rettung aus solcher Gefahr bereits nahte, dass England im Begriff stand, die seine Zukunft bedrohende katholische Dynastie von sich abzuschütteln und das Evangelium und die bürgerliche Freiheit durch eine wol vorbereitete Erhebung zu retten, und dass Wilhelm von Oranien, mit dem er nach Jahren nicht unverschuldeter Irrungen in Kleve endlich ein volles Einverständnis wiedergewonnen hatte, mit Hülfe der Generalstaaten, wo die grossen Gesichtspunkte evangelischer und freiheitlicher Politik endlich wieder zu ihrem Recht gekommen waren, sich zur Fahrt über den Kanal rüstete, um mit der Krone Englands die Position zu gewinnen, von der aus er der Unterjochung Europas durch Frankreich Halt gebieten und das bedrohte Gleichgewicht herstellen konnte. Und ihm selbst war es noch vergönnt gewesen, zum Gelingen dieses grossen Rettungswerks wesentlich beizutragen, indem er in der Stille für die rechtzeitige Deckung der Niederlande gegen einen französischen Gewaltstreich nach dem Aufbruch Oraniens sorgte. Auch der Kurprinz war in das Geheimnis eingeweiht: der sterbende Vater hatte die tröstliche Gewissheit, nach langen trüben und tief verstimmen-

den Irrungen den so ganz anders gearteten und ihm in manchen
Stücken so fremden Sohn in der grössten Frage der Zukunft mit
sich eins zu wissen und konnte die beruhigende Ueberzeugung mit-
hinübernehmen, dass das von ihm begonnene Werk der Rettung
des Glaubens und damit der Ermöglichung weiteren Aufsteigens für
seinen Staat nicht liegen gelassen, sondern in seinem Sinn und
Geist werde weiter und zu Ende geführt werden.

Und damit schwanden auch die Skrupel und Zweifel, in denen
er selbst bis vor Kurzem gerungen hatte, und überkam ihn die
freudige Zuversicht, aus dem vielverschlungenen Gewirr der begehr-
lichen Versuche, der übereilten Anläufe und der allzu weit ausgreifenden Kombinationen, in denen unter dem Druck des Widerspruchs zwischen kühnem Wollen und engumschränktem Können
seine Politik sich mit hastender Unruhe bewegt hatte, endlich doch
auf den richtigen, aufwärts und zur Höhe führenden Weg gekommen zu sein. Im Rückblick wird ihm nun seine Regierung, die
so stürmisch bewegt, an Kämpfen und Erfolgen, aber auch an
Gefahren und Enttäuschungen reich gewesen war, in einem köst-
licheren und befriedigenderen Lichte erschienen sein, und ohne die
Härten, die sie im Drange einer schweren Zeit für Land und Leute
mit sich gebracht hatte, abzuleugnen oder zu beschönigen, konnte
er auf ihr Gesammtergebnis mit Genugthuung und Dank zurück-
blicken.

In rührender und erhebender Weise kam das in jener letzten
Sitzung des Geheimen Rathes zum Ausdruck, zu der er am 7. Mai
mit dem Kurprinzen und dem Marschall Schomberg seine Minister
in Potsdam um sich vereinigte, Abschied zu nehmen, zu danken
und zu mahnen: — ein Leben, in dem es an schrillen Dissonanzen
nicht gefehlt hatte, klang hier wunderbar harmonisch aus, versöhnt
und versöhnend gegenüber einer heiss umstrittenen Vergangenheit
und voll tröstlicher Verheissung für die aus der gährenden Gegenwart sich eben lösende und bestimmter emporwachsende glorreiche
Zukunft.

Beilagen.

I.

Aus der Instruktion Lionnes für den Marquis de Vaubrun: 21. August 1669.

... Que l'intention du Roy estant en cas de mort du Roy d'Espagne de faire de sa part touttes choses possibles pour conserver mesme après un si grand événement le repos, dont la chrestienté jouist aujourdhuy, et à cette fin de ne rien obmettre avant que d'en venir à la prise des armes, pour s'accommoder à l'amiable avec l'Empereur sur les prétentions, que l'un et l'autre auroient à la succession des Estats de la monarchie d'Espagne, suivant les louables pensées qu'en eurent il y a quelques années d'autres électeurs, qui en mesme firent faire en général la proposition à Vienne, dont l'Empereur ne se monstra pas éloigné, le dit Sr. Electeur s'obligera à présent d'assister S. M^{té} dans la poursuitte des droits, qui lui seroient évolus par la ditte mort, avec cette différence pourtant, que tant que l'accommodement à l'amiable n'auroit pu se faire entre S. M^{té} et l'Empereur, le dit Sr. Electeur ne sera tenu de donner à S. M^{té} autre assistance qu'un corps de trouppes auxiliaires de six mille hommes, dont il y aura quinze cent chevaux et 4500 fantassins, qui viendront servir S. dite M^{té} en Flandre et se contenteront des mesmes traittements pour les quartiers et la solde que recevront les autres trouppes françaises, demeurent mesme libre alors au dit Sr. Electeur d'envoyer le dit corps aux Paysbas sous tel nom et tel étendart qu'il estimera à propos, pourvu qu'il y vienne effectivement servir S. M^{té}.

Mais en cas que Dieu bénist les saintes intentions du Roy pour le maintien du repos public et permist, que S. M^{té} et l'Empereur s'accommodassent ensemble par quelque partage entre eux de toutte la succession, se cédant réciproquement l'un à l'autre leurs prestentions sur les pays et estats, qui devroient appartenir et demeurer à chacun d'eux, par le dit partage, en ce cas-là les interests de S. M^{té} et l'Empereur estant devenu communs, le dit Sr. Electeur ne pouvant pas alors plus rien craindre pour luy mesme dans l'Empire d'une déclaration plus ouverte pour appuyer l'exécution du traitté, qui auroit esté fait entre les deux seuls potentats qui sans contredit peuvent avoir de légitimes droits à la dite succession, le dit Sr. Electeur s'oblige dès à présent dans le dit cas d'ajustement d'appuyer ouvertement d'un corps de trouppes de 10000 hommes l'exécution du traitté qui auroit esté fait entre leurs M^{tés} et de venir mesme de les commander en personne dans les Pays-Bas, s'il en est requis par S. M^{té}, laquelle, pour luy donner moyen de le former, luy fera payer 40000 escus pour la levée des 4000, qu'il devra joindre aux 6000, dont il est parlé ci-dessus, comme aussi de maintenir le dit corps à son service, jusqu'à ce que la dite M^{té} se soit mise en pleine, entière et paisible possession du partage, dont Elle et l'Empereur seront convenus par le dit traitté.

II.

Generallieutenant Joachim Rüdiger v. d. Goltz*) an Ludwig XIV.: 1. Januar 1670.

Un voyage, que j'ai fait en plusieurs lieux pour le service de Son Altesse Electorale de Brandebourg, m'a esloigné quelque temps de Berlin, où j'ai trouvé à mon retour les nouvelles et glorieuses marques, qui a plu à Votre Majesté de me donner de l'honneur de Son souvenir et de Sa Royale bienveillance par le tittre et qualité de Baron, dont il Lui a plu de me gratifier. Elle m'avoit desjà honoré des armes, que ma maison portera éternellement avec le respect et la reconnaissance, que mes successeurs et moi devront aux bienfaits de Votre Majesté, pour la prospérité de laquelle je prieray Dieu incessamment, comme le doibt

Sire, de Votre Majesté
très humble, très obéissant,
très soumis et très reconnaissant serviteur
de Goltz.

---

*) Geboren als Sohn eines Landrichters in Gross-Polen, trat G. zuerst in kaiserliche, 1648 als Oberst eines polnischen Regiments in französische Dienste, welche ihm die Verleihung der bourbonischen Lilien in sein Wappen einbrachten, und wurde 1654 brandenburgischer Oberst, 1656 Kammerherr und Amtshauptmann zu Zossen, weiterhin Generalmajor und Chef eines Infanterie-Regiments, zeichnete sich bei Warschau aus: 1664 Generallieutenant stieg er nachmals zum General der Infanterie auf, trat aber 1675 in dänische und 1680 als Feldmarschall in kursächsische Dienste, in denen er sich 1683 vor Wien Ruhm erwarb, wo er den 23. September starb. Er bezog auch in brandenburgischem Dienst eine französische Pension: vgl. Vaubruns Bericht vom 19. Februar 1670: J'ai dit au général Goltz, avec quelle bonté et tesmoignage de confiance V. M^{té} luy accordoit le payement de sa pension de mille escus, dont il m'a tesmoigné toute reconnaissance possible.

III.

Abrechnung Verjus' über die während seiner Mission in Berlin gemachten Geschenke: 1674.

Présents faits à Berlin.

1. J'ai donné à Mlle de Wangenheim:
   1. Deux corbeilles d'argent façonné de figures, pesantes cinq marcs les deux, à raison de 34 livres le marc, et dedans pour 130 l. de gants et d'huiles et essences d'Italie, le tout faisant ensemble . . . . 300 l.
   2. Deux petites caves d'huiles, essences, savons et pomades d'Italie de . . . . 80 l.
   3. Une monstre d'or avec la boeste de filigrane d'or chargée de quelques petits diamants et émérauds de vingt louisd'or 220 l.
   4. Deux manchons de 25 l. la pièce et six garnitures de rubans de satin avec les gants, chaque garniture de dix escus, le tout ensemble . . . . 230 l.
2. J'ay donné à Mr. Frobenius:
   Une paire de pistolets qui m'avoient cousté douze louisd'or 132 l.
   Une monstre d'or avec la boeste de filigrane d'or et petits diamants la dessus de 18 louisd'or . . . . 198 l.
3. J'ai donné au secrétaire Fuchs à l'occasion de son mariage deux flambeaux de vermeil pesants ensemble sept marcs, à raison de 35 l. le marc . . . . 245 l.
   Et un petit coffre de vermeil façonné avec quelques pomades et huiles pour sa femme de cinquante escus . . . . 150 l.
4. Donné au secrétaire de Mr. Meinders:
   Une fois trente escus . . . . 90 l.
   Encore une autre fois quinze escus . . . . 45 l.
   A un autre secrétaire du mesme douze escus . . . . 36 l.
5. J'ay donné à Mr. le Prince Electoral
   Un fort beau cheval, dont il m'avoit fait ofrir par un tiers trois cents escus et qu'il avoit une extresme envie . . . 900 l.

   (2620 l.)

6. Mr. le baron de Schwerin n'ayant point receu les dix mile escus que le Roy luy avoit destinés et ayant persisté à les refuser jusqu'à la fin, principalement après s'estre brouillé avec Mr. Meinders, qui s'estoit chargé de les luy faire recevoir et qui me rendit seulement deux ou trois jours avant mon départ le billet du marchand, chez qu'il les avoit mis en dépot.

IV.
Verjus über den Wandel der öffentlichen Meinung in Deutschland gegenüber Frankreich.
Berlin, 30. März 1674.

Es herrscht allgemeine Agitation gegen Frankreich und steht zu ... , dass die durch sie verbreiteten Vorurtheile sich fest einwurzeln. ... kommt zunächst dem Ansehn und der Macht des Kaisers zu gute ... et cela aussy bien que l'extresme et géneralle aversion contre le ... françois emporte la pluspart des princes contre nous et cause, que la pluspart des plus éclairés, qui ont de bonnes intentions, craignent de n'estre presque pas maistres de leurs propres peuples, s'ils se déclarent pour la France, comme les gens les plus infectés de cette contagion populaire ne sont pas ceux, qui peuvent avoir souffert par nos trouppes et qui nous connaissent le plus. Il est certain, qu'ils ne sont prévenus de cette haine que par un million de cris qu'ils lisent, qu'ils croient et qu'ils étudient comme la bible et que le bouclier d'estat demeure sans response et six ou sept sophismes de l'Isola desguisés en mille façons et répandus dans une bonne partie de l'Europe y ont souslevé tout le monde contre nous et mesme contre touttes les anciennes maximes de l'Empire et contre tout ce qui y a esté estimé jusqu'à présent plus saint et plus inviolable et regardé comme le fondement de la liberté et de la sureté de tous les estats de l'Allemagne. Je tiens, qu'il y auroit encore remède, si en France on estimoit ces sortes de choses autant qu'il me semble tous les jours trouver d'avantage par expérience qu'elles le méritent et autant qu'il est aisé de le juger par les avantages qu'on a tirés du temps du cardinal Richelieu, et par les effets sensibles que nous en esprouvons maintenant. Mais à la fin les préoccupations passeront en une espèce de sentiments naturels et au lieu, qu'il y a de quoy souslever tout l'Empire contre l'Empereur et toute la maison d'Austriche du moment, où on s'appliquera à ouvrir les yeux aux gens, nos ennemis réussiront enfin à mettre entre les Français et les Allemands une opposition et émulation peu juste, qu'ils croient si utiles à leurs affaires de rendre irréconciliable et comme naturelle et que je crois si important d'éviter, parce qu'ils se ventent, qu'ils vont jetter de la division et exciter des séditions en France. On en est icy bonnement persuadé et Mr. le baron de Schwerin luy-mesme parmi les raisons qu'il m'a dittes, qu'elles devoient faire apprehender à Mr. l'Electeur de joindre entièrement sa fortune à celle du Roy par une alliance plus estroite et d'offense [contre] l'Empereur me marque, que S. M[té] se trouveroit dans de grandes difficultés, qu'Elle seroient obligée d'envoyer une grande partie de ses trouppes sur les costes pour les deffendre contre les Hollandois, qu'ils ravageroient des pays et brusleroient des villes et prendroient aussy quelques isles et quelques places, mais sur tout qu'ils faisoient leur conte de souslever des provinces . . . .

V.

Instruction du Roy à Mr. Despense, envoyé par S. M^té pour entrer en négociation avec Mr. Minders, envoyé de Mr. l'Electeur de Brandebourg,
du 25. octobre 1678.

1. Après que le Roy a esté diverses fois informé par le Sr. Despense des avis, qu'il avoit receus du Sr. Minders, ministre de l'Electeur de Brandebourg, par lesquels il luy tesmoignoit l'extrême désir de Mr. l'Electeur de rentrer dans l'honneur des bonnes graces de S. M^té et de ne s'en séparer à l'avenir, S. M. juge à propos de se servir de la mesme voye du Sr. Despense pour luy faire connoistre ses sentimens.

2. Elle trouve bon, qu'il tesmoigne au Sr. Minders qu'il L'avoit trouvée aussy favorablement disposée pour l'Electeur de Brandebourg, qu'il peut le souhaitter, qu'ayant tousjours beaucoup d'affection pour luy Elle verra avec plaisir, que la fin de la guerre, qui s'est meue dans l'Empire, La mette en estat de la luy rendre, qu'Elle ne doutoit point mesme, que la paix ne luy en ouvrist bientost le moyen, et Elle espéroit, que celle de la Suède se peut faire aussy aisément que celle du reste de l'Empire.

3. Qu'Elle apprend avec d'autant plus de peyne, que ce Prince se propose de retenir une partie des conquestes, qu'il a fait sur cette couronne, que S. M. est plus engagée à la faire restablir par la paix.

4. Que, comme S. M. a désiré dans tous les temps de maintenir les traittés de Westphalie, Elle ne s'est rien proposé avec plus de plaisir dans le traitté de paix que de les voir remis dans toute leur force.

5. Qu'il ne le peuvent estre tant que Mr. l'Electeur garderoit une partie de la Poméranie, que la paix d'Osnabruck a acquis à la Suède, qu'ainsy S. M. désire, que Mr. l'Electeur veuille et pour le bien de sa patrie et pour l'avantage, qui luy doit revenir de l'alliance estroite avec S. M., renoncer à des conquestes, qui l'exposeroient à une longue guerre et dans laquelle il verroit les armes de la France jointes à celles de la Suède.

6. Il sera bon de luy faire considérer sur ce point, que toutes les forces de S. M., qui ne sont plus occupées contre l'Espagne et contre la Hollande, seront en estat de tout entreprendre en Allemagne, combien la perte du duché de Clèves est inévitable et combien les comtés de Mark et l'évesché de Minden seroient exposés, lorsque les armées de S. M. auroient passé le Rhin.

7. Que la perte de ces provinces seroit beaucoup plus préjudiciable à Mr. l'Electeur que la conqueste de la Poméranie ne luy seroit utile.

8. Que dans la paix que l'Empire fait proposer à Nimègue, il offre en son nom et en celuy de ses alliés, qui accepteront la paix, de n'assister en aucune manière les ennemis de la Suède.

9. Que la France n'ayant point d'ennemis dans le reste de l'Empire pouvoit s'occuper tout tant par mer que par terre au secours de la Suède.

10. Que vraisemblablement Stralsund et Grispwal ne tomberont pas entre ses mains cet hyver, que la saison est trop avancée pour entreprendre de longs sièges, et qu'estant secourues au printemps par les forces de mer de S. M. et par les diversions, qu'Elle pouvoit faire dans l'Empire et dans les terres du dit Sieur Electeur de Brandebourg, il seroit exposé à perdre non seulement ce qu'il a occupé de la Basse Poméranie, mais une partie de la Haute.

11. Qu'il luy sera plus avantageux de terminer cette guerre par une paix, lorsqu'il ne peut la continuer sans achever d'espuiser et de ruiner ses estats, qu'il ne peut plus attendre d'assistance d'argent de l'Espagne et de la Hollande et que, soit que l'Empire continue la guerre ou fasse la paix, il ne sera pas en estat de luy en donner, que dans le premier cas il sera trop occupé pour luy-mesme pour pouvoir partager son action et ses troupes, et que dans le second il sera engagé à ne point secourir les ennemis de la Suède selon ce qu'ont desja fait l'Espagne et la Hollande.

12. Que le Roy désireroit un accommodement, qui convinst également à la Suède et à l'Electeur, mais qu'il ne peut entrer en aucune proposition, qui coustoit quelque perte à cette couronne.

13. Le Sieur Despense ayant fait voir, que S. M. ne peut inviter la Suède à céder quelque partie des provinces, qu'elle a hazardé pour Elle, tesmoignera, que dans toute autre chose Elle sera bien aise de faciliter cet accommodement et de donner des marques de Son affection à l'Electeur. Il en reste un moyen entre ses mains et auquel les plaintes, que ce prince a faites diverses fois de la ruine de ses estats, lorsque les troupes de la Suède y entrèrent au commencement de la guerre, et la prétention, qu'il a fait paroistre d'un desdommagement, donneront bien assez naturellement; ce seroit quelque somme d'argent. Le Sieur Despense feroit voir, que S. M. pouvoit en accorder quelqu'une en faveur de la Suède, lorsque dans le reste cette couronne seroit satisfaite; mais parce qu'une telle ouverture donneroit peut-estre sujet à l'Electeur de Brandebourg de la demander excessive, il fera connoistre, qu'elle doit estre raisonnable, puisqu'elle doit estre regardée comme un pur effet de la générosité de S. M.

14. Comme Madame l'Electrice de Brandebourg a un grand pouvoir sur l'esprit de son mari, qu'elle paroist capable d'estre fort touchée par interest et que le desplaisir, qu'elle tesmoigna si grand l'autrefois de n'avoir point receu des présens de S. M., fait voir, à quel point elle y est sensible, S. M. trouve bon, que le Sieur Despense se serve de ce moyen

pour réussir auprès de l'Electeur. Il pourroit pour ce sujet faire connoistre au Sieur Meinders, que, comme l'intention de S. M. seroit de prendre à l'avenir de plus estroites liaisons avec Monsieur l'Electeur, Elle seroit bien aise d'estendre jusqu'à Madame l'Electrice les marques de Son affection. Il ne s'expliqueroit ny de la manière ny de la valeur du présent: il suffiroit, que l'on connust, qu'elle seroit digne de S. M., et il attendroit de sçavoir après une telle ouverture, qui toucheroit asseurément cette princesse, quelles seroient les prétentions, dont elle ne manqueroit pas de s'expliquer, il auroit soin seulement de luy faire connoistre, que S. M. attendroit de cette gratification, qu'elle employast son crédit auprès de l'Electeur pour le disposer à la paix, lorsqu'il est en estat de peu espérer de la continuation de la guerre.

15. Le Sieur d'Espense pourroit employer auprès du Sieur Meinders et par luy auprès du Sieur baron de Schuerin les mesmes espérances de quelques marques de la libéralité de S. M., s'ils pouvoient disposer leur maistre à traitter promptement avec la Suède à des conditions, dont la Suède peut estre satisfaite.

16. Pour faire réussir plus promptement cette négociation, que le Roy confie au Sieur d'Espense, S. M. désire, qu'il parte au plustost pour aller trouver le Sieur Meinders à la Haye ou à Nimègue selon celuy de ces lieux, où il pourroit estre encore, que s'il en trouvoit parti, il pourroit luy escrire et luy mander de se rapprocher soit dans le duché de Clèves, soit à Nimègue mesme, où S. M. donne part à ses plénipotentiaires des ordres, qu'Elle à confié au dit Sieur Despence.

VI.
Mémoire pour Monsieur le comte d'Espence.

1. Comme Son Altesse Electorale, mon maître, aprendra sans doute avec beaucoup de joye la bonne disposition, laquelle S. M. fait paroistre pour rentrer avec Elle dans l'ancienne amitié et de renouveller les alliances précédentes, Monsieur le comte d'Espence voudra bien continuer tout ce qui peut dépendre de luy pour conserver le Roy et Messieurs les ministres dans cette bonne intention, à laquelle on répondra du costé de S. A. E. avec une entière sincérité et donnera de telles asseurances de la sincérité et de la cordialité de ce prince, comme la France le peut désirer.

2. Que j'ai jugé très-nécessaire d'aller trouver S. A. E. en personne pour luy faire rapport de ce que Mr. le comte d'Espence m'a faict l'honneur de me dire, puisqu'il y a des circonstances, qui ne se laissent pas escrire et qui demandent une relation de bouche pour s'en pouvoir mieux expliquer et pour sçavoir d'autant mieux les intentions et les volontés du maistre.

3. Que j'espère estre bientost de retour dans ces quartiers avec les dernières instructions de S. A. E. et que cependant je ne manqueray pas de tenir une correspondance très-vive avec Mondit Sieur comte d'Espence pour luy donner de temps en temps avis de ce qui se passe, me promettant, qu'il voudra bien en user de mesme avec moy pour parvenir d'autant plus de facilité au but qu'on s'est proposé de part et d'autre.

4. Mr. le comte d'Espence sçaura faire report tant à la cour comme aux ambassadeurs du Roy des soins et de la diligence, que j'ai employé pour représenter à Messieurs les Etats Généraux et Mr. le Prince d'Orange, quel intérest ils ont à procurer une juste et raisonnable paix entre la Suède et les alliés du Nord, surtout S. A. E., avec laquelle ils ont des liaisons particulières, et que sans cela ils ne se peuvent jamais asseurer, que la paix separée, qu'ils viennent de conclure, puisse estre d'aucune durée, ce qu'ils comprennent aussy très-bien et fort universellement.

5. Cela faict espérer, que Mssrs. les Estats ne manqueront pas de travailler avec tous les efforts imaginables, surtout estant généralement persuadés, que la France veut bien et souhaitte cette paix universelle et en particulier celle de S. A. E. avec la Suède.

6. Il est vray, que la France estant sy estroitement liée avec la Suède ne pourra pas estre requise avec raison et honnesteté à la disposer à un tel accommodement, moyennant duquel le roy de Suède devroit perdre une partie de ses estats, et qu'on peut encore moins prétendre, que la France l'y porte par traitté ou par force. Cependant on croit fermement, qu'outre les bons offices, que les Estats y pourront apporter, la France y pourra encor contribuer beaucoup d'avantage et mesme sans blesser ny sa réputation ny la foy de ces traittés, pouvant par exemple représenter à la Suède:

1. Que selon le sort et le cours commun de la guerre celuy, qui par malheur succombe, ne peut pas s'empescher de ceder quelques avantages au vainqueur.

2. Que le Roy Très-Chrestien mesme, quelque victorieux qu'il ait esté et quelques espérances qu'il avoit de se rendre maistre de tout, n'a pas hésité de faire la paix avec ses ennemis en leur rendant des places et des provinces de très-grande consequence, sans qu'aucune autre nécessité l'y ait contraint, purement pour l'amour de la paix et pour rendre le repos à la chrestienté.

3. Que le Roy Très-Chrestien ne manquera pas assurément à la bonne foy ny à l'accomplissement des alliances avec la Suède, mais qu'aussy les alliances ne l'obligent pas de répondre à tous les évenements, qui pourroient arriver dans la continuation de la guerre, ny des malheurs et des fascheux rencontres, que la Suède pourra essayer, et moins encor des fautes, que les ministres et les généraux du Roy de Suède pourront commettre aussy bien à l'avenir comme ils en ont faict en grand nombre par le passé.

4. Que l'Espagne n'ayant pas encor ratifié la paix et l'Angleterre ayant tousjours ses troupes en Flandres, il peut arriver de telles résolutions et des changements si notables, que la France, quelque bonne volonté qu'elle pust avoir pour secourir la Suède, seroit tellement distraite et empeschée d'ailleurs, qu'il luy fust impossible d'assister la Suède assez vigoureusement.

5. Que la Suède ne peut espérer presque d'autre assistance qu'en argent, dont jusqu'à présent elle a peu ou rien profité, et quoyque le Roy T. C. est véritablement en estat de pouvoir envoyer au secours de la Suède une flotte dans la Mer Baltique, cela est pourtant sujet à mil événements douteux et incertains, outre l'ombrage et la jalousie que l'Angleterre et les Etats Généraux en prendroient, qui ont un intérest si grand et si notable dans le commerce de cette mer.

6. Que la diversion par terre, que la France peut faire dans l'Empire, est sujette à mil inconvénients et qu'elle est mesme malaisée ou impossible après la paix faite avec l'Empereur, qui est sur le point d'estre conclue.

7. Que pour faire la diversion par terre aux alliés du Nord il faudroit nécessairement commencer par celle, qu'on feroit contre S. A. E. au pays de Clèves et dans la Westphalie, où il est impossible de la mettre en exécution sans donner les derniers ombrages aux Etats Généraux, qui se sont desja déclarés sur ce point assez positivement et qui donnent assez à entendre, que le repos de leurs provinces et la fermeté de la paix, que le Roy T. C. vient de faire avec eux, dépend de la neutralité du pays de Clèves, et que le Roy T. C. leur ayant accordé pour leur seureté la barrière du costé de la Flandre ne pourra pas refuser de leur accorder une pareille sur le Rhin, où ils la jugent infiniment plus nécessaire que de l'autre costé.

7. Touttes ces rémonstrances et d'autres considérations qu'on y peut ajouster, doivent raisonnablement porter la Suède à désirer la paix et à l'accepter moyennant une satisfaction raisonnable pour ceux, qui ont en l'avantage dans la guerre.

8. En tout cas et si la Suède par une fierté affectée et sans raison ne vouloit pas y donner la main ny aucun lieu à ce que les Etats Généraux luy pourroient représenter en qualité de médiateurs et que la France leur peut conseiller en amy et allié, le Roy ne laissera pas de songer, comme il fait tousjours, à ses véritables intérests et s'estant une fois déclaré de vouloir rendre la paix à toutte la chrestienté, ne s'en laissera pas divertir par les obstacles irraisonnables et mal fondés, que la Suède y apporte.

9. On se remet au reste à ce que S. A. E. m'a ordonné de représenter à Mr. le comte d'Avaux touchant la conversation, que j'eus l'honneur

d'avoir à la Haye avec S. E. il y a quelque temps, dont je n'ay manqué de luy rendre compte aussy bien qu'aux ambassadeurs de S. M. à Nimègue selon la teneur sy jointe marqué de A.

10. S. A. E. m'a ordonné encor de nouveau sous la datte de Wrangelsbourg le 8. du courant de réitérer ces assurances et mesme d'y adjouster, qu'elle n'espère pas de la générosité du Roy, que S. M. voudroit pousser S. A. E. à bout et la rendre tout à fait inutile à exécuter les bonnes intentions, qu'Elle a pour le service de S. M., et pour Luy donner des preuves réelles de la sincérité de ses desseins et de ses respects. Mr. le comte d'Espence a veu l'original de cette lettre signé de la main propre de S. A. E. et il voudra bien en faire report tant à S. M. mesme qu'à Messieurs les ambassadeurs de France, qui sont à Nimègue et à la Haye. Il y a lieu de se promettre, que S. M. après les déclarations, qu'Elle a faittes à l'esgard de S. A. E., ne voudra pas désagréer ces sortes de déclaration.

11. Outre cela Mr. le comte d'Espence est prié de représenter bien et deument un point de la dernière conséquence pour l'heureux succès de cette affaire. C'est que S. M. ne veuille pas porter la guerre au pays le Cleves tant pour les raisons et les considérations qu'on en a alléguées cy dessus que pour ne pas brouiller de nouveau les bonnes apparences, qu'il y a pour une heureuse conclusion d'un ouvrage sy nécessaire.

12. Que S. M. en suitte de cela veuille mettre ordre, que ses intendants ne fassent de demandes pareilles à celle que Mr. de Monceau vient de faire depuis peu de jours d'Aix la Chapelle selon la copie cy-jointe sous B., puisque cela ne peut qu'aigrir les esprits, aporte peu de profit ou d'avantage au Roy T. C. et va directement contre la bonne foy de l'accord fait entre le dit Sieur Intendant des estats du pays de Cleves, dont on a cy-joint ajousté l'extrait sous C.

Ce point estant fort essentiel et capable de troubler tout est particulièrement recommandé.

13. Puisque le Roy T. C. et ses ministres sont assez informés des affaires de S. A. E., on ne veut rien avancer icy, en quoy la bonne et une ferme amitié entre ces deux potentats puisse estre utile à la France, cependant le Roy n'auroit qu'à se déclarer sur deux choses:

1. De quelle manière S. M. prétend de s'assurer de la sincérité des intentions de S. A. E., puisqu'on sçait, qu'il y a des gens, qui l'ont voulu rendre suspect, quoyque le véritable intérêt de S. A. E. parle assez clair de soy-mesme et que cela en doit estre le lien et l'assurance la plus incontestable et la mieux fondée.

2. Quelles preuves et marques réelles S. M. prétend de S. A. E., en quoy Elle croit, que S. A. E. luy puisse rendre service et seconder ses intérests et ses intentions.

    1. En Allemagne en quelque manière que ce soit, dont je crois estre instruit amplement et en particulier touchant quelque amitié et correspondance particulière avec Bavière, Hannovre etc.

2. Comment le Roy désire, que S. A. E. en use dans l'Empire avec Saxe, Brunswik, Zell, Munster, Nieubourg.

3. Quel intérest Elle prend en particulier touchant la future succession dans l'archeveschè de Cologne, et si l'Electeur de Brandebourg doit faire quelque chose pour Mr. l'evêque de Strasbourg pour exclure les enfans de Mr. le duc de Neubourg à cause du grand attachement de ce prince à l'Empereur.

4. Quelle est l'intention de S. M. à l'esgard de Pologne, Dannemark, Hongrie, Angleterre, les Pays Bas, Lorraine, l'Espagne, surtout sy elle ne vouloit pas ratifier la paix, et ce que c'est que S. M. peut prétendre, que S. A. E. fasse ou agisse dans ces quartiers.

14. Qu'à l'esgard de la Suède S. A. E. veut bien promettre de ne tenter plus rien contre elle, pourvu que la Suède laisse S. A. E. en repos, surtout en Prusse, d'où S. A. E. a la mesme facilité et peut-estre beaucoup plus grande d'attaquer la Suède en Livonie que la Suède n'a d'attaquer S. A. E. en Prusse.

15. Après tout et afin que le Roy T. C. puisse mieux reconnoistre la sincérité des intentions de S. A. E. et le désir qu'Elle a de se remettre bien avec S. M., S. A. E. veut bien traitter avec Elle en luy laissant la faculté d'assister la Suède d'argent, pourveu que du reste on puisse tomber d'accord.

16. S. A. E. veut bien aussy Elle-mesme concourir, qu'en récompense de la Poméranie la Suède puisse trouver d'une ou d'autre manière quelque satisfaction raisonnable telle qu'on en pourra convenir.

17. La perte et le dommage, que les Suédois ont faict dans les provinces de S. A. E. est asseurément irréparable et il faudra plus de demy siècle pour repeupler seulement les quartiers, dont ils ont emmené jusqu'aux enfans la proye dans leur terre. Cependant S. A. E. se déclarera touchant la réparation de ce dommage si raisonnablement, que le Roy T. C. en sera satisfait.

18. Il ne tiendra aussy qu'à S. M. de se déclarer à l'esgard du nombre des trouppes, qu'Elle souhaite en cas de nécessité de S A. E., et les conditions, dont le Roy voudra bien convenir avec S. A. E., qui pourroit très facilement et en peu de temps augmenter ses trouppes avec le tiers ou le double, selon le besoin que S. M. pourra croire en avoir pour le commun intérest.

19. Comme S. A. E. est liée estroitement avec le Roy de Dannemark, Elle souhaite, que cette Majesté puisse faire en mesme temps moyennant une raisonnable satisfaction la paix avec le Roy T. C. et la Suède.

Puisque toutes ces choses demandent des instructions plus particulières, il sera sans doute à propos, que Mr. le comte d'Espense, aussytost que je luy aurois faict sçavoir les intentions de S. A. E., fasse aussy un voyage vers S. M. pour en sçavoir les sentiments, afin qu'en suitte de cela on puisse se rendre de nouveau ou à Nimègue ou a la Haye pour continuer les conférences et pour sortir et convenir d'affaire sans plus de délay. Je continueray cependant la correspondance avec Mr. le comte d'Espence, ainsy que je me promets qu'il sera de son costé.

Mémoire donné à Mr. d'Espense par le Sieur Meinders.

VII.

Aus der Instruktion Ludwigs XIV. für Colbert de Croissy in Nimwegen vom 22. April 1679 betreffend die Brandenburg zu überlassenden pommerschen Gebietstheile.

Das von Meinders für Brandenburg geforderte Stettin ihm zu überlassen ist unmöglich, da ohne dieses Pommern für Schweden völlig entwerthet sein würde . . . Mais parce qu'elle (d. i. la Suède) doit estre satisfaite, si cette province luy est rendue en l'estat, qu'elle luy a esté acquise par le traitté d'Osnabruck, j'ay cru, qu'elle pouvoit pour le bien de la paix abandonner quelques terres, qui ne luy sont point cedées par ce traitté. De toutes celles qu'elle possède au delà de l'Oder, il n'y a que celle de Dam, qui y soit spécifiée, toutes les autres luy furent adjugées par les commissaires, qui furent nommés de part et d'autre pour régler la largeur du rivage de l'Oder du costé de la Pomeranie, qui demeuroit à l'Electeur de Brandebourg. L'autorité et la puissance de cette couronne, qui estoient grandes alors en Allemagne, estendirent les bornes de ce rivage beaucoup au delà de ce qu'elles devoient estre naturellement, et cette prétention acquit trois ou quatre lieues de largeur à la Suède le long de l'Oder dans la Pomeranie ulterieure, ainsy bien que le traitté porte expressément, que la Suède possèdera seulement dans cette province Stetin, Gartz, Dam, Golnau et l'isle de Wolin, elle occupe ce reste du pays, qui a luy esté adjugé par les commissaires.

C'est cette estendue de pays, dans laquelle se trouve la ville de Greifenhague, que je croirois juste pour le bien de la paix, que la Suède cedast à Mr. l'Electeur de Brandebourg. Mais pour le disposer plus facilement à se contenter de cette condition, je trouve bon, que vous y adjoustiez une, qui despend purement de moy: cela seroit de luy faire payer une somme d'argent comme pour une partie du dedommagement, qu'il peut pretendre de la Suède.

VIII.
Zur Entstehungsgeschichte des brandenburgisch-französischen Bündnisses vom 11. Januar 1681.

1. Rébenac berichtet am 14. August 1680: Er sehe, dass der König die Sache noch hingezogen zu sehen wünsche, bis er in des Kurfürsten wahre Absichten Einsicht gewonnen habe, aber demselben danken lasse „pour la manière d'agir dans toutes les rencontres, il souhaitte néantmoins, que pour une preuve plus grande de son amitié, il ne veuille bien ne plus s'intéresser aux affaires de Mr. l'Electeur Palatin, qui par un procédé tout à fait injurieux a obligé S. M^{té} de n'user jusques icy d'aucune grace dans les choses, qui sont fondées sur la justice de ses prétentions¹) . . .

2. S. M^{té} souhaitte, que comme Mr. l'Electeur a une conoissance parfaitte de la disposition des principaux princes de l'Empire, il veuille bien l'instruir de ce qu'on peut attendre, quelles sont leurs inclinations, leurs forces présentes et celles qu'ils peuvent avoir. Elle voudroit aussy, qu'avec la mesme ouverture Mr. l'Electeur voulust luy faire connêtre, sur quelles forces elle-mesme peut conter, tant par luy que par ses amis, quelles mesures il jugeoit devoir prendre, quelle assistance il pouvoit souhaiter de S. M^{té} et quels moyens il croiroit devoir estre employés pour obtenir un succès heureux . . .

3. Der König wünscht des Kurfürsten Bund mit Celle und Wolfenbüttel und ehrliche Versöhnung selbst mit Hannover²).

4. 24. August 1680. Friedrich Wilhelm wünscht dringend „une nouvelle alliance pour se garantir contre les menées de l'Empereur." Hauptmotive sind: „sa propre sûreté, le désir de profiter des conjonctures et l'envie d'avoir des subsides . . ."

5. . . . L'on parle de guerre icy, comme sy elle estoit déclarée. La manière en est si forte, que les officiers d'eux mesmes se mettent en équipage. Il est vray, que les discours de Mr. l'Electeur y donnent beaucoup de fondement, et quelques précautions qu'il prenne, il ne peut s'empescher de faire éclater le désir qu'il a d'entrer en action. Il ne laisse pas fort aussy les gens dans l'incertitude du party qu'il prendra . . .³)

6. d. 7. September. Mr. l'Electeur est plein de chaleur et ces ministres affectent de l'indifférence.

7. d. 2. October. Der Kurfürst drängt auf ernste Inangriffnahme der Allianzverhandlungen, welche die Minister zu verschleppen suchen.

---

¹) Vgl. oben S. 229.
²) S. oben S. 230.
³) Es folgt die oben S. 108 erwähnte Erzählung von den bei einer Revue **entdeckten** rothen Schärpen seiner Truppe.

8. d. 16. November. Es wird eifrigst unterhandelt. — v. Jena macht aus Missgunst gegen Meinders und Fuchs Schwierigkeiten. — Die brandenburgischen Subsidienforderungen sind übermässig. Endlich stellt Rébenac ein Ultimatum: wenn man nicht bis zum nächsten Tage annehmbare Vorschläge macht, will er die Verhandlungen abbrechen und das Ludwig XIV. melden, da Frankreich dann genöthigt sei sich mit Schweden zu verständigen. „Ils entendirent l'alliance de Suède, et c'est Sire, le moyen infaillible pour en obtenir tout ce qu'on veut. Aussy le mesme jour fort tard on vint me dire, que tout estoit accordé. Fucs arriva de Potsdam et le Sieur de Meinders vint un moment après. Ce premier me dit, que Mr. l'Electeur s'estoit extrêmement offensé du procédé du Sieur Jena, le second me pria de mander par cet ordinaire à V. M^té, que tout estoit conclu."

9. d. 20. November überbringt ein Courier den Vertragsentwurf.

10. d. 23. November. Der Kurfürst dringt auf Beschleunigung des Abschlusses, „car le dessin qu'il a de pousser l'Espagne pour le payement de ses subsides luy faict paroistre la protection de V. M^té tout à fait nécessaire ... On a donné les ordres aux trouppes de marcher vers la Gueldres, et pourveu que les Espagnols continuent dans leur fierté, je crois qu'on fera de nouvelles levées."

11. d. 27. November berichtet Rébenac genauer über den Gang der Verhandlungen, u. A.: „Ce quatriesme (sc. article) du premier projet et qui peut revenir au 7e du second a esté contesté longtemps. Je l'avois estendu dans les termes les plus amples et les plus significatifs, qu'il m'avoit esté possible. Mais le Sr. Jena, qui en voyoit les conséquences, s'y est opposé avec tant de force et de raisons différentes, que j'ay esté contraint de me retrancher aux essentiels, de crainte de le pousser à prévenir l'esprit de V. M^té." Rébenac erklärt im Laufe der Verhandlungen dem Kurfürsten offen, „que V. M^té ne pouvoit prétendre d'autre avantage dans ce traitté que de n'estre point inquiétée par luy dans ses prétentions légitimes en Alsace." — Der Gesandte bemüht sich weiterhin namentlich des Kurfürsten Abneigung gegen Schweden zu überwinden: beider gemeinsamer Feind sei Oesterreich; die beste Vergrösserung für Brandenburg seien Schlesien und Mähren; die französisch-schwedische und die brandenburgisch-französische Allianz seien nicht unvereinbar; der Kurfürst wünscht durch Frankreich einen Bund der nordischen Mächte gestiftet zu sehen und Erneuerung seiner Allianz mit Dänemark.

12. d. 4. December. Grosse Aufregung erzeugt in Berlin des Kaisers angebliche Absicht, 20000 Mann im Reich in Quartier zu legen: der Kurfürst verlangt, dass dem rechtzeitig entgegengetreten werde — „et m'a chargé de dire à V. M^té, qu'il se régleroit en cela sur ce qu'Elle luy ordonneroit de faire. Son sentiment est, que la diette d'elle-mesme ne s'y oppose pas avec assez de vigueur; il seroit bon, que V. M^té déclarast, que si on accorde des quartiers à l'empereur, Elle en demande aussy pour Elle, n'ayant pas moins de zèle pour la guerre du Turc, qui

est le prétexte, dont on se sert. Il croit, que cette demande, appuyée, comme elle le seroit, donneroit un exclusion positive à celle de l'Empereur . . .

13. On a expédié les ordres pour les trouppes, qui doivent s'avancer vers la Gueldres. On les avoit retardés pour quelques contestations entre les officiers. Le mareschal Dorfling vouloit, qu'elles formassent un corps assez considérable pour se mettre à la teste et proffiter des contributions d'une longue marche. C'est la seule veue, qui puisse le gouverner. Rébenac fürchtet, dass man dabei zu weit gehn und mit den Nachbarn in Streit gerathen werde, der den Frieden ernstlich gefährden könne. An der Wahrheit des Gerüchts von Spaniens Absicht, in Kleve einzufallen, zweifele er im Hinblick auf Spaniens Ohnmacht: „Mais ce prince (der Kurfürst) l'espère et le souhaitte avec passion, jusques là, Sire, qu'il a donné ordre et publié comme une chose qu'il vouloit exécuter, qu'il donneroit dix mille escus au premier, qui luy apporteroit la bonne nouvelle de l'entrée de deux cens chevaux espagnols dans ses estats."

14. d. 8. Januar 1681. L'alliance de Munster avec Mr. l'Electeur de Brandebourg aussy bien que celle du Brunswik avec ce prince sont sur le pied que V. M^{té} les souhaittoit, c'est à dire, Sir, qu'elle paroist les désirer et qu'Elle est la maistresse des deux et en estat de la différer et conclure, quand elle le jugera à propos.

15. d. 12. Januar 1681 übersendet Rébenac dem König den abgeschlossenen Allianztraktat[1]). „On s'est conformé au second projet de S. Germain du 11. décembre, et s'il y a quelque changement, il n'a point paru assez essentiel pour y faire naistre de grands obstacles et ne consiste qu'en quelques changemens de mots. Comme on souheste icy, que Mr. de Spanheim n'ait aucune connaissance du traité secret de Fontainebleau[2]), j'auray l'honneur de dire à V. M^{té} les articles, qu'on communique de ce costé-cy à ce ministre, avec lequel on ne veut entrer que dans la confidence, que V. M^{té} jugera mesme à propos." — Weiter rühmt Rébenac „le dévouement entier à Vos intérests dans cette cour." „Mais le seul zèle que j'ay pour le bien de son service, me donne la liberté de luy dire, qu'il est nécessaire de les entretenir par de petites gratifications. Ils y sont accoustumés, Sire, et c'est ce qui les gouverne: on leur en offre de tous parts de fort considérables, et je sais, qu'ils les refusent. C'est ailleurs le seul moyen de satisfaire Mr. l'Electeur. Il y a des temps, ou ce prince agist d'une authorité absolue, mais ils sont rares et ils l'emportent toutes les fois, qu'ils le veulent." — Er fordert 1000 Thaler zur Vertheilung unter Meinders, Jena und Fuchs und die an dem Traktat betheiligten Sekretäre: eine Bleistiftnotiz des Königs bewilligt 2000. — Die Subsidien sollen vierteljährlich bezahlt werden — „c'est une chose, Sire, que Madame l'Electrice a souhaité et pressé fortement,

---

[1]) v. Mörner S. 708.
[2]) Irrthümlich für S. Germain.

par ce que cet argent aussy bien que beaucoup d'autre ne sortant pas de Paris, où il est employé à des nippes et autres choses, il luy est plus commode, qu'il soit payé par quartiers.

16. d. 15. Januar 1681. Rébenac meldet, wie er sich bemüht den Kurprinzen an den Bund mit Frankreich zu gewöhnen, indem er ihm die Feindschaft des Kaisers und anderer Nachbarn Brandenburgs möglichst abschreckend schildert. Dem 24 jährigen Kurprinzen giebt man bei seinem elenden Zustand keine 3—4 Jahre mehr zu leben. „Il a peu d'esprit dissimulé et avaricieux au dernier point, peu d'élévation et s'il marque quelque désir d'augmenter ses estats, ce n'est que pour mettre plus d'argent dans ses coffres, ce qui fait sa seule ambition. Il se laisse gouverner par un homme, qui a esté son précepteur, nommé Teukelmond, un esprit bas et qui inspire à son maistre la dissimulation et en mesme temps de la hayne pour quelques ministres de son père. Madame l'Electrice le traitte fort mal et se conduit avec trop peu de prudence sur son sujet. Aussy n'y est-il pas insensible et hier mesme sur quelque petit desmêlé entr'eux il me dit des choses bien terribles pour Elle et pour ses enfans, s'il se trouve jamais le maistre. Mr. l'Electeur ne l'ayme ny l'estime." Denn als ein aus Schweden Heimgekehrter berichtete, der König von Schweden wolle nur des Kurfürsten Tod abwarten, um sich an Brandenburg zu rächen, meinte Friedrich Wilhelm, erzählt Rébenac, „en adjoustant: Ce Roy de Suède a raison, car mon fils n'est bon à rien. Ce qu'on peut juger, Sire, du dessin de ce prince, quand il viendra à la régence, c'est de retrancher les despenses de sa maison, qui sont fort grandes, faire rendre compte à ceux, qu'il croit avoir dissipé les finances de son père, mettre de l'argent dans ses coffres et à l'esgard des affaires estrangères se conserver dans la neutralité."

17. d. 22. März 1681. Il (der Kurfürst) me fit une récapitulation de tout ce qui pouvoit empescher, qu'on ne luy creut d'autres intérests que les vostres, en premier lieu, qu'il ayt raison ou non, il est entièrement persuadé, que sans l'appuy de V. M^{té} il perdroit tous les biens de la princesse de Radziville en Pologne, ce qui fait un article de deux à trois cens mille escus de rente. Il a ses prétentions sur l'Espagne; qui peut les luy faire valoir que V. M^{té} seule? Il y a desjà six frégates en mer, trois autres prestes à sortir et trois qu'on esquippe. Il croit estre si seur d'un grand succès, que je puis respondre, qu'il ne donneroit pas les prétentions de cette année-cy pour un million d'or. Quels avantages, dit-il, l'Empereur pourroit-il luy donner, qui valussent ceux-là? Il y ajoustoit encore, que V. M^{té} pouvoit seule mettre les Suédois, ses ennemis, en estat de luy faire la guerre avec avantage, qu'il ne pouvoit prendre de véritable confiance en ses voisins, dont le moindre pourroit avec la protection de V. M^{té} mettre une armée sur pied plus forte que la sienne mesme; qu'il voyoit bien que l'Empereur le hayssoit, mais qu'il le craignoit aussy, estant asseuré de V. M^{té}, au lieu qu'estant amy avec luy il ne le hairoit moins, mais le mespriseroit beaucoup.

IX.

Aus Rébenacs Bericht vom 25. November 1681
betreffend die ihm vom Kurfürsten gemachte Mittheilung
aus der „Väterlichen Vermahnung".

... Il y a quelque temps que les ministres de l'Empereur, de Dannemark, de Hollande et autres, voyant leurs projets presque renversés dans l'esprit de Mr. l'Electeur, s'avisèrent de concert de s'attacher au Prince Electoral, et comme c'est un prince aussy faible que le corps en est malfait, ils n'ont pas eu de peine à luy donner les impressions, qui leur convenoient. Je n'ay depuis quelque temps avec ce prince aucun commerce que de bienséance et des plaisirs, sans y mesler les affaires, parce que ne rien pouvoit me nuire d'avantage dans l'esprit de Mr. son père, de manière que jusques à ce nouvel empressement des autres ministres j'estois fort avancé dans ces bonnes graces. — Des Kurprinzen Abneigung gegen Frankreich beweisen auch die von ihm geführten Reden. Das erwähnt Rébenac eines Tages gegen den Kurfürsten — „que Mr. le Prince Electoral vouloit, qu'on le crust depuis quelque temps meschant François, sur quoy il me respondit, qu'il ne suivoit pas en cela ny ses conseils ny son exemple, et pour m'en donner une espreuve, il me demanda sa cassette, en me disant, que personne au monde ne devoit l'avoir qu'après sa mort, mais que pourtant il vouloit me faire voir une partie d'un mémoire escrit de sa main propre et qu'il laissoit à son fils comme fruit de sa propre et longue expérience. Ce mémoire, Sire, en ce qu'il me fist l'honneur de me lire, me parust couché d'aussy bon sens, que j'en ay veu, et il y avoit ses propres mots: Mon fils, profitez de mon expérience pour le choix de vos alliés et présentez-vous sans cesse, que l'Empereur est le plus dangereux ennemy de vostre maison. Vous estes environné de puissances, qui ont une jalousie continuelle de la vostre, mais aucune est en estat de vous nuire que celle de la maison d'Autriche, qui n'en perdra jamais l'occasion, quelques engagemens qu'elle prenne avec vous. Le seul ami qui vous puisse mettre à couvert de ses entreprises et n'ayt aucun ombrage de vostre grandeur, c'est le Roy de France, avec lequel je vous laisse dans une parfaite union."

Dass es sich hierbei nur um die „Väterliche Vermahnung" von 1667 handeln kann, die Ranke, Genesis des Preussischen Staates S. 499 ff., ihrem Wortlaut nach mitgetheilt hat, liegt auf der Hand und wird zum Ueberfluss noch bestätigt durch die Uebereinstimmung der von Rébenac dem Kurfürsten in den Mund gelegten Worte: „qu'il laissoit à son fils comme le fruit de sa propre et longue expérience" mit der im Eingange der Denkschrift gebrauchten Wendung „aus langer Erfahrung nützliche Unterweisung". Die Stelle, welche Rébenac vorgelesen bekommen haben will, findet sich in der „Väterlichen Vermahnung" nicht — begreiflich genug, da sie 1667 entstand, zu einer Zeit, wo Friedrich Wilhelm mit dem Kaiser im besten Verhältnis stand (Ranke a. a. O. S. 293). Dass von jenem politischen Testament nach einander verschiedene, der wechselnden politischen Lage entsprechende Redactionen vorhanden gewesen sein sollten, wird man nicht annehmen dürfen. Es bleibt demnach nur mit Droysen, Preussische Politik IV, 4, S. 146 anzunehmen, entweder dass Rébenac das ihm Vorgelesene nicht genau aufgefasst oder nicht genau wiedergegeben oder aber der Kurfürst beim Vorlesen das für Frankreich, das gegen Oesterreich Gesagte mit schärferem Accent hervorgehoben habe.

X.
Friedrich Wilhelm und die Reunionen 1681—82.

Zur Zeit der Pyrmonter Zusammenkunft (Juli bis August 1681) ist man nach Rébenacs Berichten in Deutschland allgemein überzeugt, dass nur sofortige Waffnung gegen Frankreich den Krieg abwenden könne. Das Bekanntwerden der französischen Ansprüche auch auf Frankenthal und Kreuznach steigert die Erregung, und auch der Kurfürst wird davon ergriffen.

1. d. 27. Juni 1681: Mais je ne dois point céler à V. M^{té}, que ce prince entre dans de véritables inquiétudes sur les procédures d'Alsace, et les gens de sa chambre m'ont mesme averty, qu'il leur répétoit souvent, que sy V. M^{té} vouloit faire voir une fin à ses prétentions, quand ce seroit mesme au delà du Rhin, on se régleroit là dessus, mais qu'il craignoit, qu'un premier jour on ne prétendit Magdebourg et Berlin.

2. d. 26. Juli: ... Im Auftrage des Kurfürsten machen Jena und v. Meinders Vorstellungen gegen das Verfahren der Reunionskammern und bitten um Schonung für Luxemburg und die Grafschaft Spanheim als oranischen Besitz und Theil des einstigen brandenburgischen Erbes[1]). Den Hinweis auf die Verletzung der Verträge beantwortet Rébenac mit der Frage, woher Brandenburg denn ein Recht habe sich in der Grafschaft Mannsfeld huldigen zu lassen und spanische Schiffe aufzubringen? Aber an eine That des Kurfürsten glaubt er nicht, denn:

d. 2. August: Outre, Sire, qu'on est très peu en estat de rien entreprendre et que, s'il falloit, que Mr. l'Electeur de Brandebourg commençast la guerre, la subsistance luy manqueroit un mois après. C'est ce qu'il connoist en feignant de l'ignorer ... Il est bien vray, Mon-

[1]) Vgl. Rébenacs Schreiben an seinen Vater vom 23. August 1681 bei Gallois a. a. O. V. S. 248: Ses remontrances n'ont esté que respectueuses.

seigneur, que dans les conjonctures icy l'esprit de Mr. l'Electeur ne se trouve pas dans son assiette ordinaire et l'inquiétude qu'il témoigne — nöthigt ihn zu genauester Beobachtung desselben.

3. d. 9. August: Seit einigen Wochen ist der Kurfürst ausserordentlich aufgeregt. Rébenac meidet ihn deshalb, um ihn sich erst beruhigen zu lassen. Des Königs Erklärung, er erwarte pünktliche Erfüllung der durch die Verträge übernommenen Pflichten, hat der Kurfürst dann bejahend erwidert und bei erster Gelegenheit thatsächliche Beweise davon zu geben versprochen.

4. d. 24. September: Des Kurfürsten Stimmung ist besser: ihn bei guter Laune zu erhalten empfiehlt Rébenac dem König ihm etliche spanische Pferde zu schenken, die er zur Zeit durch ganz Europa vergeblich suchen lasse.

5. d. 8. October 1681: Ludwig XIV. an Rébenac aus S. Germain: — Der Gesandte hat d. 24. September gemeldet, „que vous estes persuadé, que l'Electeur de Brandebourg ne fera rien, qui soit contraire aux engagements, qu'il a pris avec moy, à moins qu'il n'arrive quelque changement considérable dans les affaires d'Allemagne, — nun ist Strassburg occupirt, und kaiserlicherseits sucht man gegen den König auszubeuten „la résolution, que la ville de Strasbourg a pris de se soumettre à l'obéissance qu'elle me doit." Deshalb müsse der König — „avant que de rien résoudre sur toutes les nouvelles marques d'amitié que vous me proposez de luy donner" — Beweise von dem ungeminderten Vertrauen des Kurfürsten haben, zumal die kaiserliche Einsprache ganz unbegründet sei: „La ville de Strasbourg, qui estant située au milieu de l'Alsace et par conséquent dans l'estendue de la souveraineté, qui m'apartient en conséquence des traittés de Münster et de Nimègue, a mieux aimé se soumettre à l'obéissance qu'elle me doit et recevoir mes troupes que celles, que le prince de Lorraine et le baron de Mercy vouloient y introduire[1] pour commencer la guerre aux dépens de la dite ville et de tout l'Empire."

6. d. 8. October 1681 berichtet Rébenac: Le prince est présentement un peu pressé dans sa finance. Il m'a parlé à coeur ouvert.

7. d. 15. October: Auf die Meldung von Strassburgs Fall, der Kurfürst „avoit paru surpris et affligé, que ses premiers discours avoient esté, que sa situation estoit malheureuse en ce que l'Empereur estoit son ennemy et qu'il voyoit, que V. M^{té} n'avoit pour luy aucune amitié." Ueber seine erste, längere Zeit danach erfolgte Unterredung mit dem Kurfürsten berichtet Rébenac dann: „Le prince me receust un peu plus sérieusement qu'à son ordinaire et me parla de toute autre chose que de Strasbourg." Erst eines Abends nach Beendigung seines Spiels und Entlassung aller anderen „il me fist prier de venir dans sa chambre ... Il commença par la grandeur de cette démarche, que V. M^{té} avoit rompu

---

[1] Vgl. Droysen a. a. O. III, 3, S. 482.

le traité de Westphalie, que tout l'Empire se trouvoit obligé de s'opposer à un démembrement si considérable, qu'Elle avoit donné par cette action plus de force et de crédit à l'Empereur que sy Elle avoit perdu plusieurs batailles contre luy, que dans la guerre du Turc Strasbourg fournissoit un grand sujet de plainte à tout l'Empire et plusieurs autres raisons, que le Sieur Yena m'avoit allegué la veille. Il a ajousta, qu'il n'y voyoit pas seulement la ruine de l'Empire, mais la sienne en particulier; que V. M^{té} dans une affaire de cette nature n'ayant pas daigné de l'honneur de sa confiance, quand ce n'eust esté que par une distinction de quelques jours, il voyoit le peu de cas qu'Elle faisoit de luy, et sur cela s'échaufa un peu me reprochant toutes les asseurances, que je luy avois données de l'amitié de V. M^{té}."

8. Auf Rébenacs Gegenbemerkungen beruhigt er sich, dann: „Il me fist voir un projet donné à ce qu'il dit par la Suède sur les alliances d'Angleterre et de Hollande, et sur ce que je dis seulement, que c'estoit la meilleure affaire, qui luy peut arriver, il se jetta sur la Poméranie et la prist en un discours avec tant de facilité, qu'il le pouroit en effet, s'il l'avoit entrepris et qu'il y fust appuyé par V. M^{té}." Der Kurfürst wünscht, Rébenac solle auf Grund dieses Vorschlags mit seinen Ministern in Berathung treten . . . „mais qu'il supplioit V. M^{té} d'avoir soin de luy, de le regarder comme un allié seur et qu'il estoit de Sa gloire de ne le point abandonner."

Rébenac findet die Lage für Frankreich ausserordentlich günstig; die von ihm geleistete Zahlung einer Subsidienrate von 100000 Livres kann sie nur noch bessern.

9. d. 22. October berichtet Rébenac: — On peut dire, que ce prince par un effet de sa raison et d'un attachement sincère à ses interests a pris la chose d'un premier abord, comme il le devoit. Il se persuade, que ses avantages sont infinis dans l'alliance de V. M^{té} et qu'avec elle il peut espérer autant de succès, qu'il en doit craindre de contraires dans un autre party. On peut dire aussy, lorsqu'on pénètre dans sa pensée, que la veue, qui gouverne le plus absolument sa conduitte, est la paix. Il la souhaite avec une passion, qui se fortifie de jour en jour. Il sçait, qu'il ne peut l'obtenir que de V. M^{té} seule par une opposition sans réserve aux dessins de l'Empereur.

10. d. 29. October meldet Rébenac, der Kurfürst habe ihm einen mit Diamanten besetzten Degen überreichen und, nachdem er die Annahme zunächst abgelehnt, nochmals überbringen lassen, — „weil er auch in Kleinigkeiten zeigen wolle, dass durch Strassburg seine Gesinnung gegen Ludwig XIV. und seine Freundschaft für Rébenac nicht geändert sei"[1]).

11. d. 11. December lässt der König aus S. Germain Rébenac benachrichtigen, der Vorschlag eines „règlement des limites entre mes

---

[1]) Vgl. Gallois V, S. 265 u. oben S. 108.

estats et l'Empire sur le pied de la possession, dans laquelle je me suis
mis avant le départ de mes ambassadeurs pour Frankfort en adjoustant
Strasbourg" sei vom Kurfürsten freudigst aufgenommen.

12. d. 16. Juli 1682 benachrichtigt der König aus Versailles
Rébenac von der nach Verabredung mit Dänemark erfolgten Sendung von
Crockows nach Wien — que Mr. l'Electeur n'agist que par le pur motif de
préserver l'Empire de toutes les pertes et dommages qu'il pouvoit souffrir,
si les affaires se portent à un renouvellement de la guerre contre moy.

13. d. 16. September 1682 meldet der Gesandte: La résolution
que les Estats Généraux ont pris de proposer une assemblée, où les diffé-
rends de tous les princes seroient terminés, a donné lieu à Mr. l'Electeur
d'en escrire au roy de Dannemark et autres endroits, ou il entretient
correspondance, pour condamner cette pensée et faire voir la honte, qu'il
y auroit à admettre de pareils arbitres, puisqu'il estoit aisé de juger,
que les Estats Généraux vouloient s'en attribuer le principal honneur et
chercher en mesme temps les moyens de porter la confusion partout.

14. d. 7. October 1682 berichtet er von seiner Reise zum Kurfürsten, um ihm die Denkschrift vorzulegen, die Ludwig XIV. in Regensburg überreichen lassen will, dass er sich an die bisher vorgeschlagenen
Bedingungen nur noch bis zum 1. December für gebunden erachtet:
„— et je connus, que les premiers mouvements de ce prince le portoient
de l'approuver: il m'en parla aussy comme de la suitte d'une pensée,
qu'il croyoit luy estre venu le premier. Il m'asseura en suitte, qu'il
donneroit sur cela de tels ordres, que V. M^{té} en seroit satisfaitte. Le
lendemain, Sire, il arriva ce que j'avois prévcu il y a longtemps. C'est
qu'après avoir parlé à l'envoyé de Dannemark il songea de profiter de
la conjoncture pour ses intérests particuliers et sans désapprouver ce qui
se faisoit, il tesmoigna de l'inquiétude de l'estat, où il se trouvoit par le
peu de moyen qu'il auroit de s'opposer à ses ennemis. Il établit donc
comme une chose indubitable, que la proposition de V. M^{té} seroit rebutée,
que la paix du Turc se feroit et qu'on commenceroit par luy tomber
sur les bras avec toute la puissance de l'Empereur dans un temps, où
V. M^{té} ne faisant rien pour ses alliés, ils ne se trouvoient pas en estat
de résister à leurs ennemis. Il parla avec chaleur des affaires des
Huguenots. C'est le prétexte ordinaire de ses chagrins." Des Weiteren
legte Rébenac damals dem Kurfürsten nach seinem Berichte dar — „que
si on ne la (Antwort auf seine Offerten) luy donnoit pas par une acceptation pure et simple, qu'Elle se tenoit pour dégagée de ses offres et
qu'Elle feroit valoir ses droits; que c'estoit aux bien intentionnés pour
la paix à prendre la seule voye de la conserver; que V. M^{té} regardoit
Mr. l'Electeur aussy bien que le Roy de Dannemark comme les princes
les plus puissans, ses plus fidèles alliés et les plus portés au maintien
de la tranquillité publique n'avoit pas seulement concerté avec eux la
résolution, qu'Elle avoit prise, mais les prioit de l'appuyer avec autant
de force, qu'Elle avoit lieu de l'espérer de leurs bons sentimens pour

Elle et pour le bien public; qu'Elle ne douttoit point, que des princes aussy éclairés qu'eux ne connussent, de quelle importance il estoit d'esloigner tout sujet au party opposé de se flatter de leur incertitude, et que V. M^té espéroit, que dans une occasion comme celle-cy ils auroient une conduitte aussy vigoureuse que celle qu'ils avoient eu en tant de rencontres pour parvenir au mesme dessin; qu'ils croyoient bien aussy, que rien au monde ne feroit changer V. M^té de résolution et qu'en traisnant les affaires en longueur, on hazardoit de tout perdre. J'observois, Sire, de mettre tousjours le Roy de Dannemark et Mr. l'Electeur ensemble, par ce qu'il se nommoit conjointement en tout." Auf Rébenacs Hinweis auf Andeutungen, die v. Spanheim in Paris über anderweitige Engagements des Kurfürsten gemacht haben sollte, erwidert Friedrich Wilhelm, „qu'il ne mandoit pas de pareil, qu'il estoit serviteur de V. M^té sans réserve, qu'outre son inclination naturelle ses intérests l'y obligeoient, les ayant rendu aussy incompatibles que sa personne avec l'amitié de l'Empereur; qu'il supplioit V. M^té de luy rendre justice et de démesler ce qu'il ne faisoit que par une ouverture de coeur et une confiance entière d'âme ce qu'on pouvoit donner de fausses interprétations à ses discours; qu'il estoit vray, qu'il souhaiteroit avec passion de n'estre pas exposé en proye à ses ennemis et que le secours qu'il tireroit de V. M^té ne seroit jamais employé que pour son service; mais que la puissance et la mauvaise volonté de ses voisins luy donneroit de l'inquiétude et que V. M^té pourroit le tirer avec peu de chose de l'embarras, où il ne se trouveroit que par son attachement à vos intérests. — Cependant, Sire, on est convenu, qu'il partira demain un ministre pour servir d'intervenant à Frankfort, qu'il y porteroit des instructions telles que V. M^té en sera contente, qu'il aura aussy un pleinpouvoir de conclure avec les princes du Rhin et les bien intentionnés pour la paix." Ebenso wird v. Jena in Regensburg instruirt werden.

15. d. 11. November 1682 berichtet Rébenac von einem neuen eingehenden Gespräch mit dem Kurfürsten, worin dieser u. a. geäussert: „que, s'il osoit, il voudroit bien donner part à V. M^té d'une pensée, qui luy estoit venue sur les affaires de Francfort; que l'Empereur l'avoit fait sonder par le prince d'Anhalt, s'il voudroit s'employer à demander une prolongation du terme, mais qu'il ne voulust point s'en charger, parce qu'il estoit bien seur, qu'on ne la demandoit pas à bonne fin; que son sentiment au contraire estoit, qu'après l'expiration V. M^té envoyast dans les cours particulières et à la diette pour demander ses réponses positives sur le refus ou l'acceptation de vos offres; qu'il ne faudroit rien dire autre chose si non que V. M^té prendroit ses mesures contre ceux, qu'Elle verroit par leur refus engagés dans le party de ses ennemis; que sur cela Dannemark, Brandebourg, les électeurs du Rhin, Munster, le cercle de Souabe et enfin tous ceux, qui seroient bien intentionnés par inclination ou par crainte, n'hésiteroient pas d'accepter; que les autres se trouveroient en petit nombre et ay peu en estat de résister à ses forces, qui suivroient de près la menace; qu'il n'y avoit guères

d'apparence, qu'aucun fust aussy mal conseillé pour s'attirer une ruine inévitable, que sy pourtant il y en avoit, V. M^té en pourroit user, comme Elle le jugeroit à propos.

16. d. 18. November: Auf die Mittheilung, „qu'Elle (S. M.) ne conserveroit aucune des conquestes, qu'elle feroit apparamment en grand nombre, qu'enfin elle ne prétendoit autre chose qu'une bonne paix et la satisfaction de ses alliés" — erhielt Rébenac vom Kurfürsten die Antwort: „que par une conduite sy généreuse elle engageoit éternellement l'affection de ses alliés" — sein Motiv freilich sei doch nur Hass gegen Schweden und Braunschweig; über seinen Vorschlag, des Königs Absichten den rheinischen Kurfürsten mitzutheilen, will Rébenac erst Instruction einholen.

17. d. 9. December 1682: Mr. l'Electeur me répéta plusieurs fois, que son sentiment avoit tousjours esté de n'accorder point de prolongation, mais de recommencer ou les réunions ou mesme les conquestes et au bout d'un temps, lorsque V. M^té seroit en possession de quelques places, sousmettre de nouveau ses intérests au pied des premières propositions en fixant un terme au delà duquel Elle ne seroit plus engagée.

18. d. 16. December 1682: Rébenac berichtet über seinen letzten Besuch in Potsdam: J'ay trouvé, que Mr. l'Electeur de Brandebourg avoit receu la nouvelle d'Orange et la copie de l'arrest donné sur ce sujet avec une affliction fort grande et qu'il en faisoit paroistre son chagrin à toute sa cour. Il n'estoit pas peu à craindre sur cela par ceux, qui croient avoir intérests à interrompre cette union estroite qui est entre V. M^té et luy. Il se plaignit à moy avec beaucoup de chaleur du peu d'esgard, que V. M^té avoit eu pour ses intérests, surtout, disoit-il, dans un temps, où il faisoit tant de choses pour son service. Il est certain, Sire, qu'il a esté sensible en cela, plus qu'à aucune chose que j'aye encore veu. Je n'ay pû qu'asseurer les esgards particuliers que V. M^té avoit tousjours pour luy. —

19. Rébenac hält dem Kurfürsten vor, was Oranien in den letzten zehn Jahren alles gegen Frankreich gethan habe, und erhält als Antwort, „que Mr. l'Electeur avoit déclaré plusieurs fois, que bien loin d'approuver la conduite du Prince, il seroit bien aise de le voir mortiffié, qu'il n'y avoit donc en tout cela que le cas de la succession pour Messieurs ses enfans." Aber der Kurfürst kommt immer von Neuem, entrüstet, darauf zurück, „que puisque V. M^té dans une conjoncture comme celle-cy, où il s'exposoit à tout pour luy rendre service, témoignant faire sy peu de réflexion à des intérests, qui luy estoient chers, qu'il y avoit bien de l'apparence, qu'elle le méprisoit et peut-estre mesme qu'elle le haissoit dans le fond du coeur . . ."

20. Il semble que dans la conjoncture présente on soit plus sensible icy à cette affaire qu'on ne le seroit dans une autre, et il seroit d'une conséquence extrême pour vos intérests, qu'on y trouvast quelque tempérament. Ce que je puis juger de la manière, dont j'en entends par-

ler icy, seroit que dès à présent V. M^té pourroit faire proposer une somme d'argent, qui seroit payée par ceux, qui auroient la principauté, aux enfans de Mr. l'Electeur à condition, qu'ils la rendront, sy Mr. le prince d'Orange avoit des enfans.

21. Die Meldung von schwedischen Truppensendungen nach Pommern beunruhigt den Kurfürsten sehr: „Ce fait souhaiter avec passion de faire des troupes, ce qu'on ne peut point à ce qu'on dit sans l'assistance de V. M^té," zumal der schwedisch-kaiserliche Vertrag mehr offensiver als defensiver Natur sei. Die kaiserliche Erlaubnis zum Durchmarsch schwedischer Truppen durch das Reich „ne peut regarder que Mr. l'Electeur, contre qui on trouve par ce moyen une inespuisable source de querelles et de ruine dans son pays."

22. d. 30. December 1682 berichtet Rébenac: „Je remarque outre cela, Sire, qu'on perd absolument icy l'appréhension, qu'on y avoit de ce qu'on appelle en Allemagne les vastes desseins de V. M^té. Et cela mesme cause un effet d'appréhension, qui quoique moins d'avantageux, ne laisse pas d'avoir ses inconvéniens. Mr. l'Electeur voit ses voisins puissamment armés, la Suède le menace d'un passage de trouppes considérable en Poméranie, et il ne doute point, que ce ne soit contre luy, comme dans le vray il a sujet d'appréhender un ralliemement entre ceux, qu'il a offensés toute sa vie. Les affaires de Pologne luy donnent de grandes inquiétudes, et c'est ce costé, qu'il apréhende le plus, comme il paroist aussy le plus dangereux, par ce que les Dannois peuvent aisément empescher le passage des Suédois en Poméranie, mais celui de la Livonie est tousjours libre, et la Prusse est sy mal satisfaite du gouvernement, que lorsqu'on luy proposoit de la remettre sous la souveraineté de la Pologne, comme elle l'estoit il y a vingt-deux ans, peu de gens doutent, qu'elle n'embrassast volontiers ce party. Il faut joindre à tout cela, Sire, les inquiétudes continuelles que donne à Mr. l'Electeur le ministre de Dannemark, qui veut venir au but de son maistre d'engager la guerre."

23. Der Kurfürst bleibt verstimmt über Orange. „Je sais, qu'il en tire des conséquences fascheuses sur l'amitié de V. M^té pour luy jusques au point de dire, qu'on le veut sacrifier à la Suède, afin que quand elle aura repris son premier crédit dans l'Empire, on puisse s'en servir, comme on a fait pour le passé." Rébenac findet demnach, „que les affaires sont présentement un peu difficiles et auroient peut-estre besoin d'une capacité plus grande que la mienne."

24. d. 18. Januar 1683 kommt Rébenac auf des Kurfürsten Entrüstung über die Wegnahme Oranges zurück; die französischen Vergleichsvorschläge[1]) lehnt er derb ab: „le Sieur Fucs me dit, que la chose estoit irrémédiable et que par conséquent il seroit inutile de vouloir remédier aux chagrins de Mr. l'Electeur, que comme il y alloit de la

---

[1]) S. oben No. 20.

gloire de V. M¹ᵉ de ne rien relascher de ses poursuittes contre Mr. le Prince d'Orange." Ein Vergleich ist schon deshalb unmöglich, weil „s'il les acceptoit, il s'exposeroit de perdre le reste de la possession du Prince, qui auroit le droit d'en exclure ses enfans sous prétexte, qu'ils auroient agy de concert avec ceux, qui le dépouilloient de ses biens."

25. d. 27. Januar 1683 meldet Rébenac des Kurfürsten besorgniserregende Hinfälligkeit in Folge wiederholter Krankheit, „et la plus grande raison, que je puisse alléguer pour le porter à faire ce qui convient aux intérests de V. M¹ᵉ est, que luy seul est cause, qu'Elle a donné des bornes sy étroites à ces prétentions et du moment, qu'Elle entrera en deffiance de sa bonne volonté, Elle prendra peut-estre plus promptement qu'on ne se l'imagine le party de profiter des occasions, que luy fournit une conjoncture sy favorable" ¹).

26. d. 3. Februar 1683: Nach Rébenac zweifelt der Kurfütst nicht am Zustandekommen des Friedens: Il est indubitable, que la paix se fera à la satisfaction de V. M¹ᵉ, que ce soit par une prolongation de terme ou par surséance de touttes sortes d'exécution. V. M¹ᵉ feroit une chose glorieuse pour Elle et infiniment agréable à tous les membres de l'Empire, si Elle vouloit laisser le loisir de satisfaire aux formalités, qui sont indispensables dans les affaires, qui se traittent à la diette de l'Empire, pendant qu'Elle sera tousjours en estat de prendre le party qu'Elle jugera le plus convenable à ses intérests, mais que sy on continuoit à abuser encore quelque temps de sa patience, il seroit tousjours prest d'entrer avec V. M¹ᵉ dans touttes les mesures, qui seront nécessaires pour les princes bien intentionnés et faire repentir les autres de leur obstination.

XI.

Der Plan zur Eroberung Pommerns
1682—83.

1. Am 2. November 1681 lässt Ludwig XIV. aus Metz an Rébenac schreiben: „Vous pouvez aussy luy (d. i. den Kurfürsten) laisser entrevoir comme de Vous mesme, que mon alliance luy pourra estre d'autant plus utile à l'avenir, que la conduite des Suédois commence fort à diminuer l'affection, que j'avois pour cette couronne, et qu'il en pourroit bien profiter, le considérant aujourdhuy comme le plus seur alié que je puisse avoir" ²).

---

¹) Urkunden u. Aktenstücke XIV, S. 1064.
²) Vgl. Beilage X, n. 7.

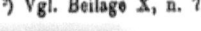

2. d. 20. November: Ludwig XIV. aus St. Germain: Je ne doute point, que l'on ne soit assez informé au lieu où Vous estes, que c'est à la solicitation de la Suède que le traité d'association entre cette couronne et les Provinces Unies a esté conclu et que le résident de cette couronne à la Haye l'a desjà signé, quoique les provinces de Frize et Groningue n'y aient pas encore donné leur consentement. Il est bon, que Vous observiez, quel raisonnement fait faire au lieu où Vous estes cette mauvaise conduite de la Suède et que mesme vous flatez adroitement l'espérance, que l'Electeur de Brandebourg en peut concevoir . . .

3. d. 25. November 1681 berichtet Rébenac: Je puis dire comme uno vérité constante, qu'il y songe jour et nuit. — Vgl. desselben Brief an seinen Vater Gallois V, S. 268, vom 18. November 1681, worin er sich anheischig macht, den Kurfürsten binnen zwei Monaten mitten in Pommern zu haben.

4. Vom 4. December 1681 St. Germain datirt ein Mémoire du Roy pour servir d'instruction au Sieur comte de Rébenac sur les propositions, qu'il doit faire d'un nouveau traité avec l'Electeur de Brandebourg. Sein Inhalt ist im Wesentlichen der folgende: Schweden, uneingedenk der durch Frankreich empfangenen Wolthaten, betreibt „l'augmentation d'une ligue d'autant plus préjudiciable au repos de la chrestienté," als sie den Westfälischen und Nimwegener Frieden zum Nachtheil Frankreichs deuten soll. Das zu hindern und den Frieden aufrecht zu erhalten will der König „faire de nouvelles aliances avec les princes les mieux intentionnés," obenan dem Kurfürsten. Ihr Ziel, „de maintenir la paix de l'Empire et pour oster aux Electeurs et à tous les princes bien intentionnés, qui voudront entrer dans cette aliance, toute l'inquiétude que leur pouvoient donner les prétentions de S. M^{té}. Elle veut bien par ce mesme traité s'obliger de les borner aux lieux, dont le Roy estoit en possession avant le départ de ses ambassadeurs pour Francfort, pourveu que le dit Electeur et les autres princes aliés de S. M^{té} veuillent s'obliger pareillement de joindre leurs forces avec celles de S. M^{té} contre tous ceux, qui la voudroient troubler dans cette possession."

5. Que sur ce fondement S. M^{té} veut bien promettre en cas que quelqu'un de aliés soit troublé dans la possession de ses estats et droits, de luy donner secours ou de trouppes ou d'argent proportionel à celuy qu'elle pourroit en recevoir en cas qu'elle fust elle-mesme attaquée, mais mesme de l'aider à se faire faire raison de tous les dommages, qu'il pourroit avoir soufferts et sans rien stipuler de plus particulier sur ce point, qui puisse regarder la couronne de Suède. Le dit Sieur comte de Rébenac ne laissera pas à faire envisager à l'Electeur de Brandebourg tout ce qui estant amy avec S. M^{té} il pourroit profiter sur la Suède avant que la mauvaise conduite de cette couronne oblige S. M^{té} dans la suite du temps, comme il y a beaucoup d'apparence, d'en abandonner entièrement les intérests. Ebenso könne

XI. Der Plan zur Eroberung Pommerns 1682—83.

Brandenburg auf Frankreich rechnen zur Durchsetzung seines Rechts gegen Spanien und gegen den Kaiser. Die Hülfsgelder darf Rébenac bis auf 150000 Livres p. a. steigern — „en sorte que ce prince recevra tous les ans la somme de 450000 livres, et en cas d'action le dit comte de Rébenac poura accorder au dit Electeur — — jusques à la somme de 200000 escus par an" — ja, im Nothfall bis zu 300000! Den brandenburgischen Ministern sind entsprechende Belohnungen zuzusagen, bis zum Gesammtbetrag von 50000 Thalern.

6. Auf dieser Grundlage kommt dann das Bündnis vom 22. Januar 1682 zum Abschluss. Aber erst als im Frühjahr 1683 die Gefahr wuchs, dass der Frankreich die Beute der Reunionen in der Hauptsache lassende Friede mit dem Reich nicht zu Stande käme und letzteres in dem bevorstehenden Kriege namentlich von Schweden unterstützt werden würde, kam man auf den von dem Kurfürsten früher angeregten Gedanken zurück und benutzte ihn, um mittelbar auf das Reich einen Druck im Sinne des Friedens auszuüben: er erfuhr eine beträchtliche Erweiterung, um schliesslich auch diesmal unausgeführt zu bleiben.

7. Am 27. Februar 1683 meldet Rébenac: J'ai fait ... à Mr. l'Electeur la proposition d'une nouvelle alliance et luy en ay expliqué touttes les conditions ... Mr. l'Electeur s'affoiblit de jour en jour et asseurement il cherche le repos. Je le persuade fortement, que V. M^{té} préfère la paix à tous les partis, que ce qu'Elle propose contre la Suède n'est pour ainsy dire qu'affin de combler les désirs de ses bons et fidèles alliés.

8. d. 11. März 1683: Ludwig XIV aus Compiègne ... j'ai jugé plus à propos de retenir dans mon alliance le Roy de Dannemark et l'Electeur de Brandebourg par de nouveaux avantages que de donner par de trop grands ménagements pour la Suède dans ce temps, qu'elle s'en rend si indigne, la satisfaction à la maison d'Autriche de pouvoir détacher de mes intérests premièrement l'Electeur de Brandebourg suivant les avis que j'en avois, et peut-estre en suite la couronne de Dannemark. Mais comme il me paroist par vos lettres, que ce motif ne doit plus estre sy pressant, il est bon aussy, que sans affecter des difficultés, qui puissent rendre votre négociation suspecte, vous ne vous empressiez pas de déterminer promptement celles qui peuvent naistre dans le cours de cette affaire et que, comme il n'y a pas beaucoup d'apparence, que les Suédois osent d'entreprendre de faire passer des trouppes en Allemagne tant que l'Empereur sera obligé d'employer touttes ses forces pour la conservation de ce qui luy reste en Hongrie, vous vous attachiez plutost à obliger l'Electeur de Brandebourg d'attaquer et de dissiper entièrement les trouppes de Hannovre de concert avec le Roy de Dannemark, et vous pouvez promettre de ma part en cas d'une guerre ouverte entre ces princes le payement des subsides extraordinaires stipulé par votre traitté, en observant ment de vous en expliquer si clairement, qu'on ne les puisse

tendre par quelque rencontre de trouppes et quelques coups tirés, qui ne soient point suivis d'autres actes d'hostilité ou plustost d'une entière rupture.

9. d. 3. März 1683 berichtet darauf Rébenac: — les dispositions semblent devenir tous les jours meilleurs, et sans la maladie de Mr. l'Electeur, qui augmente considérablement, on pourroit conclure l'affaire en peu de temps . . . Cette entreprise est fort au goust de Dannemark. — — Schwierigkeiten macht nicht das Geld, sondern „la seureté qu'on cherche contre la maison de Lunebourg, dont on craint d'estre attaqué, lorsqu'on sera occupé." Ob Frankreich eventuell gegen Lüneburg marschiren lassen wird? Rébenac entwirft folgenden Plan: Dänemark hält durch demonstrative Seerüstungen die Niederlande und Schweden in Athem, inzwischen erobert der Kurfürst Pommern, dann ist Lüneburg durch Brandenburg und Dänemark leicht zu bewältigen. Aber: — „il ne manque à tout cela, Sire, que la santé de Mr. l'Electeur, mais il ne faut point se flatter sur ce sujet: ce prince est fort mal . . ." Schwerin ist in Wien: „J'ai veu ses instructions, touttes ses relations en original. Il est certain, Sire, que Mr. l'Electeur ne peut jamais estre mieux disposé ny son conseil non plus."

10. d. 13. März meldet er eine weitere Verschlimmerung im Zustand des Kurfürsten: „Ce prince est dans un abatement de corps et d'esprit, qui le rend peu capable d'une pareille entreprise et on peut dire, que sans un miracle il n'en relevera pas." Seine Absichten sind die besten: „mais il est inutile dans l'estat où il se trouve, et V. M^{té} ne doit rien attendre de favorable ny de contraire à l'extrémité de la vie de Mr. l'Electeur et dans le commencement de la régence de Mr. son fils, parce que touttes choses demeureront dans un estat languissant. Ses médecins ne jugent pourtant pas, qu'il doive mourir sy tost, et croient, qu'il pourra bien encore aller à quelques mois." Die geplante, nun leider verzögerte Allianz bezeichnet Rébenac treffend als „un moyen d'establir la paix dans l'Empire par la démonstration de vouloir la guerre, et que sy on est obligé d'y avoir recours, Mr. l'Electeur met ses estats dans une seureté entière en chassant de l'Allemagne les seuls ennemis dangereux, qu'il puisse y avoir." Trotz seines fast hoffnungslosen Zustands, „il a la nouvelle alliance que V. M^{té} luy propose, continuellement dans l'esprit."

11. d. 17. März 1683: Jusques icy on avoit tousjours regardé Mr. l'Electeur comme un homme mort, mais sy sa bonne santé continue, je ne prévois que bien peu d'obstacles à la conclusion de l'affaire. Auch der Kurprinz ist sehr dafür, kümmert sich um diese Sache auch ferner, während er die bisher vertretungsweise geführten Geschäfte sonst abgiebt. „Mais, je ne vois pas, Sire, que la timidité naturelle de ce prince doive en faire attendre beaucoup de fermeté et de constance dans les affaires, qui seront sujettes comme celle-cy à des suittes périlleuses."

12. d. 4. April 1683 übersendet Rébenac den von den kurfürstlichen Ministern eingereichten Vertragsentwurf. Er entspricht ganz dem zwischen Frankreich und Dänemark geschlossenen: die drei Staaten einigen sich zur Aufrechterhaltung des bedrohten Reichsfriedens; da dazu möglicher Weise Gewalt anzuwenden ist, zahlt Frankreich vom 1. Mai 1683 ab die nach Art. 7 des Vertrages vom 22. Januar 1682 schuldigen Hülfsgelder. Die Bedeutung desselben charakterisirt Rébenac so: „Il est certain, que V. M^{té} peut faire en ces quartiers-cy une sy grande diversion, qu'Elle sera presque entièrement libre sur le Rhin, au lieu que, sy l'Empereur a le loisir de faire son accommodement avec le Turc, il y a de l'apparence, que non seulement ceux, qui paroissent présentement déclarés contre Elle, joindront leurs armes à celles de l'Empereur, mais mesme Ses propres alliés ne croyent pas pouvoir estre en estat de s'opposer aux forces que les accableront, si par les bons succès que V. M^{té} peut avoir cette campagne contre ceux, qui sont cause du renouvellement de la guerre, Elle ne les met hors d'estat de rien entreprendre contre eux. C'est là, Sire, le raisonnement qu'on fait icy."

13. Ludwig XIV. wünscht, dass vor dem Angriff auf Schweden Hannover entwaffnet werde.

14. d. 21. April 1683: Der dänische Gesandte macht plötzlich Schwierigkeiten und verlangt Subsidien in der Höhe der früher von Frankreich an Schweden gezahlten, d. i. 800000 Thaler p. a.

15. d. 24. April berichtet Rébenac über den Fortgang der Unterhandlungen zwischen sowol wie mit Brandenburg und Dänemark. Beide streiten namentlich „sur le partage des conquestes et sur la garantie. Les Danois vouloient, qu'on leur en asseurast Schonen ou bien que ne pouvant les garder par la paix, Mr. l'Electeur leur en donnast compensation sur la Poméranie, et demandoient pour cela l'Isle de Rugen, Stralsund et son territoire, ce qu'on ne veut du costé de Brandebourg, et c'est un article, sur lequel le Dannemark se retachera ou rompra, ce qui n'est pas apparent." Beide verlangen von Frankreich Garantie ihrer Eroberung. Rébenac lässt aber nur einen Artikel zu: „que la paix ne se fera qu'avec une satisfaction entière de tous les alliés," und lehnt auch die Forderung ab, Frankreich solle sich verpflichten, „ne point procéder à de nouvelles réunions ny commettre d'hostilité contre aucun membre de l'Empire aussy longtemps, qu'on seroit engagé dans les troubles que cette présente ligue alloit exécuter dans le Nord."

So wird d. 30. April 1683 der Vertrag gezeichnet: s. v. Mörner a. a. O. S. 440 f.

16. d. 28. April meldet Rébenac: „On prépare icy tout de bon, Sir, à soustenir la guerre et Mr. l'Electeur travaille incessamment aux préparatifs."

17. d. 1. Mai übersendet er: 1. den mit Brandenburg gezeichneten Vertrag; 2. die Copie des „Concert formé entre le Roy de Dannemark et Mr. l'Electeur"; 3. eine „Déclaration à part pour le payement d'un

mois des subsides d'action" — ohne die nichts zu erreichen gewesen: „Je sçais, que Mr. l'Electeur avant que de conclure son traitté a desja despensé plus de 100ᵐ escus, qui sont entièrement inutiles hors à l'exécution de ce que V. Mᵗᵉ souhaite." — Das Konzert ist besonders mühsam zu Stande gebracht, da jede der drei Mächte ihre besonderen Absichten verfolgt, und von ihm auch nur unter Vorbehalt gezeichnet. Beigefügt ist eine umständliche

18. Explication de quelques articles du traitté de concert. Sur le 5ᵐᵉ article: La maison de Lunebourg se trouve obligée à des conditions si contraires à ce qu'elle désire, qu'il y a de l'apparence, qu'elle ne les acceptera pas; mais si elle le faisoit néanmoins, S. Mᵗᵉ se voit maistre des affaires de l'Allemagne sans y employer d'autres forces que celle de ses alliés. — Sur le 6ᵐᵉ: La fin de cet article a fait le fondement de tout le traitté, et il est certain, que jamais les alliés n'eussent consenty à ce que le Roy eust conservé ses conquestes dans l'Empire et sy je m'y estois obstiné, cela n'eust servi que les y fortifier d'avantage. J'ay crû, qu'en les laissant dans une grande seureté à cet esgard, je ferois plus aisément insérer la clause („et rendra à l'Empereur par la paix tout ce que ses armes y pourroient occuper pendant la guerre sans en rien démembrer"). Il m'a paru, que dans la suitte S. Mᵗᵉ auroit un prétexte plausible de soustenir ses conquestes en offrant d'estre Elle-mesme membre de l'Empire, ce qu'Elle pourroit peut-estre juger un jour conforme à ses intérests. On vouloit mettre „qu'Elle restituera à ceux, à qui Elle aura pris", ce que j'ay refusé, disant que peut-estre en droit de cela l'on pourroit en disposer en faveur de quelques de ses alliés. — Pour le 7ᵐᵉ: S. Mᵗᵉ ne s'engage qu'à offrir des conditions, ce qui est un terme fort général: on vouloit icy stipuler un nombre de subsides. — Au 8ᵐᵉ: Il y a vers la fin, que le Roy de Dannemark ne se tiendra que sur la deffensive: cela veut dire, que jusques à ce que la maison de Lunebourg fust réduite au pied où on la souhaitte, on ne se tiendra que sur la deffensive avec la Suède, ce qui tourne encore plus seurement les armes contre la dite maison. — Au 13ᵐᵉ: Cet article, qui fait la contestation entre le Dannemark et le Brandebourg, le premier voulant estre récompensé sur la Poméranie de ce qu'il sera obligé de céder aux autres princes, qui entreront dans les mesmes veues. Son dessein n'est en cela que de se rendre maistre de la négociation de Lunebourg et la porter où il voudra. Ce que je puis mesme en pénétrer est, qu'il préfère la guerre contre elle à tous les autres partis.

19. d. 5. Mai 1683: Rébenac rühmt den Eifer des Kurfürsten und auch des Kurprinzen; die Gegenbemühungen des Kaisers, der Niederlande und Hannovers sind vergeblich.

20. d. 12. Mai 1683 heisst es, der Kurfürst beweise seinen guten Willen durch die That. Rébenac sah ihn gestern in Potsdam, „signer un contrat d'emprunt de cent mille escus, dont il en distribua sur le

champs 90000 pour les chevaux d'artillerie, des magasins sur la frontière de Lunebourg et une nouvelle levée de 800 chevaux," weiss auch sonst schon von einem Aufwand von mehr als 30 000 Thalern, „pour l'exécution des engagements où ce prince entre avec V. M^{té}."

21. d. 19. Mai 1683 schreibt Ludwig XIV. aus Versailles, er bewillige die Subsidien vom 1. Mai ab, obgleich er nach dem Vertrag mit Dänemark solche erst am 1. Juni zu zahlen verpflichtet sei. Doch ist mit dem Angriff auf Hannover zu beginnen, weil danach der Erfolg Brandenburgs und Dänemarks gegen Schweden gesichert sein würde. Den ihm zugemutheteten Marsch eines französischen Heeres nach Westfalen lehnt er ab.

22. d. 27. Mai instruirt Ludwig XIV aus Versailles seinen Gesandten: „Je vois, que vous estes persuadé, qu'il dépendra de moy de faire entrer Mr. l'Electeur de Brandebourg en action contre la maison de Brunswik, aussitost que je le jugeray à propos, et qu'il n'entreprendra rien contre la Suède tant qu'il aura quelque sujet de se défier du duc d'Hannovre. Mais je vous ay fait connoistre par mes précédentes, que je ne puis faire aucun fondement sur de semblables asseurances tant que le dit Electeur y attachera une condition aussy peu praticable que celle de faire marcher une de mes armées vers le Vezer, et s'y le prince veut, que je demeure bien persuadé de la sincérité de ses intentions, il doit se contenter de l'offre, que j'ay fait de tenir une armée de 40000 hommes vers le Haut Rhin preste à entrer dans l'Allemagne et attaquer ceux, qui entreprendront quelque chose contre mes alliés."

23. d. 9. Juni benachrichtigt der König aus Bellegarde Rébenac von Brandenburgs und Dänemarks vergeblichem Bemühen um Verständigung mit Hannover, das ganz an den Kaiser, die Niederlande und Schweden gebunden ist. Der Herzog von Celle, dem der von Wolfenbüttel immer folgt, soll dem Hannoveraner die Entscheidung über Krieg und Frieden überlassen. Der Kurfürst und der Dänenkönig umwerben Ernst August, um „le faire concourir avec eux à dépouiller la Suède de ce qu'elle possède en Allemagne." Dieser aber würde das ihm dabei zufallende Land doch nur nehmen, um Frankreich und seinen Verbündeten um so energischer entgegentreten zu können. Deshalb hat Rébenac jede Abmachung mit Hannover zu verwerfen, „à moins qu'il ne s'oblige bien formellement avec tous les autres princes de cette maison de se conformer aux conclusions des électeurs bien intentionnés et d'accepter au moins les conditions, auxquelles j'ai bien voulu cy-devant borner mes prétentions, mesme de joindre ses armes avec celles de Dannemark et de Brandebourg contre tous ceux, qui voudroient s'opposer à cet accommodement."

24. d. 29. Mai, nach Meinders' Rückkehr aus Braunschweig, berichtet Rébenac: „Mr. l'Electeur croit, qu'on ne doit plus rien ménager avec cette maison. Je doute néantmoins, qu'il se détermine aisément à une entreprise fort vigoureuse contre elle, si V. M^{té} ne se résoud à faire

passer une armée en deça du Rhin et sy Elle ne se déclare hautement de vouloir establir par la force une paix, qu'on a reffusé d'accepter par un désir formé de le troubler, lorsqu'on se croiroit en estat de le faire avec avantage. Mr. l'Electeur me propose hyer d'attaquer la Poméranie dans le temps, que V. M^té et le Dannemark occuperoient la maison du Brunswik.

25. d. 7. Juni: Der Kurfürst erscheint ihm „entièrement inquiet du peu de succès qu'il voioit à son entreprise"; er erklärt an Dänemark so gebunden zu sein, dass er nur mit demselben gemeinsam handeln kann. „Le Dannemark s'estoit engagé à de fort grosses despenses de terre et de mer, touttes ses mesures estoient formées sur la guerre et il le désiroit avec passion. Il n'en est pas de mesme à l'esgard de Mr. l'Electeur de Brandebourg. Ce n'estoit qu'avec peine, qu'on l'y avoit porté: la situation de son pays, ses maladies et les différens conseils, que ses ministres luy donnent, le tenoient souvent dans l'incertitude. Cependant il y estoit résolu tout à fait et s'estoit engagé à de grosses dépenses, dont il verra l'inutilité avec chagrin, mais il acceptera néantmoins avec plaisir le party de ne rien faire."

26. Ludwig XIV. verwirft das „Konzert"[1]): damit fällt auch die eine Monatsrate Subsidien fort, die Brandenburg darin über das Dänemark Bewilligte hinaus zugestanden war. Allein wagen Dänemark und Brandenburg den Angriff auf das Haus Braunschweig nicht, da dieses einig ist, 24000 Mann hat und von Hessen, Kursachsen und Schweden Hülfe erwarten kann.

27. d. 11. Juni 1683 berichtet Rébenac aus Hamburg, dass auf dem dort gehaltenen Kongress brandenburgischer, dänischer und braunschweigischer Bevollmächtigter von letzteren v. Grote erklärt habe — „qu'avant tout il falloit une déclaration et seureté entière, que V. M^té n'entreprendroit rien sur l'Empire, qu'après cet obstacle levé il y en auroit encore d'autres, et que lorsqu'on auroit surmonté toutes les difficultés, on verroit, sy on traiteroit ou non." — Man fürchtet Frankreichs Angriff und will Bremen nicht an Dänemark kommen lassen.

28. d. 29. Juni lässt Ludwig XIV. aus Buschweiler an Rébenac schreiben: „— me fait savoir bien plus de disposition dans la cour de Brandebourg à prendre des engagemens avec la maison de Brunswik qu'à l'attaquer de vive force pour en affoiblir les trouppes, ainsy que l'Electeur et le Roy de Dannemark mesme me l'ont fait cy-devant proposer. Mais comme j'ay lieu de croire, que la Suède n'a aucune intention de faire passer cette année en Allemagne un corps de trouppes assez considérable pour y donner le moindre ombrage à mes alliés, il suffira, si on ne les peut porter à employer leurs forces contre les princes de Lunebourg et à se contenter du secours que je leur offre tant en argent que par la jonction d'une escadre de mes vaisseaux à ceux de Danne-

---

[1]) S. oben S. 363, N. 17 u. 259—61, 265.

mark, de se réduire ainsy qu'est proposé par Mr. l'Electeur de Brandebourg à ce qui a esté stipulé par les derniers traittés, jusques à ce que nos ennemis communs nous donnent de justes sujets d'entrer dans de plus étroits engagemens, à quoi mes alliés me trouveront tousjours bien disposé" — Lambergs Mission ist um jeden Preis zu Fall zu bringen.

29. d. 16. Juni schreibt Rébenac aus Berlin: „Il est certain, Sire, que vos alliés s'estoient préparés à la guerre et qu'ils se voient interrompus dans leurs desseins avec une peine fort grande. Ils la commenceroient seuls, s'il estoit possible, qu'ils le fissent: les forces qu'ils auroient à soustenir, excéderoient les leurs et ils ne pourroient attendre qu'un mauvais succès de leurs entreprises, tirant cette consequence, que sy V. M$^\text{té}$ juge impossible dans une conjonction comme celle-cy de faire avancer une armée vers le Bas-Rhin, Elle trouveroit encore une difficulté bien plus grande de venir à leur secours, lorsque les alliés de Suède et de Brunswik auroient eu le loisir de se préparer et seroient peut-estre entré en rupture. Aussy, Sire, ils disent, que l'appuy de Votre Alliance ne pourroit les empescher d'estre opprimés par leurs voisins, lorsqu'ils en seroient attaqués dans des pays un peu esloignés du Rhin . . . Ils y ajoustent, qu'il n'est pas question avec la maison de Brunswik d'une guerre de longue haleine, qu'elle ne devoit estre qu'une accessoire à celle de Suède et que V. M$^\text{té}$ devoit y trouver dans une fin prompte la satisfaction, qu'Elle prétend de l'Empereur, et eux celle, qu'ils veulent avoir de la Suède . . . que jusques icy ils n'ont encore touché aucune somme extraordinaire et qu'ainsy ils n'estoient pas en estat de mettre des forces sur pied capables d'opprimer leurs ennemis . . . . qu'ils ne se sont engagés à prendre les armes que dans l'espérance d'attaquer la Suède et que par le changement que V. M$^\text{té}$ apporte au traitté, Elle rend la chose comme impossible."

30. d. 23. Juni berichtet Rébenac: — der Kurfürst — misgestimmt, „me fit une énumération de ses ennemys, entre lesquels il contoit l'Empereur, la maison de Brunswik, la Suède, Saxe et la Pologne, tous puissants et dangereux, tous offensés et pleins de vengeance; qu'il y avoit un seul moyen de les réduire et mettre ses affaires aussy bien que les siennes au point où on les souhaitoit et que ce moyen estoit osté, puisqu'on ne consentoit pas d'un traitté, dans lequel on n'avoit inséré que ce qui estoit d'une nécessité indispensable, et il fit en suite consister son chagrin à trois points: l'un, que bien loing de vouloir réduire et opprimer la maison de Brunswik, comme c'estoit l'intérest commun, V. M$^\text{té}$ marquoit ne vouloir qu'allumer une guerre égale et capable de consommer les deux partis, qu'ensuitte Elle refusoit la garentie des conquestes sur la Suède, ce qui faisoit le seul motif de la guerre, et mesme qu'après luy avoir esté proposé dans le commencement d'attaquer et de prévenir les Suédois, V. M$^\text{té}$ vouloit restreindre présentement les choses à attendre, que la flotte de Dannemark eust combattu celle de Suède, en snitte de quoy seulement le cas de l'alliance seroit escheu, quoique cependant il fallut se tenir dans le mesme estat, que sy on estoit en guerre.

Dagegen setzt Rébenac auseinander — „qu'il (d. i. der Kurfürst) sçavoit très-bien les soins que de tout tems le Roy de Dannemark et luy avoit pris de ruyner la bonne intelligence entre V. M^te et la Suède; qu'ils y avoient réussy, comme ils le voyoient: qu'en suitte ils avoient eu le mesme dessein à l'esgard de la maison de Lunebourg et y avoient eu aussy le mesme succès; que les choses estant en cet estat ils avoient continuellement remonstré l'importance, dont il estoit aux intérests de vos alliés de s'opposer au passage d'un corps de trouppes suédoises en Allemagne; que V. M^te y avoit consenty et avoit fait son affaire de ces de ses alliés, de sorte que pour une plus grande espreuve des ses bonnes intentions elle avoit elle-mesme proposé de faire une alliance, qui n'eust pour but principale que d'empescher ce transport; que plusieurs considérations s'y estant meslées on avoit veu, que la chose seroit d'un succès difficile aussy longtemps, que la maison de Brunswik demeureroit dans ses maximes et qu'elle seroit armée comme elle l'estoit; que V. M^te avoit approuvé sur cela, qu'il se fist un projet de concert entre ses alliés pour l'exécution des desseins, qu'on avoit formés; qu'enfin l'assemblée des ministres s'estoit faite a Berlin; qu'on y avoit pris des résolutions et qu'on les avoit envoyées à V. M^te; que c'estoit icy, qu'il falloit prendre garde de ne confondre deux choses de différente nature. L'une estoit le traitté signé d'un ministre autorisé d'un pleinpouvoir, et l'autre estoit le projet de concert: qu'on pouvoit dire à la verité, que j'étois présent à une partie des conférences, mais que tout le monde sçavoit, que je n'avois ny pouvoir ny instruction; que quand je m'opposois à des points, qui me paroissoient considerables, on sçavoit très-bien ne s'en point mettre fort en peine; que supposé mesme, que j'eusse consenty à tout, que je n'estois point infaillible et que je me repentois assez d'avoir esté temoin à beaucoup de résolutions prises et V. M^te me faisoit des reproches cruels pour moy, comme j'avois donc agy comme simple spectateur et que n'ayant point droit de faire valoir sa pensée, j'estois bien aise de voir au moins celles des autres.

XII.

Der Plan zum Kriege gegen Braunschweig und der 20jährige Stillstand. 1683—84.

1. d. 5. August 1683 lässt Ludwig XIV. aus Fontainebleau an Rébenac schreiben: „... En ce cas-là mon intention est, que vous luy tesmoigniez, que je ne désapprouve pas le dessin qu'il a de secourir l'Empereur et de contribuer autant qu'il luy sera possible à faire lever le siège de Vienne, dont la conservation est très-importante au bien de la chrestienté, mais que, comme je le vois avec déplaisir, que ce prince se privant volontairement de ses principales forces sur les pro-

messes trompeuses des ministres impériaux, demeurast exposé aux insultes de ses voisins, je serois bien aise, qu'avant d'envoyer des troupes il voulust prendre les précautions nécessaires pour sa seureté et pour celle du repos de l'Empire; qu'il ne faut pas un temps considérable pour en convenir, puisque par les derniers offres, que le Sieur Verjus a fait de ma part, je veux bien consentir à un traité provisional ou d'asseurance mutuelle de trente années, pendant lesquelles il sera plus facile de convenir d'un accommodement deffinitif.

2. d. 18. September 1683 meldet Rébenac, er habe erhaltenem Befehl gemäss bei dem Kurfürsten von Neuem einen mit Dänemark gemeinsam zu unternehmenden Angriff auf Braunschweig angeregt, da Sachsen und Hessen fort seien und das Bisthum Münster an den Erzbischof von Köln gekommen sei. Anfangs sei er ohne bestimmte Antwort darauf geblieben, dann habe der Kurfürst Fuchs herbeigeholt, ihn von dem Vorschlag in Kenntnis gesetzt und angewiesen, „d'aller chez le Sieur Groot, envoyé de Hannovre, de luy demander positivement, sy les princes de Brunswik vouloient, ouy ou non, entrer dans les mesures, que le Roy de Dannemark et Mr. l'Electeur avoient prises pour la paix de l'Empire sur le pied de vos propositions, que s'il différoit à répondre, de parler au Roy de Dannemark et de s'informer avec luy des moyens de les y obliger . . .

Je demanday à Mr. l'Electeur, s'il se sentoit quelque véritable désir de mortiffier l'extrème fierté de cette maison: il me dit, qu'il avoit pour cela une passion démesurée. Je luy dis, que jamais l'occasion ne seroit plus belle et plus favorable . . .

3. d. 2. October 1683 berichtet der Gesandte von den Unterredungen, die er während längerer Jagden, meist allein, mit dem Kurfürsten gehabt . . . „La joye de n'estre plus voisin du Turc, comme il l'alloit estre par la prise de Vienne, estoit fort traversée par le déplaisir de n'avoir point de part à la gloire, que le party de l'Empereur y a acquise, et encore plus par la réputation, que ce succès donne aux affaires de l'Empereur et du Roy de Pologne. Il en appréhende les suittes et craint, qu'on n'ait du ressentiment contre luy de ce qu'il a montré trop de partialité pour vos intérêts. Cela ne luy donne néanmoins aucune pensée de se raccommoder par des soumissions, il entre au contraire dans la droitte raison sur ce point et croit, qu'il doit se soutenir par l'appuy de V. M^{té} et du Roy de Dannemark et par des résolutions vigoureuses. Mais quand il se considère luy-mesme, son âge et ses maladies les jettent dans des foiblesses indignes de la réputation qu'il s'est acquise. Il n'a à présent pour seul ministre que le Sieur Fuchs, qui dans l'ambition qu'il a depuis peu de se mettre à la teste des affaires, s'attache moins au véritable intérest de son maistre qu'à suivre ses inclinations et ses mouvemens en toutte chose, de sorte, Sir, que résulte de tout cela une irrésolution qui paroist jusques dans les moindres bagatelles.

4. d. 4. October 1683 berichtet Rébenac über die dem Kurfürsten im Namen des Königs gemachten Eröffnungen, wonach Frankreich jetzt, nach der Befreiung Wiens, wo das kaiserliche Heer erschöpft und seine Verbündeten in Ungarn beschäftigt seien, auf den Plan eines brandenburgisch-dänischen Angriffs auf Braunschweig zurückkommt. Der König wolle für den Reichsfrieden und Brandenburgs Grösse sorgen, dazu müsse man „obliger la maison de Lunebourg de se contenir dans les bornes, qu'elle doit avoir." damit es nicht ehrgeizig Unruhe stifte und Niedersachsen bedrohe. Der Moment sei besonders günstig: die Kräfte Brandenburgs und Dänemarks reichten völlig aus, zumal Frankreich vom Moment des Abschlusses an Kriegssubsidien zahlen will. Der Kurfürst geht darauf nicht ein, da er einen polnischen Angriff auf Preussen fürchtet.

5. d. 28. October erklärt der König von Versailles aus — „qu'il souhaitte — seulement une confirmation des anciens traités et une clause, par laquelle en cas que la maison de Brunswik envoyast des trouppes dans les Pays-Bas soit vers le Rhin pour luy faire la guerre ou attaquer ses places, que pour lors S. A. E. se déclarera contre elle et attaquera sous la condition stipulées par les traités précédés."

6. d. 23. November 1683 meldet Rébenac: „Mr. l'Electeur écrit de nouveau à l'Empereur, aux électeurs et à quelques princes pour leur représenter la nécessité de faire la paix sur des conditions sy avantageuses."

7. d. 24. Februar 1684 schreibt Ludwig XIV. aus Versailles, er sei zufrieden über die Erfolglosigkeit der Verhandlungen mit dem Hause Braunschweig, da man nichts Besseres thun könne als seine letzten Offerten annehmen, „puisque dans le temps que les Espagnols ne peuvent espérer aucun secours de quelque endroit que ce puisse estre, assez considérable pour soutenir la guerre, qu'ils m'ont déclarée, je veux bien néantmoins me contenter encore aussy bien pour eux que pour tout l'Empire d'une trêve générale de vingt années, qui laisse toutes choses ecclésiastiques et politiques au mesme estat, qu'elles sont à présent, ainsy que je m'en suis plus amplement expliqué par mes offres, et comme j'aurois assez de justes sujets de prétendre de grands dédommagemens des excessives despenses que la maison d'Autriche m'a obligé de faire par l'augmentation de mes troupes et de mes alliances, elle doit profiter de la disposition, où je suis encore à sacrifier au bien général de la chrestienté tous les avantages, que je me pourrois promettre de la continuation de la guerre, et comme la cour de Vienne a toujours demandé, que l'accommodement fût général, les princes de Brunswik s'excuseront facilement auprès d'elle, quand elle obtiendra par leur moyen et celuy des princes bien intentionnés ce qu'a toujours fait le sujet ou le prétexte de son retardement, et de plus cette entière seureté par la garantie de tous les princes de l'Europe que je propose moymesme.

8. d. 19. Februar 1684 meldet Rébenac, dass die Ratifikation des letzten Vertrages (vom 15. October 1683) angekommen und ausgetauscht, dabei als Datum d. 19. November gesetzt sei[1]).

9. d. 22. Februar legt er des Kurfürsten und seiner Minister Gedanken dar: „— que V. M^{té} doit convenir avec ses alliés des voyes les plus propres pour parvenir à la paix, faire une déclaration, par laquelle elle marque positivement, qu'elle ne veut plus attendre ny escouter aucune négociation passé un certain terme; que ceux, qui seront bien intentionnés pour la paix, n'auront qu'à déclarer, qu'ils la veulent et aux conditions de V. M^{té}; que ceux-là seront réputés ses amis, garantis par touttes ses forces du ressentiment que les malintentionnés en pourroient avoir; que s'il a des princes ou estats, qui s'opposent à la conclusion d'un bon accommodement, ils seront à juste titre regardés comme perturbateurs du repos publique et les seules causes du malheur, dont la chrestienté est menacée par les armées du Turc, puisqu'eux seuls empeschent la bonne intelligence et l'union des princes chrestiens contre les infidèles. Vos alliés, Sire, demanderont infailliblement ensuite une déclaration particulière, par laquelle V. M^{té} les asseurera contre les nouvelles réunions et un plus grand démembrement de l'Empire, mais ils ne luy refuseront pas la liberté de disposer des conquestes et des avantages, qui se pourront trouver dans la suitte de la guerre en faveur de ses alliés et amis de l'Empire, c'est à dire, qu'ils chercheront faire valoir par son appuy les prétentions qu'ils ont sur leurs voisins, et reprendront à ce qu'il paroist l'esprit du concert qu'avoit esté formé à Berlin au mois d'avril de l'année passée, hors certains articles qu'ils accommoderont aux conjonctures présentes." Dazu stehen brandenburgische und dänische Truppen bereit, während man von dem König hofft, er werde mindestens 20 000 Mann mit Köln vereinigen, „par ce que sans cela vos alliés seroient accusés d'estre sans nécessité les autheurs de la guerre au lieu que voyant paroistre vos armées, ils pourront s'excuser sur ce que la crainte d'en estre opprimés les aura obligés de s'y joindre."

10. d. 29. Februar 1684: Der Kurfürst hat Braunschweig erregt und drohend mahnen lassen, sich binnen drei Wochen zu erklären. „Mais, Sir, toutes les résolutions de Mr. l'Electeur sont traversées par son général et j'appréhende mesme beaucoup, qu'ils ne le soient par le Prince Electoral, qui me paroist depuis quelque temps se laisser entraisner à un ralliement, qui s'est fait depuis quelques jours entre les ministres étrangers du party contraire au vostre et tous les gens de cette cour, qui ne sont point de vos intérests." Man intriguirt selbst mit kleinlichen Mitteln gegen Rébenac.

11. d. 4. März 1684: Dänemark ist durch Braunschweig nicht befriedigt, wünscht daher entsprechende Massnahmen vorbereitet zu sehen;

---

[1]) Vgl. v. Mörner, p. 731.

aber „Mr. l'Electeur devient vieux et malsain, et si on le porte à des résolutions bien vigoureuses, ce ne sera que par des saillies et des boutades, sans qu'on doive rien attendre d'une délibération meure et bien formée" — auf dem Reichstag fest sein wird man schon, aber nicht Krieg führen. Dabei unterhandelt er mit Köln über einen Bund zu eventuellem gemeinsamem Vorgehen gegen die Niederlande (mit denen er über Guinea streitet).

12. d. 14. März 1684: Der Kurfürst ist höchst erbittert über Braunschweig und seines Gesandten Haltung auf der Konferenz im Haag: er wäre leicht zu entscheidenden Schritten zu bringen. „sy le général Dorfling ne conservoit une autorité absolue dans ce qui regarde le mouvement des trouppes, et sy ce mesme homme n'estoit pas inflexible sur tout ce qui peut directement ou indirectement aboutir à la guerre qu'il veut éviter comme une chose qui le ruyne infailliblement, parce que son extrême vieillesse le rend incapable de service."

13. d. 25 März 1684: Rébenac gewinnt des Kurfürsten Zustimmung zum Angriff auf Braunschweig, der erklärt, „que c'estoit son unique dessein": eine Konferenz soll stattfinden, um sich mit Dänemark und Köln über das gemeinsame Vorgehen zu verständigen.

14. d. 4. April: Dänemark schickt Truppen nach Mecklenburg, um rückständige Kontributionen einzutreiben; Brandenburg wird dasselbe thun: es ist der erste Schritt zur Aktion gegen Braunschweig; auch Derfflinger stellt sich damit einverstanden.

15. d. 8. April: Bei den Konferenzen zwischen Brandenburg, Dänemark und Köln wird sich Rébenac bemühen, die beiden ersten zu bestimmen, „à n'exiger rien de Mr. l'Evêque de Cologne comme démarche, qui le destourne des engagements, qu'il a pris avec V. M. sur la Hollande. — Les trouppes destinées pour le Mecklembourg sont parties et celles de Prusse ont ordre de marcher."

16. d. 15. April: Derfflinger — avoit pris de déclarer à son maistre, que pour rien au monde il ne donneroit les mains à une guerre aussy injuste que celle qui alloit commencer. Auch bittet Rébenac den König „de se ressouvenir, que Mr. l'Electeur est un prince de soixante-cinq ans, qui à la vérité est disposé à la guerre, mais il passe les trois quarts de l'année dans son lit ou sur une chaise, dont il ne peut se remuer. Il est contrarié et traversé de Madame l'Electrice, par le Prince Electoral, qui est à la veille d'estre le maistre, par son général et par tous ses ministres, Sire, sans exception d'aucuns, je n'ose mesme avoir une ouverture sincère pour le Sieur Meinders." Also selbst wenn der Krieg wirklich begonnen wird, ist keine Sicherheit, dass er auch nur einen Monat fortgeführt wird, zumal man gleichzeitig über einen Vergleich mit Lüneburg verhandelt, der einen solchen auch mit dem Kaiser zur Folge haben würde und auch nicht gegen Frankreichs Interesse ist: nur Dänemark ist das nicht genehm.

17. d. 17. Mai instruirt Ludwig XIV. seinen Gesandten dagegen:

„C'est ce qui vous doit obliger de redoubler vos soins et votre aplication auprès du dit Electeur et de ses ministres pour les porter à rejeter entièrement les propositions captieuses des princes de Brunswik et de Lunebourg, qui n'ont d'autre but que de mettre de la division parmi mes alliés et de faire espérer aux Estats Généraux, qu'on pourra détacher l'Electeur de Brandebourg do mes intérests."

18. d. 13. Mai berichtet Rébenac: Auf den von Meinders und Fuchs mit den dänischen und kölnischen Bevollmächtigten gehaltenen Konferenzen haben Braunschweigs üble Absichten die Nothwendigkeit zu handeln ergeben; alle Theilnehmer begaben sich nach Potsdam zum Kurfürsten. „Le Prince Electoral me dit en arrivant, qu'autant qu'il avoit soustenu les intérests de Lunebourg jusques icy, autant vouloit-il les abandonner présentement; qu'il estoit vray, qu'il avoit tourné ses inclinations du costé de la princesse d'Hanovre, mais que pour y satisfaire il prendroit un temps, qui ne pourroit porter de préjudice à l'intérest ny à l'honneur de Mr. son père." — Ein Abgesandter Fürstenbergs überbringt einen Vorschlag zur Aktion, die auch Holland beunruhigen müsste.

19. d. 15. Mai: Der Kriegsplan wird so gestaltet, dass die Kölner eine die Niederlande nicht bedrohende Stellung einnehmen; aber nun ist Braunschweigs Nachgiebigkeit zu fürchten. „Je trouve Messieurs les ducs de Brunswik beaucoup plus à craindre, lorsqu'ils prennent le party de la soumission, que quand ils se piquent d'une sy grande fierté. Car enfin, Sir, je ne vois encore aucune seureté dans toute cette affaire, si la maison de Brunswik résoud à accepter sans réserve les propositions, qui luy ont esté faites." Vielleicht hindert das „une gratification après l'affaire commencée, une veue d'attaquer la Suède en Poméranie et pour y réussir ou porter la maison de Brunswik à en partager les dépouilles avec le Danemark dans la Breme ou l'obliger à désarmer afin de n'en recevoir aucune traverse," — ja vielleicht „faire attaquer les Espagnols dans la Gueldres et faciliter à Mr. l'Electeur la conqueste de cette province, qu'il ambitionne dans de certains temps plus que la Poméranie mesme."

20. d. 14. Mai 1684: Protokoll über die von Brandenburg gegen Braunschweig-Lüneburg zu ergreifenden Massregeln: da Braunschweig sich von der Gegenpartei nicht lossagen und Brandenburgs Plänen nicht anpassen will, meint Ludwig XIV. „que le party le plus seur et le plus court à prendre pour parvenir à la paix estoit celuy de revenir au concert de l'année passée pour porter la dite maison à d'autres sentiments ou la mettre en estat de ne plus pouvoir donner obstacle au dessein qu'on a de rétablir la paix." Frankreich zahlt dazu Subsidien. Brandenburg hat die Aktion alsbald begonnen: die Truppen aus Preussen sind nochmals angewiesen, von der Weichsel her möglichst schnell heranzukommen; die Regimenter in Pommern und der Neumark sind marschbereit, ebenso die in Westfalen, um sich mit den kölnischen an Rhein

und Weser aufzustellen, während Hannover schon Truppen an der Weser stehn hat, die sich leicht mit den hessischen vereinigen können. In Lippstadt, Minden u. s. w. sind Magazine angelegt. Mit den Rüstungen fortzufahren wird die Vorausbezahlung der Subsidien auf drei Monate gewünscht.

21. d. 23. Mai berichtet Rébenac ansführlich über den Kriegsplan gegen Braunschweig: „Il est certain, que depuis six jours elle (sc. la cour) répand ses finances de tous les costés et distribue de grosses sommes pour les extraordinaires de la guerre . . ." Das beweist auch die Thatsache, „que Cornmester, son valet de chambre affidé, est icy avec les cassettes et l'argent secret de son maistre qu'il distribue pour des chevaux d'artillerie et d'autres préparatifs. Parmy tout cela, Sire, je n'oserois répondre de rien, sy la maison de Brunswik reprenoit le party d'humilité.

22. d. 27. Mai: Man spricht in Berlin von Krieg, „comme d'une chose, à laquelle on est résolu." Dennoch sieht man, „qu'ils ne le voulaient pas dans le fond de leur coeur. Cependant les trouppes s'avancent aussy bien que la saison, les dépenses continuent et augmentent . . ." Man hat aber noch kein Recht auf die Kriegssubsidien von 50000 Livres monatlich, braucht aber die Woche soviel; ist in Sorge vor Hessen, das 6—7000 Mann zu den Braunschweigern stossen lässt; Kursachsen mahnt dringend vor den verhängnisvollen Folgen eines solchen Krieges. Der Kurfürst erwidert, nur um den Frieden handele es sich, nicht um Eroberungen, nicht um eine „Revolution im Reich". So wird auch Kursachsen in Aktion treten: „La guerre sera grande et le party des ennemis ne sera pas faible." Deshalb dringt Rébenac bei dem König darauf, er möge den Alliirten Freiheit in der Verwendung der kölnischen Truppen lassen.

23. d. 30. Mai: Kursachsen dringt auf schnelle Unterstützung des durch Frankreich bedrohten Luxemburg. Der Kurfürst lässt antworten, „que Luxembourg estoit pris avant qu'on pûst songer à le secourir et que la perte en est effectivement grande et préjudiciable à l'Empire, mais qu'elle ne doit estre attribuée qu'aux mauvais conseils de ceux, qui ont fortifié les Espagnols dans leur mauvaise conduitte et flatté vainement un party, qui n'a jamais recherché que la guerre, sans estre en estat de la soutenir. La fin de la lettre marque, que la perte de cette place sera suivie de beaucoup d'autres, si on persiste dans les sentiments, où on a esté, de ne point terminer toutes les affaires par une prompte acceptation de la paix ou de la trève. Cette response, Sire, est fort seiche et telle, qu'elle doit estre." — Eine Verzögerung veranlasst zu Rébenacs Aerger, dass Christian V. sich weigert, seinen Oberfeldherrn, Grafen de Roux, zur Vereinbarung des Feldzugsplans nach Berlin zu schicken.

24. d. 22. Juni: Ludwig XIV. aus Versailles. Der König bedauert, dass Brandenburg auch nach v. Grotes endlicher Abreise mit

Braunschweig noch weiter unterhandelt. Der Gesandte möge fortfahren „de le presser d'entrer en action conjoinctement au Roy de Dannemark contre la maison de Brunswik. Car qoique je sois bien averty par les lettres du comte d'Avaux du 16e et du 17e, que des 18 villes, qui ont voix dans l'assemblée des Etats de Hollande, il y a 17, qui ont opiné à l'acceptation de mes offres, quand mesme l'Espagne n'y consentiroit pas, et que selon toutes les apparences les Estats Généraux ne laisseront point passer le dernier delay que je leur ay donné, sans conclure le traitté, soit conjoinctement avec l'Espagne ou separément, néantmoins je ne juge pas à propos, que vous n'en témoigniez moins d'empressement pour fortiffier la cour, où vous estes, dans la résolution qu'elle a prise d'attaquer la maison de Brunswik, d'autant plus que quelques diligences que vous puissiez faire pour porter mes alliés à faire agir leur trouppes contre celles de cette maison, vous serez encore plustost informé de la résolution qu'auront pris les dits estats, et si elle est suivie de l'acquiescement des Espagnols, il n'y aura pas lieu de douter, que l'Empire n'accepte aussy la trêve et que par conséquence Mr. l'Electeur de Brandebourg ne soit bien aise de surceoir toute action et d'avoir une bonne part emmérité de la paix sans exposer sa réputation à l'évènement incertain d'un combat." Der brandenburgische Gesandte v. Spanheim hat dem König ein Schreiben des Kurfürsten überreicht mit der Meldung von dem Beschluss zum Angriff auf Braunschweig und der Bitte um Vorschuss auf die Subsidien. Der König hat bereits alle Rückstände bezahlen lassen und verfügt, „qu'on tienne prest les fonds pour luy faire payer un quartier de subsides extraordinaires aussytost que vous m'aurez averty, qu'il aura commencé d'entrer en action."

25. d. 17. Juni 1684: Rébenac drängt auf Subsidienvorschuss, dessen Verweigerung alles vereiteln könne. Brandenburg habe ja allen Grund dem König dankbar zu sein, „mais si Elle (V. Mté) veut, que ses alliés fassent la guerre, qu'ils entrent effectivement en rupture avec ses ennemis et qu'ils fassent une diversion qui selon toutes les apparences mettra ses intérêts dans l'Empire au comble de la prospérité, Elle doit en applanir le chemin avec un peu d'argent et particulièrement, Sire, dans cette occasion où on n'en demande que parce qu'il est d'une nécessité indispensable d'en avoir . . ."

26. d. 17. Juni: Dass durch Dänemarks Langsamkeit der Angriff verzögert, verstimmt den Kurfürsten: „on seroit desjà à l'Elbe"; ebenso, dass Köln das Konzert vom 30. Mai nicht ratificirt hat. Der braunschweigische Gesandte v. Grote ist zurückgekehrt: „il m'a dit, que ses maistres luy avoient ordonné de me déclarer, qu'ils entroient en tout ce que V. Mté pouvoit désirer d'eux sur la trêve."

27. d. 6. Juli meldet Ludwig XIV. seinem Gesandten, dass die Generalstaaten seine Vorschläge annehmen. „Il ne conviendroit pas à l'intention, que j'ay d'affermir la paix dans toute l'Europe, que mes alliés entrassent en action contre la maison de Brunswik. J'ay d'autant plus

sujet de vous confirmer à present l'ordre que je vous ay donné par ma
depesche du 2), que le Sieur d'Avaux m'a envoyé par un courier de
Munster, qu'il a signé avec les dits Estats le mesme jour 2), par lequel
ils s'engagent à toutes les conditions que je leur ay demandé, et promettent d'abandonner entièrement les interests de l'Espagne, si cette
couronne n'envoye dans six semaines sa ratification, en sorte qu'il n'y
a pas bien lieu de douter, que à l'estant pour maistres des Provinces Unies
elle ne veuille faire une guerre, et elle ne peut soustenir par ses propres
forces, et il y a bien de l'apparence aussy, que l'Empereur et ses ad-
herans prendront le mesme party. Ainsy il suffit de faire connoistre
à l'Electeur de Brandebourg, que comme sa fermeté dans les engagemens qu'il a pris avec moy a beaucoup contribué à la bonne disposition,
ou sont à present les affaires de l'Europe, il doit s'asseurer aussy, que
quoiqu'il en puisse arriver, ses interests me seront tousjours egallement
chers, et cependant vous le ferez laisser en libre cours à toutes les
difficultes, qui pourront retarder l'action soit contre la maison de Brunswick
ou contre la Suede, mesme les fomenter, si vous le croyez necessaire,
sans neantmoins rien dire, qui puisse faire changer la resolution, que
vous alles vous pres d'attaquer la dite maison de Brunswic ou celle de
s'accommoder avec elle et de joindre leurs armées ensemble pour chasser
les Suedois de l'Allemagne, ce qui engageroit une longue guerre vers le
Nord et très difficile à terminer."

XIII

Französische Gelder am Berliner Hof
1680—84.

In seinem Bericht vom 15. Mai 1684 legt Rebenac eingehend Rechnung über die in Summa 172000 Livres, die er in der Zeit vom 1. März
1680 bis zum 11. März 1684 erhoben and verwendet hat:

Conte general de la distribution et employ de la somme de
cent soixante et douze mille livres portée en l'autre part.

En mars 1680 j'ay donné par ordres du Roy

à Mr. de Jena	6000 livres
à Mr. de Crimeau	6000 „
à Mlle de Wangenheim	4000 „
au valet de chambre Commester	2000 „

En octobre 1680 j'ay donné par ordres de Roy

à Mr. Meinders	3000 „
à Mr. Fuchs	4000 „

En avril 1681 par ordres du Roy
à Mr. Meinders . . . . 6000 livres
à Mr. de Jena . . . . 6000 "
à Mr. Fuchs . . . . 4000 "
à Mlle de Wangenheim . . . . 2000 "
à Cornmester . . . . 1000 "
à deux secrétaires . . . . 2000 "
Suivant ma lettre du 22e octobre 1681 par ordres du roi
à Mr. Meinders . . . . 7500 "
à Mr. Fuchs . . . . 6000 "
à Mlle de Wangenheim . . . . 3000 "
à Cornmester . . . . 2400 "
En huit ou neuf mains chez Mr. l'Electeur et chez les
ministres . . . . 3600 "
Suivant ma lettre du 22e mars 1682 par ordres du roy
à Mr. Meinders . . . . 6000 "
à Mr. de Jena . . . . 6000 "
à Mr. de Cromeau . . . . 6000 "
Aux secrétaires et plusieurs autres gens . . . . 4500 "
En Mai 1682 j'ai donné
à Mr. Perband . . . . 3000 "
C'est un homme très-bien près de Mr. l'Electeur
et il a épousé Mlle de Wangenheim.
En juin 1682 pour le voyage en Silésie, Moravie et autres
pays de l'Empire . . . . 2000 "
En différens petits présens et suivant ma lettre du 16^e
septembre 1682
à Mssrs. Meinders et Fuchs et leurs femmes . . . 1500 "
Suivant ma lettre du 13e novembre 1682
à des secrétaires, hommes et femmes de chambre et
quantité d'autres gens, dont j'ay receu plusieurs
services et avis en différens temps . . . . . 3400 "
En décembre 1682 pour une course en Pologne . . . 600 "
En may 1683 encore pour une autre course en Pologne . 600 "
Suivant ma lettre du 14e juillet 1683 par ordres du Roy
à Mr. Meinders . . . . 9000 "
à Mr. Fuchs . . . . 9000 "
Pour un exprès, qui a esté de Hambourg à Zell . . . 47 "
Pour un exprès à Hambourg . . . . 75 "
Un présent à Mme de Cromeau . . . . 257 "
Pour un cabinet, tables, miroirs, guéridons et autres assor-
timens de la Chine achetés de hazard pour le tiers
de la valeur et donné à Mme l'Electrice, pour port et
autres frais en tout . . . . 1400 "
Pour le changement des espèces d'un présent du Roy à
Mr. l'Electeur de cent mille livres en ducatons et

changées en ducats de poids avec les bourses et la cassette brodées, selon les contes des banquiers et marchands	3000 livres
C'est à remarquer que l'assignation estoit en ducatons et fust convertie en ducats avec la différence de huit par cent, ce qui pour les seize mille ducats devoit faire quatre mille livres au delà de cent mille, mais il y en eut une partie de hazard, qui ne couste pas si cher que les autres	135379 „
à Cornmester	1800 „
Un cheval au prince Philippe harnaché et équipé pour la somme de	810 „
Par différens petits présens à Mr. le Prince Electoral, aux princes et princesses et gens de leurs maisons en plusieurs fois	1000 „
Par le voyage de Saxe	623 „
à Mr. de Prebendorfsky	2400 „
La dernière lettre de change de dix mille escus du 11e mars vient d'estre partagée comme il suit	
à Mr. Meinders	9000 „
à Mr. Fuchs	9000 „
à Mr. de Cornmesser	6000 „
à Mr. Perband	3000 „
à Mr. Ilgen secrétaire	1000 „
à Mr. Stossius	1000 „
à Mr. Caussius, employé par les ministres . . .	600 „
Au commis de Mr. Meinders	400 „

XIV.

Zur Klever Reise 1686.

1. Zuerst in einem Bericht vom 11. Mai 1686 erwähnt Rébenac des Kurfürsten Reise nach Kleve als bevorstehend: man bringe sie in Verbindung mit der von der Kurfürstin gehegten Hoffnung, ihren Erstgeborenen, Markgraf Philipp, statt des Markgrafen Ludwig zum Nachfolger Oraniens bestimmt zu sehen: doch hält er das für unwahrscheinlich, weil es gegen das Recht sein und der Kurprinz den Generalstaaten das niemals vergessen würde.

2. d. 25. Mai berichtet er, die Reise werde heimlich vorbereitet und werde ausgeführt werden, wenn man sich dessen am wenigsten versehen würde: „La raison est, que le Prince Electoral a tesmoigné estre

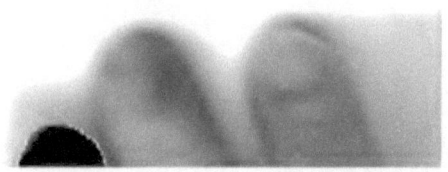

fort sensible à ce qu'on ne vouloit pas, qu'il fust de la partie, et qu'on veut éviter en dissimulant le voyage les plaintes continuelles qu'il fait sur ce sujet."

3. Am 18. Juni meldet er die Reise als fest beschlossen: der Kurfürst habe jeden Widerspruch dagegen verboten. „Le voyage, Sire, fait un grand désordre dans la famille de Mr. l'Electeur. Les enfans du premier lit ne doivent point en estre. Le Prince Electoral témoigne d'y être fort sensible et fait tous ses efforts pour porter Mr. l'Electeur à changer de résolution. Le margrave Louis s'est brouillé avec son père par les discours qu'il a tenus sur ce sujet. La hayne de tout ce qui se passe retombe sur Madame l'Electrice, qui ne mesnage en rien les princes du premier lit. Il y a un désordre à peu près pareil entre les ministres. On ne mène que le Sr. Fuchs et le Sr. de Kniphausen avec le grand-mareschal Cromkau. Les deux premiers sont ceux, qui ont le plus de crédit en cette cour par l'estat où ils ont mis les affaires de l'Empereur et de la Hollande. Le grand-maréchal est distrait par les fonctions de sa charge et entre peu dans les secrets. Le Sr. Meinders reste icy, et tout le monde regarde cela comme une disgrâce, luy mesme connoist bien, que c'est l'effet du crédit du Sr. Fuchs."

4. Mr. l'Electeur publie, que ce voyage ne doit durer que six semaines, et c'est un terme, dans lequel il est impossible de le faire, mais il croit avoir un prétexte d'empêcher par là le Prince Electoral de venir avec luy. Aujourdhui ce Prince doit en parler à Madame l'Electrice pour la dernière fois et la Princesse Electorale à Mr. Electeur, ce qui fait croire à quelques gens, que le voyage est incertain, parce qu'ils croient, que Mr. l'Electeur aimera mieux le rompre que d'y mener les enfans du premier lit. Le Prince Philippe, fils aisné du second lit, en doit estre, et c'est sur luy qu'on a persuade par une chimère, qu'on fera tomber les charges du Prince d'Orange.

5. d. 22. Juni 1686: „Mr. l'Electeur de Brandebourg a esté si occupé par des intrigues de famille, qu'il n'a pu songer à autre chose." Die Reise nach Kleve ist gestern Abend von Neuem beschlossen und wird nun wohl wirklich gemacht, wenn sie nicht hindert „une attente de goutte ou de gravelle."

6. Le Prince Electoral, qui est gouverneur de Clèves, regardoit comme une injure de ce qu'il n'estoit point du voyage, et s'en plaignoit hautement. Le margrave en usoit de mesme et s'en prenoit à Madame l'Electrice aussy bien que Mr. son frère, et Madame l'Electrice de son costé aymoit bien mieux que le voyage se rompist que d'y voir mener ces deux princes capables de renverser l'espérance qu'elle a de faire donner au Prince Philippes, son fils, la survivance des charges du Prince d'Orange. Mais on a trouvé quelques moyens, qui accommodent les affaires pour un tems. Les princes demeurent icy. L'aîné a la promesse qu'au retour du voyage de Mr. l'Electeur il luy sera permis d'aller à Hannovre et en Hollande, et le margrave a permission

d'aller à Cassel passer son chagrin avec lo landgrave de Hesse, qui l'en a prié.

7. Le Sr. de Meinders, qui ne devoit point estre du voyage, en est présentement, le Sr. de Fuchs l'ayant sollicité luy-mesme près de Mr. l'Electeur. Il n'en est pas plus son amy pour cela, quelque extérieur qu'il garde à l'esgard du Sr. Meinders, lequel, Sir, paroist estre sur le déclin de sa faveur, et à moins qu'il n'y arrive quelque changement, le Sr. Fuchs sera dans petit maistre de touttes les affaires.

8. d. 18. Juli berichtet Rébenac, der sich über Celle nach Wesel begeben und dort den Kurfürsten getroffen hat: „J'ay encore veu Mr. l'Electeur de Brandebourg avant qu'il fut à Wesel, j'ay trouvé ce prince extrêmement dégouté de son voyage par les fatigues, qu'il a souffertes" — so dass die Weiterreise nach Kleve zweifelhaft ist und er in Wesel bleiben würde, hätte er nicht Oranien versprochen der Revue seines Heeres beizuwohnen. Dass dieser ihn noch nicht hat begrüssen lassen, verstimmt: vielleicht reist man in 3—4 Tagen wieder heim.

In demselben Berichte heisst es dann weiterhin:

9. Je crois, que V. M^{té} est informée d'ailleurs, qu'entre les pensées, dont on flate Mr. l'Electeur, on y fait entrer l'espérance, que l'Espagne cèdera la Gueldre au Prince Philippe pour y estre en qualité de souverain et gouverneur perpetuel du pays de Clèves avec les jouissances des domaines. Cette pensée, Sire, vient du Prince d'Orange, qui est apparamment bien aise de faire une discursion de celle, qu'on a eue de faire déclarer ce prince son héritier.

10. d. 2. August: Der Kurfürst, obgleich im Namen Oraniens und der Generalstaaten in Wesel begrüsst — „tesmoigne une grande impatience de s'en retourner et commence à demander luy-mesme, quelles sont les raisons, qui peuvent l'avoir obligé d'y venir, ce qui — — attire quelques fois de facheux reproches au Sr. Fuchs et aux autres ministres de sa caballe. Mais on ne peut, Sir, en juger rien de certain jusques après le départ de Mr. le Prince d'Orange, lequel arrive demain à moins qu'il ne trouve encore quelque nouveau prétexte pour différer son voyage."

11. d. 8. August: Mr. le Prince d'Orange est arrivé icy le 4e de ce mois. La réception que Mr. l'Electeur luy a faite, ne pouvoit être plus froide. Il n'alla pas au devant de luy, comme il a coutume de faire à tous les princes, à qui il donne la main, et s'y contenta d'y envoyer le Prince Philippe. Hier matin il eut une conférence de plus de trois heures teste à teste, en suitte de laquelle il fut aisé de reconnoistre le changement, qu'elle avoit apporté dans l'esprit de Mr. l'Electeur. Il fit plus de civilités au Prince, qu'il ne luy en avoit encore fait, et déclara, qu'il iroit à la revue, qui doit se faire le 13e de ce mois près de Nimègue, bien qu'il eût annoncé un moment avant que le Prince d'Orange n'entrast, qu'il n'iroit point à cette revue et qu'il eut donné

ses ordres pour partir le 9ᵉ de ce mois." — In den Inhalt der Unterredung scheine selbst Fuchs nicht ganz eingeweiht. Oranien reist d. 7. ganz früh ab.

12. Die Revue fand nach einem Bericht Rébenacs aus Kleve vom 16. August am 14. statt; auch die Kurfürstin wohnte ihr zu Wagen bei. Am 24. August berichtet Rébenac aus dem Haag: „Le Prince de Nassau, sur qui les ministres du party d'Orange ont fait retomber le mauvais succès de la prétendue succession du Prince Philippe, étant venu à Clèves ne put obtenir d'audience de Mr. l'Electeur, et on luy fit mesme une dispute offensante sur le rang avec le Prince Philippe, qui ne voulut pas luy céder chez Mr. son père, en sorte qu'il partit sans avoir vu Mr. l'Electeur. Il fut sensible autant qu'on peut l'être à un traittement si rude, et ne voulut admettre aucun des expédiens, qui luy furent proposés — — il me parla de l'affront qu'on luy avoit fait."

XV.

Der Plan zur Verwandelung des 20jährigen Stillstands von 1684 in einen definitiven Frieden, G. v. Jenas Abberufung und die gegenseitigen Friedensdeclarationen 1687.

1. Ludwig XIV. an Rébenac Versailles, d. 13. Februar 1687: „Ce prince (d. i. der Kurfürst) vous paroist tousjours très-bien disposé pour tout ce qui peut regarder mes intérests, et mesme pour concourir au convertissement de la trêve en un traitté de paix, qui fasse cesser de part et d'autre tout sujet de défiance. Je ne doute point, que s'il donne des ordres à ses ministres à Ratisbonne de contribuer tout ce qui peut dépendre d'eux, à faire réussir cette proposition, elle ne soit aussy appuyée par les trois électeurs ecclesiastiques et peut-estre mesme par celuy de Bavière, qui paroist à present bien intentionné pour l'affermissement du repos de l'Europe. Mais comme on ne pouroit pas convenir d'un traitté de paix avant le mois d'avril, s'il falloit entrer dans la discussion des droits et prétentions réciproques ou examiner le peu de fondement de prétendus griefs et qu'ainsy il n'est question que de convertir simplement la trêve en un traitté de paix, toutes choses demeurant pour tousjours définitivement dans l'estat où elles se trouvent à présent, sans y rien ajouster ni diminuer (ainsy que le Sieur de Spanheim c'est expliqué

icy) ny acquiesceroit pas sy promptement: c'est pour ce sujet, que j'ai fait entendre à cet envoyé, que je pouvois me contenter des assurances générales, que la diette de Ratisbonne m'offriroit au nom de l'Empire, que pour quelque cause ou sous quelque prétexte que ce puisse estre de choses desjà faittes l'Empire en général ny aucun prince ou estat, qui le compose, ne me poura troubler par aucune voye de fait dans la possession, où je suis à présent en conséquence du traitté de trêve, qu'il faudroit mesme prolonger de dix ans pour plus grande sureté de touttes parties, et j'ay lieu de croire, que vous trouverez l'Electeur de Brandebourg assez porté à cet expédient et que la plupart des électeurs, mesme celuy de Bavière, y concouteront pour le bien de l'Empire et l'affermissement de son repos, mais comme il ne sera pas difficile de convenir du convertissement de la trêve en un traitté de paix, que de cette assurance vous devez non seulement tenir secret ce second expédient, mais quand on vous asseureroit, que le Sieur de Spanheim a donné part de la confidence qu'on luy en a faite, il est bon, que vous fassiez entendre, que vous ne croyez pas, que j'y veuille donner la main."

2. Rébenac aus Berlin, d. 22. Februar 1687: Der König sucht das einzige Mittel zur Sicherung der öffentlichen Ruhe in dem „convertissement pur et simple de la trêve en un traité de paix." — „Présentement, Sire, cette affaire est réduitte à ce que Mr. l'Electeur de Brandebourg trouve raisonnable et juste, qu'on donne des assurances positives à V. M^{té}, qu'après la guerre du Turc on maintiendra inviolablement la trêve sans que les prétentions, contraventions et griefs puissent estre regardés comme des sujets de rupture. Il espère, que V. M^{té} ne fera point de difficulté de promettre, que de sa part elle ne fera aucune innovation à l'avenir et les griefs doivent estre traittés par une discussion amiable, à laquelle on va s'expliquer."

3. Rébenac aus Berlin, d. 1. März 1687: „J'ay eu l'honneur de rendre compte à V. M^{té} dans ma lettre du 25. février et les précédentes des sentimens, où estoit Mr. l'Electeur de Brandebourg sur cette proposition (de donner à V. M^{té} une déclaration, qui assure la mesme chose après la guerre du Turc), on s'estoit porté à y donner les mains et les ordres en avoient esté expédiés sur le champ. On se fondoit en cela sur le rapport du Sieur de Spanheim, bien conceu mot à mot dans les termes suivans:

„Que S. M^{té} se contenteroit d'une asseurance, qui luy seroit donnée au nom de l'Empereur et de l'Empire qui portast, que c'estoit leur ferme intention d'observer la trêve faite avec la France mesme après la guerre finie contre le Turc."

„Que pour les griefs et contraventions à la dite trêve, dont il s'estoit parlé, on les renvoyoit à une discussion à l'amiable, qui s'en pourroit faire pour l'avenir, on s'en tiendroit de part et d'autre à l'observation de la trêve." La relation du Sieur de Spanheim, qu'on a receue icy en mesme temps que j'ay esté honoré des commandemens de V. M^{té} du

13. février, marque quelque changement dans les sentimens de V. M^{té} sur ce sujet, et on en a la mesme inquiétude que sy la guerre estoit asseurée. Je ne sçay point encore, quelles mesures on aura prises icy, mais j'appréhende, qu'elles ne soient point avantageuses aux intérests de V. M^{té}. Cependant j'ay mis mon application entière à empescher, qu'on ne prist de résolution sur ce prétendu changement de V. M^{té}, et j'ay cru mesme, qu'il estoit du bien de son service de laisser espérer à Mr. l'Electeur de Brandebourg, que sy on proposoit promptement à V. M^{té} dans les termes clairs et positifs l'asseurance, qu'on ne contreviendroit point à la trêve de la part de l'Empire, elle pourroit peut-estre se résoudre à l'accepter par le désir, qu'elle a de contribuer en toutes choses au maintien du repos public."

3. Le Sieur de Yena de Ratisbonne est depuis longtemps l'objet de la hayne de la cour impériale, et le service le plus agréable qu'on puisse icy rendre à l'Empereur, est de contribuer à son rappel. Il y a longtemps, Sire, qu'on le soutient, mais il vient de succomber: il a sans ordre de son maistre fait un projet à Ratisbonne, dans lequel il conseille de faire à V. M^{té} des propositions et il les explique plus durement pour l'Empire, qu'elles n'ont encore paru nulle part, puisqu'on s'estoit flatté, que V. M^{té} admettoit une négociation amiable sur les prétendus griefs au lieu que le Sieur de Yena n'en parle point. Ce qu'il fait de plus mal, c'est qu'après s'estre estendu sur toutes les démarches, qu'il avoit faites pour que le projet fust agréé dans le Collège Electoral, il oublie d'envoyer le protocol, par lequel on pouvoit voir les sentimens de ceux, à qui on l'a communiqué, ce qu'on attribue à l'affectation. Il y a trois jours que ses ennemis seureut sy bien se prévaloir de sa faute, qu'ils firent résoudre son rappel. On avoit néantmoins fait consentir Monsieur l'Electeur à suspendre l'exécution de cet ordre, mais le Sieur de Yena fait hyer un second rapport sy extraordinaire sur le mesme sujet, qu'on a attribué sa conduite à un concert entre Monsieur Verjus et luy. On l'accuse mesmo d'estre la cause de la fermeté, que V. M^{té} semble tesmoigner de ne vouloir point admettre de discussion sur les griefs. Il a esté impossible de le sauver dans un contretemps sy fascheux, et l'ordre de son rappel est desjà expédié. — Cette affaire, Sire, ne doit point estre regardée comme une bagatelle pour les conséquences: c'est une punition du penchant, que ce ministre — tesmoigne pour les intérests de V. M^{té}, et c'est un sacrifice formel à l'Empereur.

4. Rébenac aus Berlin, d. 16. März 1687: Besprechung über „le convertissement de la trêve en paix" — „ce qu'on juge absolument impossible de faire en sy peu de temps, le grand nombre des princes intéressés aux pays réunis et la distance des lieux comme la Suède et l'Espagne. Mais on se déclare icy, qu'on donnera des asseurances sur l'observation de la trêve aussy positives, que V. M^{té} pourra les désirer. Le reste, Sire, estoit tout à fait impossible, comme j'ay eu l'honneur de dire cy-dessus et une plus longue fermeté de la part de V. M^{té} à vouloir

en davantage est interpretée par la caballe d'Autriche comme une certitude entière, que V. M^{té} cherche un prétexte de troubler les conquestes de l'Empereur en Hongrie et de faire des contraventions à la trêve." ——

5. d. 22. März 1687. On s'est aperceu icy d'une bévue assez particulière sur le Sieur de Yena. On l'avoit disgracié honteusement sous le prétexte d'un projet, auquel il n'avoit aucun part, puisque c'estoit le député de Mayence, qui l'avoit proposé. Il est vray cependant, que la relation du Sieur Yena laissoit quelque doute sur ce sujet. Rien ne marque plus l'inconstance de cette cour dans son gouvernement particulier que cette petite affaire par le sensible déplaisir, qu'on a d'avoir revoqué le ministre de Ratisbonne. On ne trouve plus, qui veuille aller en sa place, et luy mesme déclare après ce qui luy est arrivé, qu'il ayme mieux subir les tourmens les plus rigoureux que de rester dans son employ. C'est, Sire, l'usage ordinaire de la cour de Berlin, que tous les gens, qui sont dans le service, sont sur le pied de faire à tous momens de capitulations avec leur maistre et de refuser en d'accepter les employs selon ce qu'ils jugent à propos.

XVI.
Zur Geschichte
des Konflikts innerhalb des kurfürstlichen Hauses
1687.

1. Am 22. März 1687 berichtet Rébenac u. a.:
„Il y a quelque désordre dans la famille de Monsieur l'Electeur. Le Prince Electoral se plaint fortement des mauvais traittemens, qu'il receoit, et il a dessein de se retirer en Hollande. La Princesse Electorale l'y porte le plus qu'elle peut. Ils croyent, que le Prince d'Orange fournira à leur subsistance." Wenn er darum weiss, meint Rébenac, wird die Absicht auch anderen bekannt sein — aber: „j'ay peine à croire que le Prince Electoral soit capable d'exécuter une pareille résolution."

2. d. 8. April 1687: Monsieur le margrave Louis, second fils du premier lit de Mr. l'Electeur de Brandebourg, mourut hier d'une fièvre pourprée. C'est une perte que tout le monde regrette. Il laisse une jeune veuve qui possède de très-grands biens en Pologne.

3. d. 12. April schildert er den alles Andere zurückdrängenden furchtbaren Eindruck, den des Markgrafen Ludwig plötzlicher Tod hervorgebracht, und fährt dann fort: „Il passe pour très-constant dans l'esprit de Monsieur l'Electeur et du public, que ce prince a été empoisonné. On y connoit aucune raison de l'intérest ny de vengeance et

on ne peut l'attribuer qu'à une méchanceté abominable. On en cherche les auteurs avec soin et quoiqu'il y ait un nombre infini de gens suspects, il n'y en a aucun cependant à qui on puisse avec quelque vraisemblance imputer ce crime. Il n'y a personne, qui ait un ennemy qu'il n'accuse et dont il ne soit accusé, ce qui donne lieu à un très-grand désordre en cette cour." — Der Kurfürst, der Kurprinz und alle Minister sind von dem Giftmord überzeugt, für den Rébenac keinen Beweis findet — — „et sy le génie de la nation et l'honneur particulière de Monsieur l'Electeur de Brandebourg pouvoit permettre, qu'il se désabusast d'une erreur et qu'en touttes les choses du monde il ne préferast pas l'opinion la moins vraysemblable à celle, qui est la plus vraye et la plus claire, je suis persuadé, que ce grand bruit de poison se dissiperoit par luy mesme. On croit, que ce prince ne l'a reçu que neuf jours avant sa mort. Néanmoins depuis deux mois il m'a dit plus de trente fois, qu'il sentoit en luy mesme, qu'il alloit mourir, et le jour qu'il partit d'icy pour se rendre à Potzdam, qui étoit environ huit jours avant sa maladie, il me répéta plusieurs fois, qu'il me prioit de me souvenir de ce qu'il me disoit, qui est qu'il seroit mort avant qu'il fut très peu de tems. Rien ne pouvoit paroitre plus extraordinaire que ce discours, puisqu'il n'estoit pas possible de voir plus de santé qu'il en avoit dans ses yeux et sur son visage."

4. Ce jeune prince avoit beaucoup de bonnes qualités, mais il avoit le malheur de déplaire à son père de manière, qu'il n'en recevoit que de mauvais traittemens et de marques de haine continuelle. Il en estoit sy pénétré, qu'il s'estoit plongé dans une mélancolie extraordinaire et ses discours les plus communs estoient, que Monsieur son père estoit cause de sa mort. Sur cela il est tombé malade et les médecins ont eu sy peu de connaissance de son mal, qu'ils avoient persuadé Monsieur l'Electeur, qu'il ne l'estoit que d'imagination. Il y a cette particularité à remarquer, que ce prince la veille de sa mort envoya près son père de le venir voir, l'assurant, que s'il différoit à luy faire cet honneur, il n'auroit jamais plus la consolation de luy baiser les mains, puisqu'il sentoit bien, qu'il alloit mourir. Monsieur l'Electeur estoit sy persuadé, que sa maladie n'estoit qu'une chimère, qu'au lieu de l'aller trouver, il luy fit faire des reproches sur sa foiblesse et sur la crainte frivole, qu'il avoit de mourir. Le raisonnement de Monsieur l'Electeur en cette rencontre fut, que Monsieur son fils n'étant malade que d'imagination, il l'augmenteroit encore, s'il alloit luy rendre visite sur le pied d'un dernier adieu. Une heure avant qu'il mourut, tous les médecins entrèrent dans la chambre de Monsieur l'Electeur et luy dirent en riant, que Monsieur le Margrave seroit en état, s'il le vouloit, de venir luy mesme dire de ses nouvelles. Enfin, Sire, il est mort à trois chambres de celle, où estoit Monsieur son père, sans qu'il l'ait veu une seule fois que lorsqu'il venoit de rendre les derniers soupirs. On ne peut point accuser en cela Monsieur l'Electeur que d'avoir manqué de naturel. L'extrême douleur qu'il en a ressentie et l'affliction qu'il en a, en sont les preuves incontestables.

5. Les médecins ont cru couvrir leur ignorance en attribuant à un poison qui leur étoit inconnu, une mort si surprenante [1]). Ils ont ouvert le corps sans y appeler aucun cirurgien ny médecin étranger et en on fait un rapport tel qu'ils l'ont jugé convenable. Ils donnent lieu par là à une source de désordre et de division dans la famille électorale. On n'a point encore arrêté les soupçons sur personne, mais la pluralité s'attache à deux ou trois, l'un retombe indirectement sur Madame l'Electrice par le moyen d'une princesse d'Holstein, qui est sa niepce et depuis peu en cette cour [2]), et c'est le sentiment de la cour du Prince Electoral. L'autre tombe sur un Polonois, qui appartenoit à Monsieur le Margrave [3]). Le public y donne la cause ordinaire de toutes les morts des princes, des villes et des maisons brûlées, enfin de tous les accidents, dont l'auteur n'est pas connu, ce sont, Sire, des Jésuites déguisés en musiciens, en maistres de danse, en calvinistes réfugiés, en perruquiers et même en gens mariés. Ce sont ces gens-là, Sire, à qui on impute ordinairement tous les désordres, qui arrivent, et cette imagination trouve tant de créance dans les esprits, que depuis que je suis à la cour de Brandebourg Monsieur l'Electeur a fait chasser plus de vingt personnes sur le pié, que je viens d'avoir l'honneur de dire à Votre M^{té}.

6. Alle diese Angaben sind durchaus unwahrscheinlich: „J'ay fait consulter par des cirurgiens françois très-habiles le rapport de sa maladie et les indices, qu'on a trouvés dans son corps. Ils n'y ont veu aucune cause, qui ne soit naturelle, et beaucoup même, qui sont incompatibles avec l'effet du poison." Der Rapport[4]) der vom Kurfürsten bestellten Aerzte entspricht offenbar nicht dem thatsächlichen Befund. „Pour augmenter encore les soupçons Monsieur le Prince Electoral se trouva hier fort incommodé et vomit beaucoup: il y a plus à craindre des poudres et des contrepoisons, qu'on luy donne incessamment, que d'aucun autre mal. Madame l'Electrice est malade, et la cour de Berlin est sur tous ces évènements dans une consternation, qui ne passera que lorsqu'un peu de tems aura désabusé les esprits."

---

[1]) Vgl. das ärztliche Gutachten in einer nach Wien gelangten Copie Urkunden und Aktenstücke XIV, S. 1367. In Berlin sind die aus Anlass dieser Sache erwachsenen Akten bis auf das Protokoll über das Zeugenverhör vor der Untersuchungs-Commission, der bezeichnender Weise als Beauftragter des Kurprinzen v. Dankelmann angehörte, 1698 verbrannt worden (s. Droysen, Pr. Pol. IV, 4, S. 166) — wie man annehmen möchte, um die Spuren der dabei zu Tage getretenen furchtbaren Verdächtigungen im kurfürstlichen Hause aus der Welt zu schaffen.

[2]) Nach Pöllnitz, Memoiren I, S. 199 ff. soll das Luise Charlotte von Schleswig-Holstein-Augustenburg gewesen sein, die 1685 mit dem Herzog Friedrich Ludwig von Holstein-Beck verheirathet war, aus welcher Ehe die heutige Glücksburgische Linie stammt.

[3]) Vgl. Rébenacs Bericht vom 16. December 1687 am Schluss dieser Zusammenstellung.

[4]) Vgl. Urkunden u. Aktenstücke XIV, S. 1367 Anmkg.

7. d. 10. Juni 1687: Madame l'Electrice eut il y a quatre jours une attaque d'apoplexie. Elle fut longtemps sans connaissance et elle ne luy est revenue qu'avec beaucoup de peine. C'est la seconde depuis quatre ans; quoique cette princesse soit extrèmement maigre, on ne doute pas de sa guérison à l'heure qu'il est, mais les rechutes sont à craindre.

8. d. 17. Juni 1687. On y est seulement occupé de la maladie de Madame l'Electrice. Cette princesse ne revient qu'avec beaucoup de peine de son apoplexie et les médecins apréhendent, qu'elle ne devienne une paralysie formée.

9. Le Prince Electoral de Brandebourg doit être de retour cette semaine des eaux de Carlsbad en Bohême. Il y a reçu toutes sortes de civilités de la part de l'Empereur, qui a voulu qu'il fût défrayé dans tous ses estats. La Princesse Electorale est grosse, ce qui est une joye extraordinaire pour le Prince, son époux.

10. d. 28. Juni 1687. Il est arrivé un désordre considérable dans la famille de Monsieur l'Electeur de Brandebourg. Le Prince Electoral revenant des eaux de Carlsbad en Bohême s'est arresté à une de ses terres, d'où il a envoyé prier Monsieur son père de luy permettre d'aller à Clèves. Il luy parle de ce voyage comme d'une chose, qu'il a entièrement résolue, et déclare, qu'il luy est impossible de s'exposer plus longtemps aux mauvais offices, qu'on luy rend tous les jours près de luy. Monsieur l'Electeur n'a point encore pris de résolution sur ce sujet, mais il s'en trouve embarrassé et il y voit l'origine d'une grande division.

11. Les raisons de Monsieur le Prince Electoral sont les mauvais traittemens, qu'il reçoit de Madame l'Electrice. Il attribue la cause de tout à une de ses niepces, princesse de Holstein et mariée à un prince du même nom, qui est aussy neveu de Madame l'Electrice. C'est à cette princesse, qu'on attribue présentement tous les sujets de plaintes, qu'on a dans la cour de Brandebourg. On l'accuse d'avoir empoisonné le margrave et le Prince Electoral feint d'en estre persuadé. C'est une manière de faire retomber la chose sur Madame l'Electrice.

12. Un sujet de plainte plus véritable et plus légitime qu'a le Prince Electoral, est sur le chapitre de Madame sa femme. Cette princesse, qui possedde touttes les bonnes qualités, qu'on peut avoir pour la beauté et pour l'esprit, et qui par dessus cela a infiniment de douceur et de vertu, a le malheur de déplaire à Monsieur l'Electeur et Madame l'Electrice, pour qui néantmoins elle a eu touttes sortes de soumission. Elle est traittée avec une indignité sy grande, que la moins honneste de touttes les femmes la trouveroit insupportable, ce qui apparamment l'a déterminée, elle et son mary, au party qu'ils viennent de prendre, c'est que le Prince Electoral faisant annoncer à Monsieur l'Electeur comme une bonne nouvelle, que la princesse estoit grosse, sa réponse fut, que

sa belle fille estoit donc grosse, mais que Dieu sçavoit de qui. Depuis cela tous ses discours roulent sur le mesme sujet, et l'on m'a dit hyer, qu'il commençoit à nommer le père prétendu. C'est une chose bien sensible à la Princesse, mais qui cependant ne peut produire aucun effet dans le monde, sa conduite est sy reglée et il y a sy peu de vraisemblance à la chose, qu'on ne peut assez s'étonner des discours de Monsieur l'Electeur[1]).

13. Les raisonnemens du Prince et de la Princesse sont, qu'après l'exemple du Margrave ils ont à apréhender plus que jamais de suittes fascheuses pour eux et pour leurs enfans. Une plainte, qui a de fondemens pareils, semble porter les choses fort loing et il y a de l'apparence aussy, que sy elles ne sont assoupies entre cy et peu de jours, on aura beaucoup de peine à les accommoder.

14. Während dies nach Rébenac der wahre Grund des Haders im kurfürstlichen Hause ist — „on cherche à le prétexter (le désordre) dans le public d'un petit différend d'intérêts entre Monsieur l'Electeur et le Prince Electoral sur quelques pierreries de la succession de la feue Electrice, que le père prétend devoir être partagées entre tous ses enfans, c'est à dire pour celles, qui appartenoient au Margrave. Le Prince Electoral croit devoir en hériter seul et que les enfans du second lit ne peuvent avoir de part aux biens de la mère du premier.

15. Le sentiment de ceux qui ont le plus de raison en cette cour, est qu'il y a beaucoup de tort de part et d'autre, en Monsieur l'Electeur par l'injustice outrée qu'il fait à sa belle-fille sur sa réputation, et dans le Prince Electoral en ce qu'il prend au pied levé des choses, auxquelles luy et tous ceux, qui approchent de la personne de Monsieur l'Electeur de Brandebourg, doivent estre accoutumés depuis longtemps. Ce qui fait de plus mal encore, c'est qu'il s'escart du respect et de la soumission, qu'il doit à Monsieur son père en touttes choses, et pour ce qui regarde ses intérests, il se fait un préjudice irréparable par le party, que Monsieur l'Electeur prendra vraysemblablement de donner aux enfans du second lit tout ce qu'il pourra leur donner non seulement en meubles, qui montent à des sommes immenses, mais mesme de ses estats, dont il est capable dans le chagrin où il est, de faire un démembrement, et il est bien certain, que quand mesme Monsieur l'Electeur de Brandebourg ne seroit point tout à fait authorisé par les droits de sa maison à faire ce partage d'estat, il n'y a pas un de ses voisins, qui par son propre intérest ne fût porté à le favoriser.

J'auray l'honneur de rendre conte à V. M[té] par le premier ordinaire des suittes de cette affaire, qui est la seule, dont on soit présentement occupé.

---

[1]) Am 28. September 1687 schreibt Hop an Wilhelm von Oranien, die Kurprinzessin hindere ihres Gemahls Heimkehr, „dewijle deselve veel — — door en haer gedane rapporten off relatie van stercke expressien jegens haar door S. C. D. somwijlen uitgesprooken geanimeert wesen." (Urkunden u. Aktenstücke III, S. 789.)

16. d. 7. Juli 1687: Monsieur le Prince Electoral de Brandebourg continue son voyage. Monsieur l'Electeur luy avoit escrit pour luy ordonner de revenir. Le prince luy a répondu en termes fort respectueux, qu'il espéroit de la bonté de Monsieur son père, qu'il ne désapprouveroit pas un voyage, qui n'avoit rien que d'innocent, qui estoit nécessaire à sa santé et dont il avoit desjà presque fait la moitié, qu'il le feroit le plus court, qu'il luy seroit possible dans l'impatience, où il estoit de venir luy rendre ses respects, qu'à l'esgard de sa soumission et de son obéissance il ne s'en estoit jamais écarté et n'en vouloit d'autre juge que Monsieur son père, qu'il n'auroit jamais d'autres sentimens et de plus grande joye que lorsqu'il voudroit bien luy conserver l'honneur de ses bonnes grâces. Sur cela il a continué sa route, dont Monsieur l'Electeur est très-peu satisfait.

La Princesse Electorale, qui estoit grosse, s'est blessée en chemin. Elle a fait ce prétexte pour se faire porter à Hannovre, ce qui augmente le ressentiment de Monsieur l'Electeur, qui avoit fait entendre, qu'il pourroit approuver un jour, que Monsieur son fils eust été à Clèves, mais qu'il ne luy pardonneroit jamais, s'il passoit à Hannovre.

17. Ludwig XIV. lässt Rébenac u. A. d. 14. Juli 1687 aus Versailles schreiben: — „Je ne doute pas, que le dit Electeur ne soit fort sensible à la retraite du Prince Electoral et de sa belle-fille, et je m'asseure, que vous vous garderez bien d'entrer dans tous ces démêlés domestiques ny de les fomenter, quelque peu de sujet que j'aye d'estre satisfait des fréquens changemens du dit Electeur."

18. d. 19. Juli: Le désordre continue dans la famille de Monsieur l'Electeur de Brandebourg. Le Prince Electoral a escrit à Monsieur son père, qu'il désire avec passion d'avoir l'honneur de sa personne, mais il fait entendre en mesme temps, que la crainte d'un traittement pareil à celuy de feu Monsieur le Margrave son frère le retient esloigné et l'empesche d'obéir aux ordres, qu'il reçoit de revenir icy aussy promptement qu'il le souhaitte. Cette lettre touche sensiblement l'Electeur en ce qu'il est aisé de voir, que le dessein du Prince Electoral est de faire tomber ce soupçon sur Madame l'Electrice, et parcequ'aussy il se persuade, que le conseil a esté donné à Monsieur son fils par les ducs de Brunswik durant le séjour qu'il a fait à Hannovre, qui redouble la haine et l'animosité, que Monsieur de Brandebourg a contre les princes de cette maison.

19. d. 25. Juli berichtet Rébenac weiter:

Monsieur l'Electeur a envoyé de nouveau ordre au Prince Electoral pour se rendre près de luy sous peine de son indignation. Il a même déjà ordonné, qu'il ne fût plus payé de ses pensions. Il y a de l'apparence, qu'il poussera les choses plus loin, et il a desjà fait entendre, qu'il destinoit la Prusse au prince Philippe; s'il le fait, ce seroit avec les apanages, qu'il veut donner à ces autres enfans un démembrement entier de ses estats.

20. Angeblich hat das kurfürstliche Ehepaar die Witwe des Markgrafen Ludwig, Luise Radziwill, einem jüngeren Sohn des Herzogs von Kurland verheirathen wollen, ist damit aber abgewiesen. Jetzt will es die Prinzessin dem Markgrafen Philipp vermählen. „Ils ont mesme donné ordre à ses théologiens d'examiner, sy le mariage se pouvoit faire. Il y en a quelquesuns des plus dévoués à la cour, dont l'avis a esté, qu'il se pouvoit. Les autres ne se sont point encore expliqués. C'est une consultation, qui se fait fort secrettement. Monsieur l'Electeur fait connoistre sous main à Madame la Margrave, que ce seroit en faveur du mariage, qu'il donneroit la Prusse à Monsieur son fils, mais la princesse a pour cette alliance une aversion insupportable."

21. d. 26. Juli: Les choses sont encore dans le même état. — — Monsieur le Prince Electoral insiste tousjours sur la punition de ceux, qu'il prétend avoir empoisonné Monsieur son frère et luy mesme. Il mande à Monsieur l'Electeur, que c'est le sentiment des princes les plus considérables de l'Empire, et le supplie de n'avoir pas moins de bonté qu'eux pour la conservation de son propre fils. Rien ne peut estre plus sensible à Monsieur l'Electeur de Brandebourg que la continuation de ce procedé. Il en est aussy touché fort vivement et l'on voit aussy en luy peu de disposition à satisfaire le Prince Electoral, il en a plustost à luy faire un préjudice considérable dans son testament. et l'on parle de plus en plus de mettre le prince Philippe en possession du duché de Prusse. Cependant Madame l'Electrice, qui pourroit donner le plus de chaleur à cette pensée, c'est trouvée fort mal aux eaux, où elle est présentement. Monsieur l'Electeur luy mesme est tombé dans une très-grande mélancolie, dont on attribue la cause aux désordres de sa famille. — Une indisposition m'ayant empesché de me rendre à Freywald près de Monsieur l'Electeur de Brandebourg j'ay In à Monsieur le maréchal de Schomberg l'article de la dépesche de V. M^{té}. où Elle témoigne prendre un part fort sincère aux chagrins que Monsieur l'Electeur a de ce qui se passe, et aux fâcheuses suittes que cette affaire peut avoir. Monsieur de Schomberg me mande, qu'il s'est acquitté de sa commission et que Monsieur l'Electeur a marqué être fort sensible aux bontés de S. M^{té}. Il y a bien d'apparence, que ce différend ne s'accommodera pas aisément sans Son (sc. Ludwig XIV.!) intervention. Tous les princes, qui y entrent jusques à présent, ou en sont les auteurs ou ont intérêt à fomenter ce désordre, ce qu'ils font aussy de tout leur pouvoir. — — Monsieur le Prince d'Orange témoigne d'aprouver la conduite du Prince Electoral.

22. d. 2. August 1687: Monsieur l'Electeur de Brandebourg continue à être mal satisfait de Monsieur son fils. Il a sçu, que de Cassel il devoit retourner à Hannovre et luy a envoyé faire deffense expresse de s'y arrêter. Si le Prince obéit, il donnera lieu à un grand radoucissement, s'il n'obéit pas, il doit s'attendre à trouver l'esprit de Monsieur l'Electeur plus aigry qu'il n'a encore été. —

Luise Radziwill lehnt die Ehe mit Markgraf Philipp entschieden ab.

23. d. 9. August: Il y a quelques jours qu'on espéroit, que Monsieur l'Electeur de Brandebourg admettroit des tempéramens dans les affaires du Prince Electoral, son fils, et Monsieur le maréchal de Schomberg, qui fait toutes les démarches nécessaires pour porter les esprits à la douceur, receut hier une deffense expresse de Monsieur l'Electeur de luy en parler, en sorte que le Prince Electoral se trouve embarrassé de sa personne: on a arresté sa pension, et il n'y auroit pas mesme trop de seureté pour luy à rentrer dans les estats de Monsieur son père. Le seul party, qui luy reste, est de demeurer à Hannovre, où il ne sera pas peu à charge à son beau-père, dont les finances sont très-bornées. Cette affaire consiste à présent en ce que le Prince Electoral répond à tous les ordres positifs, qu'il reçoit de Monsieur son père, qu'il est prest à luy obéir en toutes choses et luy donne sur cela des assurances de sa soumission et de son respect, mais il demande en mesme temps seureté pour la vie et qu'il ne soit point exposé au traittement, qu'on a fait à son frère. Le traittement prétendu est, que le Margrave a esté empoisonné. Il ne dit pas véritablement dans ses lettres, que c'est à l'ordre de Madame l'Electrice, mais il le fait entendre à tout le monde dans ses discours ordinaires, en sorte qu'on n'ose le presser de s'expliquer sur ce sujet de crainte de porter l'aigreur aux dernières extrémités.

24. d. 16. August: L'affaire du Prince Electoral avec Monsieur son père ne change point encore de face. Il y a des gens qui croient néantmoins, qu'elle s'accommodera tout d'un coup; d'autres sont persuadées au contraire, que Monsieur l'Electeur n'en verra pas la fin. La pensée de la Princesse Electorale, qui a beaucoup de crédit en cette rencontre, est de ne rentrer jamais à Berlin du vivant de Madame l'Electrice.

25. d. 22. August: Monsieur l'Electeur ne peut point encore entendre parler du Prince Electoral.

26. d. 30. August: Rébenac billigt des Kurprinzen Verfahren nicht: „ce prince a fait un esclat dans le monde et s'est destaché de la soumission et du respect, qu'il doit à Monsieur son père, sur des fondemens fort frivoles et contre toutte sorte de raison."

27. d. 9. September: On avoit cru depuis peu de jours remarquer quelque disposition à un raccommodement entre Monsieur l'Electeur et le Prince Electoral, son fils. On n'est pas bien asseuré néantmoins, que cela ayt des suittes. Peu de gens s'en meslent et hors Monsieur le maréchal de Schomberg il n'y a personne, qui ose en parler.

28. d. 16. September: On est encore dans l'incertitude des suittes que pourront avoir les dernières lettres, que Monsieur le Prince Electoral a escrites à Monsieur son père. Elles sont tousjours pleines de termes respectueux, mais ce Prince insiste à demander seureté pour sa vie sans s'expliquer autrement. Monsieur l'Electeur respond assez doucement à la dernière, hormis sur cet endroit, où il marque sa surprise d'une manière un peu forte.

29. d. 30. September 1687: Le peu de choses qui se passent icy en l'absence de Monsieur l'Electeur, qui est encore pour quelque tems à ses chasses ordinaires, consiste en ce que le Prince a envoyé un courrier au Prince Electoral, son fils, pour luy dire, qu'il le remettoit en l'honneur de ses bonnes grâces et que lorsqu'il reviendroit icy, il y seroit reçu, comme il devoit l'estre. Il ne fait aucune mention de la Princesse Electorale, qui a ses sujets de plaintes particulières, et c'est ce qui fait croire, qu'elle prendra seulement le party d'aller à Hannovre sans suivre son mary. Quelques gens mesme des plus affidés de ce Prince se persuadent, qu'il fera encore difficulté de revenir et qu'il sera bien aise avant cela de faire ses conventions.

30. d. 7. October: Le Prince Electoral n'a pas encore jugé à propos de se rendre près de Monsieur son père, avec lequel il désire auparavant de faire une espèce de capitulation. Il a mesme escrit secrètement à Monsieur le maréchal de Schomberg, qu'il le prioit de ne plus rien faire, que pust haster son retour. Cette conduite, Sire, est sy esloignée du caractère naturel de ce prince, qu'on a lieu de croire, qu'il est entièrement obsédé par la princesse son épouse et par le Sieur Tancleman, son homme d'affaires. L'interest de la première n'est autre que de s'éloigner de la cour de Brandebourg et se mettre en estat d'aller à Hannovre, ce qui est pour elle le comble de ses souhaits. Celuy de Tancleman a tousjours esté de tenir son maistre dans un chagrin continuel contre les ministres de cette cour, affin qu'après la mort de Monsieur l'Electeur il puisse le porter plus aisément à les disgracier et establir en leur place un grand nombre de frères, qu'il a desjà mis en différens employs.

31. d. 14. October 1687: Il est arrivé icy un envoyé de Monsieur le Landgrave de Hesse[1]) pour les affaires du Prince Electoral de Brandebourg, mais il y a peu d'apparence, qu'il réussisse, puisque la dernière déclaration du Prince est, qu'il veut bien venir à Berlin faire sa soumission à Monsieur l'Electeur, mais il désire, qu'on luy laisse la liberté de se retirer en suitte dans quelque lieu, où il puisse estre en seureté. L'envoyé de Hesse est icy pour tirer en quelque sorte parolle de Monsieur l'Electeur, que dans le voyage que le Prince Electoral propose de faire icy, on n'entreprendra rien sur luy et qu'il luy sera libre de se retirer, lorsqu'il le jugera à propos.

---

[1]) Vgl. Hops Bericht an Wilhelm von Oranien, 12. October 1687, Urkunden u. Aktenstücke III, S. 727: S. C. D. beliefde mij oock te spreecken over de saechen van den heer Churprince, seggende dat, nar dat deselve op sijne gedaene anbieding van een filiale gehoersamheyt verseeckert was geworden van desselffs vaderlijcke genegentheijt, op en nieuw met S. C. D. hadde willen capituleren en det in effecte onder de mediatie van den heer Lantgrave van Hessen Cassel, en dat S. C. D. dartoe immers so weynich koude verstaen als deselve vor desen de mediatie van den koningh van Denemarcken hadde geadmitteert, met bijvoegingh van verscheijde expressien, die beijde desselffs ernst en bewogen gemoet marqueerte.

32. C'est là, Sire, le fait auquel se reduisent les propositions du Prince Electoral. Elles sont à la vérité couvertes d'expressions soumises et respectueuses. Il y a quelques ministres bien intentionnés pour le repos de la maison, qui cherchent à faire valoir ces expressions soumises. Mais Monsieur l'Electeur se tient ferme et ne veut admettre aucun tempérament, qui puisse diminuer l'autorité qu'il doit avoir comme père et comme maistre.

33. d. 21. October 1687: L'envoyé de Cassel, qui est icy pour les intérests du Prince Electoral a connu, qu'il ne devoit pas insister sur les premiers ordres, qu'il avoit de demander scuroté pour ce prince, lorsqu'il reviendroit à la cour de Monsieur son père. Il est difficile de juger encore du temps, auquel ce différend pourra se terminer. On croit néantmoins, que plusieurs raisons obligent le Prince Electoral à se rendre bientost à Berlin.

34. d. 28. October 1687. L'affaire du Prince Electoral est enfin terminée. Il doit estre icy vers la fin de la semaine. La Princesse Electorale l'y accompagnera. Elle a obtenu la permission de passer quelques jours à Hannovre, mais le Prince n'y va point, ce qui l'a porté à revenir plûtôt qu'on ne croyoit. Il est, à ce qu'on dit, survenu une petite brouillerie entre luy et la princesse, dont quelques uns de ses domestiques se sont servis utilement pour la déterminer à son retour. Beaucoup de gens sont persuadés, que l'on aura peine à rendre l'union parfaite entre Monsieur l'Electeur, Madame l'Electrice et le Prince et la Princesse Elect. Il est certain, que l'honneur de la princesse est peu convenable avec celles des autres.

35. d. 4. November 1687: Le Prince et la Princesse Elect. sont revenus en cette cour après une absence de six mois. Ils ont esté assez bien receus par Monsieur l'Electeur, on apréhende néantmoins, que la bonne intelligence ne subsiste pas longtemps entre eux. On remarque en l'un et en l'autre un reste de chagrin, qui ne se dissipera pas qu'avec peine. Dans le premier éclaircissement, qu'ils ont eu, le Prince a dit à Monsieur son père, il accusoit la duchesse de Holstein, nièce de Madame l'Electrice, de l'empoisonnement du Margrave. Cette princesse, qui a presque tout le monde icy pour ennemy, a attiré les soupçons du public. On avoit pris grand soin de le cacher à Monsieur l'Electeur, qui a témoigné beaucoup de surprise de la connaissance, qu'il en a eu. Il en a parlé à Madame l'Electrice, laquelle voyant les conséquences de ce soupçon, s'en est plainte hautement et donne lieu par là à une nouvelle mésintelligence entre le père et le fils.

36. d. 11. November: Monsieur le Prince Electoral a eu un nouvel éclaircissement avec Madame l'Electrice, dont ils sont, à ce qu'ils disent, satisfaits l'un et l'autre. Ainsy on espère, que la bonne intelligence sera rétablie dans la famille de Monsieur l'Electeur.

37. Endlich kommt Rébenac noch einmal auf diese leidige Angelegenheit zurück aus Anlass des angeblichen **Plans einer Verheirathung**

der verwittweten Luise Radziwill mit Prinz Jacob Sobieski in einem Bericht vom 16. December 1687: „Ils se sont mis dans l'esprit de relever un bruit, qui se répandit à la mort du Margrave et qui tendoit à accuser le Sieur de Bielinsky, envoyé de Pologne en cette cour, d'avoir contribué à la mort de ce prince. Personne dans les premiers jours ne fut exempt de soupçons, mais celuy-là parut si mal fondé, que bien loin qu'il eust cours, tout le monde s'attacha à accuser la personne, qui avoit été la première à le publier, c'estoit une princesse de Holstein-Beck, nièce de Madame l'Electrice, et celle, qui a servi de prétexte au Prince et à la Princesse Electoralle, lorsqu'ils se sont retirés de la cour de Mr. l'Electeur. Elle a enfin esté obligée d'en sortir elle-mesme, en sorte que sy le Margrave avoit esté empoisonné, ce qu'aucune circonstance ne m'a jamais donné lieu de croire, il est certain, que l'on ne pourroit raisonnablement accuser que cette princesse de Holstein. Cependant on veut persuader à Madame la Margrave, que le public se réveille sur le bruit de son mariage avec le prince de Pologne et se confirme dans ses premiers soupçons. quoiqu'il n'y ait, Sire, aucune vérité en cela et que personne n'y songe que ceux, qui ont intérêt de répandre un pareil bruit."

XVII.

Zur Geschichte der brandenburgischen Armee.

1. Am 19. Januar 1672 berichtet St. Géran aus Berlin: Der Kurfürst hebt augenblicklich 3000 Pferde und 4000 Mann aus, ausser den schon verlangten Rekruten. Die Reiterei ist billig zu beschaffen, da „die Kapitäne auf eigene Kosten ausheben und nur zwei Monate bekommen". Offiziere findet er reichlich; aber der Unterhalt der Armee wird ihm schwer; da liegt insofern eine Gefahr, als der Kurfürst Partei nehmen muss, sobald er seine Truppen auf den Beinen hat.

2. Am 2. September 1672 berichtet Vauguion aus Halberstadt:[1] „. . . la plupart de leur infanterie passe de temps à temps à Lipchetat et Mendenne en sorte, qu'il ne restera icy que cinq ou six régiments de cavallerie, dont les augmentations sont en très-mauvais estat et qu'on continue tousjours de faire. Les meilleurs de toutte leur infanterie sont celuy des gardes de six à sept mil hommes, celuy du conte de Dona de près de mil hommes, (celuy) de Sepan de mil hommes et celuy du Prince Electoral six ou sept cens hommes pour le présent, qui l'estoit bien de mil hommes auparavant qu'il s'en fut noyé une partie entre

---

[1] Vgl. oben S. 30.

Conisbert et Colbert, comme j'ay desjà mandé. — — La nécessité et le besoin, que je recognois qu'ils auront d'argent et de subsistance, sans lesquels ils se promettent néanmoins de faire de merveilles, les rangeront tousjours dans la suitte à la raison, je ne voy pas mesme dans touttes les troupes de Son Altesse un officier général, qui ait jamais esté ailleurs plus que colonel, et Canoher, qu'ils content pour leur meilleur de cavallerie, ne peut demeurer un jour à cheval, qu'il ne soit obligé d'en rester quatre au lict à cause d'un coup de canon, qu'il a receu autrefois dans la cuisse. L'on travaille icy continuellement pour des attirails d'artillerie: j'en vois passer deux pièces tirées par de méchans chevaux de paysans allant de Pochedan à Albrestadt, desquels tous les officiers se servent aussy pour leur équipage et dont ils changent de deux jours à deux jours.

3. Im August 1676 übermittelt Verjus folgende „Roolle d'armée de S. A. Electorale de Brandebourg": die Kavallerie zählt 11 Regimenter und 67 Compagnien (fort diminuées), Dragoner 5 Regimenter und 30 Compagnien (aussy fort peu nombreuses), die Infanterie 14 Regimenter und 115 Compagnien, „que l'on m'asseure ne pas faire six mil hommes."

4. Im Januar 1677 giebt er die 1676 zum Feldzug nach Pommern aufgebrochenen Truppen — ausschliesslich der bei den Verbündeten gebliebenen und der in Westfalen, Mark, Minden, Kleve und Preussen belassenen — nach einer ihm zugänglich gewordenen Liste an auf 6930 Reiter, 2300 Dragoner und 18500 Mann z. F., im Ganzen 27730 Mann.

5. d. 24. August 1680 schreibt Rébenac: „Mr. l'Electeur a fait aujourdhuy la revenë de ses gardes, qui sont habillées de neuf. Elles ont passé dix-sept cens hommes. Les manteaux, qu'ils donnent à tous les soldats, les font paroistre beaucoup plus beaux et de la manière, dont elles les retroussent, ils en tirent de grandes utilités sans estre du tout incommodés. — L'on parle de guerre icy, comme sy elle estoit déclarée. La manière en est si forte, que les officiers d'eux mesmes se mettent en équipage. Il est vray, que les discours de Mr. l'Electeur y donnent beaucoup de fondement et quelque précaution qu'il prenne, il ne peut s'empescher de faire éclater le désir, qu'il a d'entrer en action. Il ne laisse pas fort aussy les gens dans l'incertitude du party, qu'il prendra." Das zeigt folgender Vorfall: „Le colonel des gardes est un vieux lieutenant général, nommé Goetsch, qui a servi presque toute sa vie dans les troupes de l'Empereur et qui a gardé tousjours de grandes mesures avec le comte Lamberg. Je sceus, il y a quelques jours, que de concert avec lui croyant faire une chose d'éclat il estoit convenu de donner aux gardes des escharpes rouges, comme sont celles de l'Empereur, et la chose ayant réussi, comme ce ministre le souhaitoit, il s'en glorifioit ce matin assez mal à propos. Comme on est venu sur le champ de bataille et que Mr. l'Electeur me faisait voir les troupes: Qu'est cela, luy ais-je dit tout bas, sont-ce les gardes de Votre Altesse ou

celles de l'Empereur? Il a sur cela pris garde aux escharpes, auxquelles il n'avoit point encore fait de réflexion, et s'en est mis dans une colère si grande, qu'il les a fait tout à fait oster sur le champ et ordonné aux officiers d'en faire faire de blanches, y adjoustant des choses si fortes sur la couleur rouge et combien il l'avoit renoncée de bon coeur, que l'envoyé de l'Empereur en estoit aussy mortifié que les autres en estoient surpris.

6. d. 16. December 1682 berichtet Rébenac: „Il y a, Sire, dans ces trouppes-cy le comte d'Orfling, qui a autant de crédit que peu de mérite. Cet homme est sy ouvertement déclaré contre la France et les François et suit ses pensées particulières avec tant de hardiesse et d'effronterie, que je ne vois aucun lieu, qu'on puisse prendre confiance en un corps de trouppes, qu'il commanderoit. J'ay fait ce qui m'a esté possible pour mesnager son esprit sans y pouvoir réussir. Il s'oppose avec tant d'ardeur à tout ce que Mr. l'Electeur veut faire pour les François, que ce prince n'est pas le maistre de suivre l'inclination qu'il a pour plusieurs entre eux. Depuis trois mois il a demandé son congé, parce qu'on vouloit donner un régiment de cavalerie à Mr. de Hamel, qui est général major et le meilleur officier, qui soit en ce service présentement. On en avoit donné un à Mr. de Briquemault. Il entreprend la mesme chose, en sorte, Sire, qu'après un nombre infiny d'exemples de cette nature, je crois, qu'il sera du bien de vostre service de ne plus mesnager cet homme et si V. M. le juge à propos, que la suitte des affaires l'oblige à faire quelque chose de plus pour Monsieur l'Electeur, on pourra prendre son temps et marquer le peu de confiance, qu'on a sujet d'avoir en luy, puisqu'il déclare hautement, qu'il ne servira jamais pour les intérests de la France contre sa patrie."

7. d. 13. Januar 1683 meldet Rébenac: Mr. l'Electeur s'est résolu subitement à faire de levées assez considérables. Chaque compagnie de cavalerie est mise à cent maistres de soixante-cinq, ou elles estoient. On donne aussy un régiment à Mr. de Briquemault. Cette augmentation monte à 2530 hommes de pied, en tout 6752, en sorte qu'on conte, que, avec les trouppes qu'on a, on pourra mettre, les garnisons fournies, 15 mille hommes de pied, 5 ^{m} chevaux et 2 ^{m} dragons en campagne vers le moy de May.

8. d. 22. Mai 1683: — C'est une chose certaine, Sire, que le maréchal Dorfling est un obstacle continuel à cette affaire, et, comme j'ay eu l'honneur de le mander à V. M., Mr. l'Electeur s'est épuisé en caresses, présents et promesses sans pouvoir le résoudre à rien. Il est vray, que Mr. l'Electeur en est mal satisfait et tous les ministres sans exception se sont unis contre luy, mais on ne sçait, qui mettre à sa place. L'inclination seroit fort grande pour le mareschal de Schomberg, sa religion, sa naissance et sa réputation le rendant fort agréable, et il est d'un avantage sy grand pour les affaires de V. M. de voir un général à Elle à la teste de ces trouppes-cy, qu'on ne sçauroit assez

dire, combien il luy importe. Cependant, Sire, Mr. l'Electeur n'en a
point encore parlé, mais Mr. le Prince Electoral, tous les ministres et
les généraux le souhaittent avec passion, et sy je sçavois, que V. M.
voulust donner les mains à mettre un mareschal de France à la teste
de ces armées-cy, je ne doute presque point du succès de la chose, qui
se feroit icy d'une manière convenable à la dignité, dont Mr. le mareschal
de Schomberg est honoré. — Grumkow und Fuchs melden dem Gesandten, „que Mr. l'Electeur avoit tesmoigné, qu'il se feroit une joye de
me donner un régiment de cavalerie dans un tems, où toutes ses trouppes
n'estoient destinées qu'au service de V. M. Peu de temps après le prince
me l'a dit luy mesme, en y ajoustant tout ce qui se peut de plus
obligeant et plus honneste."

9. d. 25. März 1684: Derfflingers Stellung ist schwer erschüttert,
seit der Kurfürst sein geheimes Einverständnis mit dem Kurprinzen
kennt. Auch kennt der Kurfürst nun die gegen Rébenac gesponnenen
Intriguen: — Ils ont voulu pousser la chose à des extrémités infâmes
et indignes de gens d'honneur. Comme j'en ay esté averty de bonne
main, j'ay pris le party de déclarer, que n'ayant jamais eu d'affaires
avec personne du monde, s'il m'en arrivoit quelqu'une, je ne m'en
prendrois qu'au Sieur Dorfling, que je traitterois selon ses mérites. Il
y a bien de l'apparence, qu'on luy a rapporté ce que je disois, puisqu'il est party ce matin à quatre heures sans avoir pris congé de l'Electeur ny fait aucune des choses, qu'il a accoustumé de faire, quand il
doit partir. Il dit seulement hier à un de ses domestiques, que les
François étoient capables de touttes les méchantes actions et que sy on
sçavoit, qu'il dust s'en aller, il coureroit risque en chemin. Tout le
monde s'est moqué de luy et Mr. l'Electeur luy mesme en a fait des
railleries sanglantes.

d. 15. April 1684, zur Zeit des geplanten Angriffs auf Braunschweig: Un point encore bien considérable et qui regarde le détail,
Sire, de cette cour, c'est que la plupart de ces ordres ont esté donnés
sans la participation du Sieur Dorfling, et c'est comme une première
atteinte à son autorité. Ce général voyant, que la feinte complaisance
qu'il avoit eu de consentir à la marche des trouppes, ne produisoit pas
l'effet qu'il en attendoit, avoit pris de déclarer à son maistre, que pour
rien au monde il ne donneroit les mains à une guerre aussy injuste que
celle, qu'il alloit commencer.

10. d. 15. Mai 1684: Le général Dorfling s'oppose de tout son
crédit à la suitte de ces affaires, mais il y a bien de la peine à résister
luy-mesme aux différentes atteintes, qu'on donne à son autorité, et il
semble, qu'on ait tout gagné par les bienfaits, que Mr. l'Electeur a accor-
dés depuis quelque tems à des François, mesme à des catholiques comme
le Sieur de Grégi[1]), qui est icy depuis quelque tems et qui a esté

---

[1]) Bleistiftnotiz des Königs: Sçavoir qui il est.

arresté en qualité de colonel. Le Sieur de Briquemault¹) a eu le gouvernement de Lippstadt, le plus considérable de ceux, que Mr. l'Electeur donne, de sorte qu'il est un de ses officiers de toute l'armée, qui tire le plus de bienfaits — — et c'est outre cela, Sire, un très-grand avantage de ce que les ordres, qui tomberont entre les mains de François, seront exécutés avec fidélité et bonne volonté.

11. d. 14. November 1684: Aus Anlass der Heirath des Kurprinzen mit Sophie Charlotte „il avoit fait assembler un corps d'onze mille hommes de ses troupes, qui sont plus belles que toutes celles, que j'ay voues dans l'Allemagne.

12. d. 22. März 1687: Das Heer, unlängst um 2500 Mann reducirt, soll um 5 Regimenter vermehrt werden; dazu beschloss man „de réduire les vieilles compagnies à cent hommes (von 125). La raison de cette création nouvelle est, que Mr. l'Electeur veut avoir un plus grand nombre d'officiers et placer une partie des François Calvinistes. Il n'y en avoit aucun qui fut en pié que ceux, qu'on avoit mis dans les régiments Bricquemeaux²) et Varennes³) et un bataillion commandé par le Sieur de Cornuant⁴), les colonels allemands ayant refusé jusques à présent d'en recevoir aucuns dans leur régiment.

13. d. 16. August 1687. On a fait depuis peu de jours un nouveau réglement des finances. On y cherchoit particulièrement la subsistance des calvinistes françois. Le pays, Sire, est tellement épuisé, qu'on n'a trouvé de fonds que le rétranchement de dix sols par mois à l'infanterie. Comme le soldat avoit desjà beaucoup de peine à vivre n'ayant sur sa paye que quatre francs par mois, on oblige son hoste à fournir de sel, de poivre et de vinaigre, et ces deux derniers utensils étant peu communs icy chez le paysan, le soldat en abuse et cela donne lieu à des désordres infinis. — Une autre ressource qu'on a trouvée icy, c'est l'altération de la monnaye. On en fait présentement ou il y a deux cens par cent d'alliage. Comme tous les voisins l'ont deffendu, cette monnaye fait la ruine infaillible du commerce de ce pays-cy.

---

¹) Erman, Mém. p. s. à l'hist. des Réfugiés IV, S. 49—50.
²) Ebendas.
³) Ebendas. S. 282—83.
⁴) Ebendas. S. 83—84.

XVIII.

Aus Rébenacs Memoire zur Information des zu seinem Nachfolger bestimmten Gravel.

Er entwirft darin von den namentlich in Betracht kommenden Persönlichkeiten folgende Charakterbilder:

1. Der Kurfürst: Pour parvenir à ses desseins, il suit presque toujours les voyes les plus propres pour s'en éloigner. C'est un effet de la complaisance qu'il a pour ses ministres, qui sont ordinairement partagés en des factions contraires et qui pour venir à leurs fins employent toute sorte d'artifices pour surprendre l'esprit de leur maitre. Celuy, dont ils se servent toujours, est de ne le contredire en rien, mais de l'animer sur la matière, dont il est question. C'est une chose facile: le prince s'emporte ordinairement, dit beaucoup de choses et le ministre trouve dans quelques vues de ses expressions une espèce de fondement d'ordres pour ce qu'il veut exécuter. On doit savoir, que jamais Monsieur l'Electeur n'a demandé conte à ses ministres d'aucune de leurs actions, parce qu'il est toujours persuadé, qu'ils agissent sans passion, et à tout évènement ils ont par devers eu l'ordre, qu'il en a donné de la manière, dont je viens de dire cy-dessus. — Deshalb muss man seine Minister um jeden Preis gewinnen. — On peut bien croire avec cela, que la personne de Mr. l'Electeur est à ménager, et il y a même des occasions, où l'on ne peut faire réussir les affaires qu'en l'y faisant entrer avec une autorité absolue. Mais c'est un effort de nature, qu'il ne faut luy faire que rarement et qu'on doit regarder comme un chef d'oeuvre, quand on y réussit.

2. Zur Zeit will der Kurfürst ohne Frage den Frieden. „Cependant il a dans son coeur une aversion, qui n'a point de borne et qui s'étend sans aucune exception sur tout ce qu'il y a de puissance en Europe. Ce qu'on peut seulement y distinguer, c'est qu'il est persuadé en luy-mesme, que la grandeur de l'Empereur est la ruine des princes de l'Empire, et qu'il a dessein de s'y opposer en toutes choses; mais des intérests particuliers le peuvent facilement détourner de ce dessein. — Il a esté nourry dans une opposition et une envie continuelle contre la France. Il croit néantmoins, que son amitié luy est nécessaire pour le garantir contre les entreprises de ses ennemis, qui sont en grand nombre. Il fait aussy grand cas des subsides qu'il en tire, et il se règle plus sur ces deux choses que sur les engagements, où il est par les traités." — Entfremdet ist er Frankreich namentlich durch die religiösen Differenzen, die hoffentlich bald beglichen sein werden. „Cependant on doit conter, que son intention est d'estre éternellement uny avec le Roy, mais il se persuade, qu'il peut en mesme temps conserver l'honneur de son amitié et ménager mesme par des alliances étroites les puissances les plus opposées à la France, laquelle il croit pouvoir tousjours satis-

faire par des promesses, des excuses et quelques fois aussy par des services considérables, lorsqu'on le presse un peu."

3. Die Kurfürstin — „une princesse, qui autrefois a eu beaucoup de crédit dans les affaires: elle n'en a présentement que celuy, qui regarde ses avantages et ceux de Messieurs ses enfans" — ist viel krank und lebensmüde.

4. Der Kurprinz — „il m'a paru, qu'il estoit extrèmement caché et dissimulé. On peut dire dans un mémoire aussy secret que celuy-cy doit l'estre, qu'il a peu d'esprit et de pénétration, mais cependant il a quelque chose de l'un et de l'autre et il ne doit point estre regardé comme un homme, dont le gouvernement doit estre un jour tout à fait méprisable. Il a marqué de courage dans les occasions de la guerre, mais il la craint mortellement à cause de conséquences. Il est ménager jusques à l'avarice et le désir d'amasser des trésors sera son plus grand foible." — Er trägt sich mit grossen Reformplänen und hat sie zu sofortiger Durchführung nach seinem Regierungsantritt bereit. In Betreff seiner auswärtigen Politik gilt zur Zeit nur: „On luy a de tout tems inspiré cette politique, qui est de marquer une inclination opposée à celle de Monsieur son père."

5. Dankelmann, der sicher dereinst erster Minister sein wird: „Il ne me paraît pas un esprit assez fort pour gouverner par luy-mesme toutes les affaires de son maître, et il a assez de bon sens pour se rendre justice, mais son dessein est de se conserver au premier degré de la faveur et de gouverner absolument les finances: les autres affaires seront conduites par les gens qu'il mettra de sa main."

6. Die Kurprinzessin — plaît par sa beauté et par son esprit à Monsieur son époux, mais elle aime la joye et les plaisirs, ce qui est directement opposé à l'humeur sombre et retirée du prince. Elle n'est point encore tournée aux affaires, elle a néanmoins le dessein de s'y appliquer. Il y a de l'apparence, qu'elle y réussira et qu'elle aura du crédit.

7. Fürst Anhalt ist durchaus kaiserlich gesinnt — „n'a aucune part à la faveur et n'est souffert que par son rang de beau-frère, de premier ministre et de gouverneur en chef des quatre Marches. Il a de l'esprit, mais fort attaché à la bagatelle."

8. Von den Geheimen Räthen ist der wichtigste Meinders, „le plus habile et plus solide non seulement du pays où il est, mais peutestre mesme de tout le reste de l'Empire. La maxime qu'il suit et dont il ne s'est jamais écarté, est de s'attacher à ce qu'il croit estre le bien de son maître, mais il veut, que ce chemin le conduise à une fortune opulente, et cela luy fait aimer les gratifications et autres faveurs, qui augmentent son bien. Il est certain, que ce qu'on luy donne par l'ordre du Roy, est parfaitement bien employé, mais on ne doit en attendre aucune démarche qu'il croit contraire à son devoir. Il est dans une persuasion entière, que le seul et véritable intérest de son maître

l'attache entièrement au Roy, mais il veut, qu'il le fasse avec dignité, et croit, qu'il doit en mesme tems ménager la confiance des autres princes de l'Empire, en sorte qu'il en soit regardé comme le premier et le seul capable de s'opposer aux entreprises de l'Empereur par ses propres forces et par son habileté et à celles de la France par en attirer une confiance entière et paroître en estat aussy de faire pencher la balance, s'il abandonnoit son party pour se jeter dans celuy de l'Empereur. Voilà son plus grand but!" — Er nennt ihn weiterhin „ministre fort habile, qui n'est point corrompu du tout, mais qui dans le fond de son coeur est très-bien intentionné pour la continuation de l'alliance entre le Roy et son maître. Monsieur de Gravel aura bientost reconnu les traverses, qui luy viennent de la part du Sieur Fuchs et de tous ceux, qui voyent avec peine l'attachement de cette cour aux intérests de la France. Elles sont plus grandes dans la conjoncture présente, qu'elles ne l'ont jamais esté et il s'est passé entre deux depuis trois jours des choses, qui pourroient attirer la disgrâce de l'un ou de l'autre."

9. Le Sieur de Gromkau, grand maréchal de la cour et commissionnaire général, a part par sa charge et sa faveur à l'administration des plus grandes affaires. Il est bonhomme et d'une droite raison, lorsqu'il agit par luy-mesme; mais il est ordinairement gouverné par sa femme, qui sous un dehors plein de douceur renferme un désir continuel de satisfaire son ambition, son intérest et sa vengeance. Cette femme doit estre regardée comme un des premiers mobiles de cette cour pour toute sorte d'affaires. Elle a beaucoup de crédit sur l'esprit de Monsieur de Meinders et gouverne absolument son mary.

10. Von Fuchs endlich heisst es: „Il a de la passion surtout et employe tout ce qui peut dépendre de luy pour réussir dans son dessin. Il a très-utilement servi le Roy pendant les quatre premières années que j'ay esté icy, et je n'ay point encore veu un dévouement pareil à celuy qu'il avoit. Depuis cela l'ambition s'est emparée de son esprit." Er will gegen Meinders aufkommen und ist deshalb gegen Frankreich.

XIX.

Des Grossen Kurfürsten letzte Krankheit und Tod.

Aus den Berichten Poussins, des Sekretärs Rébenacs, an den Staatssekretär Colbert de Croissy.

1. d. 24. April 1688: La maladie de Mr. l'Electeur continue tousjours. C'est, Monseigneur, une hidropisie formée. L'enflure est mesme desjà montée jusques au ventre et l'on a tout sujet d'appréhen-

der pour ce prince. On luy donna, il y a trois jours, une médecine, qui avoit aresté l'enflure durant un temps, mais on apperçoit depuis hyer, qu'elle s'augmente peu à peu. Ce prince disoit ce matin, les larmes aux yeux, à un de ses chirurgiens, qui aproche le plus près de sa personne, qu'il sentoit bien, qu'il n'avoit pas encore beaucoup de jours à vivre. On prend soin cependant de cacher la maladie de Mr. l'Electeur, et ce prince ne paroist pas aux yeux du public, sy près de sa fin. Le général Schening, de qui je sçay ces nouvelles et qui a toutte la confidence de Mr. le Prince Electoral, m'a confirmé aujourdhuy les asseurances, que ce prince a donné plusieurs fois à Mr. le comte de Rébenac de ses bonnes intentions à l'esgard de l'intérest de Sa Majesté.

2. d. 1. Mai: Il y a des jours, où Mr. l'Electeur s'est trouvé un peu mieux, et d'autres, où il a esté très-mal. Présentement, Monseigneur, on peut dire, que ce prince est dans un estat à faire craindre, qu'il ne vienne à manquer tout d'un coup, et l'on désespère, qu'il puisse revenir de cette maladie ... Le Sieur Fuchs, allarmé de la maladie de Mr. l'Electeur arrive aujourdhuy à Potsdam. Le prince a témoigné, que sa présence luy estoit nécessaire dans l'estat, où il se trouve présentement.

3. d. 4. Mai: Mr. l'Electeur se porte mieux depuis quatre ou cinq jours et l'on espère, que ce aura de très-bonnes suittes. On ne peut pas dire néantmoins, qu'il soit hors de danger, son enflure n'est point encore diminuée, mais il a eu une espèce de crise, qui l'a beaucoup soulagé. Cette cour, Monseigneur, est agitée d'intrigues et de caballes différentes et chacun songe à prendre party sur le changement, qui doit arriver par la mort de Mr. l'Electeur. Il y en a un considérable, qui se forme contre le général de Schening, dont la faveur augmente tous les jours. Les premières personnes de la cour et la plupart des ministres y sont entrés, Mr. le maréchal de Schomberg est du nombre et en tasche mesme d'y attirer Madame la Princesse Electorale. Le Sieur de Schening cependant, quoyque seul de son party, se contient par le crédit, qu'il trouve près de Mr. le Prince Electoral, et comme il est aussy hardy comme vindicatif, il y a lieu de croire, qu'il poussera ses ennemis le plus loing qu'il pourra, ou qu'il y trouvera luy-mesme sa propre perte, sy sa faveur vient à manquer. On peut dire néantmoins, qu'il se passe peu de jours, qu'il ne receoive des marques très-particulières d'affection de ce prince, lequel, tout dissimulé qu'il est, n'a rien de caché pour luy et luy descouvre sa pensée la plus cachée.

4. d. 9. Mai: Le courier, que j'ay l'honneur de dépescher, porte une nouvelle, qui est aussy fâcheuse pour la conjoncture qu'elle est triste pour cette cour: c'est la mort de Monsieur l'Electeur de Brandebourg. Le prince, Monseigneur, se sentant affoiblir d'un mois à l'autre, le 7. may sur les dix heures du matin, après avoir dans son conseil parlé des affaires à l'ordinaire, dit à ses ministres, qu'il croyoit, que c'estoit la dernière fois, qu'il se trouveroit avec eux, et qu'il estoit

tems de les remercier du zèle et de la fidélité, qu'ils avoient marqué pour son service, et s'addressant en suitte à Mr. le Prince Electoral il luy dit, qu'il les luy récommandoit tous en particulier et qu'il leur avoit l'obligation du bon état, où étoient aujourdhuy les affaires, qu'il le prioit donc de ménager les ministres et de n'en point prendre d'autres aussy longtems qu'ils continueroient à servir aussy fidellement qu'ils avoient fait jusques alors, et que pour ce qui étoit du gouvernement, il luy conseilloit de se régler sur une instruction, qu'il luy laissoit par écrit, qu'il pouroit faire réflexion sur l'état, où se trouvoient les affaires, lorsque luy, Electeur, étoit entré dans le régiment, et sur celuy, auquel il les laissoit, qu'il n'en pouvoit attribuer la cause qu'à la force de ses armes et au nombre de ses troupes, et sur cela Mr. l'Electeur conseilla de l'augmenter encore d'avantage, mais que ce qu'il luy récommandoit le plus particulièrement, estoit d'aimer son peuple et de chérir ses sujets comme ses propres enfans. Mr. l'Electeur fit ensuitte avancer Mr. le Prince Electoral, qui se jetta à ses genoux pour recevoir sa bénédiction.

6. Quelques heures après Mr. l'Electeur tomba dans une très-grande foiblesse et l'on envoya à Berlin avertir Messieurs les princes ses enfans et Mesdames les princesses de se rendre icy en diligence. Ils le trouvèrent un peu remis et il leur donna sa bénédiction en les cohortant de vivre tous jours en bonne union.

Le même jour sur les huit heures du soir Mr. l'Electeur eut une nouvelle foiblesse, et l'on crut, que c'étoit son dernier moment, mais il revint un peu et a traîné jusques à cette heure, qu'il vient d'expirer.

7. d. 11. Mai: Le prince a fait une très-belle fin et a donné jusques au dernier moment de sa vie des marques d'une grandeur d'âme et d'une liberté d'esprit extraordinaire. On a remarqué, qu'il s'est luy mesme fermé les yeux en rendant le dernier soupir. Il a témoigné beaucoup de passion pour sa religion et il n'a donné sa bénédiction à Messieurs ses enfans qu'à condition, qu'ils vivoient et mourroient comme luy dans la religion calviniste. Mr. l'Electeur dit en particulier à Madame la Margrave, qu'il la prioit de se souvenir tousjours du testament de son père, où cette mesme condition est positivement marquée, et les parolles de ce prince mourant ont paru faire beaucoup d'impression sur l'esprit de Madame la Margrave.

XX.

Friedrichs III. Anfänge.

Der Sekretär Poussin, welcher nach Rébenacs Abreise bis zur Ankunft Gravels den Berliner Posten vertretungsweise wahrnahm, berichtet am 11. Mai 1688:

1. Les deux premiers jours de la régence du nouvel électeur se sont passés en cérémonies ordinaires. Hier le régiment des gardes fit serment de fidélité en sa présence. Le Sieur de Schennig, qui en est colonel, reçut en cette occasion une grande marque de l'affection de ce prince, qui prit à part Mr. le maréchal de Schomberg et luy dit, qu'en considération des bons services, que le Sieur de Schoening avoit rendus à feu Mr. son père, il le faisoit feldtmaréchal-Lieutenant et pria Mr. le Maréchal de Schomberg de le notifier aux officiers. Cette nouvelle dignité met le Sieur de Schoening audessus des autres lieutenants généraux et immédiatement après Mr. le maréchal de Schomberg.

2. d. 15. Mai: Le voyage que Mr. l'Electeur devoit faire en Prusse ces jours-cy est différé jusques après les couches de Madame l'Electrice, qui est grosse de sept mois . . . Scheinbar leben Schöning und Schomberg in Frieden, aber Schöning wird den Marschall demnächst nach Preussen (dessen Statthalter er war) zu entfernen wissen, um am Hof allein allen Einfluss zu haben.

3. d. 18. Mai: Mr. l'Electeur travaille à mettre de l'ordre dans les troupes, dans ses domaines et généralement en toutes choses, de sorte que les commencemens de la régence de ce prince donnent une idée très-avantageuse de son gouvernement. Il a déclaré ces jours-cy dans son conseil, qu'il savoit, qu'il y avoit quelquesuns de ceux, qui l'entendoient, qui se laissoient corrompre par des présens, mais qu'il ne prétendoit point à l'avenir, qu'on en reçût aucun sans sa permission. Les officiers ont ordre d'aller à leur régiment. Mr. l'Electeur les juge inutiles à sa cour, qu'il ne trouve déjà que trop grosse par le nombre de ses domestiques. On a trouvé icy un fond pour l'entretien des soldats invalides et l'on veut imiter en cela ce qui se pratique en France.

4. d. 25. Mai: Le conseil de Mr. l'Electeur de Brandebourg prend, Monseigneur, une face nouvelle. Le Sieur Tancleman, qu'on peut regarder comme son premier ministre, touttes les affaires passant par ses mains, et c'est luy, qui distribue les ordres aux autres ministres. Le Sieur Meinders va toujours son chemin, bien qu'il n'ayt aucune part à la faveur, et comme le Sieur Tancleman ne se sent pas assez de force pour conduire luy seul touttes les affaires, et qu'il connoist l'estendue du mérite du Sieur Meinders. On peut croire, qu'il le ménagera quelque temps malgré l'inimitié, qui subsiste entre eux depuis plusieurs années. Le Sieur Fuchs ne paroist pas mieux traitté que ce dernier, mais Mr. l'Electeur n'a aucune prévention contre luy et la complaisance, qu'il marque pour le Sieur Tancleman pour luy attirer quelque considération. Le Sieur de Cromkau se voit desjà despouillé de l'une de ses charges en faveur du gendre du général de Schening, son ennemy déclaré, et on ne juge pas, que ce ministre puisse conserver encore longtemps le crédit, que luy donnoit icy sa charge de commissaire général. Monsieur le prince Danhalt fait tous ses efforts pour gaigner la confiance de Mr. l'Electeur, mais il n'y a pas d'apparence, qu'il y

réussisse. Mr. l'Electeur connoist, de quelle conséquence il est pour luy de ne point se confier à un esprit aussy faux et aussy dangereux qu'est celuy du prince Danhalt. Il paroist, Monseigneur, par la disposition présente du conseil de Brandebourg, qu'il se forme icy un party considérable pour la Hollande. Le Sieur Tancleman est Hollandois, et il aura de la peine à surmonter l'inclination, qui le porte au bien de sa patrie. Il tesmoigne néantmoins d'avoir de bons sentimens pour la France et d'estre bien persuadé, que le véritable intérest de son maistre l'attache nécessairement à une alliance estroite avec la France. Il m'a chargé, Monseigneur, de vous en donner des asseurances de sa part et de celle de Mr. l'Electeur.

5. Le Sieur de Schening fait tout son possible pour entrer dans le conseil, et s'il peut y parvenir, on a lieu de croire jusques à présent, qu'on pourra tirer de luy des suittes importantes pour le bien des affaires du Roy.

6. d. 1. Juni: La cour de Vienne tasche à s'attirer la confiance de Mr. l'Electeur: elle a ces jours-cy donné au général de Schening une espée d'or garnye de diamants de cinq à six mille escus.

Personen-Register.

d'**Albret**, französischer Marschall 92.
Amerongen, Herr von, niederländ. Gesandter in Berlin 23. 145. 204.
Anhalt, s. Johann Georg v.
Arnauld 87.
Ausony, Aebtissin v. 89.
d'Avaux, franz..Gesandter im Haag 65.

Banz, Otto Abt v., kaiserl. Gesandter in Dresden u. Berlin 112.
Barthe, Arnauld de la, Vicomte de Rébenac, Grossoheim der Frau von Rébenac 20 ff.
Beauveau, s. d'Espense.
Bernhard v. Weimar 86.
Bielinsky, v., polnischer Gesandter 394.
Blaspeil, kurfürstl. Gesandter in Nimwegen 76.
Blumenthal, Christoph Caspar v., kurf. Geheimerath 14.
Bournonville, kaiserl. Feldherr 32.
Briquemault, Herr v., im kurfürstl. Dienst 170. 283. 396. 398.
Brunshemius, kurf. Hofprediger 138.
Buch, Dietrich Siegismund v., kurf. Reisemarschall 14. 129. 170.
Burgund, Herzog v., Onkel Ludwigs XIV. 109. 110.

Canitz, v., Geheimerath u. Hofpoet 14. 111.
Caussius 378.
Chamond, Marquise de St. 89. 92.
Christian V., König v. Dänemark 249. 251. 269. 275. 282. 317.
Christine, Königin v. Schweden 329 ff.
Christoph Bernhard (v. Galen) Bischof v. Münster 36.
Condé, Prinz v., poln. Throncandidat 14. 16.
Courtin, französ. Gesandter in Stockholm 88.
Crequy, Graf de, s. Verjus.
Crockow, Lorenz v., kurf. Geheimerath 19. 21. 23. 26. 51. 251. 355.
Croissy, Marquis de, Colbert, franz. Staatssecretär der ausw. Angelegenheiten 65. 76. 82. 102. 167. 346.

Dankelmann, Eberhard v., Erzieher des Kurprinzen Friedrich 184. 212. 329. 392. 400. 404. 405.
Derfflinger, Feldmarschall 11. 23. 27. 42. 58. 75. 166 ff. 170. 191. 264 f. 283. 349. 371. 372. 396 ff.
Diest, v., Geh. Rath 113. 163.
Dobrzenski, kurf. Gesandter an Christine v. Schweden 330.

Dönhoff, Graf Friedrich v. 15.
Dohna, Graf 4. 167.
» Christian Albert 27.
» Christoph 110.
» vor Ofen gefallen 318.
Dorothea, Kurfürstin, F. W.'s zweite Gemahlin 5 ff. 43 f. 48 f. 108-9 ff. 134. 137. 138. 142. 171 ff. 178. 180 ff. 183 f. 201 ff. 271. 340. 349. 350. 377. 379. 386 ff. 389. 390. 391. 393. 400.

Eleonore von Nassau, Frau von Pöllnitz 16. 166.
Eleonore d'Olbreuse 99. 102. 240.
Elisabeth Henriette v. Hessen-Kassel, 1. Gemahlin des Kurprinzen Friedrich 111. 182. 187. 269.
Ernst August, Herzog v. Hannover, Bischof v. Osnabrück 21. 189 f. 231. 238. 240. 246. 292. 316. 323.
d'Espense, Louis de Beauveau, Graf 61 ff. 71 f. 75. 79. 80. 107. 230. 339 f.
d'Esquille, Jean, Baron de Sambaraut, Rebénac's Schwiegervater 92 ff.

Ferdinand II., Bischof v. Münster 252.
Feuillade, duc de 307.
Feuquières, Antoine de Pas, Marquis de, Gen.-Leutenant 90-91.
Feuquières, François, † 1590 86.
» François 91 ff.
» Isaac, französ. Gesandter in Stockholm 87-89. 90.
Feuquières, Manasse 86-87.
Formont, Banquierhaus, 42.
Fridag, Baron v., kaiserl. Gesandter in Berlin 128. 129. 138. 163. 170. 197 f. 292 ff. 312. 319 f.
Friedrich III., König v. Dänemark 239.
Friedrich, Kurprinz 110. 114. 142. 146-47. 180. 181 f. 200 ff. 209 f. 308 f. 324-25. 331-32. 357. 362. 364. 378. 379. 385. 387 ff. 391. 393. 397. 400.
Friedrich, Erbprinz v. Hessen-Kassel 188.

Friedrich Ludwig v. Holstein-Beck 188. 386. 387.
Friedrich Wilhelm, Kurf. v. Brandenburg, s. Inhaltsübersicht.
Froben, Emanuel v., Stallmeister 17. 337.
Fuchs, Paul v., Sekretär dann Geheimerath 8 ff. 17. 108. 112. 131. 132 f. 134 f. 156. 163. 164 f. 189 f. 201 f. 229 f. 231 f. 248. 269. 271. 272. 295. 301-2. 306. 313 f. 328 f. 337. 348. 349. 358. 369. 373. 376. 377. 378. 379. 380. 381. 397. 401. 402. 403. 404.
Fürstenberg, Wilhelm v. 18 f. 20. 67. 83. 327. 373.

Georg, Prinz v. Dänemark 239.
Georg Wilhelm v. Brandenburg 15.
» » v. Braunschweig-Lüneburg 131.
Georg Wilhelm v. Celle 25. 99. 240. 294. 300. 306. 316.
St. Géran, französ. Gesandter 46. 127. 394.
Goess, Johann Freiherr v., kaiserl. Gesandter in Berlin 17. 44 ff. 51.
Goetsch (?), Oberst der Garde 395.
Goltz, v. d., Joachim Rüdiger, Gen.-Leutenant 22. 27-28. 336.
Gramont, Marschall de 82.
Gravel, Rebénac's Nachfolger in Berlin 140. 401. 403.
Grégi, de 397.
Gremonville, französ. Gesandter 159.
Grote, Geh. Rath v. 131. 188. 265. 275. 282. 284. 368. 369. 374. 375.
Grumbkow, Joachim Ernst v., General-Kriegscommissar u. Oberhofmarschall 130-32. 134. 135. 139. 192. 212. 248. 271. 306. 313. 376. 377. 379. 397. 401. 404.
Grumbkow, Frau von 131. 136. 401.
Grumbkow, General unter Friedrich Wilhelm I. 45.

Guiche, Marschall de 92.
Gustav Adolf, König v. Schweden 86.
Gustav Adolf, Herzog v. Mecklenburg-Schwerin 292.

Hamel, du, Generalmajor 396.
Hannover, s. Johann Friedrich, Ernst August, Georg Wilhelm.
Hedwig Sophie v. Hessen-Kassel 182. 187 f.
Hermann v. Baden, Markgraf 228 f.
Holstein-Wiesenburg, Herzogin von 137-38. 255.
Hop, niederländ. Gesandter 388. 392.

Jacob II., König v. England 331.
Jena, Friedrich v., kurf. Geheimerath 17 ff. 23. 25. 44. 115. 131. 132. 134. 135. 150. 163. 181. 227. 231 f. 240. 248. 349. 354. 376. 377.
Jena, Gottfried v., Gesandter in Regensburg 83. 132. 162. 199. 321 ff. 382. 383. 384.
Ilgen, Secretär 135. 378.
Johann Friedrich, Herzog v. Hannover 21. 180.
Johann Georg, Fürst v. Anhalt 14. 23. 34. 112. 132. 154. 171. 178. 188 f. 198. 248. 271 ff. 273 f. 320. 400. 404. 405.
Johann Georg v. Sachsen 273. 282.

Kannenberg, Gen.-Leutnant 30. 42. 395.
Karl, Herzog v. Lothringen 14. 16. 272.
Karl, Kurfürst v. d. Pfalz 300.
Karl XI., König v. Schweden 59. 88. 89. 137. 230. 330.
Karl Emil, Kurprinz 17. 57. 62. 142. 174. 178. 180.
Knesebeck, von dem, Geheimerath 212.
Kniphausen, v. 379.
Königsmark, Graf, schwed. General 2. 3 f. 95. 97.

Kornmesser, Kammerdiener des Kurfürsten Friedrich Wilhelm 138-39. 281. 374. 376. 377. 378.
Kurland, Prinz v. 318.

Lamberg, Graf, kaiserlicher Gesandter in Berlin 108. 111. 112. 131. 134. 139. 150. 167. 190. 226 f. 239. 247. 267 f. 272. 367. 395.
Leibnitz 159.
Leopold I., Kaiser 14. 64. 291. (Vgl. Inhaltsübersicht.)
Lionne, Staatssekretär der auswärtigen Angelegenheiten 21. 335 f.
Lisola, kaiserlicher Gesandter 338.
Lobkowitz, Fürst, kaiserl. Geh. Rath. 32.
Lorges, de, französischer Feldherr 511.
Ludwig XIV. 14. 19. 24. 35. 36. 45. 48. 55. 56. 71. 72. 76. 80. 81. 88. 99. 101. 102. 109. 111. 116-18. 125. 132. 134. 137. 146. 149. 150. 174. 186. 192. 219. 226. 229. 230 f. 233 ff. 241. 243 f. 251. 253 f. 256. 259 f. 265-66. 274 ff. 285 f. 289. 291. 297. 301. 307. 312. 316. 327. 346. 353. 354. 355. 359. 361. 365. 366. 373. 374. 375. 381.
Ludwig, Markgraf, jüngster Sohn des Grossen Kurfürsten von Luise von Oranien 111. 143. 180 f. 182. 189. 200 ff. 204. 209. 210 f. 216. 222. 237. 378. 379. 384. 385 ff. 388. 389. 393. 394.
Ludwig, Sohn Ernst Augusts v. Hannover 292.
Lützburg, Graf, kurfürstl. Geheimerath 163. 320.
Luise v. Oranien, des Grossen Kurfürsten I. Gemahlin 48. 166. 172. 178. 216. 218.
Luise von Radziwill, Gemahlin des Markgrafen Ludwig 182. 189. 213. 237. 350. 390. 394. 403.
Luise Charlotte, Herzogin v. Schleswig-

Holstein-Augustenburg 212. 222. 386. 387. 393.
Luxemburg, Marschall 90.

Malortie, lüneburgischer Oberst 2.
Marwitz, v., Oberst 4.
Maximilian Heinrich, Kurfürst-Erzbischof von Köln 18. 23. 83. 275. 327.
Meinders, kurfürstl. Geheimerath 16. 25. 30. 38. 39. 47. 49. 51. 54. 65 ff. 71. 78-79. 80. 107. 114-15. 129-30 ff. 134. 156. 163. 164 f. 181. 189. 204. 230. 231. 240. 263. 269. 271. 272. 301-2. 306. 313. 337. 339 f. 346. 348. 349. 372. 373. 376. 377. 378. 379. 380. 400-1. 401.

Nassau, Prinz v. Oranien-N. 205 f.

Olivenkranz, Bevollmächtigter der Königin Christine 330.
Oranien, s. Wilhelm.

Perband, Gotfried v., Oberst, Kämmerer u. Hauptmann von Angerburg 137. 377. 378.
Philipp, Markgraf, ältester Sohn des Grossen Kurfürsten aus seiner zweiten Ehe 142. 180. 203 f. 218. 296. 378. 379. 380. 381. 389. 390.
Philipp Wilhelm v. Pfalz-Neuburg 2. 14. 32. 345.
Poellnitz, Gerhard Bernhard v., Oberststallm., Oberst der Leibgarde und Gouverneur von Berlin 16. 51. 52. 166.
Pomponne, Arnauld de, Staatssekretär der auswärt. Angelegenheiten 23. 65. 71. 73. 76. 77. 80. 82. 87. 88. 89 ff. 94.
Poussin, Sekretär Rébenacs 401. 403.
Prebendorfsky 378.

Radziwill, Bogislaw, Fürst 182.
" Luise, s. daselbst.
Rébenac, François de Pas, Graf von, s. Inhaltsübersicht.
Richelieu 86. 338.
Roy, von, dänischer General 282. 283. (Roux) 374.

Sachsen-Lauenburg, Herzog v. 272.
Schoening, Hans Adam v., Generalleutnant 2. 4. 140 ff. 301. 319. 328 f. 402. 404. 405.
Schomberg, Marschall 232. 264. 328 f. 390. 391. 392. 396-97. 402. 404.
Schwarzenberg, Adam v. 45.
Schwerin, Otto v., Oberpräsident 15. 16. 17 ff. 23. 25. 29. 38. 44. 46 f. 51. 56. 57. 58. 127. 163. 166. 337. 338. 341.
Schwerin, der jüngere, kurfürstl. Gesandter 64. 113. 255. 318. 362.
Schwerin, General v. 23. 28.
Solms, Graf 204.
Somnitz, v., Geheimerath u. Kanzler 44 f. 57. 58. 163.
Sophie Charlotte, Gemahlin des Kurprinzen Friedrich 188 f. 190 f. 194 ff. 201. 214 ff. 278. 279. 287. 328-29. 379. 387 ff. 391. 392. 393. 398. 400. 402. 404.
Southwell, englischer Gesandter in Berlin 228.
Spaen, General 77-78.
Spanheim, Ezechiel v., kurfürstl. Gesandter in Paris 113. 300. 302. 319. 356. 375. 381. 382.
Sparr, General 169.
Stossius 378.
Stratmann, pfalz.-neuburgischer Rath 23. 33. 39. 46. 48.

Turenne 33. 57. 90. 93.

Vaubrun, Marquis de, französ. Gesandter 14. 46. 127.

Vauguion, Graf de la, desgl. 27. 166. 394.
Verjus, Graf de Créquy, desgl. 20 ff. 36. 49 ff. 127. 161. 180. 337. 338. 368. 383. 395.
Vitry, Marquis de, französ. Militärbevollmächtigter 94.
Voisin, La, Giftmischerin 90.

Wangelin, v., schwedischer Oberst 32 f. 33. 50. 62.

Wangenheim, General v. 111.
„ Elisabeth v., Hoffräulein der Kurfürstin Dorothea 47-50. 137. 337. 376. 377.
Wilhelm VI. v. Hessen-Kassel 187. 392.
Wilhelm von Oranien 118. 196 f. 204 f. 208. 231. 296. 331. 342. 357. 359. 378. 379. 380. 384. 388. 390. 392.
Wrangel, schwed. Feldmarschall. 94.

www.ingramcontent.com/pod-product-compliance
Lightning Source LLC
Chambersburg PA
CBHW020545300426
44111CB00008B/795